大学生
球类运动文化探究
与运动技能培养

主编 袁微 董娜 张华

中国商务出版社
CHINA COMMERCE AND TRADE PRESS

图书在版编目（CIP）数据

大学生球类运动文化探究与运动技能培养／唐渊，
董娜，张华主编.--北京：中国商务出版社，2017.6
　　ISBN 978-7-5103-1927-3

　　Ⅰ.①大…　Ⅱ.①唐…②董…③张…　Ⅲ.①球类运
动一体育教学－教学研究－高等学校　Ⅳ.①G840.2

　　中国版本图书馆 CIP 数据核字（2017）第 122302 号

大学生球类运动文化探究与运动技能培养

DAXUESHENG QIULEI YUNDONG WENHUA TANJIU YU YUNDONG
JINENG PEIYANG

唐　渊　董　娜　张　华　主编

出　　版：中国商务出版社
发　　行：北京中商图出版物发行有限责任公司
社　　址：北京市东城区安定门外大街东后巷 28 号
邮　　编：100710
电　　话：010－64515141（编辑三室）
　　　　　010－64283818（发行部）
网　　址：www.cctpress.com
邮　　箱：cctp@cctpress.com
照　　排：北京厚诚则铭印刷科技有限公司
印　　刷：廊坊市国彩印刷有限公司
开　　本：787 毫米×1092 毫米　1/16
印　　张：26.25　　字　数：672 千字
版　　次：2018 年 1 月第 1 版　　2023 年 8 月第 2 次印刷
书　　号：ISBN 978-7-5103-1927-3
定　　价：89.00 元

前　　言

在球类运动项目不断发展的背景下,走进大学校园的球类运动项目日益丰富,越来越多的大学生被球类运动项目的独特魅力和价值所吸引,先后成为各项球类运动项目的参与者。球类运动项目不仅在竞技体育方面取得很大发展,在大学校园中同样拥有深厚的基础,参与球类运动项目和欣赏球类运动比赛已经成为大学生日常生活的重要组成部分。由于大学生球类运动项目较多,每个球类运动项目都蕴含丰富的理论知识和实践内容,所以要想深入探究大学生球类运动文化、培养大学生的运动技能,必须深入剖析各项球类运动的文化内涵,进一步完善球类运动的文化体系,促使球类运动在大学校园中获得更好地发展,推动其更好地服务于大学生。

截至当前,和球类运动项目相关的研究成果比较多,同时有很多与其相关的书籍和资料。然而,这些书籍和资料主要侧重于对球类运动技术和战术的研究,主要内容有技术训练方法、战术训练方法、训练计划制定等。大多数球类运动项目起源时间较早,并经历了不同的发展阶段,已经大体形成了独立的文化体系,但当前深入探究球类运动文化的书籍和资料比较有限。针对这种情况,特编写《大学生球类运动文化探究与运动技能培养》一书,一方面深入探究大学生球类运动文化的内涵,从而构建出清晰可见的球类运动文化框架;另一方面详细研究球类运动项目的技能培养知识,正确指导参与球类运动项目的大学生,提高大学生的运动技能。

本书共有 12 章,前五章是理论部分,重点研究球类运动的历史文化、理论知识以及文化体系的构建;后七章是实践部分,重点研究球类运动的技术能力培养、战术能力培养以及运动规则。第一章是常见大学生球类运动历史文化探究,主要探究足球、篮球、排球、乒乓球、羽毛球、网球的历史文化;第二章是球类运动对大学生的价值探究,主要探究大学生的身心发展特点以及球类运动与大学生的生理健康、心理健康、社会适应;第三章是球类运动与大学生审美能力培养,主要探究重要的球类运动赛事、球类运动竞赛组织与编排、大学生球类运动欣赏能力的培养;第四章是大学生球类运动与校园文化建设,主要研究校园文化建设概况以及大学生球类运动和校园物质文化建设、校园精神文化建设、校园制度文化建设;第五章是大学生球类运动技能培养理论指导,主要探究大学生常见球类运动的开展情况、学练原则、学练方法、学练的安全保障;第六章至第十二章分别是足球运动、篮球运动、排球运动、乒乓球运动、羽毛球运动、网球运动、棒球运动、台球运动、高尔夫球运动的运动技能培养和运动规则学习。本书通过研究大学生球类运动文化和运动技能培养,促使大学生深入认识球类运动的多重文化内涵,推动大学生正确参与球类运动的实践活动。

本书内容充实、主题鲜明,和球类运动相关的理论知识深入具体,实践方面的研究简单易懂。从整体来看,本书的理论性、实践性、系统性、可操作性比较强,是一本集理论和实践于一体的球类运动学习与指导用书。

在编写过程中,本书参考和借鉴了很多和球类运动相关的书籍和资料,在这里向有关专家及学者致以诚挚的谢意。由于时间和精力有限,难免会有不足之处,恳请广大读者批评指正!

编 者

2017 年 5 月

目　录

第一章　常见大学生球类运动历史文化探究

第一节　足球运动历史文化

　　足球,作为当之无愧的世界第一运动,同样也是全球体育界最具影响力的单项体育运动,它让无数人如痴如醉地喜欢,每次足球世界杯的时候,可以说是万人空巷。对正青春热血的大学生来说,这项运动更是他们十分热衷的一项运动,那么这项运动的魅力究竟从何而来,相信通过本节对足球运动历史文化的学习,会让大学生们更好地了解这项运动,从而进一步参与其中。本节分别从足球运动的起源、现代足球运动的起源和发展、足球运动的文化特点这些部分展开阐述。

一、足球运动的起源

　　每一个运动项目的诞生和发展,都有其特殊的历史和意义,足球运动也不例外。那么足球的起源是怎么样的呢? 让我们来探究一下。据史料记载:"黄帝令作蹴鞠之戏,以练武士"。《太平清话》中也提到:"蹴鞠始于轩后,军中练武之剧,以革为圆囊,充以毛发"。从殷墟出土的文物中发现,殷代就创造了足球舞,这是古代游戏的前身,到了战国时期这种游戏成为"蹴鞠"或"蹋鞠","蹴"和"蹋"都是踢的意思,"鞠"指的是球,球皮用皮革做成,球内填满毛发。之后,这种被称为"蹴鞠"的足球游戏历经数千年不衰,至唐、宋、元、明时期,足球的竞技性得到了发展,个人足球表演也逐渐盛行起来。2004 年初,国际足联也确认足球起源于中国,"蹴鞠"是有史料记载的最早足球活动。在 2005 年的国际足联 100 周年闭幕式庆典上,国际足联主席布拉特将"足球起源地"的证书颁发给了临淄,而国际足联秘书长对中国为世界创造了足球运动表示感谢。

　　从上述的史实资料和事实证明:足球运动起源于中国,热血青春的大学生们应该积极参与到这项运动中去,为这项运动在中国的蓬勃发展贡献自己的力量。

二、现代足球运动的起源和发展

(一)现代足球的起源

　　据史料记载,现代足球起源于英国,1857 年,英国成立了世界上第一个足球俱乐部——谢菲尔德足球俱乐部。1863 年 12 月 26 日,剑桥大学、牛津大学和凯尔波里特专科学校与伦敦周围地区 11 个最主要的俱乐部和学校,在伦敦女王大街共济会酒家举行联席会议,创立了英格兰足球协会。为此,这一天被称为现代足球的诞生日。两个月后,英格兰足球协会制定出 14 条规则,与此同时,世界上第一个统一的足球规则应运而生。1872 年,足球运动史上的第一次正式比赛在英格兰和苏格兰之间进行。1908 年,足球运动正式成为奥运会的比赛项目。1930 年,在南美洲的乌拉圭举办了第一届世界足球锦标赛。1840 年,现代足球运动由英国传入中国。

现代足球运动的产生不到 200 年,但其凭借着独特的魅力吸引了世界上数以亿计的球迷,世界上也有超过 4 000 万的足球运动员。现代足球的诞生和发展,为人类社会向文明、幸福、和谐发展的道路上增添了光彩,大学生们也应该将足球运动作为自己的一项业余爱好,丰富自己的生活,为自己的生活增加活力。

(二)现代足球运动在中国的发展

1. 现代足球的传入

1840 年鸦片战争后,英国侵占我国港九,足球运动也随之传入中国,并首先在香港地区萌发。19 世纪 90 年代至 20 世纪初叶,我国一些沿海城市的教会学校先后开展了足球活动。上海圣约翰大学和南洋大学足球队先于 1901 年成立,两校自 1902 年起,每年举行一次对抗赛。北京、广州、天津、南京、武昌等地的一些教会学校在西方传教士影响下也开展了现代足球运动。这些学校的学生毕业后走向社会,现代足球运动也随之由学校发展到社会,由沿海地区发展到内地。

2. 足球运动在中国的发展

(1)新中国成立之前

1908—1923 年,这一阶段各类足球比赛活动较多,举办过的两届全国运动会都有足球比赛。各大城市的大学校际之间足球比赛频繁进行。中国足球队在第 7 届至第 10 届远东运动会足球比赛中连续夺冠,以及参加 1936 年在柏林举行的第 11 届奥运会,为中国足球运动水平的提高和扩大国际影响起到了重要的作用。

1945—1949 年,抗战胜利后,足球运动在基础较好的地区如香港、上海、东北等地恢复较快。尽管在此期间国内外比赛有所恢复,但水平不高。

(2)新中国的足球运动

新中国成立后,足球运动的发展,可以分为以下几个阶段:

① 1945—1960 年

新中国成立初期,足球运动水平很低,足球人才也十分缺乏。在党和政府的关怀下,足球运动水平不断提高。在这一阶段,国家体委多次召开有关会议,为提高足球运动水平不断创造良好的环境和条件。1955 年 1 月 3 日成立了中国足球协会,为更好地组织领导和推动国内足球运动广泛开展起到了极为重要的作用。国家体委也极为重视加强足球运动科学理论研究人员的培养。1960 年,我国家队还获得中、朝、越、蒙四国对抗赛的冠军。虽然我国足球运动取得了明显的进步,但我国足球在重大国际比赛中的成绩仍处于落后状态。如 1957 年中国足球队首次参加世界足球锦标赛预选赛,以一球之差负于印度尼西亚,失去了出线权。

② 1961—1965 年

由于自然灾害和经济上的严重困难等原因,全国多数足球队中断了训练,运动水平大幅度下降。三年自然灾害后,随着国家经济的恢复和发展,足球运动迅速得到恢复。

③ 1966—1976 年

1971 年尝试性地举行了全国甲级队集训赛,1972 年举行的全国五项球类运动会上有足球比赛,1973 年恢复了全国足球联赛、全国青年足球比赛、全国足球分区赛和 11 单位小足球比赛。1975 年举行了第 3 届全运会设有成人和少年足球比赛项目。1976 年增加了全国 16 单位少年足球分区赛。足球运动开始有所恢复,但是由于后来所谓的"体育革命",使新老队员青黄不接,后备力量严重匮乏,足球运动水平再次下降。

④ 1977—1991 年

1979 年 6 月 6 日国务院批准下发了《国家体委关于提高我国足球技术水平若干措施的请示》的重要文件。为尽快改变我国足球运动水平落后的面貌,文件有针对性地提出了在群众中特别是在青少年中大力普及足球运动、抓好足球运动的重点地区、迅速组建国家青年足球队、大力加强科研工作等九大措施。在这阶段,虽然总体上成绩不尽如人意,但也曾有过一些喜人的地方。如国家男队 1978 年在第 8 届亚运会足球比赛中取得第 3 名,1986 年 12 月中国女子足球队在第 6 届亚洲杯女子足球锦标赛上取得冠军,1988 年在广州举行的国际足联国际女子足球锦标赛上取得第 4 名,1989 年在香港第 7 届亚洲杯女子足球锦标赛上再次取得冠军。

⑤ 1992—2015 年

中国足球队在第 25 届奥运会亚洲区预选赛决赛阶段失利,人们要求进行足球改革呼声更高。作为我国体育领域内的改革突破口——国内足球改革,向着职业化的方向发展迈出了有历史意义的一步。这一阶段随着中国经济的飞速发展,人们生活水平的不断提高,参与足球运动,观看体育比赛等满足了人民日益增长的物质文化需求。但这一阶段的中国足球,同样也经历了动荡期,如 2009 年开始的足坛反赌扫黑行动,一直持续到 2013 年最终判决,整治了中国足坛的不良风气,还给足球一片净空,为中国足球的发展创造了良好的环境。中国足球在这 20 多年里曲折发展,还是取得了一些成绩。

⑥ 2015 年以来

2015 年,是可以载入中国足球历史的一年,3 月 16 日,国务院办公厅印发了《中国足球改革发展总体方案》,这是中国历史上第一次如此高规格地重视足球运动的发展,是中央深化改革领导小组通过的文件,本方案的发布,为中国足球的发展指引了前进的方向,为中国的足球运动发展扫清了政策障碍,极大地促进了足球运动在中国的开展。后续过程中,中国足协又发布了一系列的政策文件来指导中国足球的发展,如《中国足球中长期发展规划(2016—2050)》《全国足球场地设施建设规划(2016—2020)》等,这些政策和文件的出台,为中国足球的发展创造了很好的外部环境,一大批社会资本涌入职业足球领域,社会足球也吸引了一大批投资机构的关注。另外,在教育部和国家体育总局的共同努力下,校园足球也快速发展,各地校园足球如火如茶地进行,中国足球的发展进入到了历史的快车道。

三、足球运动的文化特点

足球运动,为何能成为世界第一运动,为何能吸引如此多的人沉迷其中,这与其具有的独特特点和文化有关。

(一)整体性

足球运动的第一大特点是它的整体性,是一项团队运动,足球比赛每队由 11 名队员上场比赛,这 11 个人一定要思想统一,战术明确,服从教练员指挥和安排,跟队友要团结协作,为了取胜的目标共同努力,因此在这样的条件下,只有形成整体的进攻和防守才能产生良好的比赛表现。因此,在现代社会越来越重视团结协作的情况下,足球的这种特点很好地契合了人们的思想,所以注重整体性是足球运动的最大特点之一。

(二)对抗性

足球运动是一项充满竞争的对抗性运动项目,当球飞过来时,每个队员会去争抢来球,去争夺控球的资格,并会尽最大努力把球踢进对方的球门,直至取胜。因此,在比赛的过程中,队员之间会进行激烈的对抗和抢夺,据有关资料表明,一场激烈的足球比赛,双方球员可能因为争夺球权倒地 200 次以上。但正因为这种对抗性的存在,才吸引了很多人参与其中,因为人类生来就充满着竞争和攻击性,而这种对抗性能满足人的竞争心态,并释放人身上多余的精力和攻击性。因此,足球运动的对抗性是其充满魅力的原因之一。

(三)不可预测性

现代足球比赛最吸引人的一点就是比赛结果的不可预测性,这是足球运动最大的魅力之一。一场比赛,从头到尾,队员们都拼尽全力,在场上运用各种战术和技术去努力争胜,但不到裁判的终场哨响,你永远不知道场上会出现什么变化,这是足球比赛最吸引人观看的原因。球迷们凌晨时刻的守候,最后时刻进球后的嘶吼,都无不阐释着足球比赛的不可预测性。有一句著名的足球谚语:足球是圆的,也表现出了足球场上的变化莫测,以及结果的不可预知性。正因为足球的这个特点,才使其成为世界第一大体育运动。

(四)艰辛性

一场正式的足球比赛,充满着艰辛性。队员们会消耗很大的体力和精力,据有关资料显示,运动员一场比赛的跑动距离至少在 6 000 米,跑动距离多的可以达到 10 000 米以上。这种高强度和运动,会让人感到很疲惫、很难受,队员们要经历身体和精神上的双重折磨,对其意志力和人格都会有很大的塑造。因此,对于青年群体来说,特别是对于新时期的大学生来说,参与足球运动,可以磨炼其精神品质,促进其人格健全发展。

(五)易行性

足球运动能成为世界性运动的原因之一,就是该项运动的易行性,在一些西方发达国家和南美洲国家,随处可见在街道旁踢球的青少年们,足球比赛的规则也是简单易懂的,足球比赛的时间、参赛人数、场地等都不受严格限制,具有很强的易操作性。这也是足球运动遍布世界的原因之一。

第二节　篮球运动历史文化

　　篮球运动,作为一项趣味性和健身性极强的体育运动,深受世界各地青少年的喜欢,篮球在在世界上拥有数以亿计的球迷,在中国也有大量的球迷,在社区里,在学校中,在公园里,随处可见打篮球的人们,特别是在大学校园里,常常能看到三五成群的男生在篮球场上挥洒汗水。那么,你了解篮球运动的历史和文化特点吗? 通过本节的学习,你一定会对篮球运动有一个更加清晰的认识和了解。

　　本节将从篮球运动的起源、篮球运动的发展和演进、篮球运动的特点、中国的篮球运动这几个部分来阐述篮球运动的历史文化,希望通过本节的学习,大家能对篮球运动有一个更好的认识。

一、篮球运动的起源

　　篮球运动是由美国马萨诸塞州斯普林菲尔德市(旧译春田市)基督教青年干部训练学校的体育教师、在加拿大出生的詹姆斯·奈史密斯于 1891 年发明的。由于美国马萨诸塞州冬季较为寒冷,难以在室外开展体育活动,于是奈史密斯便将这一最初在室外试行的篮球游戏移至室内,并将摆置在地面上的筐悬挂于室内两侧离地面约 10 英尺处(约 3.05 米,即现用篮圈高度的来源)的墙壁上,选用足球向篮内投掷,投入篮内得 1 分,以得分多少决定胜负。后来便在游戏的基础上很快充实活动内容,制定了某些限制性规则,不断改革比赛方式,包括,改用铁圈代替桃篮,用木板制成篮板代替铁丝挡网,场地增设了中线、中圈和罚球线,比赛改由中场跳球开始。与此同时,场上比赛队员也通常改为每队 5 人,开始有后卫、守卫、中锋、前锋、留守等位置之分。此外,奈史密斯制定了一个不太完善的竞赛规则,共 13 个条款,其中规定不允许带球跑、抱人、推人、绊人、打人等。这大大提高了篮球游戏的趣味性,并且吸引了更多的人来参加这一游戏,从而逐步形成了现代篮球运动。

二、篮球运动的发展和演进

　　自 1891 年篮球运动创设以来,篮球运动的演进大致经历了以下五个时期的发展。

(一)初创孕育时期

　　这一时期主要是指 19 世纪 90 年代到 20 世纪 20 年代,这一阶段的篮球运动还没有出现明确的游戏规则,对于人数和场地也没有限制。这一时期的篮球运动从美国走向世界各地,经有关资料查证,曾先后于 1892 年传入墨西哥,1893 年传入法国,1895 年传入中国和英国,1896 年传入巴西,1897 年传入捷克,1901 年传入日本、伊朗,1905 年传入俄国、古巴,1907 年传入意大利,1908 年传入波兰、瑞士,1911 年传入秘鲁,通过在这些国家的传播和发展,篮球运动逐渐传播开来。

（二）完善传播时期

这一时期,篮球运动在世界各地快速发展,需要一个国际性的权威机构来协调各国的篮球运动,在 1932 年的 6 月 18 日,国际业余篮球联合会(简称国际篮联成立),其总部设在意大利的罗马,在 1936 年的第 11 届柏林奥运会上,男子篮球被列入了正式比赛项目。由此以后,篮球运动在全球迅速开展并传播开来,这一时期的篮球运动在技术、战术、规则上也不断完善,得到了第一次快速发展。

（三）普及成长时期

这一时期主要是指 20 世纪五六十年代,世界篮球运动开始形成以美国队为代表的高度、速度以及技巧相结合的美洲打法;以苏联为代表的高度、对抗和力量相结合的欧洲打法;以中国、韩国为代表的小、快、灵、准的亚洲打法。这一时期的篮球运动快速发展,呈现出不同的篮球技术和战术特点,风格类型也百花齐放,进入了一个普及成长的时期。

（四）全面发展时期

这一时期主要是指 20 世纪七八十年代,在 20 世纪 70 年代以后,篮球竞赛规则也进行了多次修改与调整。篮球运动向着智慧、灵巧、准确、多变的方向不断发展,篮球运动员出现了高身材、高技巧、高速度、强力量的多方面发展,篮球比赛也出现了竞争异常激烈、比分变化快的特点。这一时期的篮球运动可以说是全面发展。

（五）飞跃创新时期

这一时期主要指的是 20 世纪 90 年代以后,一个标志性事件就是 1992 年的巴塞罗那奥运会上,国际奥委会第一次允许职业篮球运动员参加奥运会和世界锦标赛等国际性赛事,以"飞人"乔丹、"魔术师"约翰逊为代表的美国梦一队,用奥运赛场上的惊艳表现征服了球迷,震撼了世界,极大地推动了篮球运动在世界各地的发展,篮球运动开启了新的里程。这个时期,篮球运动以科技、人文为依托,以创新和商业为动力,进行了全面的蓬勃发展。

三、篮球运动的特点

篮球运动的具体特点主要包括以下几方面。

（一）集体性

篮球运动的比赛是以两队队员在场上团结协作,相互信任,共同完成的比赛项目。双方队员充分发挥着个人的智慧,把个人的体能、技术、心理充分发挥到比赛中去,为集体贡献出自己的力量,从而才能取得好成绩,达到既定的目标。

（二）对抗性

篮球运动的魅力之一就在于它的对抗性，运动员们在场上肌肉与肌肉之间的碰撞、力量与力量之间的对抗，还包括教练员之间的技战术对抗、球员与球员之间的心理比拼等，无不让人热血沸腾，拍案叫绝。

（三）观赏性

篮球运动之所以能成为世界上的最大运动之一，是因为其比赛充满着观赏性，特别是高水平的比赛，例如美国职业篮球联赛的全明星赛、季后赛、总决赛等，每年比赛时总会吸引数以亿计的观众。篮球运动的观赏性离不开优秀篮球运动员的精彩发挥，这些发挥源自于运动员们对自己的严格要求，对自己竞技能力的充分挖掘，如美职篮的球星科比总会在凌晨 4 点进行刻苦训练。这些激励人的事迹也进一步感染着观众去观看篮球比赛，欣赏运动员们的精彩发挥。

（四）健身性

篮球运动，从根本上讲是一项体育项目，人们在参与篮球运动的过程中，能锻炼自己的身体，包括可以促进身体骨骼、肌肉、韧带等的生长，促进血液循环，还能锻炼人的意志力、耐力、自控力等心理品质，促进人身心的全面发展。作为一名青年大学生，通过参与篮球运动，可以使自己身心得到全面发展，真正成为一名祖国的栋梁之材。

（五）复杂多变性

篮球运功包含很多规则，一共 93 条，而篮球比赛中包括很多技战术，这些战术往往非常复杂，是运动员在教练员的布置下，经过长时间的刻苦练习才能习得，其充满着复杂性。而篮球运动的比赛场上，特别是在竞技篮球比赛的场上，比赛瞬间千变万化，比赛结果时刻有可能会发生变化，如 2006 年世锦赛上王仕鹏最后的读秒绝杀，让无数国人至今热血沸腾，美国职业篮球联赛赛场上更是出现过 0.7 秒绝杀，35 秒 13 分绝杀等史诗瞬间。所以篮球运动是一项复杂多变的运动。

四、中国的篮球运动

（一）传入

现代篮球运动是于 1895 年，由美国国际基督教青年会派往中国天津基督教青年会就职的第一任总干事来会理（David WiHard Lyon）介绍传入我国天津的，因此，天津市可以称为我国篮球运动的发源地。1896 年，天津基督教青年会举行了我国第一次篮球比赛，此后逐步由天津向北京、保定等华北地区，上海、南京、苏州、杭州等沿海沿江的华东地区，广州、香港等华南地区，武汉、重庆等华中地区，以及内地其他省市的青年会组织、教会学校流行与传播，并逐步推向社会，至今已有 120 余年的历史，成为广大人民群众喜闻乐见的体育运动项目之一。

（二）发展

篮球运动在我国的发展不断受政治、经济、文化等因素的影响,因此根据这些因素可以分为以下几个阶段。

1.缓慢普及阶段(1895—1948年)

这一阶段的中国,还处于新中国成立前,社会各项事业发展都很缓慢,篮球运动也不例外。但是随着篮球运动在各大中小学的普及,篮球也渐渐传入社会中。1910年"中华民国"举行的第一届全运会上,男子篮球被列为表演项目;在1914年的第2届全运会上,男子篮球被列为正式比赛项目;1924年第3届全运会上,女子篮球被列为正式比赛项目。在1921年上海举行的第5届远东运动会上,"中华民国"篮球队,获得冠军。此外,"中华民国"还派队参加了1936年和1948年的第11届、第14届奥运会的男子篮球比赛。1936年的奥运会期间,中国篮球协会正式成为国际业余篮球联合会的一名成员。

2.曲折发展阶段(1949—1995年)

新中国成立后,篮球运动在中国的普及、传播、发展进入了一个新阶段。1976年,国际篮球联合会恢复了中国篮球协会的合法席位,同一年,我国男篮参加了第8届亚洲男子篮球锦标赛,并取得了冠军。1978年我国男篮参加了第8届世界男子篮球锦标赛,使我国篮球走出了国门,进一步拓展了视野,了解到了现代篮球运动的发展趋势,并在实战中了解到世界男篮强队各种风格和流派的打法。1984年,在第23届奥运会上,我国女篮获得了第三名的好成绩,在1992年的第25届奥运会上,我国女篮获得了第二名的优异成绩,进入到了世界强队的行列。而我国男子篮球的成绩也不错,在亚洲取得霸主地位的基础上,在1994年的第12届男子篮球锦标赛上首次取得了世界前八名的好成绩。

这一阶段的中国篮球运动,虽然发展过程有些曲折,但还是取得了一些很好的成绩,群众篮球、竞技篮球都取得了一些明显的进步,篮球极大丰富了人们日常生活的业余时间,满足了人们的精神需求。

3.飞跃发展阶段(1995—2014年)

这一阶段主要是指1995—2014年,我国进入了改革加速时期,经济、文化都快速发展,体育事业也不例外,在体育部门的领导下,篮球运动也更新观念,转变思想,不断深化改革。1997年,篮球运动管理中心正式成立,并把全国甲A联赛改成了CBA联赛,并引进国际上的管理集团来运营联赛,极大地推动了中国职业篮球的发展。20年来,CBA已经成为中国顶级的篮球赛事,特别是外援制度的建立,高水平外援的引入,都极大提高了联赛的水平,刺激了篮球市场的发展,吸引着中国很多球迷的关注,为推动中国篮球的发展起到了非常关键的作用。

4.改革创新阶段(2014年至今)

这一时期,是指2014年以后,中国的体育事业进入到了蓬勃发展的阶段,其中主要的引擎是2014年10月份的国务院46号文件,即《国务院关于加快发展体育产业促进体育消费的若干意见》国发〔2014〕46号,这个文件的出台,彻底地刺激了中国体育产业的发展,篮球运动也不例外,特别是随着人们生活水平的不断提高,人们对体育的需求越来越大,包括观赛需求和参与需求,都在不断提高,所以作为三大球之一的中国篮球,自然成了人们关注的对象。为了适应这种变化,中国篮协也在不断改革,特别是 2015 年,中国成功申办到了 2019 年篮球世界杯,世界杯的到来,一定会给中国篮球的发展带来更深远的影响。2017 年 2 月,姚明当选为新一任篮协主席,这极大地表明了中国篮协改革的决心,为中国篮球的进一步发展奠定了很好的基础。相信在新任主席姚明的带领下,中国篮球运动一定会更加蓬勃地发展。

(三)国内的顶级篮球赛事

1. 中国男子篮球职业联赛(CBA)

中国男子篮球职业联赛(China Basketball Association),简称中职篮(CBA),自 1995 年创办以来,在每年 10 月底或 11 月初开始,至次年的 4 月左右结束,截至 2016-2017 赛季,总共有六支球队夺得过总冠军,八一队和广东队都曾八次夺冠,北京队夺得三冠,上海队、四川队、新疆队各夺冠一次。这些年来,CBA 不断改革和发展,每年赛期时,总能吸引很多人的关注和探讨,也为中国篮球培养出了很多优秀的运动员,目前已成为国内最顶尖的篮球赛事。

2. 中国大学生篮球联赛(CUBA)

中国大学生篮球联赛,简称"CUBA",是由中国大学体育协会主办的高校篮球联赛,其宗旨为"发展高校篮球,培养篮球人才",模式参照美国的 NCAA 大学篮球联赛模式,中央电视台CCTV5 等每年都会现场直播部分重要场次的比赛。CUBA 联赛自 1996 年开始酝酿,1997 年建立章程,1998 年开始正式推行,设男子组和女子组,CUBA 的影响力仅次于中国男子篮球职业联赛 CBA。从 CUBA 的口号:"领悟篮球、领悟体育、领悟文化",就能看出篮球对于广大大学生的重要意义,近几年来,CUBA 的社会化程度越来越高,影响力越来越大,每年有 700 支左右的队伍参加比赛,2000 万左右的大学生关注此项赛事。已经成为中国大学生群体中的优质赛事和文化符号。随着篮球运动在大学生群体中的进一步普及,CUBA 的影响力会越来越大。

第三节　排球运动历史文化

排球运动作为世界三大球之一,具有广泛的影响力,深受一些人的喜爱。那么排球运动拥有哪些历史文化呢,让我们一起来探讨一下。

本节将通过以下几个方面来进行阐述,主要包括排球运动的起源和传播、排球运动的发展、排球运动的特点、中国的排球运动几个方面。

一、排球运动的起源与传播

(一)起源

排球运动创立于 1895 年,它的创始人是美国马萨诸塞州的霍利沃克城基督教会青年干事威廉·莫根。他在辅导人们进行各种体育锻炼的实践中,感到不同的对象应采用不同的锻炼方法。橄榄球和篮球这些运动项目,较适用于青年人参与,对于中老年人来说,就不太适合了。因而他想要选择一种较为和缓、活动量适当的运动方法来满足他们的需要。为此,他在青年会的体育馆中进行了试验:把球网架在了 6 英尺 6 英寸(1.98 米)的高度上,让人们用篮球胆隔着网来回拍打;篮球胆太轻,换作篮球又太重;最后制作了与现代排球相近的、外表是皮制的、内装橡皮球胆的球,圆周为 25~27 英寸(63.5~68.6 厘米),重量为 9~12 盎司(255~340 克)。今天排球比赛用的球就是这么来的。

(二)传播

排球运动在美国问世以后,由美国的传教士、军官、士兵等人带到了世界各地,据有关资料显示,排球首先于 1900 年传入加拿大,1905 年传入古巴,1912 年传入乌拉圭,1914 年传入墨西哥。排球运动传入亚洲的时间也较早,约在 1900 年传入印度、日本和菲律宾等国,在 1905 年传入中国。而欧洲的排球运动是由美国士兵于第一次世界大战时带过去的,排球首先出现在法国,后来才传到俄罗斯、捷克、斯洛伐克、波兰等东欧国家。

二、排球运动的发展

排球运动发展到今天,已经拥有了 120 多年的历史,其发展历程可分为三个阶段,包括娱乐排球阶段、竞技排球阶段和现代排球阶段。下面我们来具体探索一下每个阶段的发展历程。

(一)娱乐排球阶段

排球运动从诞生之初,是作为一种娱乐性较强的游戏被人们所接受的。人们隔网拍打,追击嬉戏,以不使球在本方落地为乐趣。起初排球技术简单而粗糙,仅仅是以手拍击球而已。打法也只是争取一次击球过网,如果一次击球击不过去,才有同伴的再击。但是一方无休止地击球的打法也遭到公众的反对,因此出现了必须 3 次击球过网的规定。这一规定一直延续至今,也极大地促进了排球运动中传球等技术的分化。

(二)竞技排球阶段

第二次世界大战后,世界上的一些国家相继成立了自己的排球协会。于是,大家都希望有个统一的组织来开展和组织国际比赛和交流。1947 年 4 月,国际排联正式在法国巴黎成立,并正式审核通过了排球竞赛规则。国际排联的成立和通用排球规则的建立,标志着排球运动开始摆脱娱乐性质正式进入到竞技排球的新阶段。之后,在国际排联的组织和引导下,举办了一系列的排球赛事,包括:1949 年的第 1 届世界男子排球锦标赛,1952 年的第 1 届世界女子排球锦标赛。1957 年被国际奥委会批准为奥运会正式比赛项目。

(三)现代排球阶段

排球运动自 20 世纪 80 年代以后,渐渐进入了现代排球阶段。现代排球的概念范围较广,主要包括全攻全守式排球,排球运动的社会化、商业化、职业化以及"大排球"理念的形成。

1. 全攻全守式排球

20 世纪 80 年代,随着中国女排和美国男排的崛起,引发了排球技战术及指导思想的革命。中国女排取得了辉煌的五连冠成绩,美国男排取得了四连霸的伟绩,到了 20 世纪 90 年代,得到了蓬勃的发展,在世界各个强队的广泛应用和充实下,形成了完整的战术体系,成为世界排球的主流。进入 21 世纪后,世界排坛的格局发生了根本的变化。在女子排球方面:古巴女排走下神坛,一枝独秀的实力不再出现。中国、俄罗斯、意大利、巴西、美国女排呈多强林立的局面。男子排球方面:从诸强纷争改变为巴西队异军突起,自雷纳多执教巴西男排以来,他们先后夺得了 2002 年世界锦标赛、2003 年世界杯这两年的世界男排联赛及 2004 年奥运会的冠军,之后在 2016 年里约奥运会上再次夺得冠军。世界排坛的这种变化,说明了排球运动在不断地快速发展。

2. 排球的社会化、商业化、职业化

1984 年,墨西哥人阿科斯塔当选为国际排联主席。上任伊始他就郑重宣布,他的目标是把排球发展成世界上最受欢迎的运动项目之一。后来,他领导国际排联对机构本身和排球运动进行了一系列的改革和调整,将排球运动推向了市场,他改革赛制、修订规则、配合并利用现代化传播媒介、创办世界男排联赛和女排大奖赛等,把排球运动推到了竞技体坛的高端,取得了巨大的社会效益和经济效益。

3. "大排球"理念的形成

推向市场的排球运动确实在国际体坛产生了轰动效应。国际排联的队伍空前壮大,至 2016 年会员协会已发展到 220 个,是世界上最大的单项运动协会之一。与足球、篮球不同,排球运动的不能持球和球不落地是初学者技能上的难点,而这又恰恰是排球运动内在美的重要组成部分。排球运动为适应不同群体和环境条件的需要,繁衍成为多种多样的运动形式。国际排联不仅有计划、有目的地普及和推广室内 6 人排球,而且还大力提倡开展各种形式的排球运动,开发排球人口。

三、排球运动的特点

(一)群众性广泛

排球场地设备简单,比赛规则容易掌握。既可在球场上比赛和训练,亦可以在一般空地上运动,单人或多人都可以活动,运动量可大可小,适合于不同年龄、不同性别、不同体质、不同训练程度的人。排球是一项全面健身的运动项目,大学生学习掌握排球运动技术有利于养成终身体育的习惯。

(二)形式的多元化

排球运动的场地设备比较简单,可设在室内亦可设在室外。地板、沙地、草地、雪地,甚至水

中都可以进行排球运动。目前有室内 6 人排球、沙滩排球、软式排球、气排球、墙排球、妈妈排球、公园排球、草地排球、校园排球以及专门为残疾人设计的盲人排球和坐式排球等形式。

(三)较高的全面性和技巧性

排球运动规则规定,每个队员都要进行位置轮转,既要到前排扣球与拦网,又要轮到后排防守与接应。要求每个队员都要全面地掌握各项攻、防技术,能在各个位置上比赛。规则规定,比赛中球不能落地,必须将球击出,不能接住或将球抛出,同一名队员不能连续击球两次,三次内必须将重击过网等,击球时间的短暂,击球空间的多变,决定了排球的高超技巧性。

(四)激烈的对抗性

排球比赛中,双方的攻防转换始终是在激烈的对抗中进行。高水平比赛中,对抗的焦点在网上的扣球上。在一场比赛中,夺取一分往往需要经过六七个回合的交锋。水平越高的比赛,对抗争夺得也越激烈。

(五)严密的集体性

排球比赛是集体比赛项目,除发球外,都是在集体配合中进行的。没有严密的集体配合,再好的个人技术也难以发挥,更无法发挥战术的作用。比赛中双方充分利用规则允许的三次击球机会。通过精心设计和巧妙配合,在瞬息间完成攻防转换和完美的战术组合。水平越高的队,集体观念就越强,集体配合越严密。

(六)较强的娱乐性和休闲性

排球运动不拘泥于形式,可隔网游戏。只要有一个合适的空间,无论室内、沙滩还是草地,参与者们都可以享受其中的乐趣。排球是隔网对抗性项目,没有强烈的身体接触,是人们休闲的理想运动。

四、中国的排球运动

(一)"6 人制排球"形成前

排球运动是 1905 年传入我国的。首先是在广州、香港的几所中学中开展,以后陆续传到广东台山、上海、北京等地。当时人们多是聚在一起进行排球活动,比赛并不普遍。1913 年我国首次参加了在菲律宾举行的第 1 届远东运动会的排球比赛,这是史料可查的世界第一场正式国际比赛。中、菲两支球队比赛打得精彩激烈,引起了人们的兴趣,同时促进了我国和远东地区的排球竞赛活动。此后,中国各地逐渐开展了排球的竞赛活动。1914 年第 2 届全国运动会,男子排球被列为正式比赛项目。1915 年在上海举行的第 2 届远东运动会,我国男排首次获得冠军,至1934 年举行了 10 届远东运动会,我国男排共获得 5 次冠军。中国女子排球开展得较晚,1921 年在广东省运动会上首次出现。1930 年的全国运动会上被列为正式比赛项目。从 1923 年开始组织参加第 6 届远东运动会,历经 5 届均获得亚军。

(二)6 人制排球在我国的发展

新中国成立后,为了适应国际比赛的需要,1950 年 7 月,中华全国体育总会第一次介绍了国际排联制定的 6 人制排球竞赛规则和方法,并于 8 月份组成了新中国的第一支男子排球队——中国学生代表队,赴布拉格参加世界学生第二次代表大会的排球比赛。此后又于 1951 年 1 月组建了中国青年男子排球队赴柏林参加第 11 届世界大学生冬季运动会和第 3 届世界青年联欢节。1953 年 8 月中国青年女子排球队首次随中国代表团参加了在布加勒斯特举行的第 1 届国际青年友谊运动会排球赛。1953 年中国排协成立,1954 年国际排联正式接纳中国排协为正式成员。

(三)冲出亚洲,走向世界

1979 年,我国男女排球队第一次双双获得了亚洲锦标赛冠军,并取得参加奥运会资格。1981 年 11 月我国女排在日本第 3 届世界杯中,首次获得世界冠军。全国人民欢欣鼓舞,掀起了学习女排拼搏精神的热潮。紧接着在 1982 年的第 9 届世界女排锦标赛中夺得冠军。继而在 1984 年洛杉矶奥运会上再显神威实现了"三连冠",此后在 1985 年世界杯、1986 年世锦赛中再次夺冠,创造了"五连冠"的壮举。在之后的很多年间,中国男排和女排的成绩都出现了一定的滑坡和下降,但是在排球人的努力下,特别是中国女排,分别于 2003 年、2004 年、2015 年、2016 年夺得世界冠军,再一次让世界看到了中国排球的力量。

第四节　乒乓球运动历史文化

乒乓球运动是我国的国球,深受我国广大人民群众的喜爱。它集健身、竞技、娱乐于一体,具有速度快、变化多、运动量适宜,以及不受年龄、性别和身体条件的限制等特点,在中国和世界上都拥有很多的参与者和爱好者。本节将带领大家去探索一下乒乓球运动的历史文化,使大家对乒乓球运动有一个更深的认识和了解。

本节将从以下几个方面展开阐述,主要包括:乒乓球运动的起源、乒乓球运动的发展、乒乓球运动的特点、中国的乒乓球运动。

一、乒乓球运动的起源

乒乓球的起源可以分为两个阶段,一个阶段是乒乓球的游戏阶段,一个阶段是乒乓球成为竞技项目的阶段。

(一)乒乓球的游戏阶段

乒乓球作为一种游戏起源于英国,它从网球运动派生出来。在 18 世纪末 19 世纪初,英国的一些大学生在室内以餐桌为球台,以书作球网,用羊皮纸贴面作拍子,用橡胶或软木作球,在餐桌上推来挡去,这种游戏吸引了许多人,英国一家杂志对此还进行了报道。1890 年,英格兰越野跑运动员詹姆斯·吉布从美国带来了一些作为玩具的赛璐珞球,由于这种球打起来发出"乒乓"的声音,于是有人称这项运动为"乒乓球"。乒乓球起源阶段的基本特征:一是乒乓球运动在器材和游戏方法上,有明显的网球运动项目痕迹;二是作为体育运动在项目开展水平上,还处在游戏阶段。

(二)乒乓球成为竞技项目的阶段

1926 年 1 月,在柏林国际乒乓球邀请赛期间,在柏林网球俱乐部召开了一次关于建立乒乓球国际组织的座谈会,会议决定成立临时国际乒联,并委托英国乒协举办第一届欧洲乒乓球锦标赛。同年 12 月,在英国伦敦举行的第一届欧洲乒乓球锦标赛期间,举行了第一次全体会议,会议通过了国际乒联章程,讨论和通过了乒乓球竞赛规则草案,推选英国乒协负责人伊沃·蒙塔古为国际乒联第一任主席。国际乒联将此次锦标赛更名第 1 届世界乒乓球锦标赛,每年举办一届。这个阶段,乒乓球逐渐成为竞技项目。

二、乒乓球运动的发展

世界乒乓球运动的发展主要体现在技术流派的发展和变化中,根据乒乓球运动技术的不同发展阶段,可以把乒乓球运动的发展分为以下几个阶段。

(一)削球打法为主阶段

削球打法的下旋削球技术,是欧洲运动员在乒乓球运动发展史上的重要技术创新。所谓削球打法主导时期(即 1926—1951 年),是以削球运动员在这 25 年间所取得的比赛成绩为判定标准。这一时期除了削球技术发展得比较完善外,削球技术类型打法的竞技优势,还得到了器材方面的大力支持,而竞赛规则的修改对削球打法则没有产生根本性影响。

1.这一时期的比赛成绩

1926—1951 年,国际乒乓球联合会举办了 18 届世界乒乓球锦标赛,参加比赛的运动员主要来自于欧洲。在这 25 年间,欧洲运动员取得了全部 117 枚金牌中的 109 枚(应该是 118 枚金牌,由于第 11 届女子单打决赛没有确定冠军,故为 117 枚)。在这一阶段中,削球打法成为优势打法,大部分的金牌都被匈牙利的削球运动员夺得。在 35 个男、女单打金牌中,男子单打的 12 枚金牌和女子单打的 7 枚金牌是由削球运动员获得,占单打金牌总数的 82.85%。

2.削球打法与乒乓球器材改进

削球打法的成功,除了精湛的技艺外,得益于 1902 年英国人库特发明的胶皮拍。胶皮拍的出现改变了使用木板拍以挡球技术为主的初级击球形式,加大了击球的摩擦力,提高了球的旋转。

3.削球打法与乒乓球竞赛规则

1936 年,第 10 届世界乒乓球锦标赛男团决赛时,罗马尼亚和奥地利出场的三名选手均为削球打法。由于水平接近,比赛进行了三天,耗时31小时,结果5∶4,奥地利胜。乒乓球比赛中的这种"马拉松",已经严重影响了乒乓球运动的健康发展。为此,在1937年,国际乒乓球联合会代表大会的各会员国一致同意,决定对比赛器材和规则进行如下修改:限制比赛时间。三局两胜制的比赛时间,不得超过1小时;五局三胜制的比赛不得超过1.45小时。如果在此时间内没有结束比赛,则比分领先者为胜方,并改变球台的尺寸。球台宽由146.4厘米加至152.5厘米,球网高度由17.3厘米降至15.25厘米,球由软球改为硬球。

(二)中远台单面长抽打法为主阶段

这一时期,乒乓球技术开始由欧洲转向亚洲,中远台单面长抽打法是日本人在乒乓球运动发展史上的重要贡献。中远台单面长抽打法主导时期的判定依据,同样是该种打法在比赛中的成绩。中远台单面长抽打法成为主导性打法,除了日本运动员的勤奋努力外,得到了来自器材变革方面的大力支持,而1937年竞赛规则关于加宽球台、降低网高和采用硬球的规定,对中远台单面进攻打法战胜削球打法产生了积极的影响。同样的,也是从三个方面来体现这一阶段的变化。

1. 比赛成绩

1952—1959年,国际乒乓球联合会举办了7届世界乒乓球锦标赛,日本运动员获得了全部49枚金牌中的24枚,其中在1959年第25届比赛中就获得6枚金牌,这是日本乒乓球中远台单面长抽打法最辉煌的时期。

2. 中远台单面长抽打法与器材改进

中远台单面长抽打法的成功首先得益于1951年奥地利人发明的海绵拍。海绵拍的进攻性能和中远台单面长抽技术使得进攻型打法的运动员逐步获得了优异成绩。而海绵胶皮拍击球的力量、速度和潜在的制造旋转性能揭开了乒乓球运动运用强烈上旋进攻技术的序幕。

3. 冲远台单面长抽打法与竞赛规则

在第19届世界乒乓球锦标赛中,日本运动员佐藤博治用一块8毫米的黄色海绵,充分发挥了球拍击球力量大、速度快的特点,运用长抽进攻技术获得了男子单打冠军。这个阶段,由于海绵拍和海绵胶皮拍的使用,使乒乓球运动进入到了追求进攻力量、速度的时期。

(三)近台快攻打法为主阶段

近台快攻打法,是中国人在乒乓球运动发展史上的一项重要的技术创新。近台快攻打法对于速度的认识,一直影响着乒乓球技术发展的方向。近台快攻打法主导时期的判定依据同样是该种打法在比赛中的成绩。中国近台快攻打法产生,是对乒乓球实践规律不断总结的结果。近台快攻打法的竞技优势也获得了来自器材方面的大力支持。

1. 比赛成绩

1960—1969年,在此期间,国际乒乓球联合会举办了5届世界乒乓球锦标赛。中国运动员参加了1961—1966年的3届比赛,获得了这3届比赛21枚金牌中的11枚。其中在1965年第

28 届比赛中获得 5 枚金牌。中国乒乓球近台快攻打法在金牌的争夺上显示了技术上的优势。

2. 近台快攻打法与器材性能发挥

近台快攻打法的成功,是建立在正胶海绵拍提供的速度支持的基础上的。中国乒乓球界形成了站位近台,以左推右攻和两面进攻为主的近台快攻打法。这种打法充分发挥了正胶海绵拍快速的特点。在进攻速度上比中远台长抽要快,同时比较好地解决了反手位的技术(推和反手攻),在技术上比单面长抽技术要先进,这些技术上的创新为战胜日本队提供了重要的技术保证。

3. 近台快攻打法与竞赛规则

1959 年,国际乒乓球联合会就构成球拍的材料、种类、海绵和颗粒胶皮厚度的规定,在第 25 届世界乒乓球锦标赛期间,国际乒乓球联合会会议上进行投票表决,结果以 72 票对 19 票,通过了关于球拍的规则规定,结束了长达 6 年的球拍之争,为乒乓球运动技术的发展提供保证。规则对球拍的明确规定,避免了一些非技术性的争论,有助于刚刚成熟起来的运用正胶海绵拍的近台快攻技术打法的稳定发展。

(四)弧圈球进攻打法兴起和新近台快攻打法继续保持优势时期

这一阶段,在亚洲日本、中国乒乓球运动发展的同时,欧洲乒乓球选手一直处于探索之中。他们从失败和挫折中总结经验教训,学习并发展了日本的弧圈球技术,吸取了中国近台快攻打法的优点,创造了适合他们的以弧圈球为主结合快攻和以快攻为主结合弧圈球这两种先进打法。把乒乓球技术又推到了一个新的水平。

20 世纪 70 年代以来,我国近台快攻打法也有一定的提高和发展,如创新了正、反手高抛发球,发展了推挡技术中的加力推、减力挡和推挤弧圈球,增加了正手快拉小弧圈、正手快带弧圈球等新技术,这些新技术在历届世界锦标赛中显示了一定的威力。

1. 比赛成绩

在这一阶段中,欧洲运动员凭借弧圈球技术,开始向中国及亚洲技术水平逼近,呈现上升的势头,但尚有差距,这点从比赛成绩中可以反映出来。但在其间 9 届世锦赛单打比赛的 18 枚金牌分布中,还可以看出在两种打法的发展方面,弧圈球进攻打法的成绩明显上升。

2. 两种打法与器材变化

乒乓球拍在这一阶段没有本质性的变化,主要使用的是正、反胶海绵拍。但在球拍材料的选用上,开始把碳素纤维用在底板中。在一定程度上,它既提高了击球的速度力量,又能够保证击球的稳定性。在加工过程的精细程度上,考虑到球拍性能与技术打法的结合。

3. 两种打法与竞赛规则

1979 年,第 35 届国际乒乓球联合会代表大会中规定:一场比赛时,第一次使用一个球拍前,若对方要求,应出示球拍的两面。1982 年,规则规定:在比赛时,第一次使用一个球拍前,应允许对手或裁判员检查。1986 年,对击球拍面进行限制:规定必须用黏合有覆盖物的拍面击球。上述规则规定对弧圈球进攻打法和近台快攻打法在技术上没有产生影响。

4.各种打法不断完善和发展

横拍采用两面不同性能的胶皮,进行削攻结合的打法,再加上倒拍来改变正反手发球和搓、削球在旋转上的变化,在乒乓球比赛中成为奇兵。这一打法将原来直拍削球打法又向前推进了一步。直拍采用两面不同性能胶皮的进攻打法,通过倒板技术来变化球性,为进攻创造机会,如倪夏莲。这个阶段,由于对反胶进攻性能的进一步认识,使得乒乓球技术进入了速度和旋转相结合的时代。

(五)弧圈球进攻打法为主时期

弧圈球进攻打法主导时期的标志性事件有两个:一个是1988年的第24届奥运会乒乓球比赛上,中国优秀的直拍正胶近台快攻运动员江加良和陈龙灿,在单打比赛中先后失利;而采用弧圈球进攻打法的瑞典人在第40、41届世界乒乓球锦标赛中,连续获得2届团体冠军和第40、41这两届男子单打冠军。二是在近20年世界乒乓球锦标赛和奥运会的单打冠军,87%是弧圈球进攻打法的运动员。

事实证明,弧圈球进攻打法无疑成为这个时期的主导。这个时期世界各国的主体打法都趋向于弧圈球进攻打法,同时也保留了本国原有打法的特点。

1.比赛成绩

从20世纪80年代末到90年代初,以瑞典为代表的欧洲弧圈球进攻打法,在世界重大比赛中(世界乒乓球锦标赛和奥运会)取得了优异的成绩。中国队通过技术和打法上的不断学习创新,弧圈球技术质量有了明显提高。进入弧圈球进攻打法主导时期不长时间后,在1995年的第43届世界乒乓球锦标赛中,中国队重夺男子团体、男子单打冠军,继续保持着乒乓球强国的优势地位。在这个时期中,中国队整体成绩依然很好。在乒乓球单打世界冠军和奥运会冠军中,弧圈球进攻打法的选手占绝大多数。

2.弧圈球打法与器材的变化

在弧圈球进攻打法主导时期,乒乓球器材的变化受到两个方面的影响:一是弧圈球技术的影响;二是规则变化的影响。规则变化对乒乓球器材的影响主要表现在采用大球方面。大球时代对球拍提出了新的要求,如在底板生产中要考虑大球比原来重了0.2克,来球对底板的冲击力加大这一问题,解决方案是在底板中间加入比较刚性的碳素纤维,保证击球的速度和力量;针对大球变软,球体承受压强的能力有所下降的问题,解决方案是在底板木层的双侧增加具有韧性与高弹力的纤维,来保证击球时底板的力量均匀柔和作用于球体上;针对大球直径加大了2厘米,球体变大的问题,解决方案是用不同硬度层木板和不同性能的纤维,按一定的顺序排列,优化底板的整体结构,从而扩大底板有效的击球范围等等。球拍在技术上的改进为弧圈球进攻打法提供了物质上的有力支持。

3.弧圈球打法与竞赛规则修改

这一时期,乒乓球竞赛规则有了一些重大的变化,这种变化对乒乓球打法发展产生了直接影响,如1992—1993年规则规定:球拍表面的两面颜色必须一面为鲜红色,一面为黑色。这一规定,就使得使用两面不同性能球拍进行倒板的打法,在技术发展上受到限制。相反,这个规定却给弧圈球进攻打法减少了在技术发展上的一个障碍。

在弧圈球进攻主导的时期,由于乒乓球技术的不断完善和器材制造技术水平的提高,乒乓球进入到速度和旋转融合的时代,即人们不再分别来看速度问题和旋转问题,从技术和战术角度讲,速度和旋转呈现出一体化的趋向。

三、乒乓球运动的特点

(一)装备简单且独特

乒乓球器材设备简单,室内室外都可以进行,运动量可大可小,适合不同年龄、性别和身体条件的人参加,很容易被大众所接受。乒乓球速度快、变化多,要求练习者在短时间内对瞬息万变的击球有较强反应能力和应变能力。它能提高人体神经系统的灵敏性、协调性。乒乓球项目有单项、双打、团体项目。团体项目通过个体来实现,所以乒乓球项目可以培养独立思考、单独作战能力,发挥集体主义精神。

(二)竞技能力要求全面

乒乓球运动是以速度、爆发力、灵敏等为主的有氧代谢和非周期性的运动项目。以技术训练为核心,技术战术训练为重点,技术与战术训练紧密结合,并没有明确的区分。乒乓球运动是技能、体能、智能的有机结合体,需要运动员拥有全面的竞技能力。

(三)灵活多样,技术复杂

乒乓球的打法多样,乒乓球项目的打法有快攻、弧圈球和削球之分。球拍有正胶、反胶、长胶、生胶之分。技术风格有狠、稳、变之分,并且每名选手都具有自己的特色,因此参加乒乓球比需要有很强的适应、调节和应变能力。乒乓球运动主要技术大约有8大类81项,而且旋转变化的种类也比较多,典型有26种(基本旋转6种,混合旋转20种),这些变化常常使运动员感到棘手。

四、中国的乒乓球运动

(一)新中国成立之前

1904年,上海一家文具店经理王道平,赴海外采购文具时,在日本看到乒乓球表演,于是买了乒乓球器材带回上海,并在店中亲自做打球示范。引起国人兴趣,来打乒乓球的人日渐增多,中国开始有乒乓球活动。早期乒乓球运动仅在上海、广州、北京、天津等少数大城市开展。1918年,上海率先成立全市乒乓球联合会,后其他一些组织和球队纷纷建立,并于1923年首次举办了乒乓球对抗赛。1935年,中华全国乒乓球协会成立。

（二）新中国成立后

1952 年 10 月，中国乒协加入到国际乒联，举行了第一次全国乒乓球大赛。并组织了中国乒乓球队。之后，一直在参加世乒赛。至今，可以分为以下几个阶段。

1. 起步阶段（1953—1957 年）

1953 年，中国队第一次参加了第 20 届世乒赛。赛后，男队被评为一级第 10 名，女队被评为二级第三名。中国队当时的技术水平是很低的，但是他们没有盲目地跟着外国人后面跑，而是以中国选手的特点为基础，认真研究乒乓球运动的客观规律，虚心学习外国队的长处，不断丰富、提高自己。1957 年，中国队参加了第 24 届世乒赛，男队被评为一级第四名，女队被评为一级第三名。王传耀、孙梅英还分别被评为世界男、女的第七名优秀选手。1953—1957 年，经过努力，中国乒乓球队取得了很大的进步。

2. 腾飞阶段（1959—1965 年）

在 1959 年第 25 届世乒赛上，容国团为祖国夺得了第一个世界冠军。1961 年，在北京举行的第 26 届世乒赛上，中国队获得男团、男单、女单 3 项冠军，4 项亚军和 8 个第三名。这一胜利极大地鼓舞了全国人民，也极大地推动了乒乓球运动的发展，在中国掀起了"乒乓球热"。

1965 年，中国队共获 5 项冠军、4 项亚军和 7 个第三名。国际舆论普遍认为中国是"世界头号乒乓球国家"，称乒乓球为中国的"国球"。1961—1965 年，中国乒乓球运动出现了第一次高峰。

3. 重整旗鼓阶段（1971—1979 年）

1971 年第 31 届世乒赛，中国队艰难地获得了男团冠军，同时还获得女单、女双和混双冠军。到了 1973 年的第 32 届世乒赛，中国队仅获得男女单打和混双 3 项冠军，1975 年只获得男女团体冠军。1977 年获得男女团体和男女双冠军，1979 年的世乒赛上，中国女队获得所有冠军，但是男队却丢掉了所有的冠军。这一阶段，中国队的一些失利，引起了乒乓球界的震动，并提出重新振兴的口号。

4. 再创辉煌阶段（1981—1987 年）

1981 年第 36 届世乒赛，中国队一举夺得全部比赛项目的 7 个冠军和 5 个单项的全部亚军，创造了世乒赛历史的新纪录。在以后的 3 次世乒赛中，中国队每届都获得 6 项冠军。4 届比赛共有锦标 28 个，中国队夺得 25 个，占冠军总数的 89.29％。尽管每届都不容易、项项都不轻松，但中国队在世界乒坛的地位已显而易见。各国都加强了对中国队的研究，并以在 7 个项目中的任何一项、任何一轮打败中国选手为荣。此时期，堪称中国乒乓球运动的第二次高峰。

5. 低谷阶段（1988—1995 年）

1988 年第 24 届奥运会，乒乓球第一次被列为正式比赛项目。中国选手在 4 个比赛项目中获得了男双金牌和女单的金、银、铜牌。尽管在 1992 年第 25 届奥运会乒乓球比赛中，中国队夺得了 4 个比赛项目中的 3 枚金牌，但中国男队在世乒赛中连续 3 届（第 40、41、42 届）与含金量最高的团体和单打冠军无缘；中国女队在第 41 届世乒赛中痛失团体冠军；享有"双保险"之称的邓亚萍和乔红在第 42 届的单打比赛中，均遭淘汰，整个中国女队无人进入单打决赛。

6.世界霸主阶段(1995 年至今)

1995 年第 43 届世乒赛在天津举行，中国队囊括了全部冠军。中国队终于走出低谷，迎来了中国乒乓球运动的第三次高峰。

1996 年的第 26 届奥运会，中国队首次在这项全世界最重大的赛事中夺得了所有乒乓球赛的金牌。第 44 届、45 届世乒赛，中国队都取得了 6 项冠军的好成绩。2000 年的第 27 届奥运会，中国队第二次囊括了所有乒乓球金牌，为中国队在小球时代画上了圆满的句号。2001 年的第 46 届世乒赛，中国队第三次实现了 7 项冠军的大包揽。之后的 2004 年奥运会上，中国队丢掉了男子单打的金牌，促使中国队继续进行技术改进，保持警惕，促使自己更进一步。在后来的 2008、2012、2016 年奥运会上，中国乒乓球队包揽了奥运会所有金牌，登上了世界乒乓球之巅。

第五节　羽毛球运动历史文化

近些年来，随着我国经济社会的快速发展，人民收入的不断增加，人民的消费需求也发生了很大的变化，体育健身需求渐渐成为人们的必需品，而羽毛球运动作为一项竞技性、趣味性、普及性为一体的运动项目，越来越受到人们的喜爱和追求，它已经成为很多都市人民健身的第一选择。本节让我们来学习一下羽毛球运动的历史文化，对其有一个充分的了解。

本节将以下部分来阐述，分别是羽毛球运动的起源、羽毛球运动的发展、中国的羽毛球运动。

一、羽毛球运动的起源

根据相关资料表明，羽毛球运动的起源可以分为"古代羽毛球游戏"和"现代羽毛球运动"。

(一)古代羽毛球游戏

1.中国古代

据考证，羽毛球运动起源于民间体育活动，在几千年前的远古时期，华夏大地就有类似羽毛球的游戏活动存在。当时，苗族祖先在正月间把一些五颜六色的鸡毛做成花毽，然后成群结队玩"打花毽"游戏。游戏在称作"毽塘"的场地上进行。游戏开始，姑娘先向小伙子抛出花毽，然后小伙子用手掌将花毽击打回姑娘一方，一来一往，尽量使之不落地，这种游戏称为"打花毽"。从这些古老的民族传统体育游戏上看，我国古代很早就有了羽毛球游戏。

2.日本古代

据记载，在日本贞享二年(1685 年)的时候，日本女子会一边唱歌式地数数，一边用羽子板做一种"追羽根"的游戏，这种游戏与今日的羽毛球类似。当时的球拍为木质，球是樱桃核插上羽毛做成,球太重飞行速度太快,球极易损坏,加之造价太高,所以这种游戏时兴的时间不长便消失了。

3. 印度古代

在印度古代,印度人时常做一种名叫"扑那"(Poona)的游戏,这种游戏的起源据说是 1820年,在印度孟买城的一条名叫 Poona 街道的居民,做一种类似今日羽毛球运动的游戏,以绒线编织成球形,上插羽毛,人手持木拍,隔网将球在空中来回对击。以后逐渐普及全印度及全世界,因此今日的羽毛球运动,也会被称为印度人的游戏(Indian game)。

(二)现代羽毛球运动

1860年,在英国格拉斯哥郡的伯明顿镇的波福特公爵,在自己的庄园中,接待由印度返英度假的英国军官,由于当时天气太坏,不能出外活动,时间长了,大家感到单调无聊,于是他们中一位印度退役军人便提议在家里玩印度带来的"扑那",这种游戏即是今日羽毛球运动的前身。1893年,英国创立了羽毛球协会,并于 1899年举行了第 1 届全英羽毛球赛。因此,现代羽毛球运动起源于英国。

二、羽毛球运动的发展

在 20 世纪的上半叶,羽毛球运动在欧美迅速发展。英国、丹麦、美国、加拿大等国家的羽毛球运动技术水平进步很快。1934年,成立了国际羽毛球联合会。20 世纪 70—80 年代,世界羽坛成为亚洲的时代,1981年世界羽联和国际羽联合并,共同推动了这项运动的发展,亚洲选手逐渐占据了世界羽毛球的优势地位,男子以中国、印尼、韩国、马来西亚为主,女子以中国、印尼、韩国和日本为首,几乎垄断了汤姆斯杯、尤伯杯世界锦标赛等各种世界大赛的桂冠,世界羽毛球运动技战术进入到了全面发展时期,也为本项目进入奥运会奠定了基础。

1992年,羽毛球运动正式成为奥运会的比赛项目,之后羽毛球运动的技战术发展朝着"快速、全面、进攻、多变、多拍、特长突出"的方向发展。羽毛球运动也进入到了一个新的发展时期。

三、中国的羽毛球运动

(一)传入到中国

现代羽毛球运动于 20 世纪初传入中国,主要是在上海、广州、天津、厦门等外国租界内和基督教青年会、教会学校等地方开展。1944年上海羽毛球协会成立,这是现代羽毛球运动传入中国后最早的羽毛球运动组织。

(二)起步发展阶段

1949年,新中国成立后,羽毛球运动开始起步发展,1953年,中国首次举办以行政区域划分的全国"四项球类"大赛,羽毛球运动被列入正式比赛项目。1956年,在天津举行了第 1 次全国羽毛球比赛,当时一批从国外回来的华侨给我们带来了先进的技术,使我国的羽毛球运动水平得到了长足的进步。

(三)无冕之王阶段

这一阶段主要指的是 20 世纪六七十年代,中国羽毛球运动员学习、继承、创新国外的先进技术,并结合自身特点,形成了一套独特的训练方法。形成了"快、准、狠、活"的技术风格,羽毛球运动水平取得了很大的进步,1963 年和 1964 年,中国队都击败了当时的世界冠军印尼队,1965 年,中国队出访欧洲,取得了全胜的战绩。中国羽毛球运动员汤仙虎从 1963 年到退役的 1975 年期间,在与外国运动员的交战中,保持了全胜。因此,当时的中国羽毛球赢得了国际羽坛"无冕之王"的称号。

(四)辉煌崛起阶段

这一阶段主要是指 20 世纪 80 年代,1981 年 7 月,在美国举行的第 1 届世界运动会羽毛球比赛中,中国运动员一举夺得男子单打、男子双打、女子单打和女子双打共 4 枚金牌。继此之后,在 1982 年首次参加"汤姆斯"杯赛,从印度尼西亚队的手中夺得世界羽毛球男子团体冠军。1984 年,中国女子羽毛球队把世界女子羽毛球团体赛的奖杯"尤伯"杯又捧在怀中。1987 年,在中国北京举行的第 5 届世界羽毛球锦标赛的 5 个单项比赛中,中国羽毛球运动员囊括了全部冠军。至此,中国羽毛球创造了一个国家同时获得并保持了世界羽毛球比赛男女团体赛和 5 个单项个人赛的全部 7 项冠军,这一国际羽坛史无前例的纪录。

(五)独领风骚阶段

从 20 世纪 90 年代末开始,中国羽毛球队在国际大赛中不断取得优异的成绩,到目前为止,中国队已经在苏迪曼杯上取得了六连冠,在奥运会羽毛球比赛中也取得了很好的成绩,中国队在世界羽坛的国际地位不可撼动。

第六节　网球运动历史文化

网球,是一项优美、激烈的体育运动,有世界第二大球类运动的美称。每年,都会有很多的人关注世界上的网球赛事,特别是网球四大满贯赛事,在赛事期间时,吸引着无数人的目光。最近几年,随着我国人民生活水平的提高,对自己健康的关注,参与运动的热情也越来越高,而网球作为一项绅士的运动,自然受到很多人的喜爱。那么,就让我们通过对本节的学习,对网球运动进行一个全方位的认识吧。

本节将通过以下几个方面展开阐述,主要包括:网球运动的起源、网球运动的发展、中国的网球运动。

一、网球运动的起源

网球运动,最早起源于 12—13 世纪法国传教士在教堂回廊里用手掌击球的游戏,法语称"jeu de paume",即用手掌击球的意思。以后这种游戏传入法国宫廷,成为王宫贵族娱乐消遣的一种活动。后来,法国国王路易五世把网球定为王室贵族的专门活动,禁止平民百姓参加。

1873 年英国人 M・温菲尔德改进了早期的网球打法,使之成为夏天能在草坪上进行的一项运动,取名为"草地网球",并出版了一本《草地网球》手册,制定出了最早的网球运动规则。M・温菲尔德因此被人们称为近代网球运动的创始人。在 1896 年第 1 届现代奥运会上网球就被列为正式比赛项目,后来由于国际奥委会和国际网球联会在"业余运动员"和"专业运动员"的定义上有分歧,国际奥委会取消了奥运会中的网球项目。1984 年在第 23 届洛杉矶奥运会上,网球比赛被列为表演项目,1988 年在汉城奥运会上,网球又重新被列为奥运会正式比赛项目。

二、网球运动的发展

(一)网球运动的国际组织

1.国际网球联合会(ITF)

国际网球联合会,简称国际网联,于 1913 年在法国巴黎成立,总部设在伦敦,现有会员国 210 个,其中 145 个为正式会员,65 个为无表决权的联系会员。

国际网联的任务是制定、修改和实施网球规则,在各级水平上促进全世界网球运动的发展,在国际上维护网球运动的利益,促进和鼓励网球的教学,为国际赛事制定和实施规则,裁定国际网联认可的正式网球锦标赛,增强协会会员的影响力,维护联合会的独立,确定运动员的资格,管理业余、职业及业余——职业混和型比赛,合理使用联合会的资金,维护网球界的团结及监督这些规则的实行等。

2.职业网球联合会(ATP)

职业网球联合会(ATP)于 1972 年 9 月成立,旨在保护男子职业网球选手的利益,是世界男子职业网球选手的"自治"组织机构。自 1990 年开始,该协会组织了以协会名为赛事名的全球网球巡回赛事。ATP 系列赛包括以下六种比赛:大师杯赛、世界双打锦标赛、世界队际锦标赛、网球大师赛系列赛、国际黄金系列赛、国际系列赛。

3.职业女子网球联合会(WTA)

职业女子网球联合会(WTA),成立于 1973 年,总部设在佛罗里达的圣彼得斯堡。WTA 的主要职责是负责所有球员的问题。女子职业网球赛包括五个级别的赛事,包括大满贯、皇冠赛、超五巡回赛、顶级巡回赛、国际巡回赛。

（二）网球运动的技战术演变

从网球比赛诞生之日起，网球运动的各种技战术就在不断演变和发展，最早的抽球主要是以正手的平击球为主，反手技术主要是以防守为目的的削球。而现代的网球技术正反手均采用抽击球，主要以快速的强力上旋击球为主，加强了球的旋转速度，落地后前冲性更强。技术打法从早期的稳定的防守型向进攻型转变。目前，世界优秀运动员的打法趋向于既有突出的特长技术，又有全面的技术。即发球力量大、速度快、落点刁钻、旋转变化多；正反手击球技术水平日趋平衡，上旋抽击的旋转击球技术被普遍采用；网前截击技术精准、灵活。网球的技术打法朝着综合战术进攻型打法发展。

（三）网球运动的职业化、商业化发展

随着网球运动在世界上的不断发展，越来越多的人参与到这项运动中来，于是慢慢就出现了网球职业运动员。过去网球的重大比赛一直不允许职业运动员参加。至 1968 年国际网球联合会取消了这一禁令后，世界各大网球赛事便充满了商业色彩。四大网球比赛、各种大奖赛、巡回赛、杯赛的奖金数额都非常巨大。这种高额的奖金刺激极大地调动了运动员参与网球运动的积极性，促使了网球运动员的职业化，从而也推动了网球运动的发展。

三、中国的网球运动

（一）新中国成立前

我国网球运动最早在上海开展，新中国成立以前，法国、德国、英国都在上海建立有网球协会，当时参加网球运动的主要是一些上层人士，广大的人民群众是没有机会和经济能力参加网球运动的，那时的网球运动在中国是一项贵族运动。

（二）新中国成立后

新中国成立后，我国的网球运动在党和政府的关心下得到了极大的发展。1953 年成立了中国网球协会，1980 年我国网球协会被国际网球联合会接纳为正式成员，特别是这些年来，以李娜、郑洁、晏紫、孙甜甜、李婷、彭帅等为代表的中国女子网球运动员，在国际网坛屡创佳绩，李婷、孙甜甜在 2004 年奥运会获得女双冠军后，郑洁、晏紫在 2006 年捧得澳网、温网两座大满贯女双冠军奖杯，特别值得骄傲的是李娜，这个可以载入网球史册的运动员，曾于 2011 年、2014 年分别获得法网和澳网冠军，成为亚洲首位大满贯单打选手，世界排名也曾达到第 2 名，是中国女子网球最著名的运动员，李娜取得成绩不仅给她自身带来了很大的变化，而且推动了网球运动在中国的发展。

这些年来，中国网球运动在相关网球人士的努力下，取得了很大的进步，目前在我国拥有一些著名的网球赛事，主要包括：中国网球公开赛、上海网球大师赛、广州网球公开赛、武汉网球公开赛、深圳网球公开赛、ATP250 成都网球公开赛等。这些赛事的举办和创立，极大地推动了我国网球运动的影响力，促进了我国网球运动的快速发展，现在，在我国，网球作为一项群众性的体育运动项目，越来越受人们的喜爱，各种网球协会、网球俱乐部、网球学校如雨后春笋般涌现。

第二章　球类运动对大学生的价值探究

第一节　大学生的身心发展特点

一、大学生的生理发展特点

我国大学生一般为 18—23 岁,已步入青年中晚期阶段,这一阶段是个体发育、发展的最宝贵、最富特色的阶段。生理发展的急速变化是这一时期的最重要特征。人在大学阶段个体的身高、体重、骨骼、脏腑、性器官等生理发育十分显著,体格、功能、素质和适应能力达到了较高水平。

(一)身体形态发育特点

身体形态主要包括身高、体重、体形等方面。大学生的身体形态发育经过青年初期的发展,逐渐向青年中晚期过渡,从生长的发育期进入生长的稳定期,身体各部分的长度、宽度和围度的生长发育基本完成,身体内部各系统、各器官也渐趋成熟和健全。通过研究资料得知,在 18—25 岁是人体的发育阶段,而大学生正好处于这个阶段之中。随年龄的增加有缓慢增长,之后就会稳定、停止。

1. 身高

身高是人身体发育的最明显标志。身高的发育除受先天遗传因素影响外,还受生活环境、生活条件、营养状况和运动水平等影响。人进入青春期后,身高增加较快,男生每年可增高 10～12 厘米,女生也可增高 5～7 厘米,到了大学期间,身高的增加其实是在明显减缓,这是由于此期的身高增加主要靠脊柱的增长,而脊椎骨的增长是缓慢的、有限的。一般而言,男性在 23—26 岁后,女性在 19—23 岁后,其身高的增长就停止了。根据 1991 年全国体质健康监测资料,在 19—22 岁四年当中,城市男性大学生身高增长值为 0.68 厘米,城市女性增长值为 0.11 厘米;乡村男性增长值为 0.2 厘米,乡村女性增长值为 0.30 厘米。由此看出,大学生的身高增长率的幅度并不大,同时城乡及男女生的差异不大。

2. 体重

大学生的体重增长趋于平稳,体重增加的原因是肌肉和脂肪增加。在性激素的影响下,男生体重的增加以肌肉为主,身体变得粗壮结实而富有力量。女生体重的增加则以脂肪为主,尤其是腹部脂肪增多更为明显。女生的平均骨骼重量比男性轻20%,肌肉的重量约为男性的60%。因此,女生的承受重量的能力要比男生弱不少。1991年全国体质健康监测资料显示,在19—22岁四年当中,城市男生体重增长为1千克,城市女生为负增长(-0.61千克);乡村男生体重增长为1.46千克,乡村女生为负增长(-0.58千克)。结果表明,男生体重为平衡增长,女生则为减重趋势,其原因有待进一步研究。

3. 体型

大学生的第一性征已充分发育,第二性征也已出现。在性激素的作用下,男性表现为体型魁梧,肌肉发达,肩膀宽实,喉结突出,嗓音低沉,胡须浓密。女性则表现为身材窈窕,乳房隆起,嗓音尖细,肢体柔软而丰满,臀部和骨盆宽实,出现阴毛。大学生在校期间,由于年龄增长和营养状况的改善以及体育活动的开展,两性的第二性征更趋成熟,男女生大学期间的形体发育上的变化十分显著。

(二)身体机能发育特点

1. 呼吸系统

随着大学生的生理功能的逐渐发育成熟,其呼吸功能也在增强,表现为肺活量明显增大,呼吸频率相对减低。根据学生体能测试的资料统计,男女学生肺活量的均值,与年龄增长呈现出正相关。相同年龄层次,男生的肺活量都比女生大,男大学生的肺活量可达3 500~4 000毫升,女生为2 500~3 000毫升,女生的平均肺活量约为同龄男生的70%。由于肺活量的大小还与体育锻炼、身体发育等后天因素有关,排除测量仪器等客观因素,应视其与个人的运动能力有关。经常积极参加课内外体育锻炼的男生的最大肺活量可达5 000毫升,而很少运动的大学生其肺活量就相对较低。根据我国某些高校的相关趋势,由于大三、大四以后没有体育课,学生还很少参加课外锻炼,使得大学生在大四时肺活量明显下降,各个年级的肺活量与往年同时段相比也呈现出下降趋势。

2. 循环及血液系统

(1)心脏是血液循环的动力器官。随着年龄的增长,心脏在形态和结构等方面发生一系列变化。大学生的心脏发育,无论在形态还是机能方面,都接近成人的水平。心脏的左心室壁厚而富有弹性,心肌纤维分裂增生能力较强大,心脏的收缩力和血管的弹性都较好,且具有很强的代偿能力和适应能力,可以胜任比较持久、剧烈的体力负荷。根据中国学生体质调研的报告资料,身体健康的大学生在安静时的脉搏频率随着年龄的增长而逐渐下降。18岁时下降的幅度最大,19岁后男女学生的脉搏频率基本稳定,女性稍快于男性。正常情况下,心跳在60~100次/分钟的范围内,由于女生的情绪容易出现大的波动,较易出现窦性心动过速。另外,动脉血压是作为反映心脏功能及血管弹性的一个指标。通常,收缩压在90~140毫米汞柱(12.03~18.72千帕)的范围内,舒张压在60~90毫米汞柱(8~12.03千帕)的范围内。此外,动脉血压也有明显的年龄特点和性别差异,一般随着年龄的增长而逐年升高,19岁以后基本稳定。男生的血压普遍高于女生,这是显而易见的。

（2）血液系统。血液的主要功能是在体内运输各种营养物质和代谢物质,维持身体的酸碱平衡,调节体温并参与机体防御机能。正常情况下,成年人全身血量约占体重的 8%,50 千克体重的人血量约为 4 000 毫升。平时人体的循环血量仅占全身血量的 60% 或 80%,其余部分储存在肝脾。特殊情况时,如献血 200～400 毫升或因为受伤出现失血时,储存的血液即进入循环系统,给予充分供给,让血液系统保持正常循环。由于大学生所处的阶段新陈代谢旺盛,营养吸收利用能力强,因此血液在很短时间内就能得到恢复。有一点要额外注意,有些大学生,尤其是女生,害怕体重增加不敢吃东西,造成不合理的膳食结构而导致营养不良性贫血,严重影响身体健康。

3.神经系统

神经系统,尤其是大脑,是人体机能的重要调节机构,是一切心理活动的物质基础。大学生的大脑及神经系统已基本发育成熟,脑重量已接近于成年人,约 1 500 克,女子在 20 岁左右最重,男子在 20—24 岁最重。大学阶段,大脑继续发育,脑细胞内部的结构和机能不断完善,表现为神经元的联系复杂化和沟回深化等。神经纤维的髓鞘化、增长和分支已接近完成。脑细胞正处于建立联系的上升期,皮层细胞活动增加,兴奋和抑制过程有较好的平衡,联络神经纤维活跃,特别是第二信号系统迅速增强,抽象思维达到高度水平,为思维的发展创造了良好的物质基础。

由于神经系统结构和功能的发展与完善,大学生的高级神经系统的功能达到最佳状态,表现为注意力集中、观察力增强、思维活跃、记忆力完善及想象力丰富。这既是大学生神经系统高度发展和完善的标志,也是大学生经过知识学习和体育锻炼后所形成的一大特征。由此可见,大学生阶段是青年人接受教育的最佳时机,是个体发展的重要时机。

4.能量代谢的特点

人的体力活动是能量消耗的主要因素,脑力活动对营养消耗影响不大,大学异性之间能量消耗的差异主要表现在体力活动方面,与其体力活动的内容及主动性不同有关。

机体消耗的能量必须由膳食来补充。当人体摄入的能量与消耗的能量相等时,机体的能量代谢即处于平衡状态。暂时的能量过剩或不足,可由机体能量储备来调节,通过生化调节糖类、脂肪、蛋白质这三大营养素的消化吸收达到平衡。当能量摄入与其补充消耗所需要的恰好相等时,机体的能量储备保持不变,表现为体重等人体测量指标的稳定。近年来女大学生体重的负增长,说明女大学生的能量代谢处于负平衡状态。故而,体重指标可作为营养摄入的一项简易的评价指标。

5.生殖系统

人体的生长发育与成熟,主要是性功能的成熟,都依赖于内分泌腺的发育和变化。身体随年龄增长而发育,内分泌腺的发展变化,促使人体的生殖系统的发育逐渐成熟。当生殖系统具备了生殖能力时,就是生物学所说的性成熟。男女大学生的性器官和性机能均已发育成熟,男性出现遗精现象,女性则有正常的月经。男性初次遗精一般在 14 岁左右,进入青春期后,大约 80% 的人可出现遗精。女性月经初潮在 13 岁左右,并有逐渐提前的趋势。大学里的男生随着见多识广后比较“开放”,相互之间喜欢讲性方面的笑话,而导致遗精频繁,而大学里的女生则常由于生活环境变迁、情绪紧张等因素而导致闭经、痛经或月经失调。

二、大学生心理发展特点

大学生的心理发展正处在迅速走向成熟的重要阶段。这一时期他们自我意识增强,思维活跃、情感丰富,个性逐渐形成并趋向稳定,其他心理素质也得到发展,并具有强烈的社会性等基本特征。大学阶段,人的心理成熟度远远赶不上知识的增长量,形成较大差距,再加上我国大学特有的校园环境、人际关系以及大学生特有的人生观、社会地位等因素,让大学生出现了明显的身心发展不同步的现象,出现了一系列的矛盾。大学生的心理特征又可以区分为阶段性特征和一般性特征这两个维度。

(一)大学生心理发展的阶段特征

大学生在校期间的 4 年学习生活,一般可以划分为三个阶段,即入学适应阶段、稳定发展阶段和毕业准备阶段。大学生每个阶段的注意问题和任务目标不同,其心理状况也是不同的。

1.入学适应阶段

每一个高考后的孩子,关于大学生活都曾有过一系列美妙的联想:环境优美的校园、灯火阑珊的教室、整洁明亮的宿舍楼,还有因缘分而相聚的兄弟姐妹……然而,在短期内就能迅速适应全新的大学生活,对每个刚成年的孩子来说,无疑检验着自身的心理素质。

大学生活无论在生活环境、人际关系、学习方式、管理制度等方面都与以前的生活有着很大的差异。大一新生经过短暂的生活体验后,当打消兴趣后,各种各样的心理适应问题就慢慢凸显出来。

(1)孤独心理。在大学,来自五湖四海的学生汇集成一个社会的群体,由于他们原来各自的生活习惯、性格、兴趣等方面的不同,难免的会造成一些碰撞、冲突和情感损伤,很容易导致孤独和抑郁。

(2)失落心理。有的学生在以前是"尖子生",经常受到班里赞许的目光,而今在高手如云的新的集体内,昔日那种指点江山的优越感荡然无存,无形之中在心理上产生一种失落感。

(3)自卑的心理。高校有多种学生组织、学生社团,新入学的大一学生对这些既新奇又困惑,他们满怀信心地加入,由于缺乏经验,遭受挫折,容易造成自我否定,觉得自己一无是处,对他们的心理发展十分不利。

(4)茫然心理。人从初中和高中开始都有着明确的奋斗目标,即一切为了中考和高考而努力,每天的生活都有十足的方向感,考入大学后,没有人给他们确立目标,一切生活的方向都由大学生自己来思考和规划,面对这种自由感,学生们反而不知所措,不知道做些什么。

入学适应期是整个大学阶段最困难的时期,而大学新生能否尽快适应大学的生活,则对其在大学期间的个人发展起着重要的作用。大学新生只有努力去适应新的环境,建立新的心理结构,才能实现新的心理平衡。

2.稳定发展阶段

经过适应和调整,大学生基本适应了大学的生活,新的心理平衡已初步建立起来。稳定发展阶段是大学生发展的主要阶段和主体部分,是大学生活全面深化和发展的阶段,也是大学生活中最长久的阶段,会一直延续到大四毕业前夕。

在这一阶段中,大学生步入一个相对稳定的发展时期,形成了自我的意识,自我调整的能力也有所增强,大学生塑造自我、形成自我个性的特质显露无遗,每个人都能塑造出不同的自我。但由于个体处于不断的上升和发展的历程中,经常会遇到很多问题与选择,要求大学生从十字路口中选出走哪条路。比如:对"挂科"的焦虑、人际的互动和竞争等,在解决问题的过程中,他们可能会遇到许多挫折,因失败而哀伤,也因成功而喜悦。同时,大学阶段谈恋爱也是十分正常的,在努力寻求可靠、亲密关系的过程中,也可能会遇到困惑、苦恼,难以自拔。大学生就是经过这些历练逐渐成长起来的。

3. 毕业准备阶段

这个阶段是大学生从校园生活向职业生活过渡的阶段。再次面对环境变迁、角色转变,大学生心理上再掀波澜。不过,此时的大学生受到高等教育的学习和独特的校园生活的陶冶,自主感较强,已经有了很强的自我意识,对未来的生活道路有着美好的憧憬,但理想与现实是有距离的。大学生在此阶段必须开始做好走向社会的心理准备,进一步深入地了解社会,把握好自己在生活中的位置,是所有大学生面临的任务。面对着考研还是就业痛苦的选择、投出无数份简历却不知未来在何方的等待、如何处理毕业后与伴侣的未来时,这对于学生来说又是一个负担,心理冲突是不会少的。这个阶段往往是对大学生各方面素质进行综合考验的阶段,同时又是进一步促进大学生心理成熟的阶段。

(二)大学生心理发展的一般特征

1. 注重对自我的评价和认识

当自我分化为主格我和宾格我时,大学生就既是自我观察、自我评价的主体,又是自我观察、自我评价的客体。于是"眼光"经常朝向自己的内心世界,对过去从来没有注意到的"我"有了新的认识,产生了强烈的了解自己的愿望,迫切地想知道"我是个怎么样的人""我擅长和不擅长什么""我的未来在哪里"于是经常陷入自我沉思和频繁的内省之中。在观察和评价自己时,时而体验到激动和喜悦;时而也有不安和焦虑。青年人对周围人们对他的分析和评价也十分敏感,尤其关心朋友对自己的评价,哪怕是一句平常的评语,也会促使他反复思考,形成心理活动。

大学生有强烈的了解自我的愿望,但正确、客观地了解自己不是一件容易的事情。虽然我们可以接触到自己最隐蔽的思想情感,但也可能会用有利于自己、自我夸大的信息去认识自己,并拒绝承认内心存在的某些真实的观点和欲望,因而往往不能正确、客观地了解自己。这就要求大学生能够勇于面对自己的现实,真实的反映自身,能够善于在社会实践中,在与他人的对比中,把自己作为认识的对象进行客观的自我评价和认识。

2. 思维活跃

思维活跃是当代大学生所具有的重要特征,主要表现在思维的深度、广度达到一定的水平;思维的独立性和批判性增强;思维敏捷但简单片面;此外大学生已具有一定的创造性思维能力,而"怀疑"就是创造性思维的一个重要方面,因此,大学生喜欢对事物的某些规律进行质疑,甚至据此进行推理和逻辑思维判断,产生个人的全新观点。

大学生的抽象思维高度发展。随着知识量的储备逐渐增加,涉及的方面越来越广,抽象思维得到全面的锻炼。他们经常能意识到事物各方面的关联,从而摆脱直接接触当前事物的局限,更加间接地进行演绎或归纳推理,预测未来发展。有时由于他们辩证逻辑思维基础还不够深,社会经验不够丰富,识别能力不够高,容易过分凭借想象与间接抽象思维,导致脱离现实,坚持片面性结论。

3.感情丰富而不稳定

大学生有着丰富、复杂而又强烈的情感世界,形成丰富而敏感的感情世界,注重独立感、自尊心、自信心和好胜心;有强烈的求知欲、好奇心,热爱科学和真理,有着胸怀天下的决心;他们对祖国、社会和集体有深厚的情感,有"苟利国家生死以,岂因祸福避趋之"的责任感,有着对正义感的向往;大学生还想得到纯洁的友谊和甜美的爱情,还积极地在发现美、欣赏美、创造美的活动中体验美的感受。大学时期是人生面临多种选择的时期,学习、交友甚至恋爱等人生大事都要在这一阶段进行。社会、家庭、学校及生活事件,都会对大学生的情绪产生影响。同成年人相比,大学生有着更加敏感的情感变化。一句心灵鸡汤、一件温暖的故事、一首好听的歌曲、一句颇有深意的诗词,都可以使大学生的情绪发生变化。有人对大学生进行调查发现,70%的人情绪都是经常两极波动的,也就是"像波动曲线一样,忽高忽低,忽愉快忽愁闷"。

4.渴望独立和依旧依赖的矛盾心理

进入大学以后,在这个社会化的环境中,大学生的成人感迅速增强。他们渴望独立,强烈要求成为一个真正的"成年人"。同时,大学生活中又有很多事情要他们完全靠自己的能力来处理,这使他们的独立意识迅速发展。但大学生又不能完全形成所有实际问题都能自己来处理的情况,因为在经济上大学生还没有独立,因此,他们仍必须一靠父母、二靠学校。经济上不独立,无法真正做到人格上的独立。所以,在大学生身上,一方面有强烈的独立意识,另一方面却又事事要依赖别人,这就使他们在心理上出现了独立性和依赖性的矛盾。这一矛盾,经常困扰着他们的心灵。

5.理想与现实的矛盾心理

年轻人都会有自己的理想。大学生由于有较高的文化层次,更富有理想,所以一般表现得朝气蓬勃,富于幻想,有远大的理想、信念,憧憬美好的未来,在心理上形成急于自立的倾向。但是一方面,大学生往往对现实生活中可能遇到的困难和阻碍估计不足,所以容易在学习、就业、恋爱等问题上遭受挫折,例如:学习上,所得成绩与自己的期望有很大差距;同学之间相处出现困难,特别是在班级中,自己不像在中学时那样受到尊重,等等。另一方面,社会中出现一些不正之风,这容易影响到大学生,让他们产生沉重的挫折感。有的甚至悲观失望,失去对生活的信心,陷入绝望的境地,这些都是青年学生在理想与现实相矛盾时极易产生的消极影响。

6.性成熟与性心理的矛盾

大学生正处于青年中期,生理发育已基本完成,所以性成熟随之带来的性取向和性欲望是十分正常的。大学校园又都是血气方刚的小伙子和窈窕的小姑娘,每个大学都有充分机会和异性接触,因而性意识的发展以及与之相伴而来的是对性知识的好奇,对异性的爱慕和追求,对发展终身伴侣的追求。恋爱问题是大学生心理发展过程中的重要内容,一方面,性意识的发展带来强烈的按照性别特征来塑造个性和形象的精神向往,每个大学生都会在心里产生一种愿望,即"我想成为什么样的男人或女人";另一方面,性意识的发展也带来了对异性的倾慕与追求,这是每一个处于恋爱时期的大学生都要去面对的一个问题。大学生的性意识以惊人的速度发展,但这种发展又极不平衡,大学生还不能够完全独自处理好异性间的问题,或者他们的经济地位与心理成熟度还不足以应付这种问题与矛盾,从而带来种种不安和烦恼。

大学阶段的学生始终经历着爱与性的矛盾和性压抑所带来的困惑。性心理成熟落后于性生理成熟的现实,导致产生许多与性有关的心理矛盾。性方面的问题既多又隐蔽,使许多人默默忍受痛苦,却没有勇气去接受指教和疏导,这更进一步加剧了大学生的心理困惑、心理冲突。

大学生心理发展的这些特点,反映了他们正在走向成熟的心理发展水平和状态,这些心理特征蕴含着自我更新发展的内在动力,是大学生心理发展的重要根据和基础。

三、生理变化对大学生心理的影响

生理成熟是心理发展的物质基础,生理成熟在一定程度上制约着心理发展的次序和规律,但同时也应该看到,生理成熟只是为心理发展提供可能性,使人的心理发展可以达到一定的程度或水平,这还不是心理发展的现实,也不能保证它一定能实现。人的心理是在与外界的交互作用中发展的。伴随着身体发育的逐步成熟,大学生的心理发展也经历一个由不成熟向成熟、不定型向定型发展的过程。处于青年中期的大学生,生理与心理之间的联动反应也表现得分外明显。

(一)体型变化对大学生心理的影响

身高、体重与胸围等是一种生理指标,它们不仅有生理学上的意义,从一定意义上说,它们还具有某种"社会意义",即能够引起周围人适当的情感和期望。为了追求总体效果和表达,大学生不仅关心自己的容貌体态,还注意到发型、穿着以及化妆打扮等等。与此相联系,更进一步注意到个人的风度、品格、气质修养、知识结构和谈吐方式等。这样做,不仅是为了满足自我意识的需要,也是为了满足人际关系的需要。在大学里,独立的人际交往与日俱增,在与其他人尤其是与异性同学的交往方面,个人都期望能给人留下一个美好而深刻的印象。在交往过程中,有的大学生因为意识到自己的体态、容貌的优点而过度陶醉,充满了"自恋";有的大学生又会因为自己体态和容貌的缺陷而产生孤单和自卑,甚至形成孤僻,这些都需要大学生格外注意。一方面,外貌美并不等于心灵美。在这方面,过分炫耀的行为是十分不好的。另一方面,大学阶段仍处在身体发展阶段,有证据表明,人的身高到25岁左右才逐渐停止发展,体重、胸围等更是可以通过有意识的锻炼而加以调整的,再说,身体美不等于心灵美,从学业、事业的发展与成就中依然能体现出人的美。"失之东隅,收之桑榆""人不可貌相,海水不可斗量",说的都是这个意思。

(二)生理机能变化对大学生心理的影响

由于身体全面发育成熟,大学生显得朝气蓬勃,充满活力。很多在校大学生积极参加体育运动,一方面发展和锻炼自己的体力和运动能力,另一方面也期望通过竞争来证实自己的能力和满足好胜心。有研究表明,运动锻炼能够降低应激反应、调节情绪、增强自信和自尊,促进心理健康、预防和治疗心理疾病。

神经系统,尤其是大脑,是人体机能的重要调节机构,是心理活动的特质基础。大学生大脑皮层的发育,已经基本上达到成熟的水平,这为思维的发展创造了物质基础。皮层细胞活动的数量迅速增加,联络神经纤维高度发达,尤其是第二信号系统的调节能力迅速增强。

循环系统和呼吸系统都对心理发展有积极的促进作用。成熟、完善的循环系统和呼吸系统,能够提供心理发展所必需的物质基础,而发育不完善的循环和呼吸系统,会阻碍心理的健康发展。

青年期,大部分内分泌腺经历了一个急剧发育的过程。它们影响着人体的生长、人的体能、情绪和人体的健康等。比如甲状腺机能亢进,可能会导致神经质、过敏或不安;而甲状腺分泌不足常与一般的呆滞和精神迟钝有联系。

(三)性成熟对大学生心理的影响

生殖机能的成熟,促使性意识的觉醒,性的成熟规律表明,青年性的要求和性意识的产生,是无法避免的自然现象。日本一些专家的研究认为,在12—13岁的男子和13—14岁的女子中,已经有一半左右的人对性的问题发生兴趣。目前,我国的学生缺乏性方面的教育与指导,随着信息化的发展,在戏剧、小说、影视、杂志等各种传播媒介中,性的描写显著增加,让大学生都受到了这方面的影响,这就对教育部门产生了一系列严肃的问题,如"如何看待性方面的内容对大学生的心理影响""怎样对待大学生普遍存在的恋爱现象"等。

大学生们年龄相仿,都处在性意识高度发展的青春期。相同生活背景和共同兴趣爱好使他们有更多的共同语言,通过校园丰富多彩的课余活动,也为增进异性间的了解和接触提供了条件。但是,与性成熟相关联的一系列的性问题,由于受到传统道德观念的束缚,往往只能表现得比较曲折或者压抑,这是造成大学生心理冲突的重要原因之一。据统计,大学生通过自慰行为来满足性冲动的比例是相当高的。

如何通过恰当的途径来调节青年自身性的需要,使之得到升华或替换;如何增强道德观念及道德意志力,使大学生形成妥善处理两性交往、恋爱等问题的内在能力,保证身心健康发展,这不仅是一个理论问题,更是一个现实问题。看来,主要还是要靠大学生的自我努力,同时,家庭、学校和社会也应发挥积极的影响。

总之,人的生理的发展和心理发展是不可分的。生理的发展对心理发展的特殊影响力是不容低估的。

四、大学生情绪与情感发展特点

大学生正处在青年期,具有青年人共有的情绪和情感特征,情感丰富、复杂、不稳定。青年人对人、事、社会现象十分敏感、关注,对友谊、美、爱情、正义等的追求十分执着,通过思考、语言和行动来维护心目中的价值观。他们的情感体验深刻、强烈,感情容易外露,喜怒哀乐常形于表面,在外界刺激下容易冲动、凭感情用事,过后又感到后悔;情绪起伏波动较大,呈两极趋势,有时兴奋状态一下子爆发起来,有时则消沉忧郁,对生活失去兴趣。此外,大学生这一群体由于其独特的社会地位、知识水平、心理发展特点以及生理状况,使得他们的情绪和情感具有鲜明的特点。

（一）稳定性和波动性并存

大学生的情绪情感日趋稳定,对于人、事、物的情绪情感反应能持续较长时间。这是因为大学生随着年龄的增长,知识水平的提高,加上社会和自我的高要求、高期望,在日常生活和活动中,已经具有一定的自我控制情绪的能力,一般能够客观、理智地去面对各种状况,对不良情绪进行自我调适,从总体上看,大学生情绪和情感是比较稳定的。

另一方面,与成年人相比,大学生的情绪情感仍不成熟,突出表现在情绪和情感经常在两极之间起伏、动荡;时而风平浪静,时而波涛汹涌;时而乐观向上,时而颓废迷惘;呈现出波动性的特征。这种波动性是由大学生在生理、心理和社会性三方面发展的特点决定的。

大学生的生理发展已经成熟,由于性成熟和性激素分泌旺盛,使大脑皮层和皮层下中枢之间出现暂时的不平衡,易产生情绪波动。另外,从人体生物节律来看,人的体力、情绪和智力都有周期性的变化,处在高潮时,人感到体力充沛、心情愉快、思维敏捷;处在低潮期时则正好相反,人会觉得疲劳乏力、心情沮丧、思维迟钝,也呈波动的特点。

大学生的心理发展正处于由不成熟向成熟过渡的时期,产生各种内心矛盾并不断冲突,如独立与依赖、自尊与自卑、理想与现实、闭锁与开放等,这些内心矛盾和冲突常常会打破大学生的心理平衡状态,引起情绪和情感的波动起伏。

大学生的社会性发展尚未成熟,对于社会和国家的一些事物中表现为极度敏感、活跃,但是人生观的不稳定、认识上的不成熟往往使他们不能对社会现实和现象进行全面分析,容易以偏概全、全面肯定和全面否定,难以达到客观评价,在遇到困难和挫折时,更容易陷入失望的谷底,难以走出来。

总之,由于大学生自身在生理、心理和社会性发展上的不平衡,他们的情绪和情感呈现出忽高忽低、激烈多变的两极波动,并与稳定性共存,形成稳中有动的特点。

（二）丰富性和复杂性并存

大学生的情绪和情感丰富复杂,表现形式多种多样。

首先,大学生的情绪和情感极为丰富,不论是在日常生活、学习、交往中,还是在从事社会活动时,无不带有浓厚的感情色彩。大学生在自我情感体验方面敏感丰富,注重独立感、自尊心、自信心和好胜心。

其次,这些丰富的情感在表现形式上复杂多样,呈现出外显和闭锁、克制和冲动交错的特征。通常情况下,大学生对外部刺激的反应迅速、敏感,喜怒哀乐溢于言表,心里想的和面部呈现的是完全相同的,呈现出明显的外显性特点。例如,因为支持的球队进球了而欢呼雀跃,因比赛失利而垂头丧气。然而,在一些特定场景和事件上,大学生情绪的外在表现和内心体验却并不相同,有时会把自己内心的真实情感隐藏起来,让大家看不出来。例如,当大学生感受到不友好、不公正的对待和压制时,感受到不理解和不尊重时,在对立紧张的情况下,就会隐瞒内心,不轻易表露自己的真情实感。有时,还会采用反向的方法强行隐瞒自己真实的内心,就像鲁迅先生塑造的阿Q一样。这就是大学生情绪和情感的闭锁性特点,它与情绪的外显性是交错共存的,只要受到应有的理解和尊重,对他们进行关心与帮助,大学生就会敞开心扉,表露真实情感。大学生正处在青年期,他们精力充沛、血气方刚,容易受到外界刺激,采取过激情绪和行为,尤其是受到敌对和挑衅时,容易出现失控状态,呈现出冲动性的特点。大学生对自己的情绪和行为有一定的自制力,多数情况下都能用理智克制冲动,自我约束、自我调节,因而冲动性和克制性并存。

(三)阶段性和层次性并存

大学生情绪和情感的发展呈现出明显的阶段性和层次性的特点。一方面,随着年龄的增长、知识的积累和阅历的增加,不同年级的大学生各有特点;另一方面,相同班级的同学由于成绩、能力等方面的差异,又表现出不同层次的情绪和情感特点,这两方面是共同存在的。

1.不同年级阶段大学生情绪和情感的特点

(1)低年级学生因为刚刚跨入大学校园,感到了重获新生,心中涌动着成为一名大学生的自豪感,对校园中的一切都感到新鲜、好奇,总体感觉是轻松和愉快;但是,有的学生因为没有考到心仪的学校,没有进入理想的专业,没有在新的班级中找到合适的位置,就会感觉到理想中的大学生活与现实中的大学生活产生极度落差,许多大学生感到强烈的失望、迷惑和自卑。同学间的竞争、课程学习的压力、对于大学教育教学方法的不适应,陌生的环境、陌生的同学,使得低年级大学生逐渐产生出念旧感,怀念家乡,思念父母,想念老同学。因而,大一同学的情绪和情感体现出自豪感和自卑感交织、轻松感和压力感交织、新鲜感和恋旧感交织的特点。

(2)大二和大三的大学生经过一年的调整后,开始融入大学的生活和学习,适应性情感增强,表现在:专业思想渐趋稳定,学习兴趣浓厚,求知欲强,思维活跃,对自我的认识进一步深入,独立感、自尊感和自信心得到发展。此时大学生的人际交往逐渐增多,与班级同学的感情较为密切,并建立起深厚的友谊,一些大学生还开始了对爱情的追求。大二、大三的学生爱好广泛,愿意参加社会实践活动,开始拥有了社会责任感、义务感、荣誉感和审美感,情绪和情感总体看来较为平稳。

(3)大四学生作为最高年级,经过了整整四年的学习,即将告别母校,走向社会。此时他们的社会责任感明显增强,感情生活日趋丰富,主要表现为更多地关心个人与社会的关系,规划人生的下一步如何选择。毕业在即,他们大多在考虑还有没有挂科、论文怎么写、之后是去考研还是找工作、和异性朋友是否继续走下去等问题,因此紧迫感和忧虑感十分明显,同时对母校产生依恋之情,对即将分开的兄弟姐妹产生不舍之情。但是也有个别大学生,因为就业等事情受到挫折,产生愤怒、焦虑、紧张的情绪,这需要引起注意,老师要加以教育和引导。

2.不同层次大学生情绪和情感特点

按在校学习成绩、表现及能力,可以将大学生分为优秀生和一般生,现就这两个层次学生的情绪和情感特点进行论述。

(1)优秀生的独立感、自尊心和自信心较强,情绪大多积极、愉快、乐观,他们的求知欲极强,学习兴趣浓厚,能体验到获取知识和有所创造时的快乐,对班集体的责任感和荣誉感较强。

(2)一般生的内心充满了矛盾,一方面他们还有努力学习的渴望,想拿到更高的分数,不给自己的毕业留下后患,另一方面他们没有毅力和恒心,常常半途而废,因而内心常常感到苦恼、痛苦、自责,他们既有强烈的自卑感,又有一定的自尊心,最忌别人揭短,怕人瞧不起。

第二节　球类运动与大学生生理健康

一、足球运动与大学生生理健康

　　足球运动是一项全身性、综合性的集体运动项目,具有很高的健身价值,对于大学生来说,能促进他们的生理健康。足球比赛时,要通过各种形式的有球和无球活动,如触球、停球、盘带、头球、抢断、拦截以及奔跑、急停、转身、倒地、跳跃、冲撞等,全面发展大学生的各项身体素质,进而能发展他们的体能。

　　体能通常分为与健康有关的体能和与动作技能有关的体能:前者包括心肺耐力、柔韧性、肌肉力量和耐力、身体成分等;后者是指从事运动所需的速度、力量、灵敏性、协调性、平衡和反应等。从足球运动所需要的体能来看,几乎涵盖了体能的所有内容。因此,经常参加足球运动能全面地发展大学生的体能,使新陈代谢加强,身体成分得到改善,能够保证身体各系统正常运转,促进身体健康。

　　足球运动作为世界第一运动,是全面锻炼和健全体魄的良好手段,是大学生非常喜欢的一项运动。经常从事足球运动,可以提高大学生的力量、速度、灵敏、耐力、柔韧等身体素质,并能使大学生的高级神经活动得到改善,尤其是能增强心血管系统、呼吸系统等内脏器官的功能,从而促进大学生生理健康。据测定,一名优秀足球运动员的肺活量比正常人要多 2 000～3 500 毫升,安静时的心率要比正常人低 15～22 次/分钟。

二、篮球运动与大学生生理健康

(一)促进肌肉发育

　　篮球是一项集力量、爆发力、耐力、速度、灵敏性和柔韧性于一体的运动项目。在大学生的篮球比赛中,能充分表现出力量对抗,可使肌肉得到最大限度的发展。如快攻中快速推进表现出的速度,可使快肌纤维增粗;而运动中表现出的耐力,可使肌纤维线粒体数量增加,体积增大。

　　大学生在进行篮球运动中肌肉反复的牵拉,可以使肌肉变得结实,抗牵拉强度提高,从而增强肌肉抗断能力。研究表明,力量练习可使肌膜增厚,抗牵拉强度提高。

　　在篮球运动中,身体上的肌肉群共同收缩、相互配合、共同协调,可确保动作的正确完成。大学生打球需要快速启动、变向跑、侧身跑、变速跑、运球变向、急起急停、急停跳投、攻防转换等技术。这些技术都是以人的踝、膝、髋为轴,通过脚的力量、腰腹力量、手臂摆动力量带动躯干灵活地运动,从而来改变身体位置、方向和速度。篮球运动能改善和提高这些肌群的协调性,使肌肉收缩能以最有效、最经济的方式来完成某一动作,肌肉收缩的效率得到充分发挥。

（二）提高心脏机能

1.心肌收缩力增强

篮球竞赛是一项时间较长、强度较大的运动项目。在篮球运动中,心的输出量持续保持在一个较高水平,使心肌合成代谢增强,心肌收缩蛋白增加,心肌纤维有不同程度的增粗肥大,心肌细胞的功能活动增强,同时毛细血管功能活动增强,有利于心肌运动时氧的弥散与营养物质的供应。研究表明,篮球运动可使大学生心肌细胞内毛细血管分布与功能结构增多。心脏的这些结构与功能的改变,将有利于心肌有氧氧化供能,使心力储备和心肌收缩功能增强,每搏输出量增加。

2.心腔扩大

运动时由于肌肉活动,需要消耗大量的氧气和营养物质,同时产生较多的二氧化碳等代谢产物。与此相适应,必须加快血液循环,输送氧料,带走代谢物。因此,大学生经常从事篮球运动,会使心肌增厚,心腔扩大。

（三）提高肺活量

正常成年男性的肺活量为 3 500 毫升左右,女性约为 2 500 毫升。经常参加篮球运动,能使大学生的呼吸肌得到发展、胸围加大、呼吸深度加深、肺和胸廓弹性增强、安静时呼吸次数降低、肺活量增大。研究表明篮球运动员的肺活量较常人高,优秀运动员可达 7000 毫升左右。经常参加篮球运动的大学生肺活量明显增加,有氧运动能力有显著提高,这说明篮球运动对改善机体的生理机能有积极的影响。

（四）加快反应速度

所谓反应速度是指人对各种信号刺激快速应答的能力。这种能力取决于信号通过神经传导所需时间的长短。打球时,在看到进攻队员传球或者投篮时能迅速、准确地做出判断,并同时做出相应的技术动作,这就是良好的反应速度。大学生经常参加篮球运动可以提高感受器的敏感程度,感受器越敏感,越能缩短对各种信号刺激的感受,优化传导途径,提高中枢神经系统的兴奋性,使反应时间缩短。

（五）增强爆发力

1.加大起动速度

篮球运动中的快攻、突然启动、抢断和投篮都需要起动速度,这就要求大学生必须有良好的爆发力。通过快速、突变的脚步动作,在全身协调配合下使身体的位置、方向和速度发生变化,并运用基本技术,才可更好地达到进攻时摆脱防守,防守时锁住对手,进而取得优势。大学生经常参加篮球运动可以提高起动速度。

2.提高弹跳力

现代篮球运动中争夺高空优势尤为重要。球员对球的争夺与控制都是依据临场的变化而进行的,因而运动员在瞬间的变化中争夺篮板球、抢断、封盖等,都要具备良好的弹跳力。在篮球运动中,有时为争夺一个球需要进行连续起跳。实践证明,大学生经常从事篮球运动能提高弹跳能力。

三、排球运动与大学生生理健康

(一)提高神经系统与运动中枢

神经系统由中枢神经系统和周围神经系统两部分组成。人的所有活动都是在神经系统的支配下进行的,运动器官的每一个动作、身体器官系统的生理活动都以刺激的形式作用于神经系统。神经系统是人体发育最早、最快的系统。排球运动能有效提高脑细胞生理功能,使大学生的神经细胞的兴奋强度、反应速度、兴奋抑制转换的灵活性及均衡性得到提高。另外,经常参加排球运动能预防神经衰弱,运动使大脑的兴奋与抑制两种功能保持平衡,以防止功能性神经衰弱疾病的发生。

(二)增强呼吸系统机能

人体参与呼吸的器官,包括鼻、喉、气管、支气管和肺脏,总称为呼吸系统。大学生在进行排球运动时对氧的需求量增加,呼吸频率加快。为了适应这一需求,呼吸系统的各个器官逐渐改善自身机能,使更多的肺部组织参与气体交换,提高摄氧能力。呼吸机能的改善,表现在以下两方面。

1.呼吸肌逐渐发达、有力、耐久,肺活量增大

排球运动使大学生的呼吸肌增强,胸围增大。扩大的胸廓,又有利于肺组织的生长发育和肺的扩张,使肺活量增加。

2.呼吸深度加深,呼吸效率提高

一般人的呼吸浅而急促;而经常参加排球运动的大学生比一般人有更大的肺活量,所以呼吸深而缓慢,这就使呼吸肌有较多的休息时间。因此,排球运动使人的呼吸效率更高,呼吸系统不易疲劳。

(三)促进血液循环

血液循环系统是由心脏和血管组成的,所以又叫心血管系统。血管是供血液流通的通道,遍布人体。血液是担负运输养料和氧气、排除代谢产物和二氧化碳的载体。心脏是生命的"发动机",推动血液在血管里不断地流动,以便把氧气和营养物质运送到身体各处,同时把组织、细胞在新陈代谢过程中产生的二氧化碳和废物运送到肺、肾和皮肤等处,排出体外。排球运动能使心

血管系统的机能得到明显增强,也就是能促进血液循环,使血管弹性增加、心肌变得肥厚、心动徐缓和血压降低。随着人们生活水平的提高,"文明病"也必然随之增多,目前世界上有不少的人死于心血管疾病。排球可以减少胆固醇在动脉壁上的沉积,预防或减轻动脉粥样硬化,从而对高血压和冠心病均起到良好的防治作用。

(四)改善消化系统

1.促进食物的消化和营养物质的吸收

胃肠是人体消化食物的主要器官,胃肠消化能力的好坏对身体健康的影响很大。经常进行排球运动,消化腺分泌的消化液就更多,消化管道的蠕动就更强,胃肠的血液循环就更加得到改善。

2.增进肝脏的健康

肝脏是人体的最大腺体,它也是一个重要的消化腺,经常进行排球运动能使肝脏的机能提高,更有利于食物的消化。排球运动时,糖的消耗增加,肝脏的"后勤供应"工作加重,从而使其机能受到锻炼而得到发展。

(五)提高运动系统

人体的运动是由运动系统实现的。运动系统由 206 块骨骼、400 多块肌肉以及关节等构成。排球运动可以使运动系统产生良好的适应性变化。

1.肌肉结构及机能的变化

组成人体肌肉的基本单位是肌纤维,许多肌纤维排列成肌束,许多肌束聚集在一起构成一块肌肉。人体在运动时,骨骼肌是运动系统的主动部分,人体的任何运动首先都表现为肌肉运动。排球运动时,肌肉工作加强,血液供应增加,蛋白质等营养物质的吸收与储存能力增强,肌纤维增粗,因而肌肉逐渐变得更加粗壮、结实,肌肉力量增强。随着肌肉形态结构的改变,肌肉的机能也得到提高,神经系统对肌肉的控制能力增强,肌肉的反应速度、准确性和协调性都有明显提高,肌肉工作时能量消耗下降,效率提高。

2.骨骼和关节的变化

骨骼是人体内最坚固的结构,共有 206 块。骨骼组成人体的支架,赋予人体基本形态,起着保护脑、脊髓、心、肺等重要器官的作用。骨骼的生长发育不仅对大学生的形态发育有重要的影响,而且对内脏器官的发育,对大学生的能力也有重要的影响。排球运动可以改变骨的结构。经常从事排球运动可以增强骨质。排球运动引起肌肉对骨骼的牵拉和重压,使骨骼不仅在形态方面产生了变化,而且使骨骼的机械性能也得到提高。排球运动还可以增加关节面软骨和骨密度的厚度,并可使关节周围的肌肉发达、力量增强、关节囊和韧带增厚,因而可使关节的稳固性加强,使关节抗负荷能力加强,从而有效减少伤害事故的发生。

四、乒乓球运动与大学生生理健康

(一)提升心肺功能

心肺功能对于大学生的生命活动能力有着重要的作用,而乒乓球运动正是一种可以增强心肺功能的有效方法。

乒乓球运动是一项适合于大学生参与的有氧运动。一般来讲,在有氧状态下进行锻炼,只要保持呼吸均匀,保证供氧充足,各组织、器官就能获得充足的氧气和营养供应,心脏能在均衡状态下保持规律性的运动,而不会出现心悸与气短的现象。在这样一种轻松愉快的状态下锻炼,让大学生兴趣盎然,尽可能长时间的保持锻炼。在这样一种氧气和营养供应充足的状态下进行锻炼,大学生的心肌收缩力会得到有效的提高,泵血能力也会大大增强,从而使其他组织、器官得到更充足的氧气和营养供应,促使外围组织、器官,特别是骨骼肌发达,使大学生腿脚灵活、反应迅速、思维敏捷。

经常从事乒乓球运动,不仅可以锻炼呼吸肌的力量,还可以增强胸廓的活动度,同时使肺容纳气体的能力得以增强。因为一般的安静的或是小强度的运动只需要 1/12 的肺泡扩张充气、呼吸肌以较小的力量收缩即可,胸廓也不必达到最大容积。而进行乒乓球运动时,机体需氧量增加,大部分肺泡扩张充气,呼吸肌有力地收缩,胸廓也扩张到最大容积,这些都非常有利于呼吸运动能力的提高,并可以有效防止肺气肿等疾病的发生。

(二)提高肌肉速度力量

肌肉的发达主要是通过锻炼来实现的。攥紧拳头同时屈前臂时,我们上臂前面的肌肉隆起就是肱二头肌收缩的表现。人体的各种运动都是通过肌肉的收缩和舒张来带动骨骼与关节运动而实现的;而肌腱的功能则是连接肌肉与骨骼。每块肌肉又是由许多条肌束构成的,肌束又是由许多条肌丝组成的。肌肉的收缩正是由肌丝的相互滑动来实现的,肌丝的相互重叠表现为肌肉收缩,重叠的部分减少则表现为肌肉舒张。肌肉的收缩是一个消耗能量的过程。

在乒乓球运动中,大学生的每一个动作都必须包含移动与还原两个部分,而每完成一个动作所要涉及的肌肉群很多,包括上肢、下肢、头部、腰部等。任何一个动作所涉及的肌肉都要经过收缩与舒张两个阶段;因为乒乓球练习过程需要进行成千上万次的反复运动,所以肌肉也就会经历成千上万次的锻炼。肌肉的主动收缩与舒张会大大增加肌肉中的血液流量,从而增强肌肉的新陈代谢,让肌肉获得营养和氧气;长此以往,就会使肌纤维中的蛋白质增加,使肌肉变得粗壮有力,使肌肉的速度力量大大增强;这样不但有利于乒乓球技术水平的提高,更有利于健康。

五、羽毛球运动与大学生生理健康

羽毛球运动之所以受到大家的喜爱,是因为它具有很高的锻炼价值。它的娱乐属性能让大学生感到满足和愉悦自娱自乐;能全面地锻炼身体,增强体质,培养顽强的毅力和良好的道德风尚;其优美的运动形式,具有观赏价值。

羽毛球运动可以全面增强大学生的体质。前场、后场的快速移动,中场的起跳扣杀、跨步救球,网前的轻吊,双打时的配合换位等,都需要击球者有较好的力量、速度、灵敏性和柔韧性等素质。熟悉和掌握各种技术的过程,就是提高身体素质的过程。根据有关技术统计资料分析,一场高水平的、激烈的、打完全场的羽毛球比赛需时 1～1.5 小时,运动员在 35 平方米的场地上,做500 次左右的前、后、左、右不断变向的移动。因此,经常从事此项运动可以发展灵活性与协调性,可以提高大学生的上下肢及躯干的活动能力,改善呼吸系统和心血管系统的功能。

六、网球运动与大学生生理健康

网球是典型的以有氧为主、无氧为辅的运动项目,运动中既有有氧供能又有无氧供能,可以很好地发展耐力素质。职业比赛的运动量非常大,运动员没有良好的心肺功能难以胜任一场漫长艰苦的网球比赛。对于大学生而言,经常进行具有一定强度的、较长时间的网球锻炼,可以使心肺功能大大改善和提高,进而提高耐力素质。

网球运动对力量素质的要求也比较高,这是因为网球拍本身就具有一定的重量,网球拍的重量比乒乓球拍和羽毛球拍的重量都要大,需要用更大的力量去持拍,完成挥打动作。因此,力量是网球运动的基础,通过网球锻炼也会促进力量素质的提高,所以打网球能让大学生看起来更加强壮。

网球运动也可以发展身体灵敏素质。在网球运动中,球速较快,球的运动轨迹与旋转瞬息万变,这就要求大学生对于来球能做出快速反应,及时选择相应的技术动作方法完成击球,这对于发展人体的灵敏素质益处极大。

由于各项身体素质都得到锻炼和提高,大学生处于一个积极的发展阶段,这对于控制体重、提高心血管系统能力,降低血脂血压、预防骨质疏松、保持生命活力、延缓衰老等都有良好的作用。

第三节 球类运动与大学生心理健康

一、足球运动与大学生心理健康

(一)提高认识能力

足球运动有一个特点,即在运动或高速运动中要求运动者既要能对来球做出迅速准确地感知与判断,又能迅速感知、协调自己的身体以保证动作的完成。这样长期的运动促进当代大学生认识与感受能力的发展,提高大学生的反应速度和直觉判断能力,让大学生变得敏锐、灵活。

(二)培养意志品质

意志品质是指一个人的目的性、自觉性、自信性、坚韧性、自制力以及勇敢顽强和主动独立等精神,意志品质在克服困难的过程中得到培养和表现,大学生越能克服困难也就越能培养良好的意志品质。足球活动能够让大学生遇到困难并受到磨炼,是培养意志品质的重要途径。

(三)获得良好情绪体验

足球运动对心理健康影响的主要标志之一就是情绪状态,也是人的自然需要是否得到满足而产生的一种体验。情绪几乎融入大学生的所有活动,对其的行为活动起着很大的调节作用。而足球运动直接可以带来愉快和高兴,让大学生缓解焦虑和不安,从而实现改善心理健康的目的。伯格研究认为,有规律地从事中等强度活动的锻炼者,每次活动 20～30 分钟有利于情绪的改善。

通过足球运动行为的替代作用,减轻或消除情绪障碍。当下在大学中,因为这样或那样的问题,有的是生活上的,有的是学习上的,还有人际关系上的,等等,大学生的心理都会遇到不良的情绪体验。通过足球运动可以使不良的情绪状态得到改善,心理承受能力得到提高。

(四)处理应激反应

足球运动具有减轻应激反应以降低紧张情绪的作用,通过意志上的锤炼,增强大学生的心理坚韧性。有实践表明一些高应激反应的成人参加散步或慢跑训练,或接受应激灌输训练,其中接受任何一种训练方法的被试者都比控制被试处理应激情境的能力强。相关学者指出,与习惯坐着的人相比,从事足球运动的人更少的出现生理上的应激反应,如果有也能尽快地从中恢复过来,这说明足球运动在降低应激反应方面有积极作用。大学生的情绪波动比较大,容易受到过度的应激反应,因此参加足球运动是十分有意义的。

(五)形成集体荣誉感

集体荣誉感就是无论在什么地方、什么时候都能认识到维护集体荣誉的重要性和必要性。足球运动是一项集体运动项目,它需要多人间的团队协作、精诚团结、紧密配合。在全体参加者的默契配合中,与对手斗智斗力,经过艰苦的比赛取得最后的胜利,从而得到成就感,每个人作为集体一员都有一种自豪感。因此足球运动能让大学生在自己掌握基本技术的前提下,提高与他人合作的配合技能,体会到成功是靠大家的默契配合、情感的投入才能取得,而不是仅靠个人的一己之力就能取得。

二、篮球运动与大学生心理健康

(一)提高健康幸福感

健康幸福感也称心理自我良好感,是指与积极参加身体锻炼有关的某种兴奋、自信和自尊的情绪和态度体验。它是心理健康的重要标志之一。

研究统计表明,健康幸福感与长期锻炼身体的累积呈正相关。积极参加篮球运动的大学生的我感受和评价更积极,其中女生比男生的程度更高。这是由于身体产生了内心愉快和乐趣的结果,也可能是由于女大学生比男大学生更富于感情色彩和更具有自我投入的倾向。通过篮球锻炼身体对健康幸福感产生积极影响的原因有生理的、心理的和社会的,三者都有作用和影响。值得注意的是健康幸福感的增加,实质上与消极情绪的减少有密切联系。有研究表明,锻炼身体30分钟即能使紧张、困惑、疲劳、焦虑、抑郁和愤怒等不良的情绪状态明显改善,同时使精力保持在较高水平。因此,紧张、焦虑、抑郁、困惑、疲劳及气愤等消极情绪的减少,本身也意味着健康幸福感的增强。在篮球运动中,大学生每投进去了一个漂亮的3分球,完成一记漂亮的封盖,助攻队友轻松得分,当球队取得胜利时,个体会以自我欣赏的方式传递其成就信息于大脑,体验成就效应,从而产生自我成就的认识和情感体验,产生愉快、振奋和健康幸福感。

(二)减轻焦虑和抑郁

焦虑是一种对当前或预计的威胁所反映出的恐惧和不安的情绪状态。与紧张、焦虑等消极情绪相比,抑郁属更深层的复合性负面情绪,它可能是伴随人生价值的失落感而产生的悲伤、恐惧、焦虑及羞愧甚至负罪感,其持续时间更长,给人带来的痛苦更大。抑郁症的临床特点为悲观、悲伤、失助感、低自尊和绝望,易疲劳、易怒、优柔寡断、回避社交和厌世,最终甚至会结束自己的生命。

大量研究表明,短期身体活动或身体锻炼对于大学生的应激症状可起到短时间的降低作用,而长期参加篮球锻炼则对心理疾病患者的焦虑、抑郁具有长期稳定的缓解作用。在篮球活动中,大学生不用去想别的,全身心地投入每一个运球、奔跑、投篮、传球之中,完全忘记了压力,对焦虑和抑郁症状的改善具有积极作用。对于那些性情怪僻、郁郁寡欢、不愿与人交往的大学生来说,在篮球运动过程中,肯定要进行相互沟通,而通过每一句话语,每一个眼神,会产生相互信任、相互依靠的情感。通过参加篮球运动,不仅可以增进快乐、调节情绪、振奋精神,而且这种积极的情绪状态可以使大学生得到自信、自尊、自豪、自强,并使烦恼、焦虑、抑郁、自卑等不良情绪得以解除。所以,长期参加篮球运动,对于那些有抑郁症的大学生来说,具有一定的改善和治疗作用。

(三)塑造健全的人格精神

人格精神即指包括气质、能力、性格和理想、信念、动机、兴趣、人生观等各方面能够得到协调与平衡发展,人格作为人的整体的精神面貌能够完整、协调、和谐地表现出来。

篮球运动从宏观上看是群体的竞争,从微观上看又是群体中个体之间的身体冲突和技巧智能的直接对抗。篮球运动中的每一个环节,都要求个体在充分发挥自身特点和水平的基础上,构成整体实力,或者说群体的默契配合依赖于个体的技巧和智能的充分发挥。篮球运动复杂多变,每一个瞬间都要求个体必须做出正确的观察判断,独立果断地选择个人战术行动。篮球比赛中,运动员运用技战术的时机很重要,一个人在传球、跑位、盯人上的失误往往会影响本队局面的发展。篮球运动的这种特点表明,艰难中需要勇气,常态下需要创新,只有个性鲜明、人格独立的人才敢于冒险和创新,才有可能在极端复杂困难的条件下坚持与强有力的对手进行顽强的斗争,并取得比赛的最终胜利,立下奇功。篮球比赛的竞争可以最直接、最有力度地表现人的本质力量。

通过篮球比赛,不仅能够锻炼大学生坚韧不拔、勇敢顽强的意志品质,而且对他们的自觉性、目的性、果断性以及自制力、坚持力、创造性等均有极大的影响,所以篮球运动可以实现人的个性的自由发展。篮球比赛的表层意义是"追寻胜利",而深层的意义是"功利、目的、欲望的自我实现与升华"。

（四）创造良好情绪体验

参与篮球运动除了可以体验到一种"尖峰时刻"，这种体验可以提高大学生的生活质量。"尖峰时刻"包括了最佳表现、流畅体验、身体运动快感以及高峰体验等良好的情绪体验，它们是奖励性的、难忘的和强有力的个人体验，对于篮球运动来说就是篮球比赛中最关键的时刻，比如双方比分接近时候的全场比赛的最后一次进攻，最后一次出手，比如一支球队落后之后奋起直追时投入反超比分进球的那一刻。"尖峰时刻"是对身体活动的一种特殊而有价值的自我奖赏。

篮球运动中自始至终贯穿着比赛双方在身体素质、技战术水平、心理智能等多方面的对抗和竞争，在规则允许的范围内攻击对手，战胜对手，获取胜利。篮球运动富有趣味和激情，在运动过程中，通过锻炼者娴熟的运球、巧妙的传球、准确的投篮、果断的抢断、劲爆的扣篮与封盖，再加上攻守交错、对抗变换，给人以美的感受，无论是参与者还是观看者都会经历"尖峰时刻"，得到良好的情绪体验。

三、排球运动与大学生心理健康

（一）提高心理素质

对于大学生来说，进行长期科学、适宜的排球运动，可以提高心理健康水平，降低焦虑水平，还可以提高自身心理素质，发展积极的情绪。

对于有心理障碍的大学生来说，通过长期科学、适宜的排球锻炼，能较大程度地改善心理状态。排球锻炼与其他有效的锻炼方法一样，是控制人类社会进化的有效手段之一，也是促进一个人的个性、心理良性发展的重要途径之一。当大学生承受着巨大的压力时，参与排球运动对缓解压力，消除精神紧张具有重要作用。第一，排球运动具有调节人的紧张情绪的作用，能够改善生理和心理状态，恢复体力和精力。第二，排球运动能增进身体健康，使大脑疲劳得到积极的恢复，使人精力充沛地学习、工作。第三，排球运动可以陶冶性情、保持健康的心态，充分发挥个体的积极性、自主性和创造性，从而提高自信心，端正价值观，使个性在融洽的氛围中获得健康、和谐的发展。第四，排球运动属于集体项目，通过组织竞赛活动，可以培养大学生团结协作及集体主义精神。

（二）预防、治疗心理障碍

对于一个普通的大学生来说，长期进行排球锻炼可以促进心理健康，尤其是心理有问题的大学生来说，效果更加明显。许多大学生的性格分裂是由对环境的不良适应而引起的。长期进行排球运动是预防和治疗心理病患的有效措施。一般来说，排球运动能治疗焦虑和抑郁，有助于促进性格、气质的形成和发展，并且能培养对个体、集体、社会的责任感。

（三）促进智力发展

正常的智力水平是一个人能正确认识世界的前提，是心理健康的基础和第一标准。一方面，经常参加排球运动，可以促进大脑的开发，增强神经系统功能；另一方面，排球运动可以使神经系统的兴奋和抑制过程更加集中,对外界刺激的反应更加迅速、准确,还可以提高大学生的视觉、听觉、感觉、神经传导速度、神经过程的均衡性和灵活性,促进神经系统功能的增强。

(四)改善意志品质

意志品质是指一个人的果断性、坚韧性、自制力以及顽强与独立等精神。意志品质既是在克服困难的过程中表现出来的,也是在克服困难中培养出来的。在排球训练中,首先是通过竞赛、规则的制约以及对抗性强度的设置,培养人的意志品质;其次是通过条件限制法,提高练习的难度,使排球运动员为完成任务而付出更多的意志努力,提高对这项运动的适应能力,增强自信心,从而达到坚韧、顽强的品质;再次是通过疲劳负荷,在排球训练的过程中,会感到一定的生理负荷,从而出现一定程度的疲劳,并在疲劳的条件下坚持完成好训练,从而达到磨砺意志的目的;最后是自我强化法,在训练过程中通过自我鼓励、自我检查和自我监督等手段来鞭策自己去克服困难,完成任务。

四、乒乓球运动与大学生心理健康

(一)愉悦心情

打乒乓球对培养人的内心有十分积极的意义。大学校园里,我们经常能看到操场的一角,几张乒乓球台间,无论是小伙子还是小姑娘,都挥着球拍跃跃欲试,围观的人三言两语,出谋划策,大家都充满欢声笑语,一片和谐氛围。乒乓球运动就是一项积极而阳光的运动,是大学生课外锻炼的重要方式。大学生经过乒乓球锻炼之后会感到身心愉悦、神清气爽。这里,"身"就是指身体,而"心"就是指心理、心情;通俗地讲,就是精、气、神。这是一种只有经过锻炼之后才会有的心理感受。

(二)发展智力

乒乓球运动能间接影响智力发展,并对智力发展有积极意义。经常进行乒乓球锻炼,不仅能使大学生的注意力、记忆力、思维能力及反应能力得到提高,而且还可以对其情感和性格的健康起到积极的促进作用;这种心理上全面而平衡的发展对智力的发展有着极大的推动作用。大学生在学习乒乓球的过程中,如果有着强烈的求知欲望和对新知识的探索精神,以及对学习内容的融会贯通能力,那么学习过程就是令人兴奋的、愉悦的和有成效的。这种愉悦的、健康的学习体验能够强化大学生的智力活动,促进智力发展。

乒乓球运动对于心肺功能的积极作用,可以使大脑获得更多的氧气和养分,有利于提高大脑的工作效率。大学生经常参加乒乓球锻炼,还可以提高神经系统的调节能力,提高神经兴奋性和神经传导速度,改善神经传导过程的灵活性和均衡性,使兴奋与抑制转换更加合理,使中枢神经系统内的信息传递和整合速度加快,从而使人思维敏捷,以达到提高练习者的智力的目的。

(三)培养良好情感

进行乒乓球锻炼的过程,就是保持和培养良好情感的过程。研究发现:有紧张情绪的人只要散步15分钟,情绪就会逐渐松弛下来,其原因就是运动可以增加脑部血流量,加速体内"内啡肽"的释放,而这种物质的释放可以促进体内产生愉悦的感觉,进而改善人的情绪。经常参加乒乓球运动,可以使大学生不断获得满足感,并在与他人的交流中忘记烦恼、缓解压力。在全身心地投入后会产生快乐而向上的情绪,而这种积极的情绪又会促进乒乓球技术的提高,乒乓球技术的提高又会进一步增加练习的质量,这种良性循环会不断地强化大学生的求知欲和自信心,进而在保持良好情感体验中更好地完成学习和工作,提高效率。

(四)改善意志品质

意志品质是一个人在一次次遇到挫折和克服困难的过程中所培养形成的性格定式,同时又在遭遇挫折和困难时表现和释放出来。通俗地讲,意志品质是指一个人坚韧不拔、果敢顽强、自我控制和约束以及独立自主等精神。参加乒乓球运动的过程,就是不断克服困难、超越自我的过程,是一次次跨越障碍、走向成功的过程。在其中,大学生需要不断地勇敢面对来自主观或客观的各种障碍,克服困难,努力进取,从而培养起坚强的意志和百折不挠的品质,并使其反过来作用于工作、学习,使其面对困难时表现得更加坚韧不拔、斗志昂扬。

(五)消除心理障碍

"身体是载知识之车,育道德之舍也。"这是毛泽东同志在论《体育之研究》中的精辟论述。他告诉我们:只有身体健康,才能学好科学知识,养成良好的道德品质。身心健康才是做好一切的保障;一个人不仅要身体健康,同时也要心理健康,二者是一个不可分割的统一整体。如果一个人整日被焦虑、忧愁、愤怒和恐慌的情绪所笼罩着,那么就势必会影响他的行为、情感和思维方式。这些不健康的心理会使人在社会交往中出现问题、甚至走向犯罪。实验证明,长期坚持体育运动,可以明显降低抑郁症的发生概率。经常参加乒乓球运动,可以不断提高练习者的情感体验、情绪调整、心理障碍消除、人际关系改善的能力;同时,还能增强其思维方式的合理性,促进其良好心理品质的形成。因而,在锻炼身体素质的同时,可以完善心理素质,达到身心健康的目的。

五、羽毛球运动与大学生心理健康

(一)磨炼意志

羽毛球运动因其竞争性、对抗性、大强度等诸多因素的要求,使人的意志品质在该项运动中占有重要地位。大学生进行羽毛球锻炼和比赛中,水平较高的选手在一个回合能进行多拍交锋,心跳达到180次/分钟,消耗大量的体能,往往就会出现"极点",表现为喘不上气、身体无力、眼前发黑,不想再打下去了。在势均力敌的情况下,这种现象往往是双方先后出现,或几乎同时出现。这时就看谁能再坚持一下,胜利往往要靠顽强的意志品质和坚定的信念才能取得。即使不是在比赛中,也需要大学生拥有顽强的意志力,否则就不能很好地完成各项技术的练习。

(二)培养心理素质

在羽毛球运动中,需要进攻与防守,控制与反控制,不仅要斗勇,更要斗智,这对大学生心理素质也是一种锤炼和考验。经常从事羽毛球活动可使大学生思维敏捷、机智灵活、沉着果断,使人的智、勇、技在竞争中得到磨炼。

六、网球运动与大学生心理健康

(一)锻炼心理素质

打网球必须学会控制自己的情绪,学会调整自己的心理状态。对于大学生来说,网球运动可以锻炼心理素质。比如,在回球中连续出现非受迫性失误,就要考虑如何尽快冷静下来,重新鼓足勇气和信心,尽快回到正确的轨道上来。在网球比赛中,比分落后时,应思考如何保持沉着,不气馁,不放弃;比分领先时,应一鼓作气拿下比赛,不给对手任何喘息的机会;比分处于胶着状态时,更要有耐心、信心,抓住机会要敢于下手,一定要敢打敢拼,培养积极上进的心态。

(二)培养意志品质

大学生练习网球到一定时期,就会进入比赛交流阶段。比赛过程中,大学生在享受网球运动的同时也在承受着失败的压力,这需要人们有一个好的心态去面对,从而培养坚强意志。这些意志品质的锻炼对大学生来说都是一笔很好的生活财富。

第四节　球类运动与大学生社会适应

一、足球运动与大学生社会适应

(一)促进精神文明建设

在改革开放的今天,足球已成为我国许多城市中人们生活的一部分。对于当代大学生来说,从踢足球中得到情绪体验、从看足球中得到艺术享受、从谈论足球中得到思想交流,足球运动丰富了人们的业余文化活动,提高了人们的生活质量。足球已成为一些城市的政治、经济、文化、生活的重要组成部分。它吸引着千千万万个市民,它反映了城市的精神面貌,它是城市形象的标志之一,它是精神文明建设的载体。在有些城市,一支足球队往往代表了一个城市的性格与灵魂,成为当地球迷重要的精神载体与信念寄托,承载了一个城市的荣誉,比如在中超联赛的检票志愿者和观众席上,就能看到大学生的身影。足球赛事的检票基本都是由大学生志愿者来进行,而这种行为也能帮助他们提前适应社会。通过现场观赛,也让大学生提前参与到社会活动当中去,成为社会中的一员。

（二）振奋爱国情怀

在重大国际足球比赛中取胜,能激发人民团结拼搏、进取向上的精神和爱国主义热情。如喀麦隆足球队进入世界杯赛前 8 名时,总统拜耶授予守门员恩科诺和前锋米拉最高公民爵位——"勇敢勋爵",对全体队员及教练员也授予"勇敢勋章"。他在讲话中称赞他们为整个非洲提供了一个经验,即"团结一致,为争取胜利而奋斗"。中国男足在 2002 世界杯亚洲区十强赛中战胜阿曼队提前出线,历史上首次获得世界杯参赛资格,举国上下人民无不欢呼雀跃。2017 年,亚洲区十二强赛,中国男足成功击败韩国队,在我国的大学校园内,无数的莘莘学子也为之疯狂庆祝,这极大地振奋了大学生的爱国情怀。

二、篮球运动与大学生社会适应

（一）增强团队合作意识和集体观念

篮球运动是一项集体运动项目,团体精神、集体合作和全局观念在篮球运动中是不可缺少的。篮球运动是在不断地掩护—跑动—被掩护—穿插—突破分球的突破上篮—快攻等过程中的得分,通过相互之间的配合,让大学生真正体会到团体合作的重要性,篮球比赛,只有全队获得成功,每个人才能分享喜悦,球队的胜败与队伍中的每个成员息息相关。这对大学生团体意识、协作精神、责任感培养都有特别的意义。因此,在篮球运动中,教师要尽量向学生提供更多的合作与相互配合的机会,引导学生将个人意识转化为集体意识,在练习中相互交流切磋,相互帮助,同时要包容能力一般球员的失误。篮球运动不仅仅是单一的身体训练,更能培养学生的顽强意识、承受挫折的能力等心理品质。尤其在紧张激烈的篮球比赛中,要求学生能在瞬息万变的环境中运动,运动复杂的技术动作,战术配合与对方展开激烈的争夺,不要惧怕失败。

（二）改善人际关系

篮球运动在世界范围内广泛开展,已成为人与人之间、球队与球队之间甚至国家与国家之间相互交流的工具,成为建立相互理解、信任、团结与友谊的手段。篮球运动有助于大学生形成和谐的人际关系,丰富的人际关系是大学生塑造自我、完善个性、获取心理健康的保证。

篮球独具魅力,在大学校园中从来不缺乏爱好者,大学生们可以通过参加篮球运动,扩大校园交往的空间,从而增加交往的频率,形成同学间的友谊,为形成良好的人际关系打开一道门。同时由于篮球场上队员的相互支持、相互鼓励,可以有效减轻队员的焦虑症状和人际关系障碍。现在大学生大多是独生子女,平时在家比较受宠,容易形成刚愎自用、以自我为中心的不良品质。从心理学的相关研究得知,大学生心理不健康的内容大多是人际关系的适应不良,特别是个性内向的大学生,从事篮球运动,收益更大。

（三）篮球运动可以提高大学生抗挫折能力

心理研究表明,当自己的能力适应任务挑战时,人的愉快便会产生。大学生具有开拓精神,但思想不够十分成熟,易于受各种因素影响,通过让大学生经受挫折和困难的体验,以提高大学生经受挫折的承受能力,进而保持心境平衡。

篮球运动是一项以得分多少决定胜负的运动,具有很强的竞争性,这有助于培养学生的竞争意识和承受挫折的能力。在篮球比赛中,竞争的结果常与输赢相伴,篮球运动既能激励学生追求胜利,也能锻炼大学生在逆境中对抗挫折的能力。在比赛中,有胜利就会有失败,对于失败的个人和团体来说无疑是一种很好的挫折训练,倘若学生没有遭受挫折的承受能力,将来走向社会也是一个失败者。罗曼·罗兰说过,真正的英雄主义就是看清生活的真相后仍然热爱着生活。

(四)培养情商

篮球运动有明显的对抗性、集体性规律和统一性规律,参加篮球运动可以培养大学生良好的心理承受能力,以较高的情商去应对学习、工作和生活中的困难。参加篮球运动,可以培养团结拼搏、乐于奉献、积极向上的优良品质;在篮球规则的规范下,培养篮球参与者形成文明的举止修养和良好的体育道德风尚。一场篮球比赛不仅是双方身体和技能的较量,也考验了大家的智慧、意志和协作精神等综合素质。在篮球场上,每一回合的争夺,每一次传球、组织、投篮、得分都表现出人的表现欲、求胜欲,也展现出人的拼搏、进取和昂扬的斗志,以及对自身的挑战和历练。而这些对自我的激励和意志所表现出的情绪,就是在对个人情商的培养。

三、排球运动与大学生社会适应

(一)形成社会观念

(1)排球运动有着规则规定和其他约定俗成的各种体育规范,大学生只要参加其中就会受到规范的约束,规范意识便会逐渐增强,进而有助于法规观念的形成。

(2)排球运动有助于提高大学生的探索、创新精神和心理承受能力。排球运动需要克服障碍,大学生进行排球运动更能体现出不断地遭遇障碍和经受挫折、不断地超越自我、不断地创新和提高的特色,心理承受压力的能力也会得到加强。

(3)排球运动可以培养大学生形成适应社会需要的价值观。当前我国社会的转型和深刻变革引起社会利益结构的变化,给人民的思想观念带来了猛烈冲击,时代更替,社会上的价值观也因此而产生新的变化。排球运动不分国界、年龄、性别以及职位的高低,人人都可以从事和参与,体现着人与人的平等和在参与中夺取胜利的机会的均等性。大学生能从公平竞争中逐渐体会到,排球运动不仅是力量的抗衡、速度的角逐,更是知识与力量的综合比较,从而形成良好的价值取向。

(二)塑造人际关系

1.促进个性形成

个性是指个人在其生理和心理素质的基础上,在一定社会环境条件下,通过实践锻炼和陶冶,逐渐形成的观念、态度、习惯和行为。人们的个性心理特征包括人的能力、气质和性格等内容。个性的形成与身体锻炼有着密切关系。排球运动对大学生个性的培养有着重要作用,根据不同学生的不同特点,形成独特的个性。排球运动对人的个性形成有一定的约束作用,对人的个性形成具有调整功能,可以丰富大学生的情感生活。

2.促进协作意识

排球有着较为严格的分工,是一项集体体育项目。因此,协作意识、团队精神是取胜的关键。只有本队队员之间密切合作,齐心协力,并运用周密娴熟的战术配合,才能使这个集体协作运转,获得大于个体运作之和的整体效益,达到比赛所期望的目的。因此,排球运动对人协作意识形成具有重要作用。

3.提高人际关系

人际关系是指在社会交往过程中,人与人之间所形成的和谐或抵触的情感关系。排球比赛中,队员之间的身体语言起着相互沟通的重要作用。因此,排球运动可以发展大学生们的身体语言,并使之在社会交往中发挥作用。同时,在排球运动时所形成的自我意识行为在不断运动实践中将变成一个人的自觉行动。锻炼者将这种能力运用到社会交往中,就可以更真实地了解自己和别人对自己言行的反映,提高自己的社交技能。排球运动以其特有的方式满足了大学生身心发展的需要。

(三)改变现代生活方式及示范民主意识

由于社会的不断发展,当代大学生在学习等各方面增加了脑力的消耗,这都会造成身体不适和机能下降。因脑力劳动而产生的疲劳,从全身转向大脑局部和高级神经系统。而繁重的脑力劳动又势必导致大学生生活方式的变化,并对其身心健康产生不良影响。经常进行排球运动,不仅可以通过肢体的运动,使高度疲劳的神经系统得以休息,使疲劳发生转移,还可以缓解精神紧张。排球锻炼可弥补和协调大学生的生理和心理上需求。排球运动有助于智力发展,消除脑力疲劳,促进学习和生活,提高学习效率。这种独特的功能让大学生身体得到舒缓,形成了现代健康的生活方式。

排球运动具有参与的大众性和比赛结果评定的公开性,这决定了排球比赛是一个民主过程,人人可以平等地参与其中。排球运动的民主化的产生影响着人们民主行为的养成,是教育和引导大学生成为民主法制社会的成员的有效方式。所以,排球运动对培养人们适应社会的民主意识、养成民主行为具有示范作用。

(四)营造和谐氛围

推进素质教育的全面实施,是我国高等教育改革和发展的主旋律。体育教育是其中的重要方面。进行排球运动有利于创设和谐、愉快的课堂情境,使教与学形式多样,同时在排球运动中采取比赛形式更能营造良好的学习氛围,在这种和谐和氛围中让大学生掌握了排球的知识与技能,自身的能力得到提高。

(五)形成体育道德精神

体育道德是社会道德的一部分,是个体的品德在体育活动中的反映。良好的体育道德是一个国家和民族精神文明的具体体现。体育道德的内容表现形式包括体育道德意识,体育道德行为和体育道德规范三部分。排球运动能把大学生团结在一起,形成积极向上、勇于创新,促使个性、独特气质的形成。所以,排球运动不仅能强体魄、长知识、增技能,更重要的是可以培养大学生的体育道德精神。但要注意的是,良好的体育道德精神,并不是在一次排球运动中就能形成的,需要从小事做起,一点一滴慢慢形成。排球运动对体育道德精神的形成能起到重要的作用,这一点是毋庸置疑的。

四、乒乓球运动与大学生社会适应

(一)使人和睦相处

社会稳定,国家发展,经济繁荣,才能使广大人民群众安居乐业。因此人们渴望和平和希望相互尊重,以获得共同的发展。体育项目虽然处处表现出了竞争,但是每一个竞争环节都有公正的规则约束。大学的乒乓球比赛中,参赛选手公平竞争及进行交流与切磋,使体育运动具有了特殊的意义。不管你是哪个年级的,家乡在哪里,个子有多高,只要在同一个赛场,大家就会有相同的出发点,共同为发展这个项目体现出个人价值。所以,体育可以培养大学生的平等意识,规范大学生交往行为。乒乓球运动对人们的和平价值趋向有着潜移默化的影响。

(二)体现自由、愉悦和平等

乒乓球运动寓意了人人都可以参与的平等性。对大学生来说,不管你是男性还是女性、年龄大还是小,是身体素质强或弱,家庭背景如何,都可分享乒乓球运动的快乐。它搭建了一个平台,使每个大学生都乐于接受并愿意参与,在这种平等和谐的氛围里,不管水平高低人们均能找到适合自己的对手和位置。它让人领悟到了机会的均等、参与的自由,从而使大学生深深地体会到了乒乓球运动的舒畅与活跃。一旦接触,大学生便会被它的变化莫测所吸引并乐此不疲。它会使每一个热爱它、拥有它的人体验到什么是酣畅淋漓、爱不释手。而乒乓球运动的平等参与,也会对人们的平等观念和行为产生一定的影响。

(三)促进协作意识

乒乓球运动处处体现了合作精神。练习时,二人共同配合才能达到练习的目的;比赛时,要有场外的指导才能帮助选手看清对方的弱点和自己的漏洞;双打时要两人的密切配合才能制胜;团体赛时要拧成一股绳,才能拾遗补阙,夺得最终的胜利。因此,乒乓球运动的集体性特点,有助于培养人们的协作意识和团队精神。通过参与乒乓球练习、比赛等一系列的活动,在长期的锻炼中会逐渐形成协作意识。这是一个潜移默化的过程,若在日常生活中逐步培养这种精神并用于人的一生,融入其工作学习生活之中,那将对事业成功有很大帮助。

(四)推进个性形成

个性是指一个人在其生理和心理素质的基础上,在一定社会条件下,通过实践锻炼和积累,逐步形成的观念、态度、习惯和行为。它是大学生比较稳定的心理、生理素质和社会行为特征的总和,是考量能否适应社会或能否被社会接受的关键因素。个性特征包括一个人的能力、气质和性格等内容,其中最重要的是性格。热情和冷漠、自信和懦弱、谦逊和骄傲、内敛和外向等这些性格的形成均与体育有关系。乒乓球运动正是一种能影响性格的形成的体育项目。

1.乒乓球运动对个性形成的影响

乒乓球锻炼不仅需要大学生有较高的体能和技能的投入,还要有智力、情感和行为的参与。因此,大学生可以在每次的乒乓球锻炼中有不同程度的提高和突破,也就是说进步是在每次的练习之中。人们就是在这一过程中不断发现自己的优点,找出自己的不足,并决定采用何种方式巩固和提高自己的长处,弥补和改进自己的短处。这种过程是促使大学生能够不断地形成自我认识,通过自我发现,进行自我改造的过程,也是通过乒乓球锻炼使人形成和发展个性以及实现大学生社会适应的过程。

2.乒乓球运动与进取精神的形成

乒乓球运动的竞争特性决定了大学生的练习目标,不论以锻炼身体为目的,还是以获得成绩为目的,只要一提到比分,大学生固有的争强好胜的意识就会显现出来,一定要争出个一二。这一特性决定了乒乓球运动是能促使大学生主动、积极、自觉参与的运动项目,并且是为了打败对手这一目的日复一日地进行的艰苦练习,以使自己在技战术水平上得到全面的提高。这种顽强、拼搏、进取的精神对个性的形成与发展具有重要的意义。

3.乒乓球运动与道德品质的形成

现代社会决定着人们的道德形成,乒乓球运动除了影响大学生的自我意识、自我约束能力和进取向上的精神外,它还能促使大学生用高度的责任感和良好的道德品质与同伴合作。它以约定俗成的道德规范着大学生的行为,以复杂而快速的情感转移来领略成功的喜悦和失败的痛苦。乒乓球运动给人们提供了复杂多样的情感体验的机会。同学之间在这些体验中学会了相互理解和帮助;学会了自我控制和约束;学会了坚毅和顽强;也学会了诚实和平和。这些优良品质是终身受用无穷的财富。

(五)提升沟通能力

多彩的生活和成功的事业都离不开沟通。沟通可以使双方交流情感、交流思想。对于大学生来说,人与人之间不理解支持,就形成不了配合,而不配合就无法完成学习的任务和目标。提升大学生的沟通能力,形成良好的沟通方式,乒乓球运动无疑是一个重要的途径。

乒乓球运动的特殊性,决定了必须由两人甚至更多人才能完成每次训练,而且每一个动作都需要老师的讲解、示范和指导。这时,无论是技术动作的纠正,还是练习中的相互配合都需要双方随时沟通。这种沟通不仅具有直观性、及时性和准确性,还体现出主动性、注意力集中性和信息交流充分性的特点。所以经常参加乒乓球锻炼,可以有效地提高同学之间的沟通能力,以形成良好的人际关系。

(六)改善自我意识水平

现代社会人与人之间的交往越来越含蓄,就连大学生之间相互的意识也不是最真切的。因此,自我意识水平的提高有助于使自己保持清醒的头脑,取得成绩时不飘飘然,遭遇失败时就不气馁。正确评价自身的优缺点,是保持良好的人际关系的重要因素。

长期约束形成的自我意识行为,就会变成一个人的自觉行动,若将这种能力运用到社会交往中,就可以随时了解自己的真实情况和别人对自己真实情况的反映,从而以正确的思维和判断规范自己的社交技能。而这种自我意识能力的增强,还会引导着自己将落后的局面转为有利的局面,从失败的阴影里顽强地走出来。在比赛落后时自我意识强的运动员就能控制自我、采取措施,使比赛转危为安。大学生在体育比赛中养成对别人所表现出来的真实情绪状态和行为做准确理解的习惯并运用于社会交往中,就能够掌握如何对别人做出恰当而又为社会所接受的反应,进而提高社会适应性。

(七)改变现代生活方式

1. 缓解工作疲劳

现代生活方式的特点之一就是体力劳动逐渐减少,脑力劳动日渐增长。而脑力劳动产生的疲劳会直接降低神经中枢的反射速度,影响大脑皮层的工作效率。

乒乓球运动的锻炼可以缓解大脑皮层的紧张和劳累,使疲劳的神经系统得到休息,肢体的运动也可以舒缓精神紧张,调节全身平衡。在校园生活中,拿起球拍打场乒乓球比赛,既消除疲劳,又调节情绪,还能预防和消除学习给大学生带来的精神和身体方面的压力。

2. 影响生活节奏

现代社会生活节奏的加快使得大家不得不调节自己来适应社会发展的速度。经常参与体育锻炼的大学生对环境和生活节奏的改变有较强的适应能力,这是因为他们在运动中对各种运动技能的掌握和适应,使他们在工作和生活时,避免了多余动作的出现,做到了便捷、准确地完成任务。经常参加乒乓球运动的大学生,反应比较灵敏,动作比较协调,这是因为乒乓球运动对人体神经系统和心血管系统产生了积极的影响。经常参加乒乓球运动,不仅可以提高人体对快节奏生活的应变能力和适应能力,同时也可以帮助大学生克服对快节奏生活的抵触、恐惧、烦忧、焦虑等心理障碍,抑制身心的紧张情绪,以满足快节奏生活和学习的需要。

3. 使生活丰富多彩

现代人对生活标准的追求越来越高,除去物质需求以外,还不断追求生活质量的提高。怎样在闲暇时进行一些适合年轻人的、有益于其健康的运动,乒乓球运动是首选项目之一。乒乓球运动在技术上对难易、运动负荷的大小要求较松,又没有相互的身体冲撞,安全系数相对较高。小球变幻莫测的飞行给大学生带来了无限乐趣。在闲暇时间里打打乒乓球,既可以使疲劳的身体得以积极的放松休息;又可以使体质增强,减少疾病的发生;还可以联系情感,广交朋友,改善人际关系。为了增进健康、增强体质、提高生活质量、让大学生活变得多姿多彩,大学生都应该投入到健身的行列中来,让生活变得五彩斑斓。

4. 健身中广交朋友

乒乓运动的群众基础好、参与者众多,大学生只要喜欢上这项运动,就会接触到不同地方、不同年龄、不同性别的同学,在长时间的锻炼中自然而然地认识到新的朋友。以球会友,自然地交流与切磋能让彼此的关系变得融洽,带来友谊。久而久之,在乒乓球锻炼中交朋友,和好朋友一起打球,会充实大学生的生活,这样使学习和生活变得更加多姿多彩。

(八)形成体育道德精神

1.民主意识

(1)运动程序体现了民主

民主是社会进步和文明的象征,是社会公德和法律要求的具体体现。乒乓球被誉为"国球",参与的大众性和绝对公开、公平性比赛结果,在整个程序上决定了比赛民主过程。只要符合规程的规定,任何人均可平等地参与其中,并且在抽签、分组、竞赛的整个过程中都采用了当众进行的绝对透明的方式,使胜负的判定和名次的角逐都有充分的民主监督。每一位参与其中的人,都能从严密的组织和锻炼中实际感触到民主的程序方式,自觉不自觉地受到民主化作风的感染和熏陶,养成民主化作风。这一民主已经被许多社会活动家视为民主程序的典范。

(2)促进行为规范

乒乓球比赛中的所有文件内容的制定都充分体现了程序民主,是对所有参与者行为的约束。即使运动员最大限度发挥潜能战胜对手,同时也承担让对手在平等的条件下与自己竞争的义务。最终的胜利者虽不确定,但任何人不允许以任何超越规则的手段破坏最终结果的公平性。比赛赋予运动员申诉的权力和观众舆论监督的权力比赛的完全透明,保证了体育目标民主化;同时,这种在公平制度之中自觉规范的行为方式,对人的民主行为习惯的养成起到了良好的促进作用,是教育和引导人民成为民主法制成员的有效方式。

2.使人坦诚相待

乒乓球比赛中有一些约定俗成的行为规范,它们没有写在规则里,但存在于运动员的心中。如在国家和国际大赛中经常会看到:一个回合已经结束,裁判员已经给甲加一分,但甲用手一指,裁判员经核实后,又将甲的这一分减掉,给乙加上。这个情景就可能是乙打过来的球是一个除了甲谁也听不到的"擦边球",虽然裁判已将比分判给了甲,但甲还是非常诚实地指出并要求裁判员更正了过来。这种潜移默化地影响会让每个人受用终生。如果人们在任何领域或场所都能做到以诚相待,那我们的社会将会变得更加美好。

五、羽毛球运动与大学生社会适应

由于羽毛运动设备简单,一副羽毛球拍在哪都能买到,对场地要求不也是太高,平整的地面,一定的空间就能进行,所以在我国的高校校园中,羽毛球十分普及。在操场的空地中,经常能看到挥着球拍打羽毛球的学生们,在体育馆里,则会看到更加专业的大学生羽毛球爱好者,他们穿着专业的装备,用着高级的羽毛球拍,在标准的羽毛球场地中进行练习。在羽毛球赛场上,一网之隔的双方你一拍我一拍,既是身体技术的对抗,也是头脑和思维的争夺,更是情感的体验与交流。在往返击球中体验到运动对抗的乐趣,使生活更美好。

六、网球运动与大学生社会适应

(一)陶冶情操

网球运动是一项高雅运动,也是一项贵族运动,它能陶冶大学生的情操。网球比赛对参与者有一定的要求,球场上使用最多的是"谢谢""抱歉"等文明用语,当本方场地的球打到对方的场地,而邻场正在练球时,要等到"死球"时才能进场捡球,并说"对不起""打扰了"。

在网球职业比赛中,我们常看到裁判会提醒观众不要发出噪声,以免影响到运动员发挥,在一个精彩的回合结束之后才会爆发出喝彩声与鼓掌声。作为观众,应该注意以下几点。

(1)进场时,应该等"死球",并且要快而不闹,不要大声喧哗。

(2)比赛期间,只有当运动员交换场区、局间或盘间休息时,才能在观众席进行短暂的走动或离场。

(3)观看比赛应尽量避免带能发声的物件。比赛过程中应该关闭手机或将手机设置于震动状态。

(4)当球处于"活球"期时,应保持安静,不可大声喧哗,更不要发出怪声。

(5)当一分决出胜负时,观众才能鼓掌,对精彩的比赛给予肯定。

(6)当球处于"活球"期时,不能用闪光灯进行拍照,尤其是队员发球时。

(二)提高社交能力

网球场是结识朋友的好地方,大学生通过切磋球技而相识、交流。在这个大家庭里大家都是球友,没有年龄的界限,没有性别的障碍,没有门第的高低——网球让人们在欢声笑语中编织出一幅幅友谊的画卷。网球拉近同学之间的距离,提高了大学生的社交能力。

第三章 球类运动与大学生审美能力培养

第一节 重要的球类运动赛事

一、重要的足球赛事

(一)欧洲职业联赛

欧洲是当今世界足球水平最高的地区,也是世界足坛的中心地带。欧洲的职业足球联赛历史悠久,而且比较完善和成熟。其中英格兰足球超级联赛、意大利足球甲级联赛、德国足球甲级联赛、西班牙足球甲级联赛的水平最高,由于各个国家足球风格不同,因此四大联赛也各有特点。四大联赛代表了当今职业足球的最高水平,它云集了几乎所有的顶级球星,观赏性强,深受广大球迷的喜爱。

1. 意大利足球甲级联赛

意大利人热衷于足球运动,在意大利注册的足球俱乐部有两万个左右,注册球员有近 10 万人左右。经常参加足球运动的人有 150 万人左右。如此庞大的足球人口,一方面保证了意大利足球水平一直保持在较高的水准,另一方面也保证了足球在意大利一直能够保持其热度。

意大利足球运动由英国的水手传入,意大利联赛诞生于 1898 年 3 月 15 日,以意大利足球联合会的成立为标志。最初的意大利联赛只有四支球队,分别为:都灵国际、F·E 都灵、都灵体育和热那亚四支球队。经过百年的发展,如今,其最终形成了现在的规模和完备的管理体制。

成立之初的意大利足协是一个比较松散的组织,对联赛管理不力,最终导致分裂,职业球队退出足协进而成立了职业足球联盟。1922 年两组织重新合并,并举办了合并后第一次全国锦标赛。1930 年,最终确定了比赛采取主客场双循环积分制(最初为 2 分制,现为 3 分制)。各球队根据水平分为四个档次:甲级队、乙级队、丙级队、丁级队等新的比赛制度。

职业化与新赛制实施之后,尤文图斯取得了五连冠,这一纪录至今无人打破。随后的 30 多年,意大利联赛没有真正的王者,进入了群雄逐鹿时期,尤文图斯、AC 米兰和国际米兰轮流把持冠军。

1980 年,为了促进意甲联赛的进一步发展,意大利足协废除了自 1966 年来禁止外籍球员加入的禁令,规定每队可以拥有两名外援。1988 年,由于对外援的限制放宽到 3 人,赛场更加繁荣。AC 米兰在此期间扬威欧洲赛场,并夺得意甲三连冠。1993 年 4 月,意足协对外援的限制进一步放宽,各队对拥有的外援人数不再限制,只是每场比赛同时上场的外援不能超过 3 人,南美和欧洲风格的融合使得意甲的比赛更具观赏性,意甲联赛开始成为各国巨星展现风采的世界第一联赛。1995 年著名的博斯曼法案通过,欧盟各国联赛的外援人数不再受限,只是非欧盟球员只允许 3 人同时上场。从此,外援不再是意甲的专爱,英超、西甲也开始向意甲"世界第一联赛"追赶。

意甲建立了足球事务三级管理体制,意大利足球联合会是意大利足球领域的最高领导机构,但他无权干涉俱乐部事务,重大决策都要与职业足球联盟讨论,职业足球联盟联合了 42 家甲乙级俱乐部,它是代表足球俱乐部利益的行业协会,并负责赛事的组织管理,以及对俱乐部的协调、监督。

意大利职业足球俱乐部的最大特点在于它是一个独立的、由私人资本经营的经济实体,实行独立核算,自负盈亏,俱乐部的一切活动,如训练、比赛、队员的待遇等都纳入商业轨道,引入竞争机制,一切事务都按合同办事。合同制度是意大利职业足球管理的核心。像其他意大利企业一样,意大利俱乐部的家族经营色彩在欧洲联赛中尤其突出,俱乐部的兴衰往往与家族事业成功与否紧密相关。

2. 英超联赛

英国被认为是现代足球运动的发源地,早在 19 世纪初期,足球运动在欧洲已经相当普遍。1863 年 10 月 26 日,有关人士在伦敦女王大街的弗雷马森酒店聚会,讨论并同意成立足球协会,会上除宣布足协正式成立外,还制定和通过了一部较为统一的足球竞赛规则,它是现代足球竞赛规则的雏形。它的成立标志着现代足球的诞生。

1871 年,英国足协提出组织挑战杯赛的建议,并获得了批准。该比赛采用连续淘汰制,比赛双方在预先抽签决定的一方场地进行一场比赛定胜负。1872 年 11 月 30 日英格兰代表队和苏格兰代表队进行了足球比赛。英格兰足协的成立带动了欧洲和拉美一些国家足球运动的蓬勃发展,各国陆续成立了足球协会,也推动了国际足联和欧洲足联的成立。

英格兰足协在 1888 年 3 月 22 日做出决定,创办全国性的甲级联赛,首届联赛参赛队共 12 支,最后,普雷斯顿队夺取了首届联赛的冠军,并在第二年成功卫冕。1892 年,英格兰足协开始举行乙级联赛;1920 年,出现了丙级联赛;1958 年,又增加了丁级联赛。至此,英格兰足球联赛初具规模,分甲、乙、丙、丁 4 个级别,实行升降级制度。英格兰足球联赛是世界上诞生最早,也是赛制最完善的全国性统一联赛,后来,世界各国广泛借鉴这一联赛体制。1992 年,英格兰足球协会为适应日益发展的足球运动,在甲级联赛基础上创办了超级联赛,原乙、丙、丁级联赛相应提升一级。

20 世纪八九十年代,英格兰足球处于低迷期,球场拥挤,设施陈旧。为了改善球场设施,俱乐部都面临着巨大的支出花销。很多顶级球员都转会,英国足球面临着巨大的危机,其实力与欧洲俱乐部的差距越来越大,成立新联赛的提议随即出台。

1991 年 7 月 17 日,由英格兰 17 支一流俱乐部签署了一项协议,成为后来英超组建的基础。新成立的顶级联赛将会在营运方面独立于足协和足球联盟之外,英超自己享有洽谈转播权和赞助商的权力。1992 年甲级俱乐部全体同时退出足球联盟,并于 1992 年 5 月 27 日组建英超联盟有限公司,总部设在兰开斯特门(Lancaster Gate)。英超开始的第一件事就是要把 22 支球队降为 20 支,这反映了共同要求提高水平的愿望。到 1994—1995 赛季这个变化最终完成。

电视在英超发展的历史上扮演了一个重要的角色。电视转播收入对整个俱乐部内外的建设都是至关重要的。天空电视台的市场营销策略、英超的高质量比赛,加上公众对足球的热爱,英超的转播费用日渐上升,最后给俱乐部带来了巨大的利润。转播收入和赞助商的投资使英超联赛成为全世界最好的联赛。

在各个方面追求完美是英超的目标,这可以从英超足球学院结构的创建上看出来。足协的"质量章程"随即于 1998 年发布。这种在技术和设施上的投资为培养出能在英超俱乐部和国家队踢球的球员创造了有利的条件。已经有一些从学院系统培养出来的学生现在成了英超的明星。并且英超还建立了预备队帮助足球学院的球员提高水平,争取尽快登上一线。

现在,联赛的升降级制度大致为:每年的超级联赛的后三名降入甲级联赛,甲级联赛的前两名直接升入超级联赛,三、四、五、六名将举行主客场的比赛,以决定出两支胜者。然后,择日在中立球场(一般为温布利大球场)举行一场比赛以决定第三支升入超级联赛的队伍。乙级升入甲级,甲级降入乙级,以及丙级升入乙级,乙级降入丙级都与超级的升降级制度相同。但丙级的后四名降到丁级,丁级联赛的前三名直接升入丙级,四、五、六、七名也将举行主客场的比赛,以决定出两支胜者。然后,择日在中立球场举行一场比赛以决定第四支升入丙级联赛的队伍。

3.西班牙足球甲级联赛

西甲联赛凭借着精细的欧洲拉丁风格独行天下。雍容华贵之皇马,灵活多变之巴萨,以他们为代表的西甲俱乐部既兼容了南美球队的细腻球风、又不乏欧洲球队的训练有素。看西甲联赛,犹如欣赏一场舞蹈剧一般令人享受。

西班牙足球运动也由英国人引入。1872 年,英国人从事的足球运动吸引了西班牙人的目光。西班牙陆续成立的多家俱乐部,包括皇家马德里和巴塞罗那。1893 年西班牙举行了首次正式的足球比赛,这次比赛除了一些西班牙球队外,还包括一些由英国商人和海员组成的球队。1902 年,该比赛正式取名为西班牙国王杯,它是一种友谊性质的比赛。

1900 年前后,大部分的足球俱乐部成立自己的小协会,即现今西班牙足协的各地区协会。从 1902 年起,各地区协会开始酝酿成立西班牙足球协会。1909 年 10 月 4 日,在马德里俱乐部的倡议下,多家俱乐部的代表在西班牙首都成立了西班牙皇家足球协会,并于 1913 年加入国际足联。

1902 年以前,西班牙所有的足球比赛都是地方性的,1902 年,开始举办跨地区比赛,即后来的西班牙国王杯赛。1970 年经多方磋商,决定由甲级、乙级、丙级三个级别的球队参加,这一决定一直沿用至今。

1928 年 11 月 23 日,西班牙全国联赛诞生,第 1 届西班牙甲级联赛 1929 年举行。联赛规定:甲级联赛的最后 3 支球队降入乙级联赛,乙级联赛的前三名升入甲级联赛。

1951—1961 年,巴塞罗那进入了史无前例的高峰期,四夺联赛冠军,五夺杯赛冠军,两次捧得欧洲联盟杯。皇马同时也进入了辉煌时期:1955—1960 年,皇马连续 5 年获得欧洲冠军杯;国内赛场中,他们在 1953—1972 年的 20 年里,有 13 次举起了联赛冠军的奖杯。在随后的时间里,俱乐部慢慢强大了起来,1975—1980 赛季和 1985—1990 赛季,他们两次在国内联赛完成了五连冠的壮举。到 2014 年,他们已经 10 次举起欧洲冠军杯,国际足联授予他们"世界最佳俱乐部"的称号。

在 1985 年、1986 年皇马两获欧洲联盟杯,成为联盟杯赛历史上第一支蝉联冠军的球队。1986—1990 年,该队连续 5 次夺得联赛冠军,创造了西班牙足坛纪录。但是,对手巴塞罗那在 90 年代初却异军突起,在 1991—1994 年,该队 4 次连续夺得联赛冠军,一时间巴塞罗那名扬世界足坛。

纵观西甲的发展历史,其实也就是两支超级球队皇家马德里和巴塞罗那的争斗史。21 世纪以来,两队相互争锋,各不相让,至 2014 年,皇马共获得了两次欧洲冠军杯冠军,巴萨则获得了三次。

4.德国足球甲级联赛

德国人把自己认真、严谨的风格融入了足球中,看一场德国球队的比赛就像看两台高速运转的机器在球场上碰撞,每一个球员犹如机器上的每个零件做着自己的工作,即使是对抗也让人觉得球场上到处火花四溅。

职业联赛前,德国的足球联赛是分成北部、南部、西部、西南部和柏林等五个地区。五个地区联赛的冠军再加上通过资格赛决出的三支地区联赛亚军,通过杯赛形式决出德国冠军。1954 年,二战后的德国首次夺得世界杯,但之后他们却陷入窘境,当时一些拥有先进理念的足坛人士建议成立职业联赛。

德国足球协会于 1962 年 7 月 28 日在多特蒙德确立,自 1963—1964 赛季面世。科隆、多特蒙德、法兰克福、汉堡等 9 个俱乐部立即得到了德甲许可,拜仁慕尼黑队却直到 1965 年才升入甲级得以参加最高级别的联赛。

20 世纪 70 年代发生了德甲历史上的最大丑闻:1971 年,50 多名德甲球员和教练及管理人员被卷入为升降级而打假球的丑闻,其中沙尔克 04 和柏林赫塔两个球队被整体收买。70 年代的最后一个赛季,汉堡队夺得该队第一个德甲冠军,也揭开了 80 年代南北对抗的序幕。80 年代中后期,德甲冠军回到了南部的拜仁慕尼黑手里,德甲的主旋律即变为"挑战拜仁"。

1990 年,东西德统一,东西德的足球也统一了。德甲在 1991—1992 赛季扩大到了 20 支球队。但是随后一个赛季德甲又恢复到 18 支球队的规模。

1991 年德甲首次实行"黄红牌"制度,即一场比赛中连续得两张黄牌的球员将被罚下场。1992 年,又引入守门员不能用手接本队队员用脚的回传球、三支球队降级等规定。从 1996 年开始,德甲开始不再限制球队中来自欧洲足协联合会成员国的球员数量。

拜仁慕尼黑在 20 世纪 90 年代夺冠 4 次,在德甲中居首位。凯泽斯劳滕在 1997—1998 赛季雷哈格尔的带领下力压拜仁夺得冠军,成就"升班马"夺冠神话。而 90 年代另一支与拜仁分庭抗礼的则是多特蒙德。多特蒙德在名帅希斯菲尔德的调教下连续两次德甲夺冠,并且还获得过一次欧洲冠军杯冠军。

德甲进入 21 世纪之后,拜仁慕尼黑至 2014 年夺得了 8 次联赛冠军,并且两次夺得欧洲冠军杯冠军。多特蒙德则获得了 3 次德甲冠军。拜仁慕尼黑一枝独秀。

(二)世界杯足球赛

国际足联世界杯(FIFA World Cup),简称"世界杯",是世界上最高荣誉、最高规格、最高竞技水平、最高知名度的足球比赛,与奥运会并称为全球体育两大顶级赛事,甚至是影响力和转播覆盖率超过奥运会的全球最大体育盛事。

1930 年 7 月 13 日在乌拉圭首都蒙得维的亚市举行的首届世界杯足球赛,揭开了这一世界最高水平比赛的历史。2002 年中国男子足球队首次闯进世界杯赛。

1928 年,国际足联在荷兰召开会议,会议决定定期举办一次以世界国家为单位的足球赛事,即现在的"世界杯足球赛",后确定该项赛事每隔 4 年举办一届。与奥运会不同的是,世界杯的举办方和命名方式以国家为单位,即德国世界杯、南非世界杯等。除此之外,国际足联还规定参加世界杯足球赛的运动员不受职业和非职业选手的限制,各国可以组织本国最高水平的运动员参赛。

世界杯足球赛的冠军将会获得一个流动性质的奖杯作为冠军的标志,奖杯名为"雷米特杯",同时规定如果一个国家三次获得世界杯赛冠军,将永久地占有这座奖杯。1970 年,巴西队夺得了他们的第三次世界杯冠军,从而永久性地占有了雷米特杯。此后,国际足联制作了新的奖杯,被称为"大力神杯",规定此奖杯不论哪个国家获得了多少次世界杯冠军,奖杯都只能保有 4 年,成为永久流动奖杯。

世界杯赛程分为预选赛阶段和决赛阶段两个阶段。世界杯预选赛阶段分为六大赛区进行,分别是欧洲、南美洲、亚洲、非洲、北美洲和大洋洲赛区,每个赛区需要按照本赛区的实际情况制定预选赛规则,而各个已报名参加世界杯的国际足联(FIFA)会员国(地区)代表队,则需要在所在赛区进行预选赛,争夺进入世界杯决赛阶段的名额。

世界杯决赛阶段的名额是 32 个,决赛阶段主办国可以直接获得决赛阶段名额,除主办国外,其他名额由国际足联根据各个预选赛赛区的足球水平进行分配,不同的预选赛赛区会有不同数量的决赛阶段名额。2014 年 4 月 16 日,在亚足联执委会的会议上,正式通过了 2018 年俄罗斯世界杯亚洲区世预赛的全新赛制。最大的变化是,以往亚洲区预选赛最后阶段的十强赛将变成十二强赛。中国国家队成功晋级 2018 年世界杯预选赛亚洲区 12 强。

从 1938 年第 3 届世界杯开始,规定卫冕冠军和东道主可以直接晋级,但是 2002 年因为卫冕冠军法国在韩日世界杯表现太差,所以国际足联规定,从 2006 年世界杯预选赛起,卫冕冠军需要参加其所属区域内的世界杯预选赛,从而只有东道主可以入围决赛圈的比赛,南非世界杯东道主未能从小组出线,但是国际足联并未取消东道主直接晋级的资格。

世界杯决赛阶段的主办国必须是国际足联(FIFA)会员国(地区),而且会员国(地区)需要向国际足联提出申请(可以两个会员联合申请承办),然后通过全体国际足联(FIFA)会员国(地区)投票选出。

世界杯是全球各个国家在足球领域最梦寐以求的神圣荣耀,也是各个国家(或地区)所有足球运动员的终极梦想。世界杯带给主办国的直接经济效应更是立竿见影,在一些国家,例如中国,虽然国家队屡次无法进入世界杯,但世界杯仍旧带来客观的经济影响。中国国家广电总局规定只有中央电视台有独家的转播购买权利,有传媒报道 CCTV 仅在广告费方面的收入就超过 15 亿元人民币。中国的一些啤酒企业,甚至股票市场都会因为世界杯的举行产生波动。

二、重要的篮球赛事

(一)世界篮球锦标赛(篮球世界杯)

国际篮球联合会所举办的男子篮球世界锦标赛是最为著名的国际篮球赛事,其决定出了国际篮球联合会所属的 212 个国家和地区篮球队伍中的冠军。

1.世界男子篮球锦标赛

首届世界男子篮球锦标赛于 1950 年在阿根廷的布宜诺斯艾利斯市举办,每四年举办一届。从 2006 年开始,参加世锦赛的球队由之前的 16 支增加到 24 支。国际篮球联合会扩充男子篮球世界锦标赛参赛队伍的目的在于提升世界篮球的整体水平,营造更好的国际篮球竞争氛围。2012 年,国际篮球联合会宣布世界男、女篮锦标赛将更名为篮球世界杯,首届男篮世界杯于 2014 年在西班牙举行,美国队夺冠。2015 年,国际篮联最高议事机构中央局会议上,投票决定了 2019 年男篮世界杯将在中国的北京、广州、深圳等八个城市举办。

随着篮球运动的不断发展,篮球世界杯在世界范围内的影响也越来越大,成为一项具有众多观众的篮球赛事。

2.女子篮球世界锦标赛

女子篮球世界锦标赛是由国际篮球联合会主办的国际性的比赛。女子篮球世界锦标赛于 1957 年开始举办,每四年举行一届,参加队伍为上届世界锦标赛的前三名、上届奥运会前三名、主办国、亚洲、非洲、中美洲、南美洲、欧洲、大洋洲各一支球队,以及主办国邀请的一个队。女子篮球世界锦标赛的比赛方法是:上届的世界锦标赛的冠军队与主办国队直接进入决赛阶段;其他各支球队分为三个小组进行预赛,各组队伍的前两名进入决赛阶段并与上述两支球队进行 1～8 名的争夺;而预赛中各个小组的第 3、4 名进行 9～14 名的名次赛。第 10 届世界女篮锦标赛中,参加的 12 支球队分为 A、B 两组进行预赛,之后进行半决赛和决赛。具体的比赛方法是:预赛中经过单循环赛确定小组各球队的名次,获得 A、B 两组前两名的队交叉进行半决赛,胜者争夺冠亚军,负者进行三、四名的争夺;预赛中获小组 3、4 名的球队同时也进行交叉比赛,决出 5～8 名;预赛中获小组 5、6 名的队也通过交叉赛排出 9～12 名。2014 年,女子篮球世界锦标赛改为女子篮球世界杯。

(二)美国职业篮球联赛

美国职业篮球联赛(National Basketball Association),简称 NBA,是由北美 30 支队伍组成的男子职业篮球联盟,汇集了世界上顶级的球员。NBA 是一个国际体育及媒体集团,由三个职业体育联盟组成:美国男子职业篮球联盟(NBA)、美国女子职业篮球联盟(WNBA)以及 NBA 发展联盟(NBA Development League)。其中 NBA 是世界上水平最高的篮球联赛、美国四大职业体育联赛之一。NBA 成功的商业模式也对其他国家产生了重要的影响,阿根廷、希腊、法国、土耳其等国家纷纷成立了本国的联赛。

美职篮于 1946 年 6 月 6 日在纽约成立,成立之初只有 11 支球队。在常规赛阶段,每支球队共有 82 场比赛。另外,在常规赛期间,还会有全明星赛。美国职业篮球联赛采用商业化的运作手段,采用先进的技术设备,进行科学化的技战术训练手段,形成了完善的赛事体系。为人们提供了篮球运动的顶级赛事,在全世界范围内具有广泛而深刻的影响。

如今 NBA 一共有 30 支球队,东部分区和西部分区各有 15 支球队。西部分区又被划分为西北赛区、太平洋赛区、西南赛区,每个赛区由 5 支球队组成;东部分区也包括三大赛区:大西洋赛区、东南赛区、中部赛区,每个赛区同样由 5 支球队组成。

东部和西部联盟分别由前八名进入季后赛,对阵依据第一对第八,第二对第七,以此类推。每一轮系列赛均采取七局四胜的赛制,常规赛战绩占优的球队拥有主场优势。两大分区冠军进军决赛,同样为七局四胜。

NBA 是美国职业篮球队的联盟,由它制定的 NBA 规则必然与国际篮球联合会(FIBA)制定的规则不尽相同。NBA 规则除包含 FIBA 规则中各种必不可少的行之有效的法则之外,还有自己鲜明的地域性、商业性以及保证和促进精彩表演的特点。

(三)CBA 篮球赛

中国男子篮球职业联赛(China Basketball Association),简称中职篮(CBA),是由中国篮球协会所主办的中国最高等级的篮球联赛。截至 2016—2017 赛季,总共有 6 支队夺得过总冠军,八一队和广东队都曾八次夺冠,北京队夺三冠,上海队与四川队曾夺冠一次。2016—2017 赛季,新疆广汇战胜广东宏远,夺得了 CBA 总决赛的冠军。

比赛分常规赛和季后赛两个阶段进行,采用主客场赛制,两周五赛和一周三赛相结合。常规赛排名办法:常规赛按比赛胜场数/负场数比率确定常规赛总排名,胜场率高者名次列前。常规赛的前八名进入季后赛。季后赛采用交叉淘汰赛。四分之一决赛和半决赛均采用五战三胜制(1—2—1—1),总冠军决赛采用七战四胜制(2—3—2),常规赛名次列前的队多一个主场。

1995 年 CBA 联赛(甲 A 联赛)创办时有 12 支球队参加,每年联赛最后两名降入甲 B,甲 B 联赛的前两名升入甲 A。自 2004 年起,甲 A 取消升降级制,在 2005 年转而采取准入制,并正式更名为中国男子篮球职业联赛(CBA)。2009—2010 赛季,云南红河因未达到准入制度相关标准,该赛季参赛资格被取消,此后 CBA 就一直只有 17 支球队参赛。2013 年 7 月 19 日,中国篮球协会在其官方网站上公布了 NBL 俱乐部申请参加 CBA 准入实施相关文件。最终,四川队获得参赛权,CBA 在时隔五年后恢复了 18 支球队的规模。2014 年 9 月 3 日,中国篮球协会在天津召开 CBA 联赛委员会,通过投票确认——江苏同曦和重庆翔龙加入 CBA 联盟,至此,2014—2015 赛季起,CBA 球队数量由 18 支增加到 20 支。

1995—1996 赛季,浙江中欣男篮聘请了来自乌兹别克斯坦的篮球运动员米哈依尔·萨芬科夫,这是 CBA 联赛历史上首位外援球员。1996—1997 赛季,CBA 联赛各支球队开始了大规模的外援引进计划。联赛赛制规定,每支球队可以拥有两名外籍球员,赛季中除了五支军旅球队和山东男篮之外,其他球队均引进一名或两名外援,但两名外援不能同时出场。1997—1998 赛季,江苏南钢、广东宏远、上海东方、辽宁沈飞客车、浙江中欣等多支球队引进两名外援。

2014—2015 赛季,CBA 外援政策将发生重要变化,在外援的使用时间上依旧沿用 4 节 6 人次,但最后一节将不再允许使用双外援。

在过去的联赛中,大部分球队选择在下半场使用双外援,这也导致了在决定比赛胜负的时刻大部分球都在外援手中掌控,国内球员很难在决定胜负的关键时刻发挥自己的作用,造成国内球员在国家队的比赛中难当大任。此项改变也是为了促进国内球员在关键时刻处理球的能力。

三、重要的网球赛事

澳大利亚、法国、英国、美国四国网协所拥有的四大满贯,构成了当今职业网坛的顶级赛事。四大满贯,即指四大网球公开赛:澳大利亚网球公开赛(以下简称澳网)、法国网球公开赛(官方名称为罗兰·加洛斯公开赛,以下简称法网)、温布尔顿网球公开赛(以下简称温网)和美国网球公开赛(以下简称美网)。

20 世纪 70 年代后,职业选手被允许参加四大满贯,这项举措增强了大赛的激烈程度,提升了赛事质量,刺激了赛场的火爆气氛,从而促进了网球技术水平的提高,吸引了广大观众对该项运动的热情和观看及评论网球比赛的积极性。随着高科技在球拍等器材制造中的应用,网球越来越向力量化、技术化方向发展,其生命力和全球影响力也在不断充实、扩大。

(一)澳网

澳网是四大满贯中最年轻的,却是新赛季中最先举办的。每年 12 月,澳网在澳大利亚的墨尔本举行。比赛男子单打与女子单打项目的奖金数额相同。2014 年 1 月 25 日,我国选手李娜在澳大利亚网球公开赛夺冠,获得第二个大满贯冠军奖杯。

2014 年 1 月 26 日进行的澳大利亚网球公开赛男单决赛中,8 号种子、瑞士悍将瓦林卡战胜世界第一拉斐尔·纳达尔(西班牙),在终结对纳达尔 12 连败的同时,职业生涯首捧大满贯冠军奖杯。2011 年至 2013 年的冠军为诺瓦克·德约科维奇(塞尔维亚)。2017 年 1 月结束的澳网比赛中,男单方面,费德勒战胜了纳达尔,赢得澳网男单冠军。女子方面,大威廉姆斯不敌自己的妹妹小威廉姆斯。

网球 1880 年传入澳大利亚,1887 年澳大利亚有了自己的第一场草地网球比赛。1904 年,为了能参加戴维斯杯比赛,澳大利亚成立了"澳大拉西亚(Australia)草地网球协会",其发起人是澳洲网坛先驱诺曼·布鲁克斯和阿尔弗莱德·邓禄普。该网协的首要任务之一,就是组织并承办次年将举行的第 1 届澳大拉西亚网球锦标赛,此赛事在今天也被称为澳大利亚网球锦标赛,即澳网的前身。

1905 年,第 1 届澳大拉西亚网球锦标赛如期举行,比赛地点是墨尔本的威尔霍斯曼板球场。首届比赛仅设男子单打和男子双打,当时获得男单冠军的是本土选手罗德尼·希斯,男双冠军被兰多尔菲·里塞特和汤姆·塔希尔获得。1908 年,美国人亚历山大成为首位夺得男单冠军的非本土球员。由于澳大拉西亚草地网协在成立时就吸收了临近的新西兰为会员,所以 1905—1922 年间,澳大拉西亚网球锦标赛一直在这两个国家间的各大城市轮流举行。直到 1922 年,新西兰决定成立自己的网球协会并脱离出澳大拉西亚草地网协后,澳大拉西亚网球锦标赛才开始固定在澳大利亚国内举行,澳大拉西亚草地网协也在这一年更名为澳大利亚草地网球协会。同年,澳大利亚网球锦标赛增设了女子组比赛。

1941 年,澳大利亚锦标赛因第二次世界大战而暂停,1946 年恢复,也经历了一段低迷时期,但进入 50 年代后又逐渐步入辉煌。1968 年,国际网球开始职业化并进入公开赛时代,澳大利亚锦标赛被列为四大公开赛之一。1969 年,赛事正式更名为澳大利亚公开赛,简称澳网。

1972 年,为了吸引更多的观众,澳网组委会决定选取一个永久固定的比赛场所。澳大利亚网协最终选择了墨尔本的库扬俱乐部,这里成为此后 16 年中澳网的固定举办地。由于场地设施较差、天气过热以及奖金低廉等原因,很多一流球员不愿意参加澳网。为了缓解局势,澳大利亚网协曾尝试在 1977 年把赛事改到 12 月下旬举行,但由于与圣诞节撞车,更影响了外国球员的参赛积极性。1985 年又尝试将赛事提前至 11 月举行,效果依然不明显。

为了恢复澳网的声威和影响力,澳大利亚网协开始了大规模的改革进程:将原定于 1986 年底进行的赛事推迟至 1987 年 1 月举行,这一赛程安排一直沿用至今。1988 年 1 月,将澳网比赛场地移师至新落成的大型体育中心——碎片公园网球中心,比赛场地也由原先的草地球场改为了中速硬地球场。1996 年,碎片公园改名为墨尔本公园。

现今的墨尔本公园网球中心经过扩建已拥有 22 片室外球场和 4 片室内球场。中心球场在 2000 年被命名为罗德·拉沃球场,以纪念澳大利亚网球巨星罗德·拉沃,可容纳 1.5 万人。另一较大规模的球场名为沃达丰球场,可容纳 1 万人。2003 年,原 1 号球场更名为玛格丽特·考特球场,以澳洲历史上最伟大的女选手玛格丽特·考特的名字命名。

罗德·拉沃中心球场和沃达丰球场都拥有可开合顶篷,这在四大满贯中是独一无二的。2003 年,在罗德·拉沃中心球场举行的澳网女单决赛就因为天气过于炎热而关闭顶篷进行,这也是首场在"室内"举行的大满贯决赛。

(二)法网

法网是四大满贯中唯一的红土赛事,每年 5—6 月在法国巴黎郊外的罗兰·加洛斯举行。2005—2014 年的法网男子单打冠军,除了 2009 年被罗杰·费德勒(瑞士)夺得之外,这些年的男子单打冠军均为拉斐尔·纳达尔。2014 年,纳达尔共 9 次夺得法网男子单打冠军,夺冠次数排名第一。2011 年,李娜获得女子单打冠军。2016 年,德约科维奇战胜穆雷,夺得男单冠军,这也是其第一次在法网夺冠。女子方面,穆古拉扎战胜了卫冕冠军小威廉姆斯而最终夺冠。

1998 年,法国网协将法网的官方名称正式改为"罗兰·加洛斯公开赛"。人们习惯于称这项赛事为法国公开赛。

法网创办于 1891 年,其前身是法国网球锦标赛,在过去的 110 余年中曾因两次世界大战而被迫停赛 11 年。1925 年,原本仅限本国人参赛的法网开始对外国选手开放。1927 年,经过测评和协商,法国网协从位于巴黎市郊德乌泰尔港附近的法兰西运动场俱乐部租借了 3 公顷土地,用于建造新的球场。土地租期为 99 年,租借条件则是以罗兰·加洛斯的名字命名新球场。

1928 年 7 月 29 日,罗兰·加洛斯球场正式落成,随即也成为法国的国家网球中心。年底的戴维斯杯比赛中,法国队击败美国队成功卫冕,此后更是完成了 6 连冠的伟业(1927—1932 年)。法网也从这一年开始移师至罗兰·加洛斯举行,在新场地获得首个法网男女单打冠军的分别是法国选手考赫特和美国选手威尔斯·伍迪。

此后的 70 多年中,法网的历史在罗兰·加洛斯顺利续写,无数网球巨星在这里创造了辉煌。如今的罗兰·加洛斯网球中心占地 8 公顷,拥有 20 片正式比赛场地,主要经历了三次大规模的扩建阶段。

第一阶段:1979—1980 年。1979 年,占地 2000 平方米的罗兰·加洛斯村落成,主要用于向法网的 17 个合作伙伴提供贵宾区,接待来自全球的运动员、赞助商、媒介和演艺界名人。1980 年新建了一座可容纳 4500 名观众的古典式现代混凝土结构圆形球场,被观众称为"1 号场地"。

第二阶段:1983—1993 年。这次扩建不仅在原先的一片橄榄球场上又修建了 9 片新场地,更突出的成就是修建了一片大理石广场——莫斯科泰里广场,也被称为火枪手广场。1989 年,两位法国网坛先驱让·博罗特拉和雷内·拉科斯特(鳄鱼品牌创始人)的雕塑被安放在这里,1990 年、1991 年先后又增加了亨里·科切和雅凯·布鲁格农的雕像——他们就是 20 世纪 20—30 年代缔造了法网戴维斯杯辉煌历史的"四个火枪手"。

第三阶段:1994—1999 年。1994 年,一座可容纳 10068 名观众的大型球场落成,1997 年改名为苏珊·伦格朗球场。1999 年法网刚刚落幕之际,为了迎接千禧年的到来,"新千年中心场地"开始兴建并于次年竣工,该球场被作为法网中心球场,可容纳近 16000 名观众。2004 年 9 月,法国网协将中心球场以已故前法国网协主席菲利普·查特里尔的名字命名。

法网比赛场地为慢速红土场地,因为红土所存在的黏性,选手每一次击球都要付出比在其他场地上多几倍的努力。想在这样的场地上获胜,不但需要精湛的技术,更需要充沛的体力和坚强的意志。正因为如此,法网也是四大满贯中冷门概率最高的赛事。

(三)温网

温网每年 6—7 月在英国伦敦西南郊区的温布尔顿镇举办。现役球员中,瑞士选手费德勒至 2016 年共夺得了 7 次温网男子单打冠军,并且在 2003—2007 年实现了 5 连冠。在 2014 年和 2015 年他都败给了德约科维奇而得到亚军。2016 年英国人穆雷夺得了男单冠军。

2000 年以来,威廉姆斯姐妹(美国)两人共夺得了 12 次温网女子单打冠军。小威廉姆斯在 2015 年和 2016 年蝉联了女子单打冠军。

首届温网比赛 1877 年举行,当时的主办方为全英槌球和草地网球俱乐部。该俱乐部原名"全英草地槌球俱乐部",成立于 1868 年,1875 年引进了一项叫"司法泰克"的草地网球运动,1877 年更改为现在的名称并于当年举办了第 1 届全英草地网球锦标赛(仅限业余选手参加)——这就是温网的前身,温网也因此成为四大满贯中历史最悠久的赛事。

首届温网只设立了男子单打比赛,1884 年,女单项目正式设立,共有 13 名选手参赛。男双项目也在同一年被列为正式比赛项目。1889 年,女双和混双也被列为正式比赛项目。

1881—1889 年,著名的双胞胎兄弟内斯特·伦肖和威廉·伦肖先后在男子单打和双打的比赛中夺取了 13 项桂冠,开创了英国网球的"伦肖世代",同时这也大大提升了温网的人气。从 1897 年开始,著名的多赫蒂兄弟开始了他们对温网男单和男双长达 10 年的垄断。1901 年,温网开始允许英国海外领地的选手参赛;1905 年,正式对所有外国选手开放。

1877—1912 年,温网的一切运作都由全英槌球和草地网球俱乐部(简称全英俱乐部)独立承担。1913 年,为扩大比赛影响力,全英俱乐部将属下的 3 项比赛(男单、男双和女双)与英国草地网球协会(LTA)属下的 5 项比赛合并。从这一年起,温网即由全英俱乐部和英国草地网协共同举办。

早期的温网赛事还有一项特殊的"挑战赛"规则,即前一年的冠军在第二年的比赛中只需要打一场卫冕战,获胜即告卫冕。这项规则于 1922 年被废除。

第一次世界大战期间,温网被迫停办,英国草地网协也是靠全英俱乐部会员的捐款才勉强存活下来。直到 1919 年,温网比赛得以继续进行。

1920 年,温网组委会成立了全英俱乐部场地有限公司,通过发行债券的方式筹到资金,于 1922 年将温网举办地从温布尔顿沃尔普路迁到了现在的教堂路,并修建了一座可容纳近 15 000 名观众的体育场。

20 世纪 20—30 年代,法国人是温网的主角。10 年中他们每年都至少夺得一座单打冠军奖杯,该纪录的缔造者是法国"四个火枪手"——博罗特拉、布鲁格农、科切特和拉科斯特,以及女将苏珊·朗格伦。1934—1937 年则是英国网球的黄金时代,本土选手在这 4 年间共夺得 11 项冠军头衔。

1940—1945 年,温网因第二次世界大战再次被迫停办,全英俱乐部成了战时的后勤仓库。战后,温网在 1946 年恢复比赛,尽管英国网球已辉煌不再,但温网的世界影响力和外国选手夺冠的次数一样呈逐年上升趋势。20 世纪 50 年代的温网几乎是美国选手的表演舞台,他们垄断了大多数冠军。

1968 年,温网正式向职业选手开放,成为真正意义上的温布尔顿公开赛。1977 年,温布尔顿草地网球博物馆也在比赛期间揭幕。百年温网还实施了一项对现今网坛影响极大的措施——外卡制度。2001 年,克罗地亚选手伊万尼塞维奇成为首位持外卡参赛获得男单冠军的选手。

每一届温网都会配备 6 000 多人的工作队伍,大部分都是志愿者,在两个星期的赛程中,由 12 名全英俱乐部官员及 7 名英国草地网协官员组成的委员会是整个赛事的管理中心,他们每年都从赛事准备会议便开始着手筹备赛事,各项决定也由委员会做出并监督执行;为保证每一届温网的顺利进行,全英俱乐部所在地默顿自治区的环境服务委员会每年都要定期召开会议,报告在温网进行的两个多星期中发生的交通、环境方面的问题以及对此问题的建议措施和经验总结。

(四)美网

美国网球公开赛是每年度第 4 项也是最后一项网球大满贯赛事,通常在每年 8 月底至 9 月初举行,赛事共分为男子单打、女子单打、男子双打、女子双打和男女混合双打五项,并且也有青少年组的比赛。自 1978 年开始赛事在纽约 USTA 国家网球中心举行。

从 1968 年开始,在纽约森林山举行的集美国五项主要网球锦标赛为一体的美国网球锦标赛被列为正式公开赛。经过组委会不懈的努力,美网才从业余赛事发展到现在世界上奖金最丰厚的大满贯赛事。每年的夏天在美国国家网球中心进行的美国网球公开赛都能吸引超过 50 万的球迷到现场观看。

公开赛时代以来,约翰·麦肯罗曾于 1979—1981 年取得过三连冠的纪录,伦德尔自 1985 至 1987 年取得三连冠的纪录,费德勒是自 1924 年比尔·蒂尔凳之后首位在美网取得男子单打五连冠的选手。2004 年至 2008 年,他五次夺得男子单打冠军。

公开赛时代以来,美国名将克里斯·埃弗特曾经取得过四连冠,并以六次冠军傲视群芳。威廉姆斯姐妹自 1999—2014 年这 14 年间共获得八次冠军,可谓占据了半壁江山。2012—2014 年,塞雷娜·威廉姆斯(美国),获得了美网女子单打三连冠.2016 年,女子单打冠军为德国人科贝尔。男子方面。2016 年美网男单冠军为瑞士人瓦林卡。

塞雷娜·威廉姆斯(Serena Williams)是当之无愧的网坛女皇,球迷习惯于称呼她为“小威”,用于区别她的姐姐维纳斯·威廉姆斯。2014 年,她在美网完成多项历史纪录,并拿到第 18 座大满贯冠军奖杯。至此她也集齐了所有赛事类型的冠军,包括奥运会、WTA 年终总决赛以及 WTA2009 年改革以来实行的国际巡回赛,顶级巡回赛,超五系列赛,皇冠赛。2016 年 5 月,她的女单大满贯冠军数量达到了 23 次,成为大满贯夺冠最多的女子选手,而且其辉煌还在延续着。

第二节 球类运动竞赛组织与编排

一、球类运动竞赛的组织

(一)讨论和确定组织方案

球类运动竞赛的组织方案需要根据其工作计划和性质来讨论和确定。讨论和确定的组织方案内容一般包括以下方面。

(1)竞赛的名称、目的和任务。

(2)竞赛的规模。主要内容应包括主办单位、承办单位,参加单位和运动员人数、竞赛地址和日期等。

(3)竞赛的组织机构。主要包括竞赛的组织形式,工作人员的名额,组织委员会下设的主要工作部门、负责人名单等。

(4)竞赛的经费预算。主要包括器材设备、奖品、食宿、奖金、医药、工作人员补贴金等项目的经费预算。

(二)成立组织机构

球类竞赛组织机构的形式和规模应根据工作需要进行组建。小规模球类竞赛的组织形式可参考图 3-1 所示。

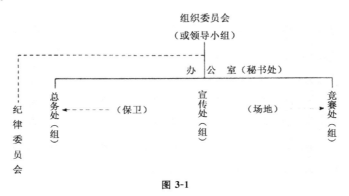

图 3-1

1.组织委员会(或领导小组)

球类运动竞赛组织委员会主要职责是领导大会的筹备、进行和总结工作。其工作主要包括:掌握竞赛的方针;研究和批准竞赛规程;研究和批准竞赛的工作计划;赛前听取筹备工作汇报,研究解决有关问题;赛后批准大会总结或处理有关的问题。

2.办公室(秘书处)

办公室(秘书处)也是球类竞赛组织机构设置的一个重要部门,其具体工作如下。

(1)依照组委会的决议,组织配备各部门的工作人员。

(2)拟定工作日程计划。日程计划的内容主要包括:组织委员会会议;场地器材的准备;裁判员报到日期;动员工作;开幕式和闭幕式;各代表队领队会议;组织学习报告或经验交流;大会总结等项工作。

(3)制定与竞赛有关的各种规章制度与须知(如作息时间、会议制度和大会须知等)。

(4)负责对外联系工作。

(5)召开有关会议,统一解决各(处)组之间的问题。

(6)负责编造预算等事宜。

3.竞赛处(组)

竞赛处(组)是球类运动竞赛不可缺少的一个重要组织机构。其工作主要包括以下内容。

(1)筹备裁判工作。制定裁判员计划,包括人数、来源等。当裁判组到位后,在裁判长领导下开展裁判工作。

(2)组织报名,编印秩序册。

(3)准备场地和各种器材(包括场地设备、器材和裁判用具等)。

(4)召开有关会议,解决有关比赛的各种问题。赛前要召开裁判长、教练员联席会议。比赛期间必要时召开有关会议,解决比赛中出现的问题。

(5)安排各队练习,组织经验交流、座谈等。

(6)排列出各队名次。

4.宣传处(组)

宣传处(组)的主要工作包括以下几个方面。

(1)组织好大会的宣传报道工作。

(2)组织通讯报道与编辑会刊。

(3)组织大会党团活动。

(4)研究制定先进队和先进个人的评选条件和细则。

(5)准备学习材料,组织学习和讨论。

5.总务处(组)

总务处(组)的主要负责以下方面的工作。

(1)编造大会期间的经费预算。

(2)做好大会的物质准备。

(3)大会的生活管理工作。及时召开各单位管理人员的会议,解决大会中有关生活方面的问题。

(三)制定竞赛规程

球类运动竞赛规程是由主办单位在赛前制定的文件,是球类竞赛工作开展的重要依据。竞赛规程是赛会的法规性文件,必须以竞赛规则为准则,可依据竞赛规则的精神进行适当的补充和调整。竞赛规程又是球类运动竞赛的指导性文件,是所有参赛运动员队必须共同遵守的章程。竞赛规程主要内容如下。

(1)竞赛日期和地点。

(2)参加单位。

(3)竞赛项目。

(4)参加办法。

(5)竞赛方法。

(6)录取名次。

(7)奖励办法。

（8）报名及报到。

（9）经费。

（10）违禁药物规定。

（11）裁判员。

（四）制定工作计划

球类运动竞赛工作计划的内容主要包括以下几个方面。

（1）依计划做好赛前各项准备工作。

（2）依据竞赛方案,竞赛规程规定的竞赛日期,各部门根据自己的职责范围拟订出具体工作日期计划。

（3）办公室（或秘书处）应定期检查准备工作落实情况。

（五）纪律委员会的工作

纪律委员会是球类运动竞赛组织机构的一个重要部门,对于竞赛秩序的维持和比赛的顺利开展起着重要的作用。纪律委员会主要承担如下职责:研究和处理整个竞赛过程中所发生的违犯竞赛规程和竞赛规则的代表队及个别运动员、裁判员、领队、教练员和随队其他工作人员,对其采取警告、暂停或取消比赛资格或工作资格等纪律措施。

（六）竞赛期间工作

竞赛期间的组织工作也是十分重要的环节,具体工作内容如下。

（1）竞赛期间要不断地进行思想教育,端正比赛态度,正确对待胜负,正确对待裁判员,正确对待观众,表扬先进队和运动员。

（2）大会有关成员应经常深入到球队中去,征求意见及时改进工作。竞赛组每天及时公布成绩。

（3）场地组应经常对比赛场地、器材和设备进行检查和管理,保证竞赛顺利进行。

（4）遇有特殊情况需要更改比赛日期、时间和场地时,竞赛组及时通知有关部门和比赛各队。

（5）治安保卫组注意住宿和比赛场地安全和秩序。

（6）大会各部门应经常与各队取得联系,听取意见改进工作。必要时召开领队、教练员、裁判长联席会议,及时处理和解决比赛中所发生的问题。

（七）竞赛结束工作

竞赛结束后的组织工作也是球类运动竞赛组织工作不可缺少的环节。具体内容如下。

（1）各部门总结大会期间的工作。

（2）组织和举行闭幕式,做大会总结报告和颁发奖品。

（3）安排和办理各队离会的有关事宜。

（4）组织委员会向上级汇报工作情况。

(八)球类竞赛风险的处理

体育竞赛风险的处理应该包括选择风险对策和实施风险方案。

风险对策是指风险管理主体针对致险因素所带来风险的概率和程度应该采取的措施和方案。选择风险对策是依据一定的指标综合运用各种评价方法对致险因素及风险进行管理的最优方案。风险方案的实施是风险管理的最后阶段,是在对各种风险对策评价并选择之后,经过体育赛事组织者的决策和要求,制定具体的风险管理计划,实行目标管理,以期降低或避免体育赛事运作过程中所呈现出来的各种不确定性的风险。确立竞赛风险应对策略的基本原则有如下几方面。

一是在竞赛风险发生之前,控制风险要素,避免或减少竞赛风险的发生。

二是在竞赛风险发生过程中,及时而有效地阻止或抑制事态的发展,以减轻损害程度,减少竞赛损失。

三是在竞赛风险发生后,迅速对风险损失进行充分而有效的经济补偿,以便在最短的时间里排除直接损失对竞赛正常运营活动的干扰,最大限度地减少间接损失。

竞赛风险的基本应对策略为风险控制和风险转移两种形式,这两种策略各有不同的优点和局限性,因此,当竞赛风险管理人员在确立具体的风险应对策略时要将两种形式结合起来运用。风险控制包括所有为避免或减少竞赛风险发生的可能性以及潜在损失的各种措施。为此竞赛风险管理人员必须和各专业人员共同识别影响竞赛风险发生以及使损失趋于严重的各种风险因素,然后,通过对这些因素的控制而控制竞赛风险。

二、球类运动竞赛的编排

(一)循环制的编排

1. 循环制的编排方法

(1)单循环制

①比赛总场数和轮数的计算方法

单循环比赛总场数=[参加比赛队数×(参加比赛队数-1)]÷2

单循环比赛轮数:若参赛队的队数是单数,则比赛轮数等于参赛队数。若参赛队数是双数,则比赛轮数等于参赛队数减1。下面举例说明单循环制比赛轮数与比赛场数的计算方法。

例如:有 7 个队参加比赛

比赛总场数=[17×(7-1)]÷2=21 场

比赛轮数=参赛队数=7

又如:有 10 个队参加比赛

比赛总场数=[10×(10-1)]÷2=45 场

比赛轮数=10-1=9

②比赛轮次表的排列

在排列比赛轮次表时,轮转法是一种常用的编排方法。

编排方法:不论参赛队是单或双数,一律按双数编排,若参赛队为单数时用一个"0"号代表一个队,使之成为双数,各队碰到"0"号队即为轮空。

编排时先以号数代表队数,将其平均分为两半,前一半号数由1号起自上而下写在左边,后一半号数自下而上写在右边,然后再把相对的号数用横线接连起来,这就是第一轮的比赛。通常情况下,根据转法的方向不同,可以将轮转的方法分为两种,即逆时针轮转法和顺时针轮转法(表3-1、表3-2)。

表 3-1 逆时针轮转法

第一轮	第二轮	第三轮	第四轮	第五轮
1～6	1～5	1～4	1～3	1～2
2～5	6～4	5～3	4～2	3～6
3～4	2～3	6～2	5～6	4～5

表 3-2 顺时针轮转法

第一轮	第二轮	第三轮	第四轮	第五轮
1～0	2～0	3～0	4～0	5～0
2～5	3～1	4～2	5～3	1～4
3～4	4～5	5～1	1～2	2～3

一般情况下,参赛队的数量为单数或双数时,其轮转的方法也是不同的。参赛队为单数时,可用"0"代表轮空,补成双数。但"0"号位置固定不变,其他位置每轮按顺时针方向轮转一个位置;参赛队为双数时,轮转方法是1号位置固定不动,其他位置每轮按逆时针方向轮转一个位置,这样可排出各轮比赛顺序。

③确定各队赛序,编写比赛日程表

在排出轮次之后,还需要将各参赛队的代表号码数明确下来,将各队队名按其代表号码数填到轮次表中,然后编写比赛日程表。

决定参赛代表号码数的方法主要有抽签法和直排法两种。

其一,抽签法。赛前召集各队代表一起抽签,以明确各个号码分别代表哪个队。

其二,直排法。根据上届比赛名次,直接将队名填于相应号码处。但是,也不乏一些比较特殊的情况,需要根据实际情况进行不同的处理。例如,若本届比赛有若干新增加队,则须将新队按报名先后或其他竞赛名次的高低,依次排在上届最后一名之后;若上届排名中有不参加本届比赛者,须将其后名次队依次升填到缺队号码处;如有同一地区或单位有两队以上参加比赛应安排第一轮先打。

（2）双循环制

双循环制的比赛形式又可分为主客场制和集中赛会制两种。

①主客场制双循环

该赛制是指各参赛队在进行双循环比赛时,需分别与所有对手在本队所选场地(主场)和对手所选场地(客场)各赛一场,最后以各队全部比赛成绩排定名次。主客场制双循环在实践中的运用较为广泛,这主要是因为:首先,主客场制的赛中间歇时间及整个赛期持续时间长,便于练、赛结合,提高水平;其次,增加参赛队获取地利与人和之优势,满足当地球迷观看主队比赛的需要,推动球类市场开发;再次,适合于职业化或半职业化球队间的竞赛。

②集中赛会制双循环

该赛制是指各参赛队集中到某一赛区,在一定时间内进行双循环比赛,它的适用范围主要是参赛队数较少且时间和经费又允许的情况下。

从编排上来看,集中赛会制和主客场制没有区别,二者均以单循环方法为基础。两次循环的赛序可以相同也可以根据需要而改变第二循环的赛序。在球类竞赛的实践中,最为常见的是两次循环的赛序相同。下面就举例说明一下主客场制双循环轮转法。

5个队不同赛序双循环,第一循环以左上角"0"号定位逆时针轮转,第二循环以右上角"0"号定位顺时针轮转(表3-3)。

表3-3　主客场制双循环轮转法

赛序	第一轮	第二轮	第三轮	第四轮	第五轮
第一循环	0～5 1～4 2～3	0～4 5～3 1～2	0～3 4～2 5～1	0～2 3～1 4～5	0～1 2～5 3～4
第二循环	1～0 2～5 3～4	2～0 3～1 4～5	3～0 4～2 5～1	4～0 5～3 1～2	5～0 1～4 2～3

（3）分组循环制

相比单循环制和双循环制,分组循环制具有较为明显的优势,其主要表现为:不仅保留了循环制中各队相遇机会较多的优点,而且还可缩短比赛时间。但由于这种循环制只能确定出各队分组赛中的名次,因此,其使用的范围主要是非单一循环复合赛和混合制复合赛。

为了使分组更加合理,并全面反映出比赛的实际水平,分组循环制竞赛通常会采取两种排列分组的方法,即蛇行编排法和种子队排法。如有同一地区或同一单位两队以上参加,应分别排进各组。以下对蛇行编排法和种子队编排法的具体运用情况进行详细介绍。

①蛇行编排法

蛇行编排法是以上届的名次为主要依据进行分组的,例如,16个队分成4个组时,排列的方法如下(表3-4)。

表 3-4　蛇行编排法

第一组	第二组	第三组	第四组
1	8	9	16
2	7	10	15
3	6	11	14
4	5	12	13

按照蛇行编排的结果,4 个组的队的分组情况见表 3-5。

表 3-5　蛇行编排后的分组表

第一组	第二组	第三组	第四组
1	2	3	4
8	7	6	5
9	10	11	12
16	15	14	13

②种子队编排法

该编排方法要求先确定种子队。种子队的确定应在领队会议上,以参赛队的水平或上届比赛的名次为主要依据进行协商解决。第一步种子队先抽,先把种子队经抽签分到各组中去,然后再用抽签的方法确定其他各队在各组的位置。种子队的数目应该与分组数相当,或者是分组的倍数,8 个队分两组可设两名种子队。如果每组有两名种子队时,应把第一名种子队与最后一名种子队编在一个组内。第二名种子队与倒数第二名种子队编在一个组内,依此类推。例如,分 4 个组设 8 名种子队时,种子队的编排如下(表 3-6)。

表 3-6　种子队编排法

第一组	第二组	第三组	第四组
1	2	3	4
8	7	6	5

分组循环的比赛总场数的计算方法:

比赛总场数＝每组的比赛场数之和。

2.循环制比赛的计分方法

关于循环制竞赛的计分方法,竞赛规程应进行明确规定。如果出现全部比赛结束时两队或两队以上积分相等的情况,则可以参照下列顺序进行名次的排列,即下列六种情况名次排列靠前。

（1）积分相等队之间相互比赛的积分多者。

（2）积分相等队之间相互比赛净胜球多者。

（3）积分相等队之间相互比赛进球总和多者。

（4）整个联赛中净胜球多者。

（5）整个联赛进球总和多者。

（6）抽签优胜者。

（二）淘汰制的编排

1.单淘汰制的编排方法

（1）总场数和轮数的计算方法

单淘汰比赛总场数＝参赛队－1

比赛轮数：比赛轮数与参赛队数的奇偶性有一定的关系。若参加比赛队数不是2的乘方数，则比赛轮数为略大于参赛队数的2的指数；若参加比赛队数等于2的乘方数，则比赛轮数等于2的指数。下面就比赛轮数的计算方法进行举例说明。例如：8个队参加比赛，总场数则为8－1＝7，轮数则因8是2的3次乘方，即比赛为3轮（图3-2）。

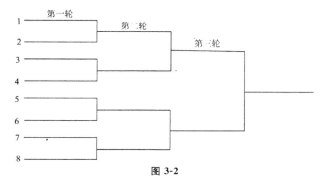

图3-2

（2）轮空队的编排

参加比赛的队数的奇偶数与轮空队数的出现有直接关系。如果参加比赛的队是2的乘方数（4、8、16、32），则第一轮比赛没有轮空，所有的队都参加比赛；如参加比赛的队数不是2的乘方数时，则必须在第一轮的比赛中有一部分队轮空，使第二轮的比赛队数成为2的乘方数。因此，应先计算出第一轮的轮空队数。

轮空队数＝略大于参赛队数的2的乘方数－参赛队数。

轮空队的编排应以淘汰制的特点作为主要依据，将轮空位置安排在种子队的旁边。这种编排方法的目的是能够更加准确地反映出比赛的实际水平，使实力较强的队较晚或最后相遇，从而使末轮比赛更加精彩。

为了编排的方便，并考虑一次比赛或一个比赛组一般在不超过32个队的情况下，可按下列轮空位置表进行安排（表3-7）。

表 3-7　轮空位置表

2	31	18	15	10	23	26	7
6	27	22	11	14	19	20	3

通过以上计算方法得出轮空的队数之后,要根据以上的轮空位置表进行比照,具体的查表方法如下:用略大于参赛队数的 2 的乘方数作为最大位置号数,再根据轮空队数,在轮空位置表上由左向右依次找出小于最大位置号数,就是轮空位置。与轮空位置相遇的队即第一轮的轮空队。

(3)种子队的编排和比赛表的分区

采用设置种子队的方法编排竞赛秩序,可有效避免实力较强的队在第一轮比赛相遇而过早被淘汰。把实力较强、技术较好的队定为"种子",并把种子队合理地分别排入各个不同的区内,使他们最后相遇,这样在比赛中产生的名次较为合理,也会使比赛更加精彩。

技术水平或最近参加的主要比赛所取得的成绩是确定球队是否能成为种子队的主要依据。通常情况下,要以参赛队数的多少为主要依据来确定种子队数目。单淘汰一般以 5～8 个队设立 1 名种子为宜。16 个队或少于 16 个队则可设 2 名种子队,17～32 个队参赛时可设 4 名种子队。种子队应分布在各个区内。单淘汰赛的区是指全部号码位置所分成的若干相同的部分。例如有 32 个号码位置时可划分为 1～16 号和 17～32 号上下两个部分,即为上下两个半区(1～16 号为上半区,17～32 号为下半区)。上下半区的 16 个号码的位置还可划分为相同的两个部分(上半区分成 1～8 号和 9～16 号,下半区分成 17～24 号和 25～32 号)。这样所分成的 4 个部分称为 1/4 区(图 3-3)。

通过查表的方法确定种子队的位置,这样能够达到安排种子队的位置方便、合理的目的。查表方法:按比赛所设种子队数,在种子队位置表上由左向右依次找出小于或等于比赛号码位置数的号码即为种子队位置号码。

在确定了种子队的队数和位置之后,再让非种子队抽签,根据抽签号码确定其比赛秩序。下面就举例子说明一下比赛总场数、比赛轮数、轮空队数的计算方法,并根据相关表格查出轮空的位置。

13 个队设 4 名种子队参加单淘汰比赛,计算出总场数、轮数、轮空队数,种子队位置和轮空位置并画出比赛轮次表(图 3-4)。

比赛总场数:13－1＝12 场

比赛轮数＝2 的 4 次乘方＝16 轮

轮空队数＝16－13＝3

轮空位置:有 3 个队轮空,查轮空位置表,从左向右依次摘取小于 16 的号码数,即 2、15、10 号位置应是轮空位置。

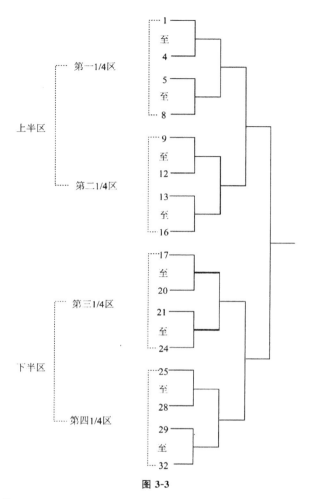

图 3-3

（4）附加赛的编排

在竞赛规程中,应对运用附加赛决定名次的办法进行详细规定。附加赛法,即在采用淘汰制的情况下,除了要决出冠亚军队外,还要确定其他名次而采用的方法。例如,8 个队参赛,附加赛办法是复赛中失败的两个队比赛一场,胜者为第 3 名,负者为第 4 名。在预赛中失败的 4 个队进行附加赛,决出 5～8 名。

2.双淘汰制的编排方法

（1）总场数计算方法

总场数＝2×（参加比赛队数－1）

以 9 个队参赛为例,比赛总场数的计算方法如下:

总场数＝2×（9－1）＝16

注:"△"为种子队,圆圈数字为轮空位置
　　种子队位置:表中 1、16、9、8,四个号码为种子队位置。

图 3-4

（2）编排方法

在编排方法上,双淘汰制和单淘汰制基本相同,不同之处在于进入第二轮后,双淘汰制要把失败队放在左半区（横向编排时）或下半区（纵向编排时）编排起来再进行比赛,胜者继续参赛,败者则被淘汰。若最后决赛的两个队都是各败一场,需再比赛一场决定冠军。下面就 8 个队参赛的例子对双淘汰制的编排方法进行具体说明（图 3-5）。

3. 主客场制的编排方法

（1）总场数计算方法

在计算方法上,总场数制与双淘汰制基本相同。竞赛规程另有规定除外。如我国足协杯赛在最后决赛时只进行一场比赛（比赛场地由主办单位选定或以抽签方法决定）。

以中国足协杯赛 24 个队参赛为例,主客场制淘汰赛的总场数计算方法如下。

总场数＝2×（24－1）－1＝45 场

（2）编排方法

主客场制的竞赛编排原则上是按照上一年度各队名次蛇形排列分为上下两个半区,进行主客场淘汰赛。

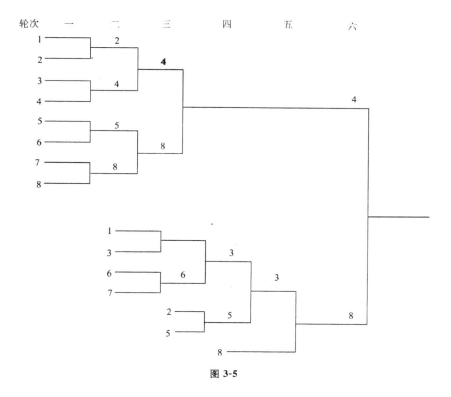

图 3-5

(三)混合制的编排

所谓混合比赛制,是指在一次比赛中使用两种不同的比赛方法进行的比赛。混合比赛制多是分阶段进行的。例如先用淘汰制,后用循环制;或先打分组循环,规定每小组取几名,再采取淘汰制决出所需名次等。

1.同名次赛的编排方法

第一阶段可分成 A、B 两组进行单循环赛,排出各组名次,第二阶段淘汰赛时,两组的第一名比赛决出第一、二名,两组的第二名比赛决出第三、四名,依此类推。

如果第一阶段是分成四个组循环赛时,先由四个组的第一名进行半决赛,然后胜队与胜队进行决赛,负队与负队进行附加赛,决出第一至第四名。这种混合制的比赛形式的运用还是比较广泛的。

2.交叉赛的编排方法

第一阶段分 A、B 两组进行单循环赛,决出各组的名次。第二阶段淘汰时,可将两组的第一、二名进行交叉赛。具体来说,就是 A 组第一名对 B 组第二名,A 组第二名对 B 组第一名进行比赛,然后两组的胜者进行决赛,胜者为冠军,负者为亚军。如果要排出三、四名时,两组的负者进行附加赛,胜者为第三名,负者为第四名。各组的第三、四名同样采用此方法决出第五至第八名,依此类推(图 3-6)。

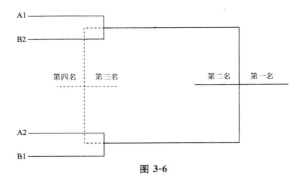

图 3-6

如果有四个或者更多组的第一名或第二名参加第二阶段的淘汰赛,可以相邻组进行交叉赛,具体来说,交叉赛主要表现为以下两种形式:一种是 A、B 两组的第一、二名,C、D 两组的第一、二名进行交叉赛;另一种是隔组交叉,即 A、C 两组的第一、二名,B、D 两组的第一、二名进行交叉赛。

第三节 大学生球类运动欣赏能力的培养

一、球类运动比赛欣赏的内容

体育竞赛有着无穷的魅力,它可以通过运动中的腾飞、旋转、冲刺和追逐等,文化中的道德、伦理、风俗、习惯等,艺术中的造型、乐感、旋律、色彩等,人际关系中的交往、和谐、举止、风度等因素,使观众的心理与之同步运动,从而起到满足精神需求的作用。另外,运动不仅是一种强身健体的手段,从事体育欣赏更是人们休闲娱乐的主要形式之一。人类所有的行为不外乎就是要追求快乐,休闲娱乐的作用就是能带给予我们身心上的愉悦,体育比赛随时会有戏剧性的变化,是一场力与美的盛宴。运动员在场内相互较劲斗智、展现人体极限潜能,观赏者容易放下自我的独立性融入于比赛情境中,随着比赛节奏获得情绪上的解放,获得日常生活无法亲身接触的体验及话题,可使生活中压抑的紧绷神经得以放松;另外,体育文化的外在表现,则反映在围绕体育竞赛而进行的文化艺术活动中,它包括竞赛期间的文艺演出、绘画展览、新闻报道、电视转播、发行邮票及纪念币等内容。由于这些活动的开展,使色彩各异的体育文化形式得以在全世界传播。因此通过观赏体育比赛,人们除了可以了解各种人文景观,还能品尝独具风采的文化艺术表演。

在体育比赛中,运动员的技术动作和战术配合是经过长期刻苦训练和多次比赛的磨合而形成的。有的技术熟练到炉火纯青的境地,有些战术配合默契,能达到天衣无缝的程度。例如:一场高水平的足球赛使人感到观赏整场比赛是一种享受。足球门前险象环生的临门一脚,能使人们屏住呼吸,然后释然狂欢;篮球比赛中高高跃起的扣篮和盖帽、准确的三分远投,使人赞叹不绝;排球比赛中,扣球队员助跑、起跳,空中动作以及有力的重扣等都会给人们带来美的享受。从战术角度,人们能观赏到变幻莫测的配合,如足球场上令人眼花缭乱的短传配合,篮球场中体现精确时空概念的空中接力,排球战术中二传传出的恰到好处的球,接力赛中队员传接棒的完美传递瞬间等。

在欣赏体育比赛中,应注意欣赏蕴含在比赛中的那种崇高的"体育精神"。它包括竞争精神、自我超越精神和团结协作精神等。永恒的竞争是体育比赛的最大魅力所在,它是有规则的、公正的、平等的、和平的竞争。它促使运动员不停地追求和超越,追求友谊、和平、公正、进步,挑战人类的生理极限,通过更快、更高、更强不断实现人的自我超越。体育比赛的魅力更在于运动员在比赛中表现出的顽强拼搏、团结协作的集体主义精神。

体育是人类社会发展过程中创造和积累出来的宝贵文化财富,以其积极向上、团结进步的精神展示着它的迷人之处,如更快、更高、更强的奥运精神。当看到运动员经过艰苦努力获得成功时,那种自豪感、愿望实现的幸福感,会深深感染着人们,人们也为那些在比赛中失败的运动员叹息、流泪。体育比赛的意义远超出了比赛本身,他充满人生的哲理,能使人们在观念、思维、情趣等方面得到升华。

运动员经过长期锻炼形成了匀称、协调的体形。他们的肤色、动作、姿势等无不显示出健康之美。同时,这种美结合于体育运动,在比赛中能展现出运动员独特的动感美。竞技体育运动能最大限度地发挥人体运动潜能,运动员在竞赛中不断挑战极限、超越自我,表现出超过常人的运动能力。

具体而言,球类运动欣赏主要包括以下几方面。

(一)运动过程中的动作美

1.动作美概述

体育能够塑造美、创造美、表现美,这是通过各种人体动作展示多姿多彩的生动形象,各种运动项目依靠优美、细腻、柔韧、精巧、刚健、雄劲、明快、敏捷的各种动作组合来实现。在运动过程中,人的形体或部位的造型所展现的美就是动作美。其特点在于准确、干净、协调、连贯、敏捷、舒展而富有节奏,给人以完美无瑕的感觉。运动中各种动作都具有时间、空间、力度三要素,一般用运动轨迹表示其线路的空间特征,用速度表示其时间特征。体现动作美需要熟练掌握动作技能,熟悉动作的方向、路线、速度、幅度、强度和结构原理,这样才能使动作精确、协调而灵活。

人体活动是由一个个动作组成的,身体从开始位置到结束位置的移动变化及人体活动的每一段落都有一定规律。将动作按时间规格化而构成的运动节奏,不仅使人轻松愉快、动作自然舒展而且能量消耗少,不易疲劳。将动作空间规格化后,将形成优美而和谐的动作姿态。

动作美形成的重要手段是刚柔对比。阳刚之美一般指体育活动中男性化的刚毅、强壮、雄健、豪放、壮丽、剧烈的动作表现,而女性化的柔和、优雅、纤巧、缠绵、秀丽、平缓的动作表现则是阴柔之美。

2.动作美的欣赏

球类运动的动作技巧,以形式多样、结构复杂、变化莫测为主要特点。球类比赛结果难料,悬念迭起,扣人心弦。当人们看到"铲射""倒挂金钟""飞身冲顶""扣篮"等高难动作和"背溜""双快一掩护""二打三"等巧妙流畅的战术配合时,会为运动员的精彩表演击掌叫好,甚至终生难忘。

球类运动的动作技巧相当精美、高超、复杂、细腻。例如,足球比赛,它要求人们用脚去完成手都难以完成的复杂动作,从而在动作难度上显得高于其他球类;足球运动中使用的身体部位比其他运动要丰富得多,从练习中脚、膝、头、胸等部位踢球、顶球、停球、颠球,几乎身体上的一切部位都可以利用,停、传、过、带、射五个基本功,每一项都是易学难精;足球中的高难动作——鱼跃冲顶、倒挂金钩、飞身铲射,令人叹为观止;乱军之中的盘带过人更是出神入化。总而言之,足球把力量与技术、粗野与精心,完美地结合到一起,使文明人欣赏精美的艺术与崇拜野性的力量两种心理同时得到满足;足球的美学魅力也不仅仅在于它的场面宏大,它的一刀一枪的比试、巧打妙杀的小场面更是精巧细腻,组成了一种完美的视觉享受;足球是圆的,它会滚向任何一边,它的胜负是最难预测的,这也正是美丽的足球所蕴含的又一魅力。

(二)运动技战术美

1.技术美

技术美是人们对体育活动真实性的审美要求。对运动的科学性的要求主要表现在技术,而对其艺术性的要求便表现为美。身体运动的技术在不停地变化、更新、发展,这些不断更新、发展的变化包含着审美意识的作用,人们在发展新技术而努力创造的同时,也获得了审美的享受。遵从运动的科学训练规律,尽可能地少消耗而多做功,才能充分表现训练有素的技术美,才能创造优异的运动成绩。

技术美综合体现了人体美和动作美,具有准确、协调、连贯、节奏感强以及平衡性、实效性高等特点。技术美将人的本质力量充分显示了出来,它以特有的魅力使人们欣喜、愉悦、惊奇和赞叹。不同的运动项目有不同的技术,每一类技术又包括各种具体的动作,由此组成一幅幅绚丽多彩的画卷。

技术美还带有明显的个性特征,不同类型的运动员会表现出不同类型的技术美。例如,李宁在自由体操中高而飘的跟头和鞍马上轻松自如的"托马斯"全旋;朱建华干净利落的过杆;刘易斯超人的速度,出色的爆发力;迈克尔·乔丹的飞身扣篮等等。这些不胜枚举的运动实例,无不给人以美的享受。

2.战术美

在复杂多变的运动竞赛中,将运动员的素质和技术特点充分发挥出来,在争取胜利的过程中体现出来的一种美是战术美。

通常情况下,可以将战术分为个人战术和集体战术,具体来说,其是运动员在比赛过程中根据临场变化合理运用技术所采取的有组织、有目的的预见性的行动。在运动竞赛的激烈对抗中,战术是发挥技术的先导,驾驭比赛的灵魂,是夺取胜利的法宝,也是反映运动员知识、技术、心理和智力素质的综合指标,特别是在一些集体项目的比赛中,表现得尤为突出。

战术美是技术美和素质美的综合体现。要组织运用某种战术,就必须具备与该战术相应的技术条件。技术也只有通过战术才能得到充分的发挥和良好的运用。

战术的特点是灵活多变、扬长避短,因而我们在观赏运动竞赛的过程中,要特别注意运动员如何根据各自的情况正确调配力量,扬己之长,避己之短,克敌制胜,从而领略巧妙战术带给我们的美的享受。

（三）运动风格与精神美

1.风格美

（1）思想风格美

思想风格美是指运动员在比赛中所表现出来的思想品质、道德修养、行为作风等综合的社会意识美。中国乒乓球队具有顽强的拼搏精神和良好的思想作风，夺得了一个又一个世界冠军，为祖国争得了荣誉，他们的精神和作风时刻激励着人们。在欣赏体育比赛中，看到运动员良好的思想作风也是一种享受。

（2）技术风格美

技术风格美实质上是技术的个性之美。一个运动员（队）在技战术上，根据自身的条件和特点，创造出与众不同的风格，才能形成自己独特的风格美。例如，我国的乒乓球运动员，自从 20世纪 50 年代初开始步入世界乒坛，逐步形成了直拍握法的"快、准、狠、变"的技术风格。

思想风格与技术风格之间有着密切的联系，这两种风格在其形成过程中往往是互相促进、互相制约、互相表现的。

2.意志品质美

意志品质美指在体育活动中所表现出的个性心理特征，主要是指积极、努力、忍耐等顽强的意志，观察、思考、探索等智力活动，热爱、体谅、互助等基本的道德观念等。

（四）身体美的观赏

1.身体美的各种表现形式

身体美也是运动欣赏的重要方面，尤其是一些难美性运动项目更是如此。一般在对运动员的身体美进行欣赏时，主要包括形态美、体型美、肤色美、强壮美、姿势美、素质美、健康美和风度美等方面。下面将对这些方面进行分析。

（1）形态美

形态美是指人的外形美，具体来说，其主要包括人的形体和姿态，是肌体比例匀称、线条和谐等方面的综合效果。

（2）体型美

体型美是指人体结构的类型，主要受遗传、环境和营养等因素的影响。体型不是一成不变的，它可以通过体育锻炼逐渐改变和美化。运动员由于长期锻炼而铸成匀称、协调、健美的体型，如篮球运动员身材高大、躯干健壮、四肢修长、匀称协调，游泳运动员肌肉丰满、肩宽臂长、胸厚臀薄、皮肤红润而有光泽，田径运动员骨骼强壮、肌肉发达，举重运动员体格强壮、肌肉隆起，都显示着生命活力之美。

（3）肤色美

肤色美是指伴随着内脏机能发育，通过身体锻炼和阳光照射而形成的健康肤色美。

（4）强壮美

强壮美表现为肌肉发达,身体魁伟、强壮,给人以充满力量、充满生命活力的感觉。

（5）姿势美

姿势美是身体各部分的协调配合而呈现出来的外部形态美,是指动作的端正与舒展大方,具有造型性因素。姿势美在一些艺术性较强的项目中尤为重要,如体操、艺术体操、花样游泳及体育舞蹈等。运动员的动作、姿态韵味十足,一迈步、一举腿、一抬头、一挺胸,无不给人以美的享受。

（6）素质美

素质美,是一种潜藏在人体内部的美,指的是人体活动显示出的力量、速度、耐力、灵敏、柔韧等身体素质。力量美多体现在高强度的运动竞赛中,如摔跤、举重、拳击比赛。速度美表现出惊人的速度,如田径场上的短跑比赛,滑冰运动中的速滑比赛,都给人昂扬奋进的感受。耐力美表现在长时间运动过程中,如长跑运动员在趋于疲劳极限状态中所表现出来的顽强和坚毅。灵敏美和柔韧美则使观众体验一种柔软、舒展和惊奇、机敏之感。

（7）健康美

健康美主要包括三个方面的内容,分别为身体的健康美、精神的健康美和行为的健康美。每一种形式都能够将健康美体现出来,具体如下。

身体的健康美是为保持身体构造的健康状态而产生的,即通过体育锻炼而获得的健康的外部形态、健康的内脏机能和健康的运动机能表现出的美。

精神的健康美是指表现性格健康的美,包括纯朴、开朗的个性,坚韧不拔的意志,善于观察、勇于探索的精神和团结、友爱、互助等基本的道德观念等等。

行为的健康美是以社会性为基础的行为点,即光明正大、有组织纪律性等行为。行为美是精神美的外部体现,通过它可以展现出我们常说的"心灵美"。

（8）风度美

风度美是人的内在心灵和外表仪态相融合而展示的美。一些运动员不仅运动技术高超,而且胸怀坦荡、仪态端庄、风度翩翩,往往给人以高尚、典雅的感受。我们能从他们同伴相互庆祝的场面中感受到人与人之间的友爱美;从他们失败后一瞬间的表情中体验运动员含有悲壮色彩的美;从取得名次、获得成功后的行动中体验到那种欣喜若狂的喜悦美,等等。总之,是他们昂扬的斗志、顽强的精神、奋勇的拼搏,给我们带来了种种美的感受。

2.身体美的评价标准

身体美最为主要的表现形式为健康美,具体而言,其可概括为以下几个方面的内容。

（1）骨骼发育正常,四肢长而直。

（2）头顶隆起,五官端正,与头部配合协调。

（3）双肩平正对称,男宽女圆。

（4）脊柱正视垂直,侧视曲度正常。

（5）肌肉均衡发达,皮下脂肪适当。

（6）胸廓隆起,正面、背面略呈 V 形,女性胸部丰满而有明显曲线。

（7）腰细而结实,微呈圆柱形。

（8）腹部扁平,男子有腹肌块垒隐现。

(9)臀部圆翘,球形上收。

(10)大腿线条柔和,小腿修长而腓骨突出。

(11)踝细,足弓高。

(五)运动环境美

运动服装、运动器械、场地设备、灯光照明、体育建筑等都是运动环境所包括的内容,其作用主要是烘托运动中鲜明生动的形象,从而使人们的审美需要得到满足,并为人们进行体育运动创造一个审美的氛围,为参与者提供一个活动的审美空间。

1.对运动服装的欣赏

运动服装在体育运动中作为美的要素,有着不容忽略的特殊作用。它与场馆、器材、设备、灯光等运动辅助设施一样,常常成为人们审美情趣的中心之一。健美的身材,优美的动作,配以新颖得体的运动服,给人以美感。运动服装的诱人之处还在于不同的运动项目各具特点,并受其专业性所制约,反映在款式色彩等方面各具个性,光彩照人。有些运动服装被人们所喜爱而在生活中广为穿戴,成为城乡各地流行的一道亮丽的风景线。

随着人们的审美要求和设计水平的提高,运动服装正朝着多样化、个性化、精美化的方向发展。运动服装不仅式样上新颖别致,在颜色上还需搭配得当,尤其是多色运动服在点、线、面上更需讲究,才能给人以华美而不轻浮的感觉。运动服原则上应以醒目的大色块为主,特别忌讳细小的花点和杂乱的小饰物;颜色应该很明朗,往往用带有扩张感的鲜明色彩。鲜红、淡黄、果绿、天蓝等色彩使人感觉明快,因而深受人们的喜爱。灰色一般用来做裁判服,因其对运动员和观众的视线干扰最小。不同运动项目的运动员服装都各有特色,各有其不同的审美功能。

服装式样再漂亮,如果是脏乱的,只能让人感到厌恶,失去美感。参加体育运动的人新陈代谢快,较常人分泌的汗液多,尤其是在夏季,衣服更易污染,因此,这就需要勤洗勤换,从而保持整洁干净。

2.对运动参与人员的欣赏

(1)对运动员和教练员的欣赏

运动员和教练员是环境美的重要组成部分。运动员是体育竞赛的主体,运动员要具有良好的身体美、技术美、战术美和运动美,更重要的是要具有良好的气质风度美等,这种内在的美更会受到人们的尊重。教练员是体育训练和竞赛的主导者,教练员的职业道德精神,以及临场指挥、稳定军心和协调的能力,是一个球队克强制胜、形成良好球队风格的必要条件。教练员的专业水平和执教风格会对整个球队产生决定性的影响。不同时期,体育运动技术、战术的创新都是教练员智慧的结晶。教练员在赛场外的指导才能,是教练员之间的斗智斗勇的重要方式,在现代体育竞赛中尤为重要。体育竞赛是一个不断变化的过程,如在足球运动中,一个战术使用不当,就可能导致整场比赛的失败。因而,要求教练员在关键时刻临危不乱稳定军心,根据自己的经验和现实的情况观形造势,通过调兵遣将、暂停机会调整运动员心态,改变战术打法,力挽狂澜,改变场上不利的局势,从而赢得主动,为球队取得胜利。同时,参与比赛的运动员、教练员都要求尊重裁判的判罚,服从工作人员的安排,不挑衅观众、侮辱观众,尊重观众,关心和爱护观众,这也在一定程度上反映了运动员和教练员的基本素质,运动员和教练员所表现出的美是球场环境美的重要组成部分。

（2）对裁判员的欣赏

裁判员既是环境美的组成部分，也是环境美的重要保证。裁判员基本素质是其表现美的基本要求。裁判员要在职业道德约束下具有良好的身体条件、积极的心理状态、过硬的基本技能和高超的执裁技艺。裁判员必须具备一些特定的条件才能适应他所从事的工作。例如，在90分钟的足球比赛中，裁判员需要不断奔跑，还要对场上出现的各种违反规则的行为做出迅速判罚，所以，裁判员的体能是一项基本的身体素质，而体能不佳是导致裁判员反应速度下降的最主要因素。裁判员的临场风度是对人体美的一种综合的、高层次的评价，是指裁判员在临场时的仪表、举止、姿态、言谈、作风等综合体现的一种美。优秀裁判员的特点，就是风度不凡、自信、镇定、目光敏锐，使参赛的运动员和教练员顿生敬畏。风度源于坚定的事业心、良好的思想修养与高尚的职业道德，这是每个裁判员的行为准则。在执裁中，裁判员要精通规则和裁判法，熟练掌握过硬的裁判业务，要用"实事求是、敢于宣判、作风顽强、干脆利落、准确无误"的作风赢得观众、教练员、运动员的信任和尊重。

3. 对运动器材和设备的欣赏

运动器材和设备是为体育运动服务的，要对体育运动的发展有利，要与客观规律相符合，也要与社会的功利目的相符合。经久耐用、方便、合理是对运动器材设备比较常见的要求，除此之外，对规格准确无误的苛求也是运动器材设备的要求。究其原因，是因为体育运动的竞赛是在相等条件下公平进行的，不允许出现不同高度、宽度、长度、质量的差异。

运动物品是物质产品的一部分，它除应具备固有的特性外，产品的质量要求、确保使用的安全性是十分重要的，因为它是为运动服务的，是促进运动水平提高和增强人们身体健康的必备之物。如果由于产品的质量问题而造成人身伤害，那器材设备就失去了它存在的意义，更有损于增强体质的目的。人们常说"运动必须安全"，因而一切与运动有关的物件都要重视安全的因素。我们曾经看到过由于某一种运动器材的质量没有达到法定标准，致使运动员在比赛中发生严重的伤害事故，如果参与者人身受到伤害，就违背体育运动的宗旨。这种教训必须引以为戒，在设计、鉴定运动物品时，必须严格把好质量关，确保运动物品的安全性。

随着人们审美意识的增强，对运动器材设备在色彩、样式等方面提出了更高的审美要求和功能要求。运动器材、设备也不例外，都需要考虑到体育运动项目特有的规定和审美特征，做到真、善、美的和谐一致，在色彩、样式等方面尽可能地发展美的表现力。那银光闪闪的标枪，弹性极佳的跳高撑竿，淡幽平整而合乎弹性要求的体操与技巧专用海绵垫子，色泽鲜艳、色彩相间塑胶田径跑道，平整而带有深浅色块相间的人工草皮足球场，造型别致、色彩绚丽、小巧玲珑、各种多功能的健身器材等，都反映出科学技术的飞速发展。

4. 对体育建筑的欣赏

体育运动欣赏和创造中，体育建筑是不可缺少的物质条件之一，既要有实用价值，又要具有审美价值。兴建体育场馆不仅要注意内部结构的合理，具有现代化的各种功能，还要注意与周围环境的关系，使其相互呼应、协调一致、浑然一体。因此，体育场馆建筑与其他建筑一样，具有建筑的物质功能与审美功能，具有技术性和艺术性相结合的特点。

体育建筑是运动环境中一个重要的部分，在一定意义上它是运动环境的主要骨架，是组织体育竞赛、开展群众性体育活动和文化活动的重要场所,也是众多审美特征集中体现并引起人们好感,为拥有者引以为豪的场所。例如,标准的田径场跑道的长度必须是十分准确的 400 米,不差分毫。体育馆的内层高度必须满足在馆内进行正规比赛,适应运动器械高飞高抛的要求,否则就失去了其建筑的实用功能。另外,体育建筑十分注重审美因素的体现,使技术原理和美学原理完美结合,这样才能使体育场馆既有生命活力又有艺术灵气。

体育场馆建筑具有显而易见的审美功能。人们无论是观摩体育比赛还是自娱自乐,对于建筑物和周围的环境都十分敏感,尤其注重其造型、功能、色彩、线条、光线、音响、装潢等审美因素。现实美给人以美的享受,又凝聚着人对理想美的追求。人们置身于无比美好的运动环境中,可以得到愉悦,会更自觉地投身体育实践中去。当代体育场馆建设日臻完美,尽量满足了人们的物质需要,同时又满足了人们的审美鉴赏需要。建筑的艺术性要求使建筑物与周围的环境互相配合,协调一致,融合一体,使建筑自身的美与环境美一起营造了更为深广的意境。

二、球类运动比赛欣赏的礼仪

(一)进场与退场

(1)在体育馆或体育场观看体育比赛,要遵守公共道德,自觉维护秩序。观看比赛时,情绪起伏会很大,因此,应特别注意控制自己的情绪。

(2)观看体育比赛,应该准时入场,以免入座时打扰别人。入场后,应该对号入座。不要因为自己的座位不好,而占了别人的座位。

(3)球队和球员入场,要为双方球员鼓掌,为营造赛场氛围。

(4)比赛结束散场时,不要在人群中乱穿乱挤。不携带赛场明令禁止的各种物品入场,不往场地内投掷杂物,以免造成场内秩序混乱。比赛结束后带走垃圾,妥善处理。

(二)比赛中的观赛礼仪

(1)观看球类比赛时,要注意自己的言行举止。个人言行举止不仅是个人涵养的问题,也关系到社会风气问题。精彩的体育比赛振奋人心,欢呼和呐喊是很自然的事情。可以为喜欢的一方叫好,但不应该辱骂另一方。如果是精彩的场面,不管是主队的还是客队的,都应该鼓掌加油,表现出公道和友好。在比赛中起哄、乱叫、向场内扔东西、鼓倒掌、喝倒彩的行为,是违背体育精神的,更是没有教养的表现。在比赛的紧要关头,尽量不要因一时激动而从座位上跳起来,挡住后面的观众。

(2)体育场内一般不许吸烟。实在忍不住,可以到休息厅或允许吸烟的地方去吸烟。如果喜欢吃零食的话,记得不要把果皮纸屑随地乱扔。能产生较大噪音的零食最好别吃,因为大的噪音会影响身边其他观众的情绪。

(3)看比赛的时候,不要带年龄太小的儿童去。儿童往往只有三分钟热度,很快就会对比赛没兴趣,继而来回跑甚至哭闹。这样的话,很影响周围的观众。

(4)观看球类比赛时的穿着,可以随气候、场所和个人爱好而定。但也要注意公共场所礼节。

(5)在比赛中如果觉得裁判有问题也不应谩骂和指责。谩骂、起哄甚至围攻裁判都是不应该的。

三、球类运动比赛欣赏能力的培养

　　熟悉了解国内外大型运动会以及单项体育比赛的基本情况,有助于人们在欣赏体育比赛时区分是属于什么级别和范围的体育比赛。另外,在运动竞赛欣赏时,人们还要充分了解运动竞赛的规则,否则人们很难真正了解运动比赛之美。

　　为进行比赛而制定的统一规范和准则,就是所谓的体育竞赛的规则。各个运动项目都根据本项目的特点制定竞赛规则。国际竞赛规则由相应的国际单项体育联合会制定。中国竞赛规则由国家体育总局审订和颁布。其内容主要包括裁判名称和职责,竞赛的组织方法,评定成绩和名次的方法以及有关场地设备和器材规格等。不同运动项目有不同的规定,只有熟悉和了解不同运动项目的竞赛规则,才能更好地欣赏体育比赛。

(一)欣赏能力的自我提升

1. 树立正确的审美观点

　　生活中不是缺少美,而是缺少发现美的眼睛。在欣赏体育竞赛时,应该提升自身的审美能力,树立正确的审美观点,使得自身具有"发现美的眼睛"。体育运动竞赛之美在于其能够将直观形象作用于人的视听器官,从而使得人们获得奇特的审美观点。

　　现代社会商业化、娱乐化发展日益加重,这在一定程度上误导了人们的审美价值——注重外在美,而忽视内在美。正确的审美观应强调把审美的意蕴引向内部,即通过观赏体育竞赛使自己的道德情操、意志品质、审美情趣受到美的熏陶。在欣赏运动的外在美的同时,也应体会运动员的意志品质、创造力,甚至是艺术感染力。

2. 对体育文化和精神进行深入的了解

　　体育是人类社会发展过程中创造和积累出来的宝贵文化财富,以其积极向上、团结进步的精神展示着它的迷人之处,如更快、更高、更强的奥运精神以及公平、公正、公开的竞赛精神。当看到运动员历经数年的努力最终获得冠军时,那种自豪感、幸福感,会深深感染着关注这一切的人们,在这一刻,被感动的不仅仅是运动员本人,还有那些喜爱他们的支持者,人们也为那些在比赛中失败的运动员叹息、流泪。从这点可以看出,其实体育比赛的已经远远超出了竞赛成绩本身,这里面更多的是把人生的许多哲理展现出来,使人们在观念、思维、情趣等方面的精神得到升华。

3. 充分体会运动的美和实力

　　运动员经过长期锻炼,他们的身体或变得非常匀称、协调,或变得非常强壮有力。运动员在进行比赛时都要穿着规定的运动服饰,这些运动服饰也已经通过不断改革,使之与运动员的肤色、运动类型等逐渐相结合,显示出健康之美。同时,这种美结合于体育运动,在比赛中能展现出运动员独特的动感美。竞技体育运动能最大限度地发挥人体运动潜能,运动员在竞赛中不断挑战极限、超越自我,表现出超过常人的运动能力。例如,田径百米"飞人"能够在不到 10 秒钟的时间内完成 100 米跑;举重运动员能举起相当于自己体重 3 倍的重量;跳高运动员可以跳跃超出自己身高几十厘米的横杆等等,这些成绩在让人们感到惊呼的同时,无不展现出了它的力量美、动态美。

4.对运动技战术进行深入分析

在体育比赛中,运动员的技术动作和战术配合是经过长期刻苦训练和多次比赛的磨合而形成的。有些球员的个人技术达到了炉火纯青的境界,有些球队的整体战术和默契的配合能达到天衣无缝,让对手无法摸透的程度。

从技术角度欣赏,如足球比赛中门前的险象环生,使人们屏住呼吸,射门得分后观众释然狂欢;篮球比赛中高高跃起的扣篮和盖帽、准确的三分远投;乒乓球比赛中球的各种旋转和线路变化以及台球运动中球员对母球的精确控制等都让人为之神往、如痴如醉。

从战术角度欣赏,如足球场上令人眼花缭乱的短传配合;篮球场中体现精确时空概念的空中接力;排球战术中二传传出的恰到好处的球;接力赛中队员传接棒的完美传递瞬间等,也让观众赞叹团队的力量以及从观赛中得到心灵的良好体验。

(二)尝试开设体育欣赏课和相应讲座

欣赏课的欣赏方法可分为直接欣赏和间接欣赏,直接欣赏就是学生亲临现场观看比赛、表演、教学、训练等,这种方式使学生可以将自身和现场融为一体并置身于热烈的场地当中,浪漫于运动的魅力之中,得到赏心悦目的感受,去发散灵感宣泄情绪。间接欣赏是通过电视、广播、VCD、报刊等媒体实现欣赏目的方式。尽管这种方式受影响的因素较多,但在目前它仍是欣赏的主要途径。

1.欣赏教学是培养学生体育兴趣的主要途径

人人皆知,没有学习兴趣的人学不进去。而在教师引导下,去欣赏体育美是激发学生学习兴趣最有效的方法。比如说,体育比赛可使人欣喜若狂,同样也会催人泪下。

2.欣赏课可培养学生体育鉴赏能力

培养学生的鉴赏能力,关键是要使学生划清体育运动中的真善美与假恶丑的界限,掌握分辨是非的标准,有能力判断某项运动的社会价值、健身价值及艺术价值等。

3.欣赏课可培养学生的想象能力

要欣赏体育,就必须理解体育,而不是单纯用眼或耳去看、去听,而是用心去"品",只有"品"出味来,才能走进体育,完善自我,才能透过体育运动的节奏、速度、力量等去体验体育之美。

总之,我们不仅要加强学生运动技能学习,还应加强学生体育文化教育。通过高校体育教学和校园体育文化等多种方法和手段,不断提高大学生对体育美的鉴赏力,从而形成正确的体育价值观,激发体育兴趣并养成"终身体育"的良好习惯。

(三)美学教育应贯穿于体育教学过程之中

1.注重老师自身仪表、语言、示范美

在体育教学过程中,学生对教师讲解示范的理解、感受及美感的产生都是通过直观形象作用而实现的。所以,首先教师应衣着合宜、整洁、作风正派、语言文明、行为文雅、姿态大方、精神饱满,其次,讲解动作要领时,力求语言生动形象、通俗易懂、精练扼要、用词确切、示范正确熟练、轻松优美,这样对学生实际上是一种潜移默化的对体育美的引导,并使他们在欣赏体育美的同时能够主动和积极地投入运动。

2.选择适当的教学方法和手段

教学方法和手段运用是否得当,是提高教学质量的保证。传统的体育教学模式,一般未经过美学加工,往往驻足于"传道,授业,解惑"的认识常态,平淡乏味而缺乏吸引力,无法体现体育课美的所在。因此,体育教育中,老师要优化教学方法和手段,使其优美化做到形式多样,有趣味,有针对性和科学性。例如,编排动作新颖造型优美的徒手操,创编和应用多种体育游戏,某些运动项目配以音乐进行教学,加入学生比赛等,和同学一起体验运动的美妙,享受运动的乐趣。

3.积极创造条件,美化教学环境

教学环境是贯穿于教学过程并影响教师的"教"和学生的"学"的物质因素和人文因素的总和。通常前者称为"硬环境",后者为"软环境","硬环境"即为场地、器材布置等,"软环境"即师长关系健康和谐,如清洁卫生的运动场馆,充足的运动器材,并利用先进的电教设备,进行多媒体教学,则会使学生赏心悦目,充分体验体育动作的美。另外,教师要以饱满的热情去关心、帮助学生,与学生建立起民主、合作和谐的关系,并不失时机地对学生在运动中美的动作、美的姿势进行肯定的评价。引导学生相互鉴赏,增强信心,激发其学习的积极性。

第四章 大学生球类运动与校园文化的建设

第一节 校园文化建设的情况研究

本节主要以高校为例来探讨当前我国校园文化建设与发展的基本情况。

一、校园文化建设的成效

（一）物质文化环境日益优化合理

校园环境和校园氛围的水平对人才培养的质量、学校战略目标的实现有直接的影响，要高度重视校园建设，努力建设极具品位、环境优美、特色鲜明、适于学生生活和成长的现代化校园。近年来，各高校校园物质文化环境不断趋于科学规划和合理布局，大多数高校实现了功能区域划分，既方便了学生的学习生活，也使学生全面发展的要求得到了满足。

（二）精神文化得到继承和发展

在社会主义核心价值体系的引领下和"以人为本，崇尚学术，服务社会，走向世界"大学精神的指导下，高校校园精神文化坚持以马克思主义、社会主义为主旋律，在引导大学生树立中国特色社会主义的共同理想，继承优良的爱国主义传统，倡导高尚的道德风尚，确立正确的价值取向和人生态度等方面都发挥了积极的作用。大学生积极踊跃参与"三下乡""大学生志愿服务西部计划"等活动，这都是当代大学生良好社会主义道德风尚、热情服务社会和健康精神风貌的反映与体现。

（三）制度文化日趋规范完善

目前许多高校都在学校发展的总体规划之中纳入了校园文化建设，为校园文化建设提供了制度上的保障。高校成立了校园文化管理机构，制定了各项规章制度，对学生组织的管理，实现了全程跟踪指导，促进了校园文化管理的有效性的提高。

(四)行为文化蓬勃发展

在卡内基促进教学基金会编著的《学院——美国本科生教育的经验》一书中曾提到:"大学本科教育是否成功与校园生活的质量有关系,它与学生在校园内度过的光阴和参加的活动质量有直接关系。"改革开放后,我国各高校开展了丰富的校园文化活动,如各种主题教育活动、素质教育活动和社会实践活动等,这些活动在不同程度上提升了学生的道德修养、求知欲望、审美情趣和实践能力,为大学生综合素质的培养与提升提供了广阔的平台。

二、校园文化建设中存在的问题及原因分析

(一)校园文化建设中存在的问题

1. 大学生思想道德素质整体衰微

首先,大学生的世界观、人生观、价值观产生了一定程度的扭曲。当问及"进入大学之后是否有明确的奋斗目标"时,有的学生表示自己没有目标,有的表示有过明确的奋斗目标,但在慢慢淡化,还有的表示自己有,但比较模糊。

其次,大学生在道德选择上已不再完全受中国优秀道德传统所驱动,传统道德观念明显弱化。在关于"对中国优良道德传统的认识"的调查中,认为它"具有很强的生命力"的学生只有少部分。一些负面信息让部分学生甚至对传统见义勇为、助人为乐等美德产生了疑惑。

最后,大学生普遍存在一些心理问题,心理承受能力和抗压力能力比较差,一时受挫即产生消极心理,甚至产生厌学现象。

2. 历史传承性缺乏

首先,传统文化内涵没有充分体现。历史悠久、内涵丰富的中国传统文化是当代大学生成长成才的重要精神资源。但在市场经济建设和科技革命的双重作用下,部分高校教师和学生过分侧重于对具有科学性和时代性的文化精神的培养,而对传统文化往往存有偏见,把"传统"等同于"过去",认为"过去的"就是陈旧的,就应该抛弃。这就造成了校园文化受社会文化牵制,不断丧失自己的标准和理念,社会上的低俗文化在校园蔓延,这与高校校园文化的定位极不相称,也对其先进性造成了威胁,并对校园文化的正常发展和学生的健康成长产生了不利的影响。

其次,各高校未将本校宝贵的历史传统资源充分挖掘出来,校园文化建设中学校特色并不突出。高校校园文化既有共性,也应有鲜明的个性特征,这是学校社会竞争力的体现,也是其魅力和生命力所在。但是,近些年来各高校在校园文化特色和品牌文化产品的建设中,均未突出本校特色,出现了重复建设、雷同建设的现象。甚至在同一所学校内部也缺少交流,往往是以学院或社团为单位,独立进行活动,缺少协调,貌似繁华,实则是重复建设、资源浪费,并且始终缺少学生极具号召力的品牌活动,缺少在社会上能够产生积极且广泛的影响力的文化活动。

3. 时代创新性不足

当前,我国各高校内的学生组织、协会、社团等在不断增加,各类校园文化活动在轰轰烈烈地

开展着。但很多活动却局限于文艺晚会、歌唱比赛等传统的形式,这既不能满足当下师生的文化需求,也不能形成校园文化活动的风气和氛围,并且这类活动经常脱离其原本意图和宗旨而流于形式,活动质量和效果均无保障。例如,很多高校为纪念"一二·九"运动举行长跑比赛,本来长跑比赛只是一种活动载体,活动的真正意义是纪念"一二·九"运动,使广大同学铭记革命历史,传承革命精神,但是最终的实际效果却成了各位同学比拼体能的竞赛,活动只剩下空壳,不能达到爱国主义教育的目的与主旨。江泽民同志曾说"创新是一个民族进步的灵魂,是国家兴旺发达的不竭动力",在校园文化建设方面同样也需要理论的创新、制度的创新和具体活动形式的不断创新,只有这样才能将新的校园文化创造出来,从而以此来促进广大师生的精神需求的满足和精神生活的丰富。

(二)校园文化建设存在问题的原因

1.社会环境的影响

在 21 世纪,各种思想文化相互交织、相互激荡,旧的价值体系不断消散,新的价值体系不断孕育发展,高校校园主体在面对各种文化和价值观的判断和选择时,时常感觉困惑、有难度。当然,社会主义核心价值体系是主流,但面对享乐主义、拜金主义、功利主义和极端个人主义等消极价值观的合力冲击,很多大学生经受着诱惑与挑战,产生了质疑和误解。另外,信息技术高速发展,大众传媒的开放性使其中某些消极因素对校园文化产生渗透甚至冲击,影响着校园文化的健康发展和大学生人格的正面塑造。例如,网络上的一些反面言论、激进思想使很多大学生困惑和不安;一些消极腐朽思想和文化垃圾使大学生的人生观和价值观开始动摇;网络交际的虚拟化导致大学生出现了不同程度的心理问题等。

2.高校文化建设中存在的问题

(1)没有充分认识校园文化建设的重要性

很多高校都没有深刻理解到校园文化建设的育人意义,没有提高到塑造学生精神品质的高度来重视校园文化建设,或者把校园文化简单等同为文体活动,从而把校园文化的娱乐功能扩大化,导致校园文化建设的低水平发展;或者认为校园文化即是学生文化,把校园文化主体局限在学生身上,排除教师和高校管理者的参与,导致校园文化建设缺乏物质投入、智力支持和配套保障,影响了发展速度与质量。

(2)没有合理规划校园文化建设

目前,部分高校为了应对升级和评估,疯狂扩充规模,将大部分精力投入在基础性建设方面,而对校园文化建设软实力的部署和提升却没有给予一定的重视。未将校园文化建设进行统筹规划,管理上就没有目标和动力,而仅仅将其作为一项突击性任务来抓,校园文化建设呈现出布局零乱、设施简陋、品位较低的现象,这必然使校园文化在培养优秀人才过程中的功能大大削弱。

(3)校园文化建设相关组织结构不完善

高校校园文化建设的组织机构或附属于学生管理部门,或附属于学校的宣传部门,再或者局限于思想政治教育工作,缺乏统一的组织、必要的指导,且管理还未达到一定的完善程度,这就导致校园文化活动带有自发性、盲目性和随意性,各部门在工作过程中难以形成合力,校园文化建设的整体效应也难以真正发挥。

（4）校园文化建设的理论研究不足

虽然校园文化建设实践的研究取得了一定的成就，但其理论方面的研究却明显不足。社会环境及校园建设的目标在发生变化，校园文化建设呈现出了新的特点，但长期以来，却缺少对高校校园文化建设经验的深刻总结和发展规律的专门性研究。校园文化建设在应对许多新情况和新问题缺少理论指导，这就对其功能的发挥造成了制约。

3.大学生身心发展特点

大学生具有校园文化建设主体和客体的双重身份，他们身心发展的特点对校园文化的建设与繁荣有很大程度的影响。

（1）主体意识增强但变动性很大

当前，我国大学生的主体意识在不断提高，但还不够成熟，且存在一定的偏差。例如，很多学生在人生观价值观方面出现的只强调实现自我价值，而忽略社会价值的重要性；过分注重个体发展，而否定必要的服从和牺牲，严重缺失服务观念、集体主义、协作意识和奉献精神。对于一个问题，通过学校组织的参观或报告会使他们产生积极的评价，而由于网络上的一篇负面报道又可能使他们得出完全相反的结论。他们常以怀疑、批判的态度看待世界，拒绝强行灌输，厌烦空洞说教，表现出盲目自信、固执己见、言辞偏激，不能自觉约束自身行为，不适应大学集体生活和社会生活。这是大学生作为校园文化建设客体，思想行为不稳定的表现。

（2）模仿心理较强、可塑性较大

大学生处于青春期需求高峰阶段，随着知识量的激增和活动空间的扩大，他们的求知欲在不断增强，好奇心也越来越强，但他们涉世不深，缺少生活经验和社会阅历，对于很多情况和问题的处理，缺少辨别能力、应变技巧、坚强的意志力和良好的心理素质，因而具有模仿性和从众性，导致兴趣多变，行为无常，做事半途而废；或兴趣偏执，沉溺其中，难以自拔，如沉迷于网吧、棋牌室等游乐场所而荒废学业的例子就比比皆是。但从另一方面来看，正是因为大学生的世界观、人生观尚未定型，其具有极强的可塑性。既可成为思想崇高、志存高远、踏实肯干的可造之才，也可以成为消极颓废、品行不端、心浮气躁的害群之马。这是大学生作为校园文化建设主体，个性心理不成熟的表现。

高校校园文化建设中存在的问题，将在社会主义核心价值体系的引领作用之下，通过我们不断地剖析、总结，不懈的探索、实践，得到解决，从而发挥其在高校人才培养中应有的作用。

三、校园文化建设的对策研究

（一）发挥政策导向作用，促进机制建设

继续加强教育主管部门对高校校园文化建设的领导与组织，促使高校把校园文化建设纳入学校发展的总体规划，并形成学校领导重视校园文化，广大师生积极参与校园文化建设的良好局面。应加强对高校校园文化建设的检查评估，促使高校把校园文化建设任务纳入目标管理体系，与学校其他工作一起部署、一起落实、一起检查、一起考核、一起表彰。通过领导、组织、考核、评比等手段，促进各高校结合实际建立长效工作机制，推进校园文化建设全面、协调及可持续发展。

（二）结合自身特点，系统性规划校园文化

高校校园文化建设是一项系统工程，如果高校领导不重视，相关部门不配合，经费与设备的投入缺乏，校园文化的育人功能将很难发挥出来。因此，高等学校要结合自身的特点与实际，加强领导，统一规划、统一部署，协调好各种关系，建立顺畅的校园文化建设的运行机制。从校园文化的领导、组织、管理到活动设计、经费投入、场所建设，都要统筹安排、系统规划，形成学校领导重视、全员参与的校园文化建设闭合系统，保证校园文化的协调、可持续发展。

（三）重点培育精品工程，提升文化品位

校园文化建设应走精品化之路。高等学校要结合学校实际和办学方向，努力对独具特色的校园文化品牌进行培育，建设能够提升校园文化层次的精品工程。教育行政主管部门要重点推广校园文化精品工程，发挥文化艺术团体与艺术类院校的作用，促进本地区高校校园文化建设层次和品位的提升，使校园文化在高等教育改革发展和大学生成长成才方面的积极作用得以充分发挥。

（四）"以人为本"，发挥校园文化主体作用

校园文化建设要在"以人为本"思想的指导下进行，要注重文化的传承与历史的积淀，注重发挥校园文化主体的积极参与作用，结合实际对文化活动进行创造性地开展。具体要达到以下几方面的要求。

（1）要强调针对性，结合学校的类型与不同专业的特点，结合校园文化建设的优势与不足，结合广大师生的思想现状与文化需求，有针对性地开展文化创建活动。

（2）要注重实效性，坚持以广大师生喜闻乐见的形式，全方位、多渠道开展校园文化建设活动，使他们乐于参与，从中得到熏陶。

（3）要强化服务性，注重群体特点与个体成长需要，突出校园文化的育人功能，围绕育人这一根本任务来展开各种校园文化活动。

（4）要讲求普及性，校园文化建设要面向全体教师、全体学生，渗透到广大师生工作、学习、生活的各个方面，渗透到学校教育教学、管理服务的各个环节与各个层面。

（五）重视校园文化新载体，加强阵地建设

校园文化建设关键在于实践，高校要以建设优良的校风、教风、学风为核心，以优化校园文化环境为重点，加强校园文化基础建设，同时还要注重校园文化新载体建设。要注重发挥网络、学生公寓、社团组织的作用，加强校园文化阵地建设。为此，教育部门应与高校共同配合，一方面要发挥合力共同建设大学生思想教育与文化交流主题教育网站，加强对社团组织的扶持与管理，提高学生公寓的文化建设与服务力度，将"党团组织进宿舍、社团组织进宿舍、校园文化活动进宿舍"等活动继续在校园中推行；另一方面要加强对网络文化的控制与引导，对社团组织的管理与服务，对学生公寓文化的创建与评比，主动建设并占领校园文化的新阵地。

(六)注重规律研究,形成理论体系

推动校园文化建设需要探索校园文化建设的规律,加强校园文化建设的理论研究。为此,教育主管部门和各高校要适时组织校园文化理论研讨,加强科研立项与论文评选,并结合大学生思想政治教育工作,成立校园文化建设研究组织,开展校园文化建设调查与研究工作,形成校园文化建设的理论研究梯队,促进高校校园文化建设的可持续发展,为高校人才培养提供可靠的理论支持。

第二节　大学生球类运动与校园物质文化建设

一、球类物质文化的内容

作为球类文化的外在表现,球类物质文化的内容主要包括自然生态环境、运动者身体素质、健康状况和各种球类运动设施等,这些因素共同构成了球类文化物质形态。球类文化物质形态除了是一种物质存在外,还在一定程度上体现了特定的运动情趣、价值取向和运动准则,并对运动者运动认知的提高,运动动机的触发以及运动理念的规范有着重要的作用,运动者的运动参与行为也会因此受到一定的诱导。球类文化的外在物质形态不仅是球类文化存在和发展的物质基础,也是整个球类文化的物质载体。

球类物质文化是指人们以体育为目的或在运动中的活动方式及其物质形态,其具体是指球类活动的方式、球类运动器材和场地设施,以及为促进球类发展而创造并形成物质的各种思想物化品等内容,这三方面的内容是紧密相连的。

(一)球类活动方式

运动是人类发展的灵魂,只有通过参与各种运动形式的活动,人们才能实现自身的改造和完善,如锄草、耕田、插秧、纺织、印染、锻造等各种农业和工业的劳动动作,都是人们满足基本生活的活动方式。人们参与体育活动所要达到的基本目的是身心健康,它既没有脱离人类的劳动方式,同时也是对人类劳动方式的一种补偿。随着人类社会文明程度的提高,多种形式的球类运动不断出现,并在世界范围内流行,它已经成为满足各种精神需要的极具生命力的一种活动方式。例如,人们通过观看足球比赛来放松身心,宣泄自己的情绪;通过打网球和篮球来锻炼身体,增强体质。

(二)球类器材和场地设施

在人类发展的整个历史过程中,始终都在通过自身力量来创造,从而满足自身的各种需要,创造是人类最基本的一项活动。在人类的各种需要中,由于体育是作为一种以精神为内核的需要,与人类的其他需要相比,人类对体育方面的需要出现得相对较晚。但是,人们并没有减少对

满足自身全面发展需要而创造的欲望。例如,人们为了满足自身体育运动的需要,建了篮球场、体育馆、足球场等场地设施,以及创造出网球拍、球类等器材,这不仅成为人类诸多物用具和设施中耀眼的部分,也加入了更多新的高科技元素。随着人类需求的多元化发展,对于高层次精神需要的满足所需要的创造动力将愈加强劲,这也必将给球类物质用具和设施的发展带来巨大的影响。

(三)球类发展所创造并形成物质的各种思想物化品

篮球物质文化中,各种思想物化品属于最高层次的内容。在体育物质文化中,其范畴中也包含了由人们的体育意识和观念直接形成的物质产物,并且这种形式的物质产物要高于直接充当体育活动方式载体的体育设施和用具,如体育竞赛规则、体育比赛录像带、裁判法、体育歌曲录音带等。总的来说,体育物质文化是指在体育文化诸现象中实际存在、有形有色,可以直接感知的事物。它不仅包括各种体育器材、体育用品和体育场地,而且还包含具有深刻思想内涵的物质成果。形态的物质性、功能的基础性、表现的易显性是体育物质文化与体育制度文化、体育精神文化相区别的三个方面。体育物质文化是指内涵和功能具有物质性的活动,如体育电影片。事实上,体育物质文化是体育精神文化的投影,其中沉淀了人们的精神、欲望、智慧等,体育物质文化是体育精神的物化。所有由体育目的和需要而作用的物质对象及人类生活方式都可以视为体育物质文化。体育文化直接反映了体育水平,在一定程度上也间接反映了社会生产力的发展水平。

二、大学校园球类物质文化建设

校园球类物质文化是校园体育文化建设的重要基础。高校良好的体育教学设施、功能齐全的运动器材设备能够使大学生获得更好的体育文化熏陶,从而更有利于校园体育文化的发展。在校园球类物质文化的建设过程中,应将物质文化作为体育文化建设的重要方面,促进软件、硬件的共同发展。具体而言,在大学校园体育物质文化建设中,应从以下几方面来着手。

(一)注重经费投入

促进大学校园球类物质文化的发展需要加强对场地设施的建设,而这要求投入相应的经费来保障设施建设的顺利进行。我国高校长期以来对于体育的经费投入不足,高校的场馆设施建设研究落后,这就在一定程度上影响了校园体育文化的发展。我国对于高校球类运动的场馆、设施有着一定的要求,具体如下。

1.10 000人及以下规模的普通高等学校体育场馆设施配备目录

(1)基本配备类方面要求

室外场地设施方面:要求场地面积生均4.7平方米,球类运动方面的必备设施内容包括:400米标准田径场(内含标准足球场)1块,篮球场、排球场、网球场共35块以上。还要求篮球场、排球场、网球场全部进行硬化或绿化。

室内场地设施方面:面积(生均0.3平方米),必备类设施内容之一为风雨操场1个;选配类则可选择乒乓球(羽毛球)室1个或多功能综合健身房1个。

（2）发展类方面要求

室外场地设施方面：面积（生均 5.6 平方米），在球类运动方面的设施内容要求有：400 米、300 米田径场（内含足球场）各 1 块，篮球场、排球场、网球场、非规范足球场 30 块以上等。

室内场地设施方面：面积（生均 0.4 平方米），设施内容方面的要求有：体育馆 1 座，风雨操场面积若干，乒乓球（羽毛球）室 1 个等。

2. 10 000～20 000 人规模的普通高等学校体育场馆设施配备目录

（1）基本配备类

室外场地设施：面积（生均 4.7 平方米）。球类方面必配类场馆设备内容包括：400 米田径场（内含足球场）2 个，篮球场、排球场、网球场 60 块以上。

室内场地设施：面积（生均 0.3 平方米）。必配类要求：综合多功能体育馆 1 座、风雨操场 1 个等要求。在选配类方面，内容之一为乒乓球房（羽毛球房）1 个。

（2）发展类

室外场地设施：面积（生均 5.6 平方米）。室外场地设施内容包括：足球场地 3～4 块，篮球场、排球场、网球场 70～80 块，棒球（垒球）场地 2 块等。

室内场地设施：面积（生均 0.4 平方米）。球类场馆设备方面要求：多功能综合体育馆 1 座，风雨操场 2 个，乒乓球、羽毛球室内房 1 个，手球场地 1 个（可与篮球场地共用），壁球室 4 处。

3. 20 000 人及以上规模的普通高等学校体育场馆设施配备目录

（1）基本配备类

室外场地设施：面积（生均 4.7 平方米）。必配类内容包括：400 米田径场（内含足球场）4 个，篮球场、排球场、网球场 80 个等。

室内场地设施：面积（生均 0.3 平方米）。设施内容包括：多功能综合体育馆 1 座，风雨操场 2 个，室内单项运动场地若干，等等。

（2）发展类

室外场地设施：面积（生均 5.6 平方米）。必配类内容包括：足球场地在 20 000 人发展类标准的基数上每增加 5 000 人增设 1 个，篮球场、排球场、非规范足球场、网球场在 20 000 人发展类目录的基数上每增加 500 人各增设 1 个，棒球（垒球）场地在 20 000 人发展类目录的基数上每增加 10 000 人增设 1 个，等等。

室内场地设施：面积（生均 0.4 平方米）。设施内容包括：多功能综合体育馆 2 座，风雨操场 3 个，乒乓球、羽毛球室内房 2～3 个，各单项均有专用的室内运动场地，等等。

当前，我国很多高校球类运动场馆建设都没有达到要求，数量不足，质量有待提高，总体来说就是球类运动教学配套设施不健全。球类运动教学以户外教学为主，但相关的运动场馆不足，尤其是雨雪天的教学没有相应的对策。球类物质文化的短缺导致了学校不能给学生提供相应的感官刺激，使得球类运动对于学生的影响力减小。现代社会不断发展，人们对于体育活动的要求也逐渐提高，求新、求乐、求美成为很多学生的需求。而由于学校体育设施的不足，使得学生的需求不能得到满足。体育经费投入不足是学校球类场馆设施建设落后最为直接的原因。因此，高校应转变观念，增加球类方面的经费投入，将球类场馆设施作为评价校园教育环境的重要方面。建立相应的校园评估体系,将球类运动设施建设作为考核内容,促进学校在体育场馆实施方面的投入的增加,从而促进校园球类物质文化建设质量的提高。

(二)提高球类场馆设施的利用率

我国体育场地设施资源比较短缺,随着人们生活条件的不断改善,体育人口将逐渐增加。面对这一矛盾,高校应积极发挥体育场地设施资源优势,积极适应体育市场的发展,促进体育场馆的市场化经营,从而更好地实现高校体育的发展。

首先,学校应积极改善球类体育场馆的经营管理状况,提高球类体育场馆的利用效率,积极促进球类体育场馆设施的对外开放。高校球类体育场馆的运营管理中,存在着学生和社会使用者之间的矛盾:学生要进行上课健身训练,社会健身者也要使用体育场馆,这无疑形成了一定的矛盾。从长期来看,学校体育场馆都会向居民收取一定的费用,针对不同的使用对象和时间段采用不同的收费标准。

其次,提高高校球类体育场馆的使用效率,促进体育场馆的市场化过程中,应杜绝以纯营利为目的,而应该在"以教学为主、创收为辅"的前提下进行。与公共体育场馆相比,高校体育场馆同样面临着多重任务,不能为了营利而影响教学,但是也不能紧闭校门,对此,应从两方面来着手解决。首先,在高校的球类体育场地、场馆开放时,应在时间的安排上有所侧重,避免与学生体育学习和锻炼的时间冲突。一般情况下,学生在节假日使用体育场馆较少,而社会大众在这些时间锻炼的时间相对较多。高校可利用这一特点,在这一时间段向公众开放体育场馆,满足大众的需求。另外,学生的体育课多集中在上午、下午,可在早晨、中午、晚上等时间段向社会开放体育场馆。其次,在开放的球类场地、场馆类型方面要有所侧重。高校的体育场馆首先应满足学生的需求。在体育场馆的对外开放时,可针对学生进行调查研究,确定学生喜爱的运动项目,在课余时间减少这些项目的体育场馆的开放,保证学生的运动健身锻炼。而对于学生参与人数较少的运动场馆,可增加体育场馆的开放。

各高校可以依据本校的实际情况,合理安排球类体育场馆开放时间,要做好整体上的规划,进行合理布局、细致安排,从而使球类场馆设施的利用效率得到最大限度地提高,促进社会效益与经济效益的共同发展。

(三)场地设备建设要体现一定的文化底蕴

校园体育物质文化是校园体育文化的重要载体,也是其外在标志。校园球类物质文化的建设的重要目的是促进校园体育文化综合的发展,物质设施的建设应体文化底蕴。校园物质文化中因包含精神文化,忽视精神文化的建设会使得物质文化流于形式。

在高校球类物质文化建设过程中,应注重文化品位,体现和谐、美观。球类体育场地实施应与学校的办学理念和态度相契合。球类场地器材应与学校所处的环境和气候相适应,并对场地器材进行灵活的空间组合。球类体育场地设施应具有一定的艺术美感,从而促进学校文化环境的优化和校园体育文化内涵的丰富,提高师生参与球类运动的积极性。

第三节　大学生球类运动与校园精神文化建设

一、校园球类精神文化的内容

校园球类精神文化的内容主要包含以下几方面。

(一)球类运动的理论体系

由于体育是一项以改造人的身心为目的,促进身心全面发展的活动,因此,它需要在多个方面和不同的层次上做出科学的阐释。体育学科是在体育活动的理论需要背景下产生和发展起来的,如体育史学、体育经济学等。这些体育学科和一些体育领域的研究主要是通过书面的形式进行呈现的。学科专著的出版是学科发展的重要标志。

(二)精神世界的物质内涵和行为准则

体育精神文化是体育物质文化和制度文化紧密相连的中介,这是其与一般文化最显著的差异。例如,球类谚语、球类运动训练、球类器材、球类服饰等,这些都属于这一层次的体育精神文化。体育精神文化属于行为文化的范畴,它与体育物质文化和体育制度文化有着十分微妙的区别。就一件球类运动服装来说,从体育物质文化的层次,可以对它的质地、型号、颜色等进行欣赏;从体育精神文化的层次,可以注意其展示的体育民族个性、审美情趣等因素。在运动训练中,我们观察和注意的是它的外在身体运动的场面表现等体育物质文化;注意它的教学传授方式与人际关系等体育制度文化;注意它的训练原则与指导思想等体育精神文化。仅从一个角度和层面出发是无法分清体育物质、制度和精神文化的。

(三)通过体育改造人的主观世界的想法和打算

体育精神文化是指体育活动中所依附的思想意识形态的总称,如科学、哲学、心理、道德规范、文学艺术、审美观念等。在体育文化中传承的社会心理、道德规范、科学、哲学、宗教信仰、审美评价和文学艺术等思想意识形态领域的反应,均属于体育精神文化,包括不同地区和民族的传统心态。竞技体育的文化价值体现在弘扬主体精神、民族意识、竞争观念、科学态度等人类基础价值观念中,它是体育精神文化的重要内容。例如,亚运会的拼搏进取、团结奋进、科学求实、祖国至上、争创一流的精神,中华体育精神等都是体育精神文化的精华。

1.体育观念

体育观念是指体育教师和学生对体育在健身、娱乐等方面以及在心理素质、智力培养等方面所体现出来的一种价值认定。如果体育观念正确,则可以指导体育教师和学生在校园中采取恰当的体育行为。也就是说,体育教师和学生对体育在健身、娱乐以及在心理素质、智力培养等方面所体现出来的价值认识程度如何,直接反映出校园主体的体育观念。

通过走访一些校园并在校园中随机选择学生和体育教师做访谈后发现,大多数学生能够比较正确地认识到球类运动的价值,如他们认为体育确实可以切实改善人的心情,有助于人的身心健康,能够使人乐观向上,有助于增加智力水平,有助于人们提高道德水准。但通过更加详细地了解和做更加深入地访谈后发现,广大体育教师和学生对体育观念的认识大多停留在传统上和表面上,对于体育对人的深层次影响大多数人依旧表达得含糊不清,不能完全领会。大多数人无法清楚地将体育观念的具体内容阐明,而且只有极少数人可以将人们持有的体育观念付诸行动。

总而言之,学生的体育观念较为正确,但是缺乏内涵、基础不扎实。但令人欣慰的是他们具有更强的可塑性,因此只要稍加引导,并对相关内容加以辅导和学习,均可以理解球类运动乃至球类运动文化中更深层次的内容。而在当前面对日益激烈的社会竞争,校园体育与社会体育的日益接轨的环境下,学生的体育观念如果仍停留在原有基础上,不仅将会使学生失去对体育运动的兴趣,更严重的是,如此一来,校园球类精神文化环境也只能停留在表面,这对其持久发展是不利的。

2. 体育风尚

体育风尚是指在体育教学或活动中由广大师生传承的具有普遍自觉性的体育行为和习惯。体育风尚能够促进校园文化生活的活跃和健康,营造青春洋溢的校园氛围。这当然有助于体育教师和学生积极进取、拼搏努力的心态的形成,进而能够使校园为广大师生提供一种良好的工作、生活氛围,同时更有助于促进良好校风、学风的形成。

从实际访谈中关于球类运动风尚的问题并不让人乐观,一方面,主要就在于体育教师和学生表现出的体育风尚还不能够令人十分满意。数据表明,仅有三分之一左右的师生能够做到经常自觉进行体育锻炼,关注身心健康与体育锻炼的关系,能够自觉学习掌握健身方法和相关体育知识。另一方面,在参与不需要身体力行的活动,如关注体育新闻、观看体育节目等的师生比例较高能够达到半数以上,尤其是对于热门赛事比如 NBA 赛事、足球世界杯赛事、奥运会赛事等的直播和转播,体育教师和学生的观率更高。另外,体育教师和学生均反映学校的体育传统氛围对其参与体育运动的行为有很大的影响,学校体育氛围较好,体育教师和学生参与体育健身、体育活动的比例就比较高,反之则不然。

虽然当前我国体育教师和学生的体育观念虽有所转变,但是自主参与球类活动的意识仍然较差,自主参与球类活动实践的比例较低。如果校园球类运动文化相关管理部门能够积极组织相关球类文化活动,引导广大师生的体育行为,促使他们将观念转变为实际行动,将有利于促进校园体育风尚趋于稳定。

3. 体育道德

现代社会人们普遍认为与新技术和新知识相比,更为严重、紧迫的挑战是道德危机的挑战。随着现代社会财富的急剧增加和贫富差距的日趋显著,人们的心理状态发生了较大的转变,比如心理失衡、道德沦丧,因而现代学生道德素养的培养对于社会发展极为重要。后经过实践发现,校园体育文化对提高学生体育道德具有独特的作用。学生的道德水平在体育运动中可以有所体现,因此便有"要想打好球,先要做好人"的语言。体育道德是学生整体人文素质状况反映的一部分,这种在体育运动参与过程中体现出的道德水平非常真实和客观,是学生对体育内在意识、观念及价值等的具体表现形式。特别是在团队性体育运动中更展现得淋漓尽致,如在足球比赛中每个队员的责任感、公平竞争、遵守规则、尊重裁判等的精神及功利主义态度等都可以将学生的体育道德状况反映出来。

访谈发现,我国学生在球类运动中表现出来的体育道德基础较好,道德水准较高。主要表现在学生基本没有功利主义色彩,能够按照公平竞争、团结友爱、遵守规则、重在参与的原则参与比赛和活动,并且表现出强烈的集体荣誉感和爱国主义精神。学生普遍表示在体育竞赛中他们最希望能够实现的是体育公平竞争、重在参与、裁判公正、团结一致,在体育活动和锻炼中他们最希望实现的是机会均等、互礼互让、积极参与、遵守纪律、表现自我、实现自我。

校园中,学生参与球类运动重在锻炼、学习,提高身心素质,他们较为单纯,没有社会上世俗的功利心态,在这种环境中能够有效培养和提高他们的体育道德素养。但是,我们也必须看到学生在开放的校园中仍然由于各种复杂的家庭、学校、社会等因素影响,体育道德存在一些不足的地方。很多学生在体育运动表现的自私自利、缺乏责任感、缺乏团结合作精神、以自我为中心、不尊重裁判等。因此,我们还是要根据当代学生所处的成长环境,切实深入了解他们的成长经历,了解他们的心理需求,进行合理科学地实施体育道德法制教育,充分利用体育文化氛围去感染学生,提高学生的体育道德水平。

4.体育精神

校园体育精神是学生为实现教育目标,在校园文化建设的过程中长期逐步积淀、整合、提炼出来的。

校园体育精神重点培养学生的竞争、拼搏、意志品质、团结协作、奉献、遵纪守法和创新等精神。这些精神对学生的终身发展都有诸多益处。在校园体育文化中,奥林匹克文化是必不可少的介绍内容,向学生弘扬奥林匹克精神以促使他们也将"更快、更高、更强"理想作为人生的追求。此外,对于公平竞争和拼搏奉献等精神的培养,也都无一例外地体现了现代校园体育文化对学生体育精神的相应要求。

体育精神的培养与大学体育传统、地域、民族以及学生的性别均有很大的关系。其中大学体育传统和性别这两个因素的影响最大。比如,在校园中,男生在球类运动中的拼搏精神和认真程度通常高于女生,当然这与男性争强好胜的天性有关。而女生则在球类运动过程中体现出更强的意志品质,这也与女性天性中的隐忍与韧性强度较高有关。再者,体育传统较好的校园能够积极培养学生的体育各种精神,相反,尚未形成体育传统的校园使学生感受不到体育精神的渗透,感受不到大学体育在他们的学习生活中所带来的影响。另外,在球类运动中大多数学生可以做到遵守规则、服从裁判和尊重对手的要求,但另一方面他们对在球类运动中的创新思维远远不足,使得他们的活动看起来就是规规矩矩的活动,仅此而已,这显然阻碍了他们创新思维的发展和创造力的提高。因此,在今后的校园中应当营造一种强烈的体育创新文化氛围,进一步要求学生在运动过程中动脑。

(四)通过抽象的声音、色彩等表现体育精神的艺术文化

人类把握世界不能仅靠物质和精神的单一形式,还要把握精神物化的产物。这些形式的文化,不仅只有实实在在的物质表面,而且还蕴含着人类的情感、意志和灵魂。文艺是这类方式的杰出典范。球类活动具有直观、激越、宏大的特点,这些特点使它成为文艺表现的对象,如诗歌、

漫画、小说、体育邮票、相声、小品、体育歌曲等体育文艺都归属于体育精神文化的范畴。

总而言之,球类精神文化是对球类活动中心理、审美、艺术等各种意识形态表现形式的总称。精神文化指的是球类文化中精神方面占主导的一部分,球类文化中所有对于心理、审美、艺术等思想领域有表现的部分,都属于球类精神文化的范畴。竞争意识、自主精神、科学观念等竞技体育文化中所表现出的价值观念也是体育精神文化的重要内容,而拼搏进取、团结奋斗、为国争光等体育精神更是体育精神文化中的精华。

二、大学校园球类精神文化建设

体育精神文化在体育文化体系中居于主导地位,是体育文化的核心。大学应从以下几方面着手来对校园球类精神文化进行建设。

(一)树立正确的体育观

人们对于体育存在的意义和价值的认识和看法就是所谓的体育观,其对体育文化的发展方向具有决定性的影响。树立正确的体育观对于高校校园球类运动文化的发展具有积极的意义。具体而言,师生应树立的体育观应包括以下几方面。

1.体育是生活的重要组成部分

现代化的生产方式促进了社会财富的增加,然而也带来了一些问题。例如,劳动方式的单调化、劳动密度的增大化、劳动过程的专门化等。这些变化会使得人们在工作过程中感到枯燥和厌倦,心理产生压抑。另外,现代工作方式还使得身体运动不足,也会使身体机能产生不适宜的反应和身体局部劳损。

在这一环境下,体育运动,尤其是各种形式的球类运动,逐渐成为人们生活的重要组成部分,其不仅促进了人们精神文化生活的丰富和身心的健康发展,还带动了经济社会的发展和个人价值的提升。如今,体育运动已经成为人们日常生活的重要组成部分,成为人们的一种生活方式,其与衣、食、住、行、用具有同等重要的意义。

2.体育是竞争

竞争在现代社会生活中不可缺少,竞争意识也是人们需要养成的重要思想意识。合理的竞争能够促进社会的更好的发展,人们为了实现更好的生存和发展,需要具备竞争意识,并不断提高自身的竞争力。

竞争是现代球类运动的重要精神内涵。球类竞技运动最为鲜明的反映了这一特点。在球类运动竞赛中,处处体现了体力、智力与技能方面的竞争。体育运动是最为富有竞争性的领域。

球类运动中的竞争都是在严密、严格的规则和规程约束下进行。体育的竞争注重公平和平等,最求规则,而不徇私情。从这一意义来说,球类运动比赛的竞争能够促进参与者公平竞争意识的培养,使其能够以公平竞争方式应对生活中的考验。

在球类运动竞赛中,要想取得胜利,就要不断进行锻炼,吃苦耐劳,勇于拼搏,不断提高自己的身体技能、心理水平、战术意识和团队精神。在体育运动比赛中,任何不劳而获的结果都是不允许的。因此,每位参与者都将从比赛竞争中懂得取胜的结果是来自于强大的实力。让运动者明白只有通过不断的努力,才有获胜的希望。

3.体育运动是娱乐

现代体育运动充满娱乐精神。并且,随着时代的不断发展,体育运动的娱乐功能会得到进一步的发挥。

大众球类运动不同于竞技球类运动,它具有一定的休闲娱乐性,在进行该项运动时,运动者能够缓解生活和工作的压力,宣泄自身的情感。大众体育运动是以追求自身情感的愉悦、兴趣的满足为重要目标的。

科学研究表明,通过进行体育运动,人们内心的愉悦感会增加。健康幸福感的增加,实质上与消极情绪的减少有密切联系。通过体育运动能使紧张、困惑、疲劳、焦虑、抑郁和愤怒等不良的情绪状态得到有效改善,同时有助于人们保持良好的精力状态。

通过观看球类运动比赛能够获得良好的娱乐体验,能够使人心旷神怡,增加对运动美的欣赏能力,带来生活的享受。

4.体育运动是消费

体育是一种重要的消费形式,随着"花钱买健康"的观念不断深入人心,人们在体育方面的投入不断增加,希望通过体育运动锻炼来促进身心健康。

学生在参与球类运动健身俱乐部时,需要向俱乐部支付相应的会员费;人们在观看高水平的球类竞技比赛时,也需要支付相应的门票费;人们通过电视、网络观看比赛也需要相应的会员费。因此,学生应树立良好的体育消费观,为自我的健康和自我的发展而投资。

5.运动是完善个性的重要手段

体育运动会对人的身心带来双重的影响,在心理方面主要表现在促进人个性的不断发展和完善。

人们在参与球类运动时,需要投入一定的体力、智力和情感,这能够使人们发现自身在这几方面的薄弱环节和优势方面,从而能够促进人们正确认识自己,实现个性的完善和发展。

球类运动能够使人的个性得到张扬,从而使人的个性得到更为自由的发展。球类运动为人的个性发展和个性的张扬提高了更为广阔的演练空间,人们可以选择表现自己的个性,如塑造拼搏进取的人格精神、品尝胜利欲望的满足、追求内心的自我超越,或表现健康向上的生命力。

6.终身体育观念

现代体育教学对终身体育观有突出地强调,人们在生产生活中也应该树立终身体育意识。参与球类运动不应仅限于人的某个发展阶段,而应在一生的各个阶段都参与运动锻炼。体育具有终身性,这是由体育运动锻炼的规律决定的。人们在参与球类健身锻炼过程中所取得的一些健身效果并不是永久的,在停止球类运动健身之后,很多健身效果会逐渐消失。为了促进和保持体质健康,应坚持终身进行球类运动锻炼。

具体而言,终身体育包括两个方面的内容:一方面,人的一生应不断进行健身锻炼,促进身心的健康发展;另一方面,应不断进行体育运动知识和技能的学习,促进终身体育能力的发展。

终身体育理念即为人们应不断接受终身体育教育,从而使得各个阶段的体育都能够良好衔接,保证体育运动锻炼和所掌握的知识和技能的系统性和完整性。

人体在不同的发展阶段,对于体育运动锻炼会有不同的需求。例如,在青少年时期,促进机体的生长和发育是体育锻炼的重要方面;而在中年阶段,防止衰老和疾病的发生是体育锻炼的重要目的。体育锻炼是一种需要长期坚持的过程。

在高校球类运动教学中,应培养学生的终身体育观念,使学生掌握一定的锻炼方法,养成良好的健身锻炼习惯,获得参与终身体育锻炼的能力。

(二)增强大学生的体育意识

体育教学的主要目的之一就是促进学生体育意识的提高,促进其体育锻炼习惯的养成。体育意识对于体育教学实践的发展具有重要的意义,体育意识的培养也是校园文化科学构建的重要方面。增强学生的体育意识,应从以下两方面来进行。

1.转变教育观念,增强意识教育

在我国球类运动教学的发展过程中,长期以来对学生体育意识的培养没有给予高度的重视。在教学中,体育只是作为一种知识和技能来进行授课,而忽视了其在育人方面的功能。传统的教学方式具有其积极的方面,然而其消极方面的影响不容忽视。因此,在高校体育教学中,教师应培养学生自觉参与球类运动锻炼的意识,使学生受到良好的思想观念方面的教育。教师应将终身体育意识与体育教育密切结合起来。

2.加强理论传授,综合培养体育意识

体育运动教学不仅是技能的传授,同时也应注重知识、理论方面的讲授。教师应不断促进学生知识的积累和丰富,促进体育理论对于学生思想的重要影响。理论对于实践具有重要的指导作用,加强理论的学习能够更好地促进学生技能掌握。

球类体育运动教学中,应注重体育运动规律、身体锻炼规律等方面的理论的传授,做到理论与实践相结合,两者相互促进,促进大学生的全面发展。

(三)弘扬体育精神

校园体育精神是校园体育文化的升华,深刻反映了校园人的体育价值观念、行为、意识。校园球类文化对于学生具有重要的影响,置身于相应的校园球类文化氛围中,能够使学生受到潜移默化的影响,实现精神品质的提升,收到良好的教育效果。因此,高校应弘扬体育精神,激励学生不断提升和完善自己。

1.民族精神的振奋

当前,体育运动对于社会和个人的影响已远远超过其自身的体育运动范畴,它蕴含着深刻的文化和思想内涵。体育教育应促进人们民族精神的觉醒。

在我国体育运动的发展历史中,乒乓球运动和排球运动曾深刻影响了国人的精神,这两项运动的发展对振奋民族精神起到过并且一直具有十分重要的作用。在乒乓球运动发展历史上,孔令辉、邓亚萍等这些人的名字为人们所熟知,他们的成绩极大地增加了人们的民族自豪感;中国女排的拼

搏精神更是振奋了民族精神。球类运动教学中,应注重积极价值观念对于学生的积极影响。

2.创新意识的发展

创新意识是现代人所应具备的重要意识。体育教学应注重学生创新意识的培养。

体育运动在一定程度上体现着创新精神,尤其是一些球类运动,需要运动员根据实际情况来灵活应对。优秀的运动员必须具备良好的思维能力、应变能力和创新精神。体育运动既是体力、技能的对抗,又是思维、智力的竞技。对于足球运动而言,优秀的足球运动员总是具有创造性的,其总是能够打出让人惊叹和意想不到的进攻。因此,创新精神也是重要的体育精神。在球类运动教学中应注重创新意识和创新能力的培养。

3.优良意志品质的培养

一个人的自觉性、坚韧性和自制力等,以及勇敢顽强和独立主动的精神,就是所谓的意志品质。在球类活动中,获得胜利的喜悦感,不仅能够使运动的强烈动机得到有效的激发,而且对于勇敢拼搏的意志的激发也起到积极的促进作用。运动水平的提高需要运动者坚持进行训练,顽强克服困难。另外,在进行球类运动训练时,尤其是大强度的运动训练时,可能会伴随着一定的生理不适,也需要训练者积极进行克服。在球类运动教学中,应促进学生优良意志品质的培养,使其明白发扬拼搏精神,具有良好的自觉性、坚韧性和自制力等是取得成功的重要保证。

球类竞赛具有良好的激励作用,通过开展竞赛,能够促进人们激发自身的潜力,从而做更好的自己。在球类竞赛过程中,通过发扬拼搏精神,使得学生深刻认识到个人努力与集体荣誉之间的关系,促进其个人义务感和集体荣誉感的培养。在比赛过程中,能够给学生带来精神上的满足,促进其形成胜不骄、败不馁的品质。教师应注重学生良好意志品质的培养。

4.遵守规则意识的培养

现代社会竞争越来越激烈,每一个人都在社会中生活,当个人行为与社会利益发生冲突时,就会受到"黄牌警告"或被罚出局。在球类运动比赛中,运动员必须遵循比赛规则,尊重裁判,尊重其他运动员,公平竞赛。这些规范要求不仅适用于所有体育活动,同时也是每个公民应具备的社会素质。在球类运动教学中,应积极促进学生遵守规则意识的培养。

另外,在球类运动比赛中,竞赛双方处于平等的地位,展开公平竞争。在球类运动教学与训练过程中,应注重培养学生尊重对手的意识,在生活中做到尊重他人。

(四)提高学生的体育素养

体育素养指的是人们习得的体育知识和技能,以及借此形成的正确的体育认识和价值观,还包括待人处事的态度等方面。具体而言,球类运动素养包括四方面的内容。

(1)球类知识,如身体锻炼知识、保健知识、球类运动竞赛规则知识等。

(2)球类运动技能,如各项运动的基本技能以及参与运动比赛的能力。

(3)体育意识,即为学生对于球类的认识和理解。

(4)球类运动锻炼的兴趣和习惯。

在球类运动教学中,应促进学生综合素质的提升和体育文化素养的提高。通过提升学生的体育文化素养,能够促进学生的全面发展,实现素质教育目标。

文化在社会上的传播需要相应的载体,而人即为文化传承的重要载体。体育文化的发展依赖于人对于体育文化的传承和发展。学生在体育文化传承中扮演着重要的角色,所以应充分发挥自身的才智,积极对体育文化进行学习和研究,不断丰富自身的同时,实现体育文化的发展。

(五)培养良好的体育行为习惯

球类运动精神文化建设要求对学生良好的体育行为习惯进行培养。校园球类文化具有良好的育人功能,通过组织各种各样的球类运动竞赛,能够促进学生的体育参与意识,促进学生良好的体育行为习惯的形成,这对于终身体育意识和能力的培养和发展具有积极的作用。应积极鼓励学生参与不同的球类项目。

(六)课余体育俱乐部和体育文化节的建设

课余体育俱乐部和体育文化节是校园体育文化的重要表现形式,其对学生具有十分显著的影响,是校园球类精神文化建设的重要方向。具体而言,校园球类俱乐部和体育文化节的建设应注意以下几方面。

1.高校课余体育俱乐部的建设

(1)课余体育俱乐部的优势分析

最近几年,校园课余体育俱乐部是高校非常流行的体育课外活动组织形式,学生根据自己的体育特长、兴趣爱好自愿加入组织。课余体育俱乐部有组织有管理,有专人指导,有经费支持,具有一定的导向性,活动效果好,深受大学生欢迎和喜爱。

课余体育俱乐部不仅在锻炼时间和锻炼活动方面,还是在锻炼的实效性方面,都要比体育课强。通过积极引导高校课余体育俱乐部的组织建设,能够更好地促进体育教学目标的实现。课余体育健身俱乐部与当前的教学形势具有良好的契合度,因此其得以在高校中快速推广,并成为校园体育文化的热点。

课余体育健身俱乐部吸引学生积极主动加入其中,激发了学生参与体育活动的兴趣,提高了学生体育锻炼的积极性。校园体育俱乐部的发展推动着校园体育的发展,使更多的学生投入到运动健身之中。学生在开展体育活动过程中增进了相互的了解,促进了学生组织活动能力、沟通交往能力和团队协作能力的发展。因此,校园体育俱乐部推动的校园体育文化的丰富,推动了校园文化的发展。

(2)高校建立课余体育俱乐部的策略

课余体育俱乐部的建设有利于推动校园体育文化的发展。学校各领导和部门应给予体育俱乐部高度的重视。学校应积极引导体育俱乐部的建设,并为体育俱乐部开展各种体育活动提供场地和时间等方面的保证,促进体育俱乐部的发展。学校和体育教师应积极引导学生的体育活动,体育俱乐部应从单纯的运动技能学习发展为多方面体育活动的开展,促进学生体育年文化素养的发展。

校园体育俱乐部应尽可能促进学生个性化需求的满足,实现课内与课外体育的统一。对于学生,可适当收取相应的会员费用,以维持俱乐部的运转。为了避免校园体育俱乐部的无序发展,高校的团委、学生会等部门应对其进行相应的管理,实现其健康有序地发展。

德国等发达国家高校体育俱乐部的发展相对来说比较成熟,其校内的体育俱乐部也加盟了社会的体育协会,成为社会体育组织的组成部分。各高校在发展校园体育俱乐部时,应积极学习和借鉴国外的发展经验,将国外的成功经验与高校的实际相机结合,从而走出自身的独特发展道路。

2.高校体育文化节建设

高校每年都会举办大型的校运会,这是检验学校体育教学成果的一个重要形式。虽然校运会具有积极的意义,但是其也存在着诸多的问题。最为重要的问题是参与人数较少,大多数学生并没有参与其中,而只是运动员的"看客"。调查发现,90%的学生并没有参加过校运会,当问及对校园会有无兴趣时,无兴趣的学生高达70%多,由此可见校运会已经失去了向学生传播体育文化的重要功能。在这一形式下,应积极推动校运会的改革,增加学生的参与兴趣,促进更多的学生参与进来。

高校应积极拓展校运会规模,提高校运会质量,将其发展成为体育文化节,提高其在学生中的影响力。通过延长其时间,拓展其空间,发展其活动形式,使其内容更加丰富多彩,吸引更多的学生参与其中。

"体育文化节"包括的活动有体育专题报告、体育讲座、体育知识竞赛、体育表演、运动会、体育游戏等。可主要包括校园"体育周"和校园"体育日"(健康日)等形式。

校园"体育周"是指集中利用一周时间,对学生进行课余体育训练,或组织集各种宣传教育、锻炼、运动会等活动。针对校园"体育节"的管理,学校应将"体育节"活动列入学校整体体育工作计划,并成立临时性指挥机构对"体育节"期间的体育活动进行组织与管理,在管理过程中,要注意取得各有关方面的支持与配合,并做好充分预备与准备工作。体育周结束后,学校相关部门应注意做好后续管理工作。

校园"体育日"通常会与有意义的节日或体育形势(重大的国际、国内的体育活动)相结合,一般会占用一天或半天的时间,体育日期间学校可组织进行专题性的体育主题活动,开展体育教育和锻炼。在管理过程中,既可以组织全校性的活动,也可以年级、班级为单位来对体育活动进行组织。

总而言之,高校体育文化节应从各个方面进行创新,促进学生体育兴趣的提高和参与意识的增强,并为学生提供平等参与学校体育活动的机会。

第四节　大学生球类运动与校园制度文化建设

校园球类运动与校园制度文化的融合构成了校园球类制度文化,对校园制度文化及其建设的研究有利于我们更好地了解与认识大学校园球类运动文化的知识,如内涵、特征、功能等。

一、校园球类制度文化概述

(一)校园球类制度文化的内涵

学校制度是一个学校在长期的管理实践中摸索选择和积淀下来的管理思想和管理理念,充分展示了学习的文化传统。学校制度有两个维度:一是政府层面,如现代学校的举办制度、办法、方针、办学理念,政府对学校的管理制度等;二学校内部的制度,它是政府制度规范下学校自身运行的各类规章及学校与家庭、学校与社区之间的关系的规定。当学校的制度和学校的文化高度融合之后,就形成了学校制度文化。

学校制度文化是指社会期待学校具有的文化,包括信念、价值观、态度及行为方式等,它体现着社会对学校在文化方面的要求,是保证学校正常运行的组织形式,能够把学校的价值观念外化为学校师生员工的自觉行为,体现一所学校独特的核心价值观念。

校园制度文化是依据学校的意识选择的,具有强烈的规范性、组织性和秩序性,属于校园范围内必须强制执行和严格遵守的文化类型。校园制度文化是校园文化在各项规章制度中的体现,是实现学校目标的重保障。其主要包括学校的各类规章制度、人才培养目标、人才培养模式、治校方针、改革措施、道德规范以及管理模式等。

体育的制度文化是人类以体育运动的方式进行自我完善的制度产物,是调节与规范体育活动中人们各种关系的规章制度与组织机构。

球类制度文化是人们在球类活动的实践中所形成的一种文化,富于动态且具有稳定性。球类制度文化与物质文化与精神文化不同,球类社会组织、政治和法律形式等是球类制度文化的主要内容。

1.各种组织机构

作为人类社会发展的重要产物,组织机构是能够使人类群体的力量得到合理和高效的发挥。无论是人类的个体活动,还是集体活动,都离不开组织机构的作用。作为一种人类改造自身和促进社会发展进步的文化产物,体育活动已经成为各种社会组织及其自身的各种组织机构重要、不可缺少的一部分。球类制度文化主要由世界球类组织、大洲球类组织、国家球类组织、民众球类组织、学校球类组织、球类运动竞赛组织等构成。为使球类运动真正地向着合乎体育文化规律性的方向发展,在成立各种机构时,就必须对社会背景,对体育活动发展组织化的需要和需求予以充分的考虑。

2.球类活动的原则和制度

在组织制度文化体系中,组织机构的原则和制度对组织的性质、活动方式和发展方向具有决定性的影响,它是制度文化与精神文化关系最为直接、层次最高的一部分。具体来说,体育物质文化是指体育文化活动中人们自身构成的文化,它是一种动态的、稳定的文化成果,其主要包括体育社会的政治、法律、组织、制度、体育伦理道德、风俗习惯、群体风尚、民族语言和民族教育等方面的内容。球类制度文化来源于对球类活动实践和球类精神领域的思考,是球类制度文化体系中作用最为突出的组成部分,是统领球类一般规范与球类机构的桥梁。制度不健全,会对球类运动与管理机构的建立和完善造成严重的影响,产业制度不完善对球类相关行业的经营管理活动的顺利进行有着制约作用。因此,只有不断进行改革、更新和完善,才能促进体育的发展。

3.运动组织形式

在社会中,每个人扮演的角色、所处的地位不仅由其自身能力决定,而且也是由活动组织形式需要多种不同的角色所决定的。在球类运动比赛中,也有很多不同角色的划分,如裁判、教练、队长、队员;以及多种赛制,如单败淘汰制、单循环制、交叉淘汰制等赛制,这属于制度文化中最基本的内容。在球类运动中,对于角色也有着原则性的区分,如运动队中的队长一职是由技艺高超或号召力强的运动员担任的。在球类运动竞赛中,可以根据参赛队伍的多少来调整比赛制度,但在大多数情况下,比赛的组织形式是固定且严肃的。

(二)校园球类制度文化的特征

高校球类制度文化的特征与校园制度文化的特征相似,同样具有规范性、层次性、相对稳定性、约束性、时效性和工具性等特征。

1.规范性

制度的规范性特征在制度文化中表现为制度的科学性。科学的必然是规范的,具有科学性的制度才能从学校的根本性出发,维护学校的根本需求。具有科学性的制度不仅其形式是公正的,其内容也是公正的。由此可见,一方面,制度的规范性强调教师群体的主导作用。教师群体作为教代会制度建设的设计者和执行者,作为教代会活动的领导者、组织者和参与者,其素质的高低及工作作风、工作态度的好坏,将直接影响到教代会制度的建设和执行水平。另一方面,制度的规范性强调教职工的认同作用。制度的规范和科学首先要求制度要与教职工沟通,得到教职工的认可,只有这样才能得到广泛的接受,才能顺利在实践中执行。就教代会制度本身以及教代会所涉及的关于大多数教职工重大利益实现的制度,如果没有事前的沟通和事后的认可,这种制度既不科学,也不合理,因而教职工很难接受。

高校校园制度文化建设很少对师生员工的多重需要予以考虑,在倡导以人为本的今天,高校校园制度对人们行为的控制不仅仅是从价值观念上提出一种理性的约束,还应通过强化师生员工的责任感和使命感,进而使校园倡导的主流文化精神形成条文,确立为一种内在的行为标准和模式。它是校园内部的规范性文件,是校园内部的"法律",它把一些道德纪律要求强化为一种"法律",并使人在它的约束下形成一种行为习惯。它把一些道德纪律要求上升为一种规章制度,并使人在它的约束下形成一种行为习惯。高校校园制度文化作为校园成员共同遵循的行为准则,会规范整个校园的发展。

2.层次性

高校校园制度文化是一个有层次的体系,这个体系既包括学校的校训、校纪校规,还包括各职能部门的规定,院系、班级甚至是学生宿舍内部的各种约定,各种社团协会内部的规则等。前者属于正式制度,后者属于非正式制度,两者的约束力不同,调整范围也不同。一般来讲,非正式制度有比正式制度更广泛的适用范围。

3.相对稳定性

高校制度文化的相对稳定性表现在:首先,它是在学校长期发展过程中积累和沉淀而成的;其次,无论是刚性的制度,还是柔性的道德礼仪规范,都有个较长的产生、发展的过程。高校各种规章制度只是高校制度文化的一个组成部分。尽管制度在其形成过程中难免会渗入制度设计者的某些主观意志,但是它终归是高校长期教学管理实践经验的总结,应当反映高校教学管理的内在要求。高校各种规章制度一旦形成即具有相对的稳定性,不应朝令夕改,而应该在同等条件下可以延续使用。

4. 约束性

高校制度文化的约束性源于其规范性和稳定性。无论是柔性的不成文的道德规范,还是成文的规章制度,它们都为校园师生的教学活动、科研活动、日常生活提供一种内在的约束力,对校内各种组织活动显示出一种影响力,甚至具有一定的强制力。这表现在,校内各层次成员基于制度本身的约束力以及对本制度的认可,其行为必须接受一定的约束;否则,将受到经济制裁、纪律处分。制度的强制性特征在制度文化中表现为执行制度的坚定性和自觉性。我们不能局限地将教师代表大会制度理解为常规意义上的规章制度。

教师代表大会制度不仅是文本性的表述和常规意义上的执行,还表现出一种权力、意志、方式乃至习惯,进而表现出一种文化,并由此表现出事物的生存与发展的环境。一方面,制度文化要求坚定不移地执行具有科学性的制度,谁不执行谁就要受到相应的惩处;另一方面,制度文化提倡人们不断提高执行制度的自觉性,当教职工自觉执行教代会制度达到习以为常的地步时,就标志着该制度作为一种文化已初步形成了。

5. 时效性

制度的时效性特征在制度文化中表现为完善制度的修复性和创新性。制度尽管具有常规性、预见性、稳定性和持续性等特征,但它总会经历一个形成、发展、协调和衰败的过程。一种曾经是有益的常规可能会变成一种固定的要求,一种从前的工具性行为形式可能会变成一种空洞的形式主义的东西,一种曾经是情操或价值的有意义的表达也许会变成僵化的教条。随着观念、行动和关系的制度化,这一总体的发展趋势,有时可能会成为一种要求创新的机制。因此,作为一种制度文化,教师代表大会制度要求高校营造创新的氛围。为了学校的发展,每位教职工都可以提议有关部门修改原有的制度。我们所制定的制度必须具备"造血"功能,能不断纠错并自动修复,有所发展,有所前进,有所创新。不能让教职工失去兴趣、活力和理想,使制度丧失它的应有价值。这是高校教师代表大会制度不断完善的重要标志。

6. 工具性

在制度文化中,制度的工具性特征表现为运用制度的激励性。一种优秀的制度文化能促进人的积极性和能动性,并对人的生存和发展的手段、目标具有导向作用,对不符合学校健康发展的价值取向、道德准则和行为方式具有自我调节和免疫作用。教师代表大会制度所规定的教代会职权的执行和落实,能最大限度地满足广大教职工的心理和生理需要,使教职工能在这种气氛中自觉主动地投入工作,为学校的改革和发展不断努力奋斗。高校制度文化激励效果的好坏是衡量学校制度文化是否成熟、制度文化建设是否有效的一个重要标志。

(三)校园球类制度文化的功能

1. 规范制约功能

"没有规矩,不成方圆"。校园群体的成员来自各个地区,构成极为复杂,不同个体之间的思想、性格、情趣、道德水平千差万别。为了使校园个体的思想观念融合于校园集体之中,保证校园教学、管理、生活的顺利进行,校园制度文化用简洁精练的语言对师生员工提出要求,发挥着制约作用。

学校制度体现了社会对学校的需求,表现为国家或社会群体对学校的期待。学校的办学方针和培养目标必须体现国家和社会的根本利益,国家的教育法规和一系列政策法令都具有强制性规范的特征,如教师代表大会制度、校务公开制度、领导干部评议制度等。在学校制度中可分为正式制度和非正式制度。一般来讲,正式制度是由学校制定的,主要用来规范和制约教职工工作、学习、生活的基本方面。非正式制度根据正式制度来制定,经过教职工结合工作实际进行践行的行为规范,具有协商性、约定性和教育性等特点,往往比学校正式制度更具有约束力和教育功能,内容也比正式制度更广泛、更丰富,如学校的各类实施方案、意见和工作准则等。相对来说,非正式制度更能渗透出文化的育人功能,折射出学校的办学理念。

校园制度文化为学校职工提供了一整套角色的行为规范模式,学校内部上至校长,下至教工、学生,什么应该做,什么可以做,什么不能做,都是有章可循的。对于教工来说,校园制度文化都有明确的行为规范标准,每个人对学校的教育教学、学校管理、后勤保障等负有与自己身份和角色相对应的责任和义务,对于学生这一教育对象来讲,校园制度文化尤其显得意义重大,它是学生养成良好行为的重要保障。校园制度文化是一种对师生工作、学习、生活及行为举止具有规范作用的文化,集中体现在学校的规章制度中。这种文化对于师生的言行具有规范调节功能。当师生的言行与制度规范的要求不符时,他们就会自我调节,以向制度规范的要求靠近。所以,加强校园制度文化的建设,有利于学生自觉约束自身的行为习惯。校园制度文化氛围也为好习惯的养成提供了必不可少的环境。

2.整合功能

制度强调稳定与连续,制度只有具有稳定性和连续性,才能更好地协调各种矛盾、促进群体和谐发展。但制度整合的作用过程又可能是利益和权力再调整、再分配的过程,在重新调整利益分配的过程中,通过新制度的建立和不断完善,使各种利益矛盾得以协调解决,以求得新的平衡。以前瞻性的眼光分析教职工思想的变化和学校实际态势的变化,把可能出现的不利于学校健康发展的倾向杜绝在萌芽之中,这是十分必要的。校园制度文化所孕育的良好氛围,使学校活动有条不紊,学校多层组织机构配合默契,整个学校机体灵活运转,充满生机和活力。否则,如果有一种重要的制度环节运转失灵、失范,学校就可能出现混乱无序,陷入瘫痪状态。校园制度文化把不同角色的校园人、不同层次的组织机构有效地结合起来,学校行为在不断调整中得到规范,保证学校在正常轨道上发展。这种整合还表现为校园制度文化对师生具有凝聚和激励作用,产生对学校的认同感、归属感,促使学校各项规章制度变成内心信念与外在行为,最终实现学校目标,从而使学生的健康发展和教职员工个人价值的实现得到保证,促进其自身健康发展的需要的满足。

3.导向功能

高校制定各种制度的目的不单纯是确认已存在的事实,更重要的是对现在与将来学校与学生之间、师生之间、教师之间、学生内部之间的各种关系进行调整,其重点不是针对过去,而是着眼未来。高校校园制度的突出特征是在确定师生员工的行为模式的同时规定着与行为相应的结果,告诉人们哪些行为可以做,哪些行为必须做,哪些行为禁止做,这种行为规则的本身就体现着一种引导。例如,《校园文明规范》就是通过对文明行为的倡导和对不文明行为的禁止来正确引导学生的行为习惯。

由于制度本身具有可操作性,办学者的办学主张和要求可以通过制度的具体条文使对象的行为纳入一定的轨道,以保证社会生活的正常进行和校园秩序的良好保持。成熟的校园制度文化具有激发人的积极性和能动性的作用,并对人的生存和发展的手段、目标具有导向作用,激发出教职工的潜能、激情,使其朝着理想境界不断地努力奋斗,对不符合学校健康发展的价值取向、道德准则和行为方式也具有调节和抑制作用。

4.社会化功能

制度文化有利于传递各种社会信息。然而,相对于迅速发展变化的社会而言,制度则是静止、落后的,仅凭制度传递社会信息是不行的:一则信息量十分有限;二则从使用的角度来说,也不可能满足学校教职工对社会信息采集、开发与利用的需求。因此,为发挥教职工的积极性、创造性,生动形象、准确精当地传递相应的各种社会文化信息,又是制度执行过程中的题中应有之义。

作为学校的重要窗口和信息载体,校园制度文化的建设状况反映着学校的办学理念、方略与精神以及学校的办学实力、教育水平、教学质量、教师素质及社会声誉。同时,校园制度文化既是学校形象的表现,也是塑造和树立学校形象的重要途径,它靠着学校组织结构的严密和完整,以及师生对制度的尊重,表现和塑造着学校形象极具内涵和魅力的一面。

(四)校园球类制度文化与精神文化和物质文化之间的关系

校园文化有三个层次,分别是校园制度文化、校园精神文化和校园物质文化。其中,物质文化是基础,制度文化是保障,精神文化是核心。校园制度文化介于物质文化和精神文化之间,具有承上启下的作用,并实现了二者相互结合、相互转化。校园制度文化将一定的制度文化和精神文化加以升华、提炼和凝聚,从而形成了一种自觉的、高级的校园文化形态。校园物质文化和精神文化进步之后,需要相应的制度文化来予以确定和巩固,并最终以校园制度文化的程度为标志。校园制度越自觉,越明确和坚定,就越理性。

总而言之,大学是培养人才的重要基地,每年都会向社会输送大量的优秀人才,对于社会的发展具有重要的意义。因此,高校必须重视校园球类运动文化的建设,全面提升学生的素质。校园球类制度文化建设是校园体育文化建设的重要组成部分,对于校园体育文化建设起着重要的作用。切实加强校园球类运动的制度文化建设,必将促进校园的物质文化和精神文化建设,从而创造有利于人才培养和发展的良好环境。

二、大学校园球类制度文化建设

(一)大学校园球类制度文化建设的基本理论

1.大学校园球类制度文化建设的意义

制度文化建设是校园文化建设的框架,是高校工作中不可忽视的一项重要内容。通过制度文化建设,能够促进校园行为的规范。因此,可以说高校制度文化对于学校的意义在于,它提供了一个使国家意志得以体现、办学者主张得以贯彻、人格健全发展得以实现的有力保障。

校园制度文化作为学校文化的重要组成部分,其建设具有重要的意义,是当前文化立校、文化理校的关键环节。学校制度文化建设通过常规教育、常规示范、常规训练等方面得以落实和完善。学校制度文化建设对于规范学校办学行为、建设和谐校园以及提升办学水平都有着重要的作用,建立健全科学化、规范化、系统化的学校管理制度十分必要。

高校校园文化制度的建设离不开全体师生员工的共同努力,近几年,各高校正忙于扩建扩招,侧重于从量的方面对学校提高,而忽视了从质的方面对学校的提升,加强高校制度文化建设则能够为高校创造良好的教学环境、科研环境、生活环境,为高校校园文化建设提供制度上的保障,有效高校的综合发展。

2.校园球类制度文化建设的基本原则

(1)人本性原则

学校制度文化育人作用的发挥,首要前提是该制度文化既符合社会需求,又符合师生个体需求,这两个要求缺一不可。相对简单机械强迫管理,"以人为本"的模式从本质上是一种人性的管理,通过师生的积极主动性调动,将学校制度文化转化为师生内心规则和外显行为。此时,尽管建立许多规章制度,师生不会有压抑之感,反而会心情舒畅,能够自觉维护和执行。以人为本的制度文化建设,离不开相对宽松的环境,制定者应有平等意识,选择适当途径,吸收各方面信息,力求以多角度的思维分析与处理现实生活中的问题。

(2)民主性原则

制度的制定必须遵循民主集中制原则,坚持"从群众中来,到群众中去"的基本方法,让师生参与制度的制定。如果仅仅由校长或各部门的负责人将制定好的制度告知学生,并让其进行遵照执行,则师生在只能被动接受的情况下,制度的执行具有很大的难度。因此,在制定相应的制度时,学校管理者应该做相应的民意调查,召开不同层面的人员的座谈会,在拟定相应的制度初稿之后,应充分征求教师的意见和建议,然后将意见集中起来并交由教代会进行审议,然后再将制度进行进一步的完善,最后再正式实施。制度文化建设应坚持"从群众中来,到群众中去"的基本方法,使全体学生都能够广泛参与到学校管理的过程中,使得学生和教师都能够了解其制度的具体内容,并对其可行性进行反复的讨论,制定的规章制度要有广泛的群众基础,得到学校职工和学生的认可。这样既可以避免制度脱离实际,保证制度的科学性,又有利于统一认识,沟通感情,从而为制度的贯彻执行奠定心理基础,使制度制定和执行中的阻力得以减少。

(3)独特性原则

不同学校的办学历史、地理位置、师资水平、师生素质等客观条件都存在着差异,因此学校在管理方面的理念和做法也不尽相同,学校与学校之间具有一定的差异性。这就使得不可能有一套所有学校都适用的制度。因此,学校在进行制度文化建设时,应从学校的实际情况出发,这样才能切实可行,促进学校各项工作的开展。

(4)全面性原则

学校的管理工作涉及方方面面,为了保证各项工作的健康有序开展,各项工作都必须有相应的规章制度,以规范和指导学校的行政管理、教职工管理、学生管理、财务管理等。这些规章制度的建设使得学校各项管理工作有"法"可依,有章可循,从而使整个教学工作的正常运行得到了一定的保障。

(5)实效性原则

有效的规章制度是无形的领导者,它凭借自身的强制性力量促使人们按照一定的标准和要求,在一定的限制条件下进行有效活动。为了达到这样的目的,制定制度前要对学校各方面的工作进行认真调查,了解存在的问题,并找出问题的症结,这是制度具有时效性的前提。学校制度文化存在着由外及内的过程,要使学校制度文化发挥最大效能,在执行规章制度的过程中必须对师生的主观能动性、师生思想的变化予以关注,从而增加学校制度实施的实效性。

(二)我国大学校园球类制度文化建设的现状

1.参与面狭窄,师生参与意识不强,制度的制定与实施透明度不高

校园规章制度是校园社会关系的调整器。由少数精英组成权力中心并进行学校管理的模式应当成为明日黄花。人人参与管理、人人有责任管理是民主制度最大化的体现。民主的要义在于尽可能吸纳大多数人的意见,反映大多数人的利益要求,保障普通员工参政议政的权利。高校制度文化建设的民主性体现在以下三个方面。

(1)制度制定过程的民主性

高校校园内规章制度形成过程中的民主参与程度主要反映在制度的制定是否客观公正,是否反映了绝大多数人的利益要求。高校各种规章制度的形成应当在该制度所涉及的范围内,保证所涉及的人员都有表达自己意愿的机会。实体民主性需要重视程序民主。

(2)制度内容的民主性

高校校园文化并非仅仅反映领导个人的意志,而是全校师生思想意识、道德观、价值观、人生观、学习研究态度的体现。由此决定了高校制度文化不是领导个人意志的反映,也不为少数"精英"的主观意志所左右,而应当是校园民主的体现。

(3)制度实施过程的民主性

校园规章制度制定过程中民主性的体现只是民主制度建立的前提,制度实施过程的民主性才是关键。尽管校园的规章制度应当由专门部门实施,但与实施的民主性并不相冲突。如何保障高校全体师生最大可能地参与学校管理,参与各种规章制度的制定,参与制度文化的建设,这是高校领导、研究者乃至全体师生员工共同探讨的事情。问题是,我国高校师生的民主参与意识不强,尤其是我国高校管理一直沿用行政管理手段,高校内部管理一直建立在的金字塔式体制上,即自下而上、权力越来越集中,因此,制度文化的建设很难将民主性、普遍性和透明性等特征体现出来。

2.规章制度缺乏系统性、权威性、连续性和可操作性

规章制度从制定到执行缺乏严密的操作程序,制度与制度之间常常相互抵触,有的甚至同现行的法律法规相冲突。

首先,高校校园制度文化是多层次的,有正式的,有非正式的,有学校颁布的,还有学校各职能部门、各院系自行颁布的,形成了多头管理、政出多门的局面,缺乏完整的系统性。

其次,从民主制度的要求来讲,校园制度文化建设的主体应当是多方面的,包括学校领导、部门领导及其全体师生。但是,目前各高校校园制度的制定大多数是各级管理者出于管理的需要,

自上而下制定的,很少甚至并没有征求广大师生的意见,这就导致广大师生对制度缺乏认同感与信任感。为公众所认同的制度,必然能够在其心目中产生神圣的权威。制度的权威性还体现在其形成过程必须经过严格的程序方面。程序规范是实体规范的保障,因此程序规范的重要性不亚于实体规范。特定的程序象征着严肃、认真,蕴含着一定的权威。很多高校在制定各种规章制度时,往往缺乏必要的程序规定,重实体、轻程序,这是很多高校在制度文化建设中表现出来的一个通病。

最后,高校制度文化是经过长期的积累和沉淀而成的,但是由于高校的各项规章制度基本上是自上而下制定出来的,因此,随着领导的更换,各种规章制度都被不同程度的修改了,甚至会被重新制定,这就导致了各种规章制度之间缺乏连续性,呈现出不稳定性,甚至制度与制度之间相互冲突。同时,正因为高校制度是由上而下的管理者制定的,在制度制定过程中如果没有充分调查研究,所制定出来的制度则很难体现广大师生的利益要求,更缺乏可操作性。

3.校园规章制度中惩罚性规范多于奖励性规范,缺乏人本管理的理念

鼓励先进、鞭策后进、表彰优秀、惩罚懈怠是高校制度文化的重要作用。高校通过制定规章制度,辅之以必要的经济手段、行政手段对学校进行有效的管理。通常某些高校领导的个人意识决定了高校制度文化的价值取向。例如,高校在制定制度的过程中,在惩罚性规定和奖励性规定的取舍问题上,大多数领导乐于采用惩罚性规定。因为,从表面上看,惩罚性规定的使用比奖励性规定的使用要经济得多。学校规章中,惩罚性规范被滥用的后果是,校园规章制度过于严厉,使得整个校园失去活力,笼罩在精神紧张、人人自危的氛围中,因而,难以彰显现代人推崇的"以人为本"管理理念。

4.高校校园制度不完善,制度文化建设开发力度不够

作为一个多层次人员形成的组织,高校应建立一套完整的规章制度。高校能否真正做到规章合理、纪律严格、管理科学,主要受校园制度文化的开发程度的影响。高校作为一个具有独立人格的组织,其规章制度同其他组织的规章制度一样,具有共性与个性之特征。高校规章制度的个性表现为:这些规章制度应当突出其文化教育功能,赋予制度以文化色彩。这就要求高校在制定学校规章制度时要特别注意在条文中突出目标追求、价值观念、素质要求、作风态度等精神文化方面的条款,给制度以灵魂。其共性表现为:任何规章制度都应当体现公平价值、自由价值、秩序价值等。但是,当前的许多高校,尤其是规模不大、由行业管理的高校比较崇尚企业化管理模式,热衷于搞校园经济,过分追求经济效益,从而在校园制度文化建设方面也侧重于维护管理者与师生员工之间的管理与被管理关系,而将校领导与全体师生之间更重要的协作关系忽视了,也将规章制度应有的公平忽视了。另外,各高校对职责分明、全面的工作规范及规章制度的开发力度不够。

(三)我国大学校园球类制度文化的塑造

现阶段,各高校不仅仅要同国内其他高校展开竞争,而且还要与全球范围内的高校展开激烈的竞争。高校为了提升综合素质和竞争能力,加强校园文化建设则成为当务之急。我们认为,制度文化建设是高校校园文化建设体系的保障,而当前高校制度文化建设主要应从以下几方面着手。

1.围绕公平、客观、科学、规范的目标,与时俱进,建立适应时代要求的高校校园制度文化体系

公平是一种基本的制度价值。通常,公平与平等属于同一语义,但是作为与效率相对应的价值概念,它主要是指公正,其理想化状态是指平等,即给予同样的人以同等对待的平均状态。高校制度文化的公平价值表现在两个方面:其一,制度的制定公平;其二,制度的实施公平。高校制度文化应当尽可能将广大教职工与学生的利益反映出来,尤其是作为刚性制度文化的高校各种规章制度,从其制定到实施都应有广大师生的参与。高校制度文化是否客观、公正、科学,主要看其反映的利益主体的广泛程度,是否对各个主体之间的利益平衡给予了关注与重视。高校制度文化体现的利益主体的范围越大,该制度文化越公平、公正、客观、科学,因此,高校在其规章制度的制定过程中,应当广纳群言、充分调查研究、尽量平衡不同主体之间的利益要求。同时,高校制度文化并非是一成不变的,制度本身就要不断完善和创新。学校正式制度或非正式制度都存在一个不断完善和创新的问题,尤其在全面推进素质教育的今天,有些规章制度经过时间和实践的检验,已不能适应时代发展的要求,必须及时修改、补充和完善。所以,制度文化要求学校有这样一种氛围,即为了学校的发展,要大力提倡全体师生对学校制度文化建设的贡献,在执行制度的过程中不断对其加以改进和完善,使学校制度文化不断与时俱进,适应社会发展需求。

2.倡导"以人为本"理念,树立民主参与意识,彰显校园制度文化建设中各主体的地位

大学教育资源丰富多样,但最重要和最高贵的资源当属人力资源。"以人为本"是现代大学最重要的办学和管理理念。"以人为本"的基础是充分尊重人。要"以人为本",学校制度建设的基点应该是尊重人的权利,满足人的需要,促进人的发展。相信每一个教职工,只要把他们放在合适的岗位,他们一定愿意把工作做好,他们一定能够把工作做好;相信每一位学生,他们都有积极进取的要求。

作为校园文化制度的建设者,高校全体师生员工都处于主体地位。因此,在校园制度文化(规章制度、校训、校风、学风、领导作风等)的建设中,要重视全方位、全员和全程育人,要以学生为主体,以教师为主导,以管理来促进教学。以教师为主导,意味着在高校校园制度文化建设中必须让教师拥有对于学校发展决策制定的参与权和对重大事件的质询权。教师在高校肩负着教书育人、科学研究等多重任务,教师是高校良好风气的传承者。所以,尊重教师的参与权和质询权既是民主制度的体现,也意味着对学术的尊重、对人才的尊重、对道德的尊重、对精神的尊重。只有充分发挥教师群体的作用,才能有效地推进高校校园制度文化的建设。

同时,学生管理也是高校制度文化建设的重要组成部分。学生自我管理与学校文化制度建设紧密联系。学生是被管理者,同时又是自我管理者。一方面,学生自我管理的内容受学校各项管理制度的影响;另一方面,学校制度的科学性与可操作性对学生自我管理的执行水平有直接的影响。高校校园制度应为学生自我管理提供一定的空间,教师尤其是辅导员的民主性则给学生的自我管理提供了可能。因此,学校制度文化建设中的管理制度必须是学生能够接受的制度文化,能够渗透到各科教学之中,体现在学校各项教育活动之中。另外,高校在制度的取舍中,应当从人之"好奖不好罚"的本性出发,多采用奖励性规范,尽量避免惩罚性规范。从管理成本来看,使用奖励性措施进行管理的成本未必高于惩罚性规定的成本,奖励性措施能够有效激励学生

进步。

3.注重高校校园制度文化建设的合法性、权威性和可操作性,推行依法治校

建设社会主义法治国家是党中央所确立的治国方略。依法治国、依法治市、依法治校都是建设法治国家的基本要求。高校校园制度是校内法治与德治的最佳结合点,是为适应依法治校的要求,针对全体师生员工具有约束、指导、规范和协调作用的内部规定。高校校园制度一方面是学校为适应法律法规而制定的具体操作规定,应当同法律法规保持高度一致,绝不能同法律法规相抵触;另一方面,高校校园制度也是实行依法治校,建立良好的校园制度文化的保证,具有一定的权威性。为此,高校应当及时清理废止同现行法律法规相抵触的规章制度,注重校园制度文化的不断创新,制定出切合实际、维护广大师生员工的合法权利的规章制度,弱化对师生员工的人为管理,强化制度管理。同时,校园制度文化建设应当在保证其合法性的前提下,充分体现对师生员工的关怀,尤其是对学生的关怀。依法治校的前提是,在合法的条件下建立完善的规章制度。健全而严密的规章制度是学校管理的最基本手段,但是严密的规章制度并非一定残酷,良好的规章制度应当是严而不酷,疏而不漏。每个学校都有自己的校园制度文化,而学校的各项规章制度是校园制度文化的主要表现,高校规章制度制定的最终目的是促进校园内全体师生员工的发展。

(四)大学生校园球类制度文化建设的对策

高校球类制度文化是物质文化和精神文化的中层,也是校园球类文化建设的重要方面。高校球类制度文化建设的具体对策包括以下几个方面。

1.建立和完善管理制度

虽然我国体育教学已经经历了长久的发展,但一直以来,体育的受重视程度并不高,基本上长期处于被冷落的地位。虽然我国倡导学生的全面发展,但是学校体育仍然处于弱势地位。改革开放以来,我国积极推进素质及教育改革,并强调了体育在素质教育中发挥的重要作用,校园体育文化建设已经成为高校文化建设的重要方面。

学校要建立相应的球类制度文化,就需要积极贯彻落实相应的体育法规,积极改进球类教育管理的理念,创新教育管理的手段。学校应根据自身的实际情况来落实相应的政策法规,使本校体育文化表现出自身的独特性。在高校球类运动的相关政策中,场馆设施的管理制度是非常重要的政策,详见表4-1和表4-2。

表4-1 体育运动场馆管理的基本制度示例

体育场馆开放时间	(1)以学校的上课制度为依据制定体育场馆上课时间,通常是上午 8:00~12:00,下午 2:30~4:00 (2)通常情况下,体育场馆课外活动时间为学校放学或者下课时间段,一般在下午 4:30~晚上 9:30
体育场馆使用的规定	(1)遵守体育馆开放时间安排;上课时间,非上体育课的学生不得擅自进馆活动,闭馆时请自觉离开体育场馆 (2)在课外活动时间,体育场馆优先为校代表队提供训练比赛场所,其他场地可以对外开放 (3)未经许可,不得随意拆卸和挪用体育场馆内器材;不得随意变更体育场馆每个教室的工作用途

续表

体育场馆使用的规定	(4)满足体育课的课堂和课外体育活动需要是体育禅观的首要任务,因此,这就要求未经许可不得挪为他用
	(5)必须按规定着装进体育场馆,不按规定着装参加体育课或者体育训练者要给予一定的警告
	(6)在体育场馆内严禁随地吐痰、乱扔果皮纸屑,要养成随手带走垃圾,或者扔入垃圾桶的好习惯,以保持体育场馆内良好的卫生情况
	(7)体育场馆内严禁用脚踢球,以避免对馆内人员和器械造成伤害
	(8)在馆内上体育课时严禁大声喧哗,以免对其他学生上课产生影响。随身携带的物品应放在适当的地方,不得悬挂在体育器械上,如脱下的衣物、饰品等
	(9)贵重物品一般你建议带入馆内,要有随身携带也应妥善保管,丢失概不负责
	(10)外单位使用学校体育运动场地,要事先向学校提出申请,经批准履行手续后才能使用,否则不允许进行体场馆
	(11)如有违反上述中的任一条例,有关人员要做罚款处理

表 4-2 体育运动器材的管理制度示例

制定器材的使用制度	制定器材使用制度,明确规定器材使用的借用手续、使用方法、归还方法和非正常损坏的赔偿办法等,减少不必要的消耗和损坏,延长器材的使用寿命。具体而言,包括以下几方面: (1)外借管理。首先,一定要依据教学规律按时、按项目、按量给任课教师提供器材,不可以随意外借器材;其次,篮球教师要根据教学的需要填写器材申请单,学生凭篮球教师签名的申请单到器材室领取器材;再次,由课外活动时间使用器材的部门提出申请,经体育部负责人批准,方能借出,并要在使用完后立刻归还。需要强调的是,器材管理人员在外借器材过程中,为了保证器材的完好和有序使用,要做以下几点要求:第一,一定要当面点数检验器材,做到如数、完整、完好;第二,在回收器材时,也要当面检验,而后一次性地放回原来的位置,严禁随意堆放 (2)明确器材的使用办法,包括正确使用的流程,禁止的事项,一些固定性的器材附近应注明使用方法和注意事项 (3)做好器材的现场指导、监督工作 (4)认真核实器材归还数量与借出数量,检查器材有否损坏,并做好记录
制定器材设备的清点检查制度	清查是为了及时维修或报废更新不能继续使用的器材设备。为管理好器材设备,必须根据各种设备的特点建立起相应的清点检查器材设备的制度
做好器材设备的维护和保养	器材设备应定期进行维护和保养,由于设备的材料不同,维护和保养的方法也会有一定的差别。球类应避免放在高温环境下。如果球体变脏,应对污物进行清理

2.积极开展各类体育赛事

通过组织球类竞赛活动,各高校间可以互通信息,加强沟通与交流,深入了解,丰富各校校园文化生活。比赛的承办不仅能够提高高校的办赛水平,而且还能促进高校体育文化氛围的活跃和校园文化生活的丰富。

从 1998 年创立至今,CUBA 联赛保持着每届 600～700 支参赛队,近万名运动员和教练员,

2 400多场基层选拔比赛,160场分区比赛和15场男八强、女四强赛的赛事规模,在全国高校产生了广泛、深入、持久的影响,在社会上树立起了积极、健康、向上的形象,竞赛体系日趋完善、竞技水平稳步提高、社会影响迅速扩大、优秀人才崭露头角、品牌建设和市场营造初见成效,被誉为中国篮球的"希望工程"。

我国应积极开展类似于CUBA篮球联赛的赛事,积极推动球类运动文化的传播与发展。在开始阶段,举办大型赛事现对较为困难,学校之间应加强联合,积极开展校际之间的比赛。教育部门应与体育部门积极进行合作,支持与鼓励全国性大学生体育联赛的开展。

3.利用校园网络,丰富校园体育文化生活

网络在现代社会是非常重要的一项工具,其为人们提供了各种各样的资源。在球类运动教学中,为了促进体育网络课程的发展,应大力开发与合理利用软件与硬件资源。

硬件设施是基础,高校应对硬件资源的开发进行规划,并对其合理利用。一些高校正在对无线校园进行规划,校园的网络容量与传输质量主要取决于硬件资源的完善情况。硬件资源不同,容量与传输质量自然不同。网络课程的开发中,也会涉及手机网络及其他移动网络,因此要与相关网络的供应商建立联系、密切配合。

在网络课程的开发过程中,硬件资源必不可少,但软件应用产品同样发挥着重要的作用。软件资源囊括了体育教学中所有的教学及互动内容。体育网络教学平台由各类软件资源整合而成,师生在这一平台上可以实现良好的互动。从现有的高校体育网络课程来看,网络教学平台中的板块主要涉及体育教学视频和课件、体育比赛视频赏析、师生交流和互动平台、体育论坛,自由交流。

4.建立球类运动队

加强校园球类制度文化的建设还应积极推动学校球类运动队的建设,使得学校形成强势运动项目,吸引全校师生的目光,使球类运动成为师生关注和讨论的焦点,发挥其促进体育文化发展的带头作用。例如,通过组建篮球运动队,积极进行训练,在CUBA联赛中有所作为,必然会得到师生的关注,促进学生投入篮球运动的热情。

通常情况下,在学校中运动队的训练是由专门的体育运动训练教练或专门的训练部门负责管理的。在组建运动队时,不仅需要确定好训练项目,选拔参训运动员、选择指导教师,还要制定好相应的规章制度。具体而言,学校运动队的组建应注意以下几方面。

(1)确定训练项目

组建运动队首先要将训练项目确定下来,否则无法开展后续工作,从学校的体育活动基础、师资力量、场地器材等实际情况出发是确定训练项目要考虑的要素。

(2)选拔运动员

学校课余球类训练的主要任务是为国家和社会培养优秀的球类运动后备人才。因此选拔优秀的球类运动人才是一项非常重要的工作。目前,我国在选拔体育人才时常用的测试指标主要有身体形态指标、生理机能指标、身体素质指标等。

(3)选择指导教师

在球类运动训练中,选择指导教师至关重要,合适的指导教师不仅能提高运动队的训练效率,而且可以顺利实现训练的目标。在很多学校里,指导教师或教练员都是由本校的教师担任,

其他有体育专长的老师也在选择之列。条件允许,学校也可以聘请业余体校的教练或体育俱乐部的教练来作为指导教师。

（4）建立规章制度

要进行系统完整的球类运动训练,就必须建立和完善相应的规章制度,学校球类运动训练工作要顺利开展,并取得预定的效果,也需要制定一定的规章制度做保障。学校组建运动队时,一定要重视对规章制度的建立,这有利于促进学校球类运动训练的顺利开展以及运动队管理水平的提高。一般来说,需要建立的规章制度有很多,如训练制度、奖惩制度、比赛制度、教练员责任制度和学习检查制度等。

第五章 大学生球类运动技能培养理论指导

第一节 大学生常见球类运动的开展情况

大学生常见球类运动包括很多项目，由于篇幅的限制，本节主要对高校足球运动、高校篮球运动、高校排球运动、高校网球运动、高校乒乓球运动以及高校羽毛球运动的开展情况进行分析，通过发现问题和指出问题，来更加有效地督促大学生常见球类运动朝着健康方向发展。

一、高校足球运动的开展情况

（一）有良好的学生基础

有关调查表明，在高校学生中，有 70％以上的学生喜欢足球运动，有 20％左右的学生经常在课外活动中从事足球运动，高校足球运动有着良好的学生基础，主要原因如下。

首先，足球运动是一项综合性运动，开展范围十分广泛。

其次，身体条件对足球运动的限制比较有限，绝大部分学生均能够参与足球运动。

再次，足球比赛不但要有身体对抗、技战术抗衡以及意志力比拼，而且要有智慧的挑战，足球比赛的健身性特征、娱乐性特征以及竞争性特征都十分明显。

然后，在运动能力上，足球比赛要求更高、更快、更强；在技战术方面，足球比赛要求熟练、快速灵活、多变、实效性强，同时和学生实际需求相吻合。

最后，足球比赛很精彩，和广大群众的运动审美需求比较吻合。

（二）忽视终身体育教育

当前，国家根据我国体育教学现状提出了"全面发展学生素质、促进学生健康成长，培养终身体育"的教学目标要求，这一教学目标要求不仅符合我国高校体育教学现状，也有助于高校改善当前的学校体育教学条件，更有助于体育教师重新从体育教学对象——学生的角度出发，制定切实可行的、科学合理的体育教学目标。

现阶段我国高校足球教学主要侧重于基础理论的教学和技战术的教学，对学生通过足球运动的学习掌握足球运动的基本技能并将其转化为一种终身体育锻炼的习惯方面的教育不够重视。此外，一些高校为了提高知名度、扩充生源，过分重视竞技教育，忽视学生身心健康的发展。加强高校足球的终身体育教育还需要进一步的贯彻和落实。

（三）缺乏高水平的足球教师

一名高水平的高校足球教师有利于促进学生正确地认识、科学地掌握足球基本知识、竞赛规则与裁判法，有利于提高大学生的足球教学与训练水平，有利于提高大学生的足球技术技能力水平。高水平的高校足球教师必须具备丰富的足球训练理论知识、能够感性而深刻地认识足球运动实践、具备较高的足球教学与训练能力。

我国现任的高校足球教师大多数缺乏必要的足球训练的理论知识，以及足球运动实践经验，尤其是对足球专项训练的理论知识不熟悉，大多数足球教师对足球训练的认识不深刻，也很难在教学中选择适合大学生进行足球训练的知识范围和把握运动负荷安排。

（四）教学条件有待完善

（1）足球虽然是大学体育课程公共基础体育课的重要内容，但教学课时不多，内容大多安排为一些踢球技术，如脚内侧踢球、脚背踢球等。学生在这仅有的几次课中很难掌握足球的一些基本技术和动作要领。

（2）在高校足球的专修分组学习上，足球班虽说是提高班，但教学内容仍受公共体育课教学计划、内容所限制，远远不能满足当代大学生对足球的兴趣、爱好。

（3）在全国普通高校教育持续发展的背景下，学生数量呈现出了增长趋势，之前的场地和器材已经无法满足日常体育课足球教学和学生课外活动的实际需求。

二、高校篮球运动的开展情况

（一）发展目标定位不明确

在现阶段，我国竞技体育管理体制和运营机制和我国实际情况大体相符，所以获得的成绩相对理想。然而站在全面发展的立场来分析，当前竞技体育人才培养的模式也暴露了诸多问题。一方面，竞技体育和教育相脱离，体育运动训练和接受教育无法和谐统一发展，致使篮球运动的后备人才资源匮乏；另一方面，由于运动员文化素养较低，退役后就业面窄等一系列问题，都在严重阻碍着我国竞技体育的深入发展。多年来，我国高校的竞技体育一直处于较为窘迫的状况下，主要体现在两个方面：一方面，竞赛市场不完善；另一方面，人才培养体制落后，缺乏优秀人才。由此可知，发展目标定位不明确是高校篮球运动发展过程中急需解决的问题。

（二）教师执教能力有待提升

因为教师对教学活动有主导作用，所以高校体育教师对高校体育教学发挥着不容忽视的作用。但截至目前，从事高校篮球教学的体育教师，大多是从体育院校培养出来的专业毕业生，他们的运动技术相对于专业的运动员还有很大的差距。当一些高水平运动员进入高校后，因得不到高水平教练员的悉心指导，技战术水平停滞或出现下降的现象。尽管有部分专业篮球教练员进入部分高校,但是,这毕竟是少数,而且他们的执教水平与世界上较高的高校篮球教练员的执教水平相比,也是有一定的差距的,因此,全面提高高校篮球教师的执教水平至关重要。

(三)科学训练水平欠缺

当前,训练时间不充足、训练强调低、训练方法和手段落后以及训练的检测和恢复不完善,是导致我国高校篮球队的运动训练情况不理想的主要原因。在训练时间方面,高校篮球运动员因为文化基础普遍薄弱,为了顺利地完成学业,所以必须付出比其他学生更多的时间和精力。因此,篮球运动员只能利用课余时间进行练习,而每次的训练时间只有2~3小时,这些训练时间用于提高专项竞技能力是明显不够的。在训练强度方面,目前我国用于高校运动队的经费比重较小,营养条件得不到保证,导致运动员正常训练的量和强度达不到较高的水准,而低强度、低水平的运动训练很难提高训练质量,所以这对我国高校篮球运动员综合素质的提升有负面作用。就训练手段来说,在训练条件的制约,造成我国高校篮球队通常会选择一般性的训练方式来完成篮球训练过程,同时常见训练内容是技战术,篮球体能训练的内容和心理训练的内容十分有限。另外,对于我国绝大多数的高校篮球队来说,训练过程的检测与运动结束后的恢复基本处于空白状态。这些专业运动训练方面的问题对提高我国篮球运动水平产生了一定的限制,所以必须妥善解决好这些问题,只有这样方可有效推动我国篮球运动的发展。

(四)运动竞技水平较低

在一些篮球运动水平很高的国家,大学生篮球运动的竞技水平已经达到较高的层次。例如,在1992年之前,美国的NCAA就一直代表国家队参加奥运会、世锦赛等具有世界高水平的篮球赛事,且不断在比赛中夺得奖牌,此外美国NBA的选秀模式均是以从大学选择为主。欧洲、南美洲等国家的大学生篮球运动员的竞技能力也有很高水平。和篮球运动水平较高的国家相比,我国篮球运动水平依旧处在较低的水平,主要是因为以下两方面的原因。

第一,很长时间以来,我国篮球运动处在计划竞技体制的限制下,在这种背景下竞技体育开始实行单一化体育负责制模式,这对我国体育运动发展产生了很大的束缚,高水平运动人才的大量流失就是具有代表性的一项发展弊端。

第二,竞技体育与教育相脱离,走的是一条十分狭窄的体校路子,即将优秀的运动苗子从小便开始进行基本脱离文化课程的专业篮球训练,这样造成的结果就是球员的文化素质低,这在日后的篮球水平成长中会带来一定的阻碍,如不能很好、很快地理解高水平教练制定的战术意图。而高校体育教育所进行的只是体育教学与业余运动训练,学生的主要的任务则是以学习文化课知识为主。

三、高校排球运动的开展情况

(一)学生参与排球的积极性不高

调查显示,在大学生对足球、篮球、排球这三大球类的喜爱程度中,排球处于最末位置,由于排球教学在各个阶段的普遍开展,绝大多数学生有参与排球运动的经历,但是大多数学生参与排球运动的持续时间却不长,只有很少一部分学生到大学毕业后仍继续参与排球运动。另外,排球的技术难度高,刚开始接触时,球对手臂等的刺激较大,会有疼痛感,因此,高校排球运动存在接触时间晚、参与时间短、参与频率不固定的问题,经常性参与者较少,偶尔性参与者比例偏高。

(二)教学内容安排不合理

对于高校排球运动的教学内容来说,高校排球教师往往会参照教科书的章节顺序,采用先技术教学、后战术教学的顺序,采取排球运动技术教学内容和战术教学内容彻底分开的安排方法。尽管这种安排反映了教材内容由简单到困难的教学顺序,反映了技术是战术的重要基础,但是这种安排的最大缺陷在于不能直接体现技战术内容之间的内在联系,不能体现不同的战术对技术的具体要求,不能在教学中直接再现排球比赛的实际情景。由于技战术分开教学使学习与运用失去了连续性和系统性,容易使学生感到在大部分学习时间里体验不到乐趣而出现厌学、烦躁等不良情绪,影响教学效果。

(三)教学管理体制陈旧

在教学管理方面,旧的教学体制已明显阻碍了排球运动的健康发展,普通高校体育训练经费短缺和未成型的专业队影响了高校排球运动的发展。截至当前,中国大学生篮球联赛与足球联赛已成功举办,且发展形势和前景乐观。中国大学生篮球联赛的成功经验,给中国大学生排球联赛和区域性排球联赛带来了不少启示,高校排球运动改革的脚步应紧跟其后,适合于高校排球运动发展的管理模式与政策应尽快出台,以促进排球运动的可持续发展。

(四)课余训练与课堂教学关系松散

目前,我国高校体育教育专业学生的课余训练与课堂教学的关系较为松散。大部分高校排球任课教师对课余训练指导的重视程度相对较小。由于高校体育教育专业必修课教学时数缩减,而培养体制又倾向于文化成绩,一些高校教师建议将学生课余时间有效利用起来,通过组织各班级运动队、排球爱好者团体、多组织排球比赛等形式调动学生在课余时间锻炼的积极性。目前许多高校排球普修课教学还仅限于课堂传授。因此,大学生的学习模式应该充分体现自主,给学生充分的自由活动时间是必要的,但是,受体育专业招生学生素质和课程时数的影响,鉴于大学传授专业技能的本质使命,控制足够的时间让学生掌握必备的专业技能同学生的自主学习具有同等重要的意义,问题的关键是尺度的把握和学生自身素质的衡量。

除此之外,场地、器材、设施、地方发展经济水平、学生来源状况等同样是作用于我国排球运动发展的重要因素。这些因素会因为学校原本有的差异而有所不同,同时需要在未来的实践活动中不断探索、不断解决。

四、高校网球运动的开展情况

(一)教学方法单一

据资料显示,高校使用的教法手段中,中高级阶段教法手段相对较丰富,教法手段多样,可选择性较强。但是相对零基础或者基础较差的初学者来说,许多教法手段还用不上,教师在学生初学阶段的教法方法一般都较为单一,学生选择的空间相对较小。我国高校网球课教法手段的研究开发需要加大科研力度和对外交流。

(二)师资力量匮乏

我国学者杨旭东、潘静伟曾提出,"在开设网球课的学里,有 35% 的高校配备 1~2 名专业网球教师,有 58% 的高校配备 3~5 名专职教师,网球专职教师的缺乏呈上升趋势。从这些网球教师的专业业务情况来看,有 90% 以上的网球专业教师是通过自学、参加短训班学习或参加体育院系选修课来完成和提高业务能力,通过体育院系修网球专业的教师较少"。这些数据表明,我国高校网球专职教师的师资力量与专业素质需要大幅度提升。

(三)教材使用不一

调查发现,我国高校教材使用情况中自编教材占 54.5%、统编教材占 31.8%、其他教材占 13.6%。自编教材在各高校在网球教材中占了大多数,统编教材比例较低。高校网球教材建设方面还应当加强统一的调研和整合。

(四)课程开课率不高

我国学者谢孟瑶指出,1989 年江西财大率先开设了网球专项课教学以来,网球运动已被部分普通高校列为体育课教学内容之一。调查显示,31.25% 的院校开设网球选项课,68.75% 的院校未开网球课,其中 87.50% 的全国重点院校、30% 的省(部)重点院校和 10% 的一般院校开设了网球选项课。这显示了网球开课率不高,全国重点院校的开课率高于省(部)重点院校,而省(部)重点院校又高于一般院校,全国重点院校的网球运动氛围、师资、场馆设施等方面优于省(部)重点院校和一般院校的现状。除此之外,高校教师团队未能深入认识网球课的教学目标、教学内容以及网球运动具备的运动价值,场地器材或网球师资力量和学生选课需求还存在较大差距。

(五)人均使用场地的比例较小

网球运动硬件设施的完备是高校网球教学和群体工作开展的基础,良好的硬件设施是推动高校网球运动普及和提高的重要保障。目前,高校网球场地的主要类型以塑胶、沙土、水泥和沥青四种场地为主。其中塑胶场地最多,其次是沙土、水泥和沥青场地。据统计,在场地的数量方面,拥有 7~10 片场地和 11~20 片场地的学校最多,达到 55%;有 3~6 片场地的学校占 36%;场地数量在 20 片以上的学校有 9%。根据以上数据不难看出,当前,我国高校对一些新兴体育项目设施的引进和建设力度正在不断加强,高校运动场地建设的投资不断增加,高校场地建设的档次不断提高,体现了国家和学校对体育教育效益的日渐认同和重视,网球运动的魅力和教育价值在高校得到展现。需要说明的是,通过计算学生人均使用场地的比例可以发现,当前我国高校网球场地依旧无法满足高校教师和学生的活动需求。

五、高校乒乓球运动的开展情况

(一)学生基础较大

乒乓球运动集健身、竞技、娱乐为一体的一项球类运动,具有球体小、速度快、变化多、设备简单等特点。2008 年北京奥运会的举办、全国大学生运动会的开展、高校高水平乒乓球运动员招生等都极大地推动了乒乓球运动在高校的普及和发展。截至当前,乒乓球已经发展成我国绝大多数高校的一门常设体育选项课程,分析某些地区的乒乓球运动可知,该项运动的受欢迎程度已经仅次于篮球运动。

(二)课程安排有待改善

对于高校乒乓球运动来说,体育选项课是一项不容忽视的形式。作为高校的大学生,首先是想获得理想成绩,其次是掌握和运用乒乓球运动技术以及组织比赛的技能。因此,对于绝大部分学生来说,往往会放弃自己的喜好,转而去选择自己能够较容易拿到好成绩的项目。乒乓球运动虽然看上去简单,但要想真正练好很不容易,这在很大程度上导致了很多大学生最终的考试成绩不理想,也制约了相当一部分同学选修乒乓球课程,制约了乒乓球运动教学的推广。

(三)硬件设施基本完善

场地设施是决定高校乒乓球运动开展的关键要素之一。随着我国国民经济的迅速发展,国家对教育的投资也不断随之增加,高校不论在校园建设、办学规模、办学条件、办学设施等方面都有了长足的发展。高校乒乓球运动的教学场馆、教学球桌、学生学习的球拍等都基本满足了高校乒乓球教学的开展及广大学生的日常运动需求。

六、高校羽毛球运动的开展情况

(一)课程开设不均衡

高校羽毛球运动的优势是能够保证学生联系自身的身体素质和运动水平等完成练习,羽毛球是组成我国高校体育选项课的一个关键部分。在现阶段,我国大部分高校都逐渐开始开设了羽毛球选项课教学,选修羽毛球的大学生越来越多,特别是东部地区、南方地区和一些大城市的高校,羽毛球几乎成为高校第一运动项目。许多高校还成立了羽毛球俱乐部、羽毛球协会及有长期训练的校羽毛球代表队。同时,羽毛球运动也已成为大学生业余生活的重要内容之一。

高校羽毛球在广泛的普及性的同时,还存在着许多问题,我国幅员辽阔,各省市的经济发展也不平衡,而羽毛球运动又对气候、器材的条件要求比较高,这主要表现在室外有风时是无法进行羽毛球运动的;同时,羽毛球运动时所用的球极易破损,耗费很大,也对经济条件有一定的要求。由此可知,与我国沿海地区和经济发达地区相比,我国西北地区和经济发达地区中高校羽毛球运动的开展情况相对落后。

（二）教师专业性不强

目前，我国高校羽毛球教师的数量和质量并未得到相应的改善，教师队伍的建设还存在一定的问题。调查发现，我国现有的高校羽毛球教师原来所学专项结构与目前高校所需羽毛球专项结构的比例存在较大的不协调性，最突出的表现就是，高校中大部分承担羽毛球教学与训练任务的教师都是兼职的，而真正是专业从事的很少，大多数都是通过自学或喜爱这个项目来获得该项技能的，这样不仅很难满足学生的愿望，还难以保证教学和训练质量，不利于羽毛球运动在高校的进一步开展。

（三）教学效果难以保障

高校羽毛球运动的教学效果无法保障，主要反映在以下两个方面。

1. 教学目标不明确

高校羽毛球教学的目的是让学生掌握羽毛球运动的基本知识和技能，但一些高校的羽毛球教师只是重视学生在课堂上的运动量，忽视运动技能的掌握，对学生的技术指导力度不足，重视学生平均发展，忽视学生的个性发展，偏离教学目标。

2. 教学内容多，课时少

当前，我国高校羽毛球课程的教学内容较多，包括高球、吊球、杀球、网前、后场、步法等。但是一般高校安排的课时相对来说就比较少，学生学习的时间较短，导致高校羽毛球预期的教学效果难以得到保障。

（四）场地设施不完善

场地和器材是顺利完成体育教学任务的前提条件，也是开展各项运动的物质基础和重要保障，场地、器材的质量、数量会直接影响到高校羽毛球运动的开展规模、质量、活动方式和组织形式。当前，我国高校羽毛球教学存在场地短缺的问题。

建设体育场地所需的资金与土地资源比较多，但高校经费投入资金和场地相对较少、建设速度比较缓慢，是我国各个高校羽毛球运动普遍存在现象。

第二节　大学生球类运动学练的原则与方法

一、大学生球类运动学练的原则

球类运动学练的原则是球类运动训练过程中客观规律的反映，是在长期的球类运动实践中积累起来的具有指导意义的经验总结和概括，是球类运动训练必须遵循的行为准则。

（一）目的性原则

目的性原则又叫意识性原则或主动积极性原则，具体就是运用宣传手段以及其他手段，督促球类运动员站在各个角度来认识身体锻炼的目标和作用，自觉参与到运动训练活动中。球类运动学练是一项有目的、有意识的活动，具体目标对球类运动训练的整个过程都有支配作用、就全人类来说，参与球类运动的目标是实现人类自身的健康完善、有效开发身体内在的潜能。无论对于哪个个体来说，都有相对明确的自我身体完善目标。

球类运动既是一种克服自身惰性的体力性活动，又是克服外界环境阻碍的意志性活动。运动员要不断地战胜贪图安逸的心理惰性，保证在预定的时间参加活动。在运动训练中，身体还要承受一定的运动负荷，要有额外的体力消耗。因此，没有明确目的和主动自觉的精神是不可能坚持下去的。

（二）系统性原则

系统性是指从球类运动训练的最初阶段开始，直到达到一定技术水平并不断提高运动能力的整个训练过程，前后连贯、紧密相关而不中断。其中球类运动训练的任务、内容、指标和要求是层层衔接的，是在打好基础，增强和提高球类运动的体质、技能水平这个总目标的指导下进行的。

球类运动的运动员要提高良好的机能水平，必须经长时间的系统训练。短期、零碎、彼此脱节的训练，是不可能培养出优秀运动员的。训练中的各个训练阶段、训练内容都是彼此相关、相互影响和相互促进的。学习和掌握运动技能的本质是建立运动条件反射。间断训练，容易使已建立起来的条件反射消退。要始终遵循系统性原则，因为各球类运动项目的知识、技术与战术，都有其内部的联系和系统性；动作技术的掌握与技能的形成以及训练水平的提高，都有一定的规律，只有遵循这些规律，按运动项目本身的系统，持续不断地进行训练，才能取得良好的预期训练效果。

在大学生球类运动学练的过程中，遵循系统性原则应当注意以下几个方面。

首先，必须制定切实可行的训练任务、训练内容、训练指标以及训练要求。要密切联系各个年龄段运动员的生理发展特征、心理发展特征以及原有水平，保证训练任务、训练内容、训练指标以及训练要求的准确性，按照由易到难、由简到繁、由浅入深的顺序循序渐进，密切练习实际情况，从而奠定坚实的基础，为大学生学练水平的提升发挥积极作用。

其次，要切实做好每个时期训练的对口衔接。要根据具体实际情况，制定切实可行的计划，使各时期、各阶段训练系统连贯，紧密衔接，以保证训练的系统连贯性。

最后，要科学地安排训练和休息，注意机能恢复逐步提高运动负荷，注意机能的恢复，防止运动创伤，以获得良好训练效应的积累。要根据具体实际情况，在开始时期可适当安排一个恢复阶段，运动负荷可适当小些，逐渐转入正常训练，逐渐加大运动负荷，以适应提高训练水平和比赛的需要。进入结束阶段，又要适当减少训练次数并适当减小负荷，以保证对球类运动有充分时间和精力复习，完成最终阶段的训练。要特别注意寒暑假期间的训练安排，不能中断，应尽量保持原有训练水平，以利下一学期的训练。

(三)全面性原则

全面性原则,是指通过球类运动训练使运动员的身体形态、机能、素质和心理品质等各方面都得到全面和谐发展。人体的各组织、器官、系统之间是相互联系、相互制约的,它是一个有机的整体,也就是说身体某一方面的发展会对其他方面的发展产生直接的影响。在这种环境下,就要求运动员的运动训练要全面,要促进机体的全面协调发展。

为了更好地贯彻全面性原则,运动员在进行球类运动训练时,应对改善机体形态、提高身体机能、适应环境、抵抗疾病、愉悦身心等方面进行综合考虑,全面发展。全面发展不等于没有重点,而是要根据个体的需要,发展各自职业需要的部位和素质,以及在劳动过程中活动最少的部位。这样有的放矢地进行训练,将收到更好的效果。

(四)直观性原则

直观性原则是指在球类运动训练中充分运用多种直观手段,通过运动员的感觉器官,激发活跃的形象思维,建立正确的动作表象,启发运动员积极思维与实践,提高运动员竞技水平的训练原则。

直观性原则主要依据认识过程的普遍规律。运动员的正确认识的形成,都要经历从生动的直观到抽象的思维,从感性认识到理性认识的过程。运动员在学习和掌握动作的练习时,一般都是沿着直观(具体、生动的思维)、实践(建立动作表象,学习和了解技术要点)、建立概念(形成抽象思维)、学会和掌握动作技能的思维认识程序进行的。在这一过程中,直观的感性认识起着重要的作用,是掌握动作技能的起始和基础。在球类运动训练的各个练习过程中,运动员都必须运用自己的各种感觉器官去体会和深化动作。通过视觉、听觉、触觉等多种感觉器官所得到的形象化认识,会大大地帮助人们进行正确的思维和掌握运动技能。

在球类运动训练的过程中,要想有效贯彻直观性原则,必须重点关注以下两方面的问题。

第一,要高度肯定球类运动训练初期示范教学的重要性。在球类运动训练初期,教师或教练应力所能及地多做示范,并且注意完整示范与分解示范相结合,正确示范与错误动作示范相结合。对难度较大的技术动作,可采用保护和帮助,以加强触觉和本体感觉,建立正确的动作表象。

第二,要灵活应用挂图和现代影像技术等直观手段。教练员可播放高水平运动员的技术动作,以调动运动员积极地进行模仿,感知动作技术的完整与规范性。

(五)针对性原则

在训练过程中,要根据运动员的个人特点,如年龄、性别、身体条件、承担负荷的能力、技术水平和心理品质、文化程度等方面,有针对性地确定训练任务、选择方法、手段和安排运动负荷,这就是所谓的针对性原则。这一原则在球类运动训练中具有非常重要的作用和意义。

由于每个运动员的年龄、身体素质、运动能力等方面都存在一定的差异性,如果对不同的运动员采取同一种训练方法,就不会取得理想的训练效果,这就需要根据每个运动员的实际情况进行针对地选择和运动训练方法和球类运动的项目、内容、方法和运动负荷,特别应该注意改善和提高自己的薄弱环节。在训练中,不仅各人的起点不同,而且随着训练过程的发展而不断地发展变化。如有的运动员在训练初期进展不大,但到了某一阶段就可能突飞猛进;有的开始进展很快,但后来反而慢了下来;有的某些运动素质好,而有的则在另一些素质上表现突出;有的能适应大负荷量的训练,而有的则能承受大强度训练的刺激。他们存在的技术缺点也不相同。由此可以看出,在球类运动训练中,要想取得较为理想的训练效果,有针对性地对待是非常重要的。

要想充分贯彻针对性原则,在球类运动训练过程中应重点关注以下两项问题。

第一,教练员必须从多个角度掌握运动员的具体情况,同时结合运动员的实际情况有针对地选用切实可行的训练手段。由运动员选材至培养,教练员要了解和分析研究运动员生长发育过程中的特殊情况,如有的早熟、有的晚熟,有的出成绩快、有的慢,女运动员月经期间对训练的反应也不尽相同。针对这种情况,教练员从训练起就应当积累并建立运动员的档案资料,保证对所有运动员都有全面性了解。

第二,要对整个球队和队员个人的特点进行全面、深入的了解,并以此为依据来制定相应的训练计划。在制定训练计划时,要在全面了解全队和每个人的基础上,充分反映全队的特点和个人的特点,既有对全队的要求,又有对个人的要求。

(六)周期性原则

任何形式的运动训练都需要遵循一定的周期循环,周而复始地安排训练,这就是周期性原则,球类运动训练也是同样如此。在球类运动训练中,其下一个训练周期的要求和水平都应在前一个周期的基础上有所提高。

运动员通过一段时间的训练,其竞技能力可以在一个周期的训练中达到最佳状态,这种状态就是所谓的竞技状态。竞技状态是通过长时间的训练培养出来的,我们将这个时期称为状态获得阶段。竞技状态形成后,可以稳定在一定的时期内,称为竞技状态保持阶段。但是它有一定的保持时期,这一时期过后,竞技状态就会下降,我们称为竞技状态下降阶段。一般来说,周期训练划分为三个时期,即准备期、竞赛期和休整期,也就是说前一周期是下一周期的积累,每一个周期都是在原来周期基础上有新的目标。适当变换训练思想、内容和方法,以求周期性地提高运动成绩。

显而易见,竞技状态就是运动员赢得理想的运动成绩所反映出来的最佳准备状态,这和艰苦的学练存在密不可分的关系,整个过程主要由形成阶段、保持阶段、消失阶段组成。形成阶段是指运动员参与训练可引起机体的适应性变化,机体能力、身体素质、心理品质和专项技术、战术不断得到提高,从而形成了统一的、具有专项化特征的竞技状态;保持阶段是指运动员有效发挥自身的运动潜力,由此取得理想的成绩;消失阶段是指运动员长时间的运动训练容易造成疲劳的积累,使得身体各方面机能都处于衰退趋势,因此运动员需要疲劳的缓解和恢复。运动员只有经过坚持不懈地调整、恢复及训练,方可逐步进入崭新的训练周期。

竞技状态发展中的三个阶段是紧密相连的,形成一个周期性循环。运动员要在遵循周期性原则的前提下进行训练,在训练的过程中要注意以下几个问题。

第一,划分训练周期时,为加强基础训练,准备期计划时间应较长些。竞赛期应根据比赛的具体情况来安排时间。休整期应尽可能与期终复习考试时间一致。休整期仍应坚持适量的训练,假期可安排较大负荷的集训。

第二,在一个训练周期内,运动员应大力加强身体素质和基本技术训练,并做好心理准备,对平时非主要的比赛,可用训练的心态迎接,这一环节应特别重视,从而使整个训练计划具有完整性和系统性。

第三,周期结束时,要总结经验,针对训练中出现的问题进行研究和分析,并及时加以改进,另外还要根据训练的总体目标,合理安排下一周期的训练,使其能在前一周期训练的基础上,提高运动员的训练水平。

(七)循序渐进原则

在大学生参与球类运动训练的过程中,通常训练者会遵照之前预定的锻炼计划,坚持不懈地从事身体锻炼,同时其锻炼的内容和形式都是由简到繁、由易到难,运动负荷也是由小到大。

人进行球类运动训练锻炼,都是从不适应向适应转化的过程。同时,这一过程也是一个由"适应"向新的"不适应"转化的过程。面对新的健身项目,训练者开始会出现一定不适应,而经过一段时间的锻炼,锻炼会逐步适应此项健身运动,而当机体出现持续性适应后,如果不增加练习负荷,即不增大负荷刺激,机体对该负荷的反应就会逐渐降低直到不明显,即出现"习惯性负荷"效应,身体锻炼的效果也会逐渐降低或不明显。球类运动训练锻炼的过程,也就是"两个转化"不断循环和螺旋式上升的过程。这就说明,训练者要想获得在身体形态、生理、生化等方面的良好变化,就必须坚持循序渐进的原则。

球类运动训练尽管没有像体育教学和运动训练那样对运动技术提出较高要求,但也应对运动方法和技能有一定的掌握。学习和掌握技能技术的过程,实质上是运动性暂时神经联系的建立和巩固的过程。要想建立、保持和完善这一条件联系,就必须对此进行不断地强化。如果出现中断练习,或时练时停,就必然会造成暂时神经联系的减弱、消退,这对掌握运动技能技术是不利的。

(八)恢复性原则

人体机能提高是通过负荷、疲劳、恢复、提高这种循环往复的过程实现的。由于参加球类运动的个体在身体活动时增加运动强度和运动量,故其身体会产生疲劳。因此,要想从锻炼中获得最大收益,在下一次锻炼之前必须注意休息,以使体力得以恢复。两次锻炼之间的休息阶段,就是所谓的恢复阶段。

长时间进行球类运动训练,运动员身体会受到较大的冲击,这时就需要充分的休息,否则就可能会引起过度锻炼的疲劳综合征。缓解这种症状的方法是增加两次训练之间的休息时间和在训练时降低运动强度。对于严重的过度训练者来说,还需要增加营养、接受理疗和按摩等,使机体得以恢复,否则会导致症状的进一步恶化。尽管运动量过大是引起过度锻炼症状的主要原因,但饮食不平衡也可能引起"锻炼的延续效应"。

(九)科学安排运动负荷原则

科学安排运动负荷原则是指在训练中要根据运动员承受负荷的能力、人体机能的训练适应规律,逐步地、有节奏地加大运动负荷,并使大、中、小负荷科学结合,保证良好训练效应的积累。

训练负荷的安排对球类运动训练效应有着重要的影响,有机体对适宜的负荷才会产生适应性变化。球类运动训练的经验证明,量大、强度大的负荷训练是提高训练水平和运动成绩的关键。倘若运动负荷太小,则难以产生机体必要的应激反应;倘若运动负荷太大,则机体可能会产生劣变现象,从而引起运动伤病。

　　球类运动训练要合理安排运动负荷就要依据人体适应规律和训练任务。人体适应规律是训练过程中对人体施加运动负荷产生的效应,实质是一个生物适应过程。在负荷保持在一定范围的条件下,机体的应激以及随之产生的一系列适应变化,都会保持在一个适度的范围内。这时负荷的量度越大,对机体的刺激越深,所引起的应激也越强烈,机体产生的相应变化也就越明显,人体竞技能力提高也就越快。不同时期训练任务不同,负荷量也不同。准备期任务是全面发展运动素质、掌握技术、提高人体竞技能力,这一时期调整节奏,负荷的量和强度均有增加,以增量为主,强度适中;比赛期则应使负荷强度可能增加到最高水平,负荷量相对减少;过渡期主要是消除疲劳,通常要采取较小的训练负荷。

　　提出科学安排运动负荷原则的重要依据是运动员身体发展规律、人体机能适应性规律、超量恢复原理。大学生在球类运动的学练过程中,要想充分贯彻科学安排运动负荷原则,需要做好以下几个方面,具体如下。

　　(1)要根据运动员的球类训练水平确定适宜的运动负荷,并通过训练,逐步地、有节奏地加大训练负荷,最后达到训练指标的要求。首先要根据运动员的年龄特点和训练水平,确定适度的训练负荷;其次要有节奏地、循序渐进地加大运动负荷,并且大、中、小负荷相结合。在一次大负荷训练后,应有足够的休息,并在后续训练中适当安排中、小负荷训练作为调整。对于身体发育较晚的运动员,负荷不宜太大,防止过度训练和运动损伤。在训练中还要综合考虑运动员的学习、营养、作息和恢复等问题。

　　(2)要处理好负荷与恢复的关系。运动员在训练中承受一定负荷后,机体会产生疲劳,因此要有一定休息时间,保证机体得到充分的恢复和超量恢复,以利下次训练。球类运动训练过程中的任何一种负荷,都包含着负荷的量与强度两个方面。前者反映训练负荷对机体刺激的量的大小,后者反映负荷对机体刺激的深度。反映负荷量大小的指标一般为次数、时间、距离、重量等。反映负荷强度大小的指标一般为速度、远度、高度、单位练习的负重量或练习的密度、难度。负荷的量和强度构成了负荷的整体,彼此依存、相互影响。任何负荷的量都是以一定的强度为条件,任何负荷的强度又都以一定的量为基础。

　　(3)要由小到大,逐步提高,有节奏地安排运动负荷。由于人体对负荷有个适应过程,而人体各方面的适应又不是同时产生的,所以要由小到大,逐步提高,有节奏地安排,采用大、中、小负荷相结合,不同性质的负荷交替安排,使负荷波浪式地发展提高,以获得良好的训练效应。

　　(4)要处理好负荷量与负荷强度的关系。在一个大周期的训练中,一般是准备期优先增加量,并在中期达到较大的量,后期逐渐下降,同时开始较大地提高强度,在准备期的后期达到较高水平。在竞赛期,强度继续提高,并达到该周期的最高峰,以迎接主要的比赛,与此同时,量也下降到较低的程度。如果竞赛期较长,则中间可适当降低强度,增加量,然后再降低量提高强度,达到强度的第二个高峰。后到休整期,量与强度均呈急剧下降趋势,使运动员得到很好休整。

　　除此之外,在对球类运动的运动负荷进行科学安排时,也必须把运动员营养状况以及学习和其他活动的负担考虑在内。

(十)一般训练与专项训练相结合原则

　　一般训练与专项训练相结合原则,是指根据球类运动具体项目的特点、对象的水平和训练的不同时期、不同阶段的任务,把一般训练与专项训练结合起来,以促进训练水平的提高。

　　在球类运动训练中,要采取多种训练手段和方法对运动员进行全面训练,以促进运动员的全面协调发展,另外,在训练的过程中还应加强运动员对非专项理论知识的了解,以更好地提高其训练水平。

运动员的身体素质与技术动作之间,是相互影响、相互制约的关系,身体素质是运动员技术训练的保障,技术训练要建立在一般训练基础上,只有这样球类运动的专项训练才能取得理想的效果。因此,在球类运动训练中要始终贯彻一般训练与专项训练相结合的原则,一般来说应注意以下几点。

(1)要确定好一般训练与专项训练的比重。首先要根据球类专项的特点来安排。对难度大、技术复杂的动作,一般训练的比重可相对少些,专项训练的比重可大些;对技术、战术都比较复杂,对体力要求也较高的动作,则两者比重可较为接近。

针对参与训练时间较短的运动员来说,通常会采取一般性训练,在此之后随着运动水平的持续提升来逐步降低训练的比重。球类运动训练,运动员在基础训练阶段,主要进行一般训练,打好各方面的基础,待到熟练掌握后,逐步进行专项训练。在专项训练的初期,专项训练也具有多项性质,逐渐过渡到单一专项,而在整个专项训练阶段,一般训练仍要保持适当的比重,应根据训练实践的变化,及时调整两者的比重,使之处于最佳状态。

(2)一般训练的内容要合理。一般训练的内容要注重基础性和实效性,其结构应具有球类专项的运动特点,以便更容易将这些练习的效应转移到球类运动中去。例如,对速度、力量项目的运动员,一般训练应重点选择动作快、爆发力强的一般性练习。在基础训练阶段,一般训练应围绕打好身体和技术基础的任务进行。

(3)将运动训练的任务、目标、重点难点等贯穿到球类运动训练的各个阶段中去。一般训练的练习,其主要目的就是要打好基础,因此要根据这一目的安排内容;专项训练的练习,则应根据专项的特点和需求进行安排,并应体现出各专项的特点,要在全面安排的基础上,突出重点,明确目的,力求精练,获得最佳效果。

(4)采用多种训练方法和手段。选用的训练方法和手段要能符合运动员身心发展的特点。可适当增强训练的趣味性和多样性,以提高运动员的训练积极性。在训练中可采用重复、变换练习法,也可适当采用游戏、比赛的方法。

二、大学生球类运动学练的方法

各种各样的球类运动项目对应着很多学练方法。教练员能否合理应用球类运动的学练方法,对球类运动训练的实际效果具有重要作用。球类运动学校方法包含很多种,采用学练方法的首要原则是应当以从事活动对身体要求的特点作为重要依据。这里主要介绍几种球类运动训练的常见方法。

(一)间歇训练法

按照实现制定的要求参与练习,遵循规定的时间与休息方式来休息,在机体机能没有彻底恢复好的情况下参与下一次练习的训练方法,就是间歇训练法。由于这种方法是在运动员的机体未完全恢复时就进行下一次的练习,所以能有效地提高呼吸和心血管系统的机能。间歇训练方法同重复训练方法的关键区别是:间歇训练每次练习的间歇时间有严格规定,要在运动员机体机能能力未完全恢复的情况下就开始下一次练习;而重复训练的间歇时间是在运动员机体机能能力基本恢复的情况下,才进行下一次的练习。在球类运动训练时,可根据训练强度来安排间歇的时间。

间歇训练法可分为慢速间歇训练法和快速间歇训练法:慢速间歇训练法的特点是练习强度不大(约 30～50％),可用于发展有氧耐力和局部肌肉耐力;快速间歇训练法通常强度较大(50～80％),绝大多数情况下用于 100 米至 400 米的重复跑,关键性目标是发展大学生的无氧耐力、速度力量以及速度耐力。

在运用间歇训练法进行训练时需要注意以下几个问题,具体如下。

(1)要根据训练任务安排间歇训练的方案。间歇训练法是由五个要素组成:即每次练习的数量、每次练习的负荷强度、重复次数、间歇时间及休息方式。它们是相互影响、相互制约的,因此在变换或调整某一要素的参数时,要充分考虑到其他因素的影响。

(2)某一间歇训练方案确定后,应经过一段时间的训练,使运动员有了适应和提高后,再根据训练任务和具体情况,适时的进行调节变换。

(3)间歇时的休息方式以轻微活动为好,这种轻微活动可以加速血液循环,帮助排除代谢所产生的废物。

(二)持续训练法

持续训练是指在相对较长的时间内,持续不断地进行较稳定的、强度不大的球类练习的方法。这种训练方法能很好地发展运动员的一般耐力和有氧耐力,是球类运动身体素质训练中最为常用的训练方法。如较长时间的匀速跑。在非周期性项目中,常用于巩固提高技术和发展专门耐力,如排球连续垫球、多次滚翻救球,乒乓球连续攻球和推挡球等。

在贯彻持续训练法的过程中,必须密切关注以下两方面的问题。

第一,因为持续训练维持的时间比较长,练习量比较大,所以要把训练强度控制在适当范围内。通常来说,心率控制在 130～160 次/分钟之间,并以恒定的运动强度,有利于发展一般耐力。若要提高专项耐力,则可以提高强度,持续适当的时间。

第二,在训练期或休整期,必须使用中小强度完成持续训练,旨在提高或维持一般耐力水平。

(三)重复训练法

重复训练是指按照要求不改变动作结构和运动负荷量,反复地进行练习,使条件反射得到建立、巩固,从而使运动技术形成牢固的定型。重复训练法也常用于球类技术训练中,对运动员掌握和提高自己的技术水平具有重要的作用。

重复训练法在两次练习之间的间歇时间没有严格的规定,通常是使运动员得到充分恢复后再进行下次练习。因此,常用于极限或次极限强度负荷的训练,强度可达极限强度的 90％以上,在发展最大力量、最大速度的训练中常用此法进行训练。

运动员运用重复训练法进行训练时需要注意以下两个方面。

(1)重复训练用于球类技术训练时,一般要注意以下两点要求:一是要严格按技术规范练习,而在负荷强度上不提出过高的要求。为了掌握和巩固正确动作,必须有一定的重复次数作保证。但是,如果运动员连续出现错误动作,就应该停止练习,以防止形成错误的动力定型;二是在保证重复练习次数的基础上,逐步增加练习的量和强度,使运动员在较困难的条件下保证技术的正确性、熟练性。

（2）重复训练用于身体素质训练时，应尽量采用简单而有实效的已基本掌握的练习作为训练手段，在确定练习数量、负荷强度、重复次数时，要根据运动员的实际情况进行安排。对身体素质训练水平较差或身体机能较差的运动员应降低要求，并在练习之间安排较充分的休息时间，随着训练水平的不断提高，逐步加强练习次数、负荷强度和重复次数。

（3）采用重复训练方法时，应明确进行训练的最终目的，提高训练的积极性。重复训练法由于反复练习同一动作，容易产生单调乏味的情绪和分散注意力，从而影响训练效果，在实施训练过程中，应灵活地结合一些比赛或游戏活动，以提高重复练习的兴趣。

（四）变换训练法

变换训练法，是指在训练过程中有目的地变换练习的负荷、单个动作结合，以及变换练习的环境、条件等进行训练的方法。在负荷较大、比较枯燥的素质训练中，采用变换训练法，可提高运动员的兴趣，对神经系统有良好的调节作用，有利于提高训练效果。采取变换训练法时，负荷的变换、动作组合的改变和条件的改变都要循序渐进地进行，避免要求过高，不要骤然突变。

常采用的变换训练的方法有改变负荷的变换训练法、改变动作组合的变换训练法、改变练习条件和环境的变换训练法，具体如下。

1. 改变运动负荷变换训练法

改变负荷的变换训练法主要用来提高机体对不同负荷的适应能力。它既可用于发展有氧耐力，又可用于发展专项速度耐力，如在篮球等球类训练中，常安排短距离冲刺跑与慢跑相结合的变换负荷的训练。

2. 改变动作组合变换训练法

改变动作组合的变换训练法多用于技术训练，特别是技术动作多、组合方式较为灵活多样的项目，如体操、篮球项目等。采用这种训练法对提高动作技术，尤其对提高连接动作的能力有重要意义，同时对技术的多样可变性提出了更高的要求，运动员可获得多种感觉的信息，有利于提高神经系统的调节能力。

3. 改变练习条件和环境变换训练法

改变练习条件的训练法，具体包括改变场地器材条件、干扰的条件、有对手和无对手的条件以及和不同技术特点的对手在对抗条件下练习等，这种训练法主要是使运动员适应变化条件的能力，提高在变化条件下发挥身体素质和运用技术的能力以及心理的稳定性；改变练习环境的训练法，这种方法常用在适应比赛环境的训练方面，具体包括根据比赛地点的特点，寻找相类似的地方进行训练。

无论是哪种变换训练法，都能够促使机体更好地适应比赛，有效完善和提升运动员的运动技战术，大幅度提升运动员的身体素质训练水平，有利于培养运动员的各种运动感觉，克服练习时所产生的单调枯燥感，提高对练习的兴趣和进行练习的积极性，对推迟疲劳的出现也有着积极的意义。球类运动在进行变换训练时应注意以下几个方面。

（1）在进行变换训练时，应根据训练的具体目标，有目的地变换练习的运动负荷、技术动作的组合、练习的环境和条件等。

（2）变换条件训练时，应根据训练计划的基本内容灵活采用，要有利于技术、技能的巩固和身体素质的发展。

（3）在技术训练中，采用变换训练达到目的后，要注意及时恢复到正常情况下的练习。纠正错误动作，避免由于变换条件训练形成的，与比赛的正式要求不相适应的动力定型，增加或减少练习的重复次数与调整间歇的时间。

（4）随着训练水平的提高，应逐步增加练习的数量，提高每次练习的强度。

（五）循环训练法

循环训练法是指根据训练的具体目标，建立若干练习站（点），运动员按照既定的顺序、路线，依次完成每站（点）的练习，周而复始地进行训练的一种方法。循环训练法主要用于球类运动员的身体训练，一般和专项素质，也可用于技术和战术训练。由于循环训练法每站都有先确定的练习的内容、要求和负荷参数，并能结合其他训练方法形成不同的循环训练方案，所以，根据球类运动训练重点的安排、练习内容及循环顺序、每站练习的负荷量和强度、站与站每次循环之间的间歇时间、站的数量和循环的次数等，可以分为耐力循环、力量循环、速度循环、速度力量循环、协调循环等不同形式的循环练习。

在完成球类运动训练的过程中，选择循环训练法应当达到以下几点要求。

1.根据训练的目标确定各站的内容和站的数量

由于练习是连续进行的，因此练习的内容应是运动员已基本掌握的、并有目的地突出重点。各"站"的练习应保证训练任务的完成，并应是运动员已经掌握的动作。其中应以某一"站"或某几"站"为重点，要保证重点"站"的训练效果。内容顺序应根据练习对各器官系统和肌肉部位的不同要求而交替安排，各"站"的练习相对带有局部性的特点，即针对训练某种局部能力或部位的练习，因此要将发展不同素质和不同部位的练习合理交替进行，不要使同部位的练习连在相邻的两个"站"出现。站的数量一般 $7 \sim 10$ 个为宜，循环一周的时间约 $5 \sim 20$ 分钟，各站之间间歇为 $15 \sim 20$ 秒。休息方式一般为中或轻度的积极性休息。循环的周数取决于训练任务的需要和"站"数的多少。各"站"的负荷一般选取运动员自己极限负荷的 $1/3$ 至 $1/2$。可定期逐渐增加负荷。训练频率通常为每周三次，持续时间至少 6 周。

2.针对特点，因人而异地确定负荷

练习负荷的安排要从每站练习的数量、强度、间歇时间、循环次数等全面考虑。每站的负荷一般为受训练者所能承担最大负荷的 $1/3 \sim 1/2$。循环一周的时间为 $5 \sim 20$ 分钟，各站之间间歇一般为 $15 \sim 20$ 秒。

3.组合和变换循环练习的形式

在实践中，可根据运动员的不同情况，安排各种形式的循环练习。例如，流水式是指一站连一站的练习；轮换式是指全队成员分成若干组，各组在同一时间内练习同一内容（或在同一个练习站练习），按规定时间一组一组的轮换；分配式是指设立很多个练习站，可多达十几个，随后结合运动员的实际情况来科学安排所有运动员练习特定内容和具体的练习次数。

（六）竞赛训练法

竞赛训练法是指运动员在竞赛或者游戏的条件和要求下进行训练的一种方法。它不仅是训练的一种手段，是检查训练效果的有效方法，而且能有效地提高运动员创造性地运用知识、技术和战术的能力以及提高身体训练水平，对培养运动员的应变能力和提高运动训练的实战能力等，具有十分重要的意义。根据训练目标，在运动训练中，常用的竞赛训练法主要包括游戏性竞赛、训练性竞赛、身体素质竞赛、测验性竞赛和适应性竞赛等。

在球类运动训练中，运用竞赛训练法时要注意以下几个方面。

1.要适宜负荷

在竞赛训练中，通常易激发情绪与兴趣，能量消耗多，而且较难控制和调节练习中的负荷。因此，在采用此法时，要根据专项训练的需要，选择适合运动员特点的竞赛内容和形式，并注意防止因竞赛负荷过大，而影响训练目标和内容的完成。

2.注意运用时机

采用竞赛训练时，教练员既要注意引导运动员发挥自己的特长，又要秉公执法，严格执行比赛规则，及时引导和教育运动员不要有违规行为出现，提高他们自我控制能力，培养优良体育作风。另外，在球类运动技能尚未形成之前和疲劳时，不宜采用竞赛法，以免影响刚刚形成而尚未巩固的动作技术，同时可以防止伤害事故的发生。

（七）综合训练法

随着运动训练的不断发展，一些适应运动发展的、先进的训练方法也应运而生，如以改善供能系统机能为主的训练方法有：有氧训练法（用于提高有氧代谢能力）；无氧训练法（提高无氧代谢能力）；有氧无氧相结合的训练法（根据各运动项目各种供能系统的比例，有计划地将有氧训练和无氧训练结合起来进行训练）；缺氧训练法（人为地控制呼吸频率，造成机体在缺氧条件下进行工作，以提高机体抗乳酸的能力），以及模式训练法等。

在球类运动训练的过程中，根据训练任务的需要，把上述各种训练方法加以不同的组合，设计出的多种综合训练的方案，如间歇法与变换法结合，重复法与间歇法和变换法结合等。综合训练法的特征和作用往往反映在以下几个方面：首先，通过各种训练方法的组合练习，能有效地使运动员的身体得到全面发展，使运动员能更好地适应运动训练的要求；其次，能灵活地调节运动负荷，有效地改善和缓解疲劳；再次，技术训练和素质训练相结合，更有利于比赛的要求；最后，有利于根据运动员训练水平区别对待。

以上七种训练方法拥有自身独有的特征与功能。因此，在球类运动学练的过程中，应根据训练目标、训练对象的水平、项目特点、季节气候及场地设备等条件，灵活地、创造性地加以综合运用。随着运动训练学的不断发展，新的训练理论和方法还将层出不穷，为此，教练员要根据运动员的具体情况，不断改进和创新富有个性特色的训练方法，提高运动训练的效果。

第三节　大学生球类运动学练的安全保障

一、大学生球类运动疲劳的恢复与消除

（一）球类运动疲劳的概述

球类运动疲劳是指在运动过程中，由于长时间的场上奔跑或大负荷的运动造成身体体能下降，技术动作变形，不能维持特定的水平或超出自身承受运动强度的范围，从而影响技战术的正常发挥。球类运动疲劳是由大运动量引起的一种特有生理现象。根据球类运动疲劳发生的部位，可分为中枢神经系统疲劳和外周疲劳两大类。中枢神经系统疲劳是指大脑至脊髓所产生的疲劳（由于运动神经中枢紊乱，兴奋性下降而引起）；外周疲劳是指运动神经以下部位所产生的疲劳，在球类运动中常见的有肌肉疲劳、肌力下降等。

疲劳不但是正常的生理现象，而且承载着运动负荷的重要标志。一般情况下，当运动负荷不复存在时，运动疲劳以及运动疲劳的恢复和消除都无从谈起，竞技水平也将难以提高，但疲劳如果不及时恢复和消除，就很容易引起身体损伤。球类运动疲劳的恢复在训练或比赛过程中是不能忽视的，相反必须重视起来，因为一个好的竞技状态是赢得比赛的关键。在球类运动中，大多数运动者都把运动放在第一位，往往不重视科学性的疲劳恢复，因此不但没有好的竞技效果，身体机能和技术水平也会停滞不前，长此以往，疲劳的积累，必然会使运动者的身体受到伤害。而加强运动性疲劳的恢复与消除，对于提高运动者的运动能力、减少运动损伤的发生、促进人体的健康发展等都有重要的理论和现实意义。

在球类运动中，机体所消耗掉的物质和各器官系统机能的下降，通常经过一段时间休息都能恢复正常状态。这段恢复时间，机体会发生一定的变化，这一变化就是机体消除疲劳的过程。球类运动疲劳的恢复过程与运动过程存在同等的重要性，身体机能不是在运动结束后才开始恢复性的变化。实际上在运动时，恢复功能的出现已经随着能量物质分解后再合成而开始了，但是在运动时各组织细胞中的消耗超过了恢复，能量物质来不及完全复原，代谢产物不能完全疲劳消除，在运动结束后，停止了大量的消耗，此时恢复超过了消耗，人体机能才逐步的恢复和消除。如果球类运动中的运动消耗强度过大而恢复不彻底，在继续大负荷的活动，就很容易导致机体疲劳的积累，长时间的积累很可能就会引起身体机能的下降以及各部位的损伤。

（二）球类运动疲劳的表现

从运动学的角度来看，人参加任何运动都会感到疲劳，一项运动不在恢复和疲劳中进行，就不会达到更高的水平，两者既矛盾又相辅相成。因为身体的物质只有在消耗较多的情况下，才会引起明显的超量恢复，但也要防止过度疲劳运动。根据实践活动，球类运动疲劳主要体现在以下几个方面。

1. 骨骼肌运动疲劳

在球类运动中,引起的骨骼肌机能下降叫骨骼肌运动疲劳。骨骼肌运动疲劳的常见表现是肌肉持续酸痛、肌肉僵硬,易出现肌肉痉挛、肌肉微细损伤等。运动过程中,下肢过度使用时,会出现应激性骨膜炎,小腿间隔综合征,张力性骨折、跟腱、髌腱周围炎等,这些都可以称之为过度使用症状。在球类运动中,骨骼肌运动疲劳是最为常见的。

2. 心血管运动疲劳

在球类运动中,引起的心脏、血管系统及其调节机能下降叫心血管运动疲劳。心血管运动疲劳的常见表现是心悸、心慌、胸闷、气短、心前区不适、心律不齐等。会出现晨脉加快,心率恢复速度减慢,血压升高、心脏射出的血液减少。其中,血压的变化与运动项目有关,一般参加球类运动项目的运动者,血压没有明显的变化,而类似举重、投掷等力量性项目,运动前和运动后会有明显的区别。

3. 神经运动疲劳

在球类运动中,引起的神经系统功能下降叫神经运动疲劳。神经运动疲劳的常见表现是睡眠眠障碍,如失眠、多梦、易惊醒等。此外,还有头痛、头晕、无运动欲望、心情烦躁、易激怒、记忆力下降等症状。

4. 消化运动疲劳

在球类运动中,引起的消化系统功能下降叫消化运动疲劳。消化运动疲劳的常见表现是食欲下降、恶心、呕吐、肝区疼痛,严重时可出现胃肠道功能紊乱。有些运动者可能出现上消化道或下消化道出血症状。

5. 呼吸运动疲劳

在球类运动中,引起的呼吸机能下降等叫呼吸运动疲劳。呼吸运动疲劳在球类运动中经常会出现,并且伴随着心血管系统疲劳。主要表现为呼吸表浅、胸闷、肺功能下降等。

6. 疲劳引起的体力下降

在球类运动项目中,个人在运动中主要是体力下降比较明显,负荷能力下降,尤其最大负荷能力和最大乳酸水平下降。个人在集体中主要是反应迟钝、动作不灵活和协调能力下降等。

7. 疲劳引起的全身和其他系统症状

过度的球类运动会使全身乏力、体重下降;易发生感冒、腹泻、低热、运动后蛋白尿、运动性血尿、运动性头痛;女生月经失调症,如月经不调,痛经,闭经等。

通常情况下,这些表现的具体程度和运动量存在密切关系,特别是和运动强度存在密切关系。在最初阶段,运动性疲劳的症状仅在大运动量后出现,若未及时采取措施,则症状逐渐加重,在中、小运动量后就可出现,进而影响机体健康。

（三）球类运动中的疲劳恢复

球类运动疲劳恢复主要有以下三个时期。

（1）球类运动时物质的消耗过程占优势，恢复过程虽然也在进行的过程中，但机体的能量消耗大于恢复，所以使能量物质减少，各器官系统的工作能力下降。

（2）球类运动停止后消耗过程减少，恢复过程占优势，能源物质和各器官系统的功能逐渐恢复到原来水平。

（3）球类运动中消耗的能源物质在运动后一段时间不仅恢复到机体原有的水平，而且很有可能超过原来水平，我们称机体的恢复超出原有水平的这种现象为"超量恢复"或"超量代偿"，这种现象会在保持一段时间后又回到原来水平。

超量恢复最早是由苏联的训练生化学者在研究了机体运动后糖原、磷酸原和蛋白质等的恢复情况提出来的。超量恢复的程度和出现的早晚和球类运动的运动量密切相关。运动者的运动量大时，消耗的物质必然越多。能源物质等消耗得越多，机体出现的超量恢复程度越明显，但出现的时间延迟；反之运动量较小，消耗的物质也少，超量恢复效果也就不甚显著，但出现得较早。超量恢复的现象主要是通过观察动物进行不同活动量刺激后的肌糖原消耗和恢复现象而提出的。

截至当前，采用哪种方式在球类运动中应用超量恢复规律依旧是需要尽快解决的问题。一些学者利用活检技术对运动者某些能源物质的超量恢复进行了一些研究，如让两名实验对象分别站在一辆自行车的两侧同时蹬车，其中一人用右腿蹬车左腿休息，另一人用左腿蹬车右腿休息，当两个实验对象都运动至精疲力竭时，测得运动腿股外肌的肌糖原含量接近于零。实验对象在运动后连续 3 天食用高糖膳食，并且不参加任何运动，实验结果显示，实验对象的运动腿股外肌的肌糖原含量比安静腿多 1 倍。

对于球类运动来说，运动者的超量恢复是真实存在的。机体能量消耗情况是决定运动者超量恢复程度以及超量恢复时间的关键因素。当处于特定的范围内，肌肉活动负荷愈大，消耗过程愈剧烈，超量恢复愈明显。如果运动负荷过大，超过了生理范围，机体的恢复过程就会延缓。研究表明，参加球类运动的运动者在超量恢复阶段参加比赛或一般性的活动，能有效提高运动效果和技术水平。

（四）球类运动中的疲劳消除

1. 放松和睡眠

运动者在球类运动后，可以立即做放松活动或者增加睡眠时间的方法促进运动疲劳的消失，主要采取以下措施。

（1）放松活动

球类运动后，人体的机能水平以及各器官都处于兴奋状态，适当进行放松练习可以使心血管系统、呼吸系统、神经系统及内分泌系统等从适应剧烈运动的兴奋状态逐渐过渡到安静状态，促进肌肉放松，因此，放松活动是消除球类运动疲劳、促进体力恢复的有效方法。

（2）整理活动

整理活动是消除疲劳、促进体力恢复的一种良好方法。大量的运动后进行整理活动，可使心血管系统和呼吸系统仍保持在较高水平，有利于乳酸的排除；同时让肌肉及时得到放松，可避免由于局部循环障碍而影响代谢过程及因此造成的恢复过程延长。整理活动常见的练习方法有慢跑练习和拉伸肌肉、韧带练习；慢跑练习旨在改善机体的血液循环，加速下肢血液回流，促进代谢产物的消除；拉伸肌肉、韧带练习旨在减轻肌肉酸痛和僵硬，对肌肉中乳酸的清除有良好作用，球类运动中经常采用静力拉伸练习方式。静力拉伸练习可以缓解训练后延迟性肌肉酸痛和肌肉僵硬，使肌肉放松，并可加强骨骼肌蛋白质的合成过程，促进骨骼肌疲劳的消除，还可以有效预防运动损伤的发生。

（3）调整活动

生理学家研究发现，当局部肢体疲劳之后，变换活动部位和调整运动强度可以加速已疲劳肌肉的体力恢复，称为活动性休息。如散步、慢跑、变换活动部位的其他形式的轻微训练、按摩、沐浴等，都有助于全身血液循环，加速乳酸的消除，达到活动性休息的目的。

实验证明，当机体在运动中产生局部疲劳后，可利用未疲劳的另一些肌肉进行一些适当活动，借以促进全身代谢过程，加速运动疲劳消除。这是因为体内消除疲劳的主要承担者是血液循环，通过血液循环可以补充氧气及其他营养物质并排除废物，而积极性消除疲劳的方法就是积极促进重点转换部位的血液循环。

需要重点强调的是，对积极性休息练习活动做安排时，必须把运动强度和持续时间控制在特定范围，从而保证神经细胞内产生的兴奋相对集中，能够使疲劳的神经细胞充分发挥负诱导作用，使后者抑制加深，促进恢复。由于静止性休息和积极性休息对消除疲劳都有良好的效果，因此应该将两种方法有机结合起来进行。

（4）增加睡眠

睡眠是恢复体力、消除疲劳的最常规的方法，也是非常有效的方法之一。球类运动在身体疲劳后，保证良好而充足的睡眠是使身体得到恢复的重要措施之一。睡眠可以使人体的各个器官、系统活动下降到最低点，无论是物质代谢或是能量消耗都处于最低水平，常见表现是：首先，良好的睡眠能够对人体消耗的能源物质逐渐得到恢复，同时合成代谢有所加强；其次，良好的睡眠对大脑皮质细胞来说是一种保护，大脑皮质细胞比较脆弱，容易因长期兴奋而产生过度消耗，睡眠能防止大脑皮质细胞机能过度消耗同时还能促进人体器官机能恢复；最后，身体劳累之后，坐下或躺下安静的休息，有助于机体从紧张状态逐渐向安静状态的过渡，有助于疲劳的消除。

需要重点说明的是，这里并非倡导睡眠时间越长越好，相反是指需要合理安排作息时间，重点关注睡眠卫生，同时做到持之以恒。在运动期间，每天应保证8～9小时的睡眠时间；大运动量期间，睡眠时间应适当延长，可适当安排一定时间（1.5～2小时）的午睡。

（5）静力牵张练习

静力牵张练习主要用于消除肌肉迟发性酸痛，使肌肉得到放松，并加强骨骼肌蛋白质的合成，促进骨骼肌的变化和恢复。事实证明，进行牵拉前后肌电图测定，可以发现牵拉开始时肌肉放电显著，说明肌肉疲劳后处于痉挛状态。当牵拉至适宜限度，则出现电静息状态，痉挛得到缓解。因此，采用牵拉练习可以有效缓解肌肉酸痛、消除疲劳。

2.物理治疗

（1）沐浴

沐浴是最简单的消除疲劳的一种方法,可以加速人体新陈代谢,调节机体,使机体兴奋。一般来说,温度高些的热水浴更能降低血液中的乳酸浓度,但水温过高、沐浴时间过长反而会因为消耗大更加疲劳,因此沐浴时间、水温要根据自己的具体情况,进行适当控制。

①温水浴

温水浴可以促进人体血液循环,有效刺激副交感神经,可以起到镇静作用,能有效消除肌肉酸痛,有利于疲劳肌肉的物质代谢。水温以 40℃ 左右为宜,温度不宜过高,时间为 10 分钟左右,勿超过 20 分钟,以免加重疲劳,也可在运动结束半小时后进行冷、热水浴,冷水温度为 15℃,热水温度为 40℃,冷浴 1 分钟,热浴 2 分钟,交替 3 次。

②涡流浴

涡流浴又称为水按摩,如洗衣机一样搅动,强度可以调节,造成明显的水温与水流冲动刺激,进而消除机体的疲劳。

③桑拿浴

桑拿浴是指利用高温干燥的环境,加速血液循环,使人体大量排汗,从而使体内的代谢产物能及时排出体外的一种沐浴方式。桑拿浴时间不宜过长,每次停留 5 分钟左右,最好与温水浴交替进行,反复 4～5 次。桑拿浴一般不要在运动结束后立即进行,以免造成脱水和加重疲劳。运动后休息一段时间,补充足够的水和营养物质后进行桑拿浴,效果更佳。

④蒸气浴

蒸气浴是将蒸气通入特制小屋或关闭的房间内,造成一个高温、高湿的环境。其作用与桑拿浴类似。

⑤按摩浴

采用脉冲式水力按摩,在特殊澡盆与肢体躯干部位相对应设置多个喷头,水的压力可达 3 个大气压,可选择强度及按摩部位,对需要放松的肌肉自动喷射。

（2）吸氧、空气负离子治疗

长期的实践表明,利用高压氧舱,在 2～2.5 个标准大气压下,吸入高压氧可以有效消除机疲劳,高压氧可使血氧含量增加,血液中的二氧化碳浓度下降,pH 值上升,提高组织氧的储备量,可有效缓解和治疗运动引起的极度疲劳、肌肉酸痛、僵硬、酸碱平衡失调等症状。空气中负氧离子的含量越高空气越清新,如海滨、瀑布、旷野空气新鲜,令人心旷神怡,这是由于那些地方的空气中负氧离子多。空气离子进入呼吸道后,通过神经反射,可调节大脑皮层功能,振奋精神,改善睡眠,刺激造血机能,使血流加快,进而能有效消除疲劳。

（3）体外反搏

体外反搏是指通过肢体血液回流速度和灌注量,加强肌肉营养,加速代谢产物的清除,是一种无创伤性辅助循环的方法。临床实验证实,体外反搏对消除疲劳,尤其是对肢体肌肉疲劳的消除有良好效果。

（4）理疗

利用光疗、电疗、磁疗、蜡疗等作用于局部或整体,可促进血液循环,消除运动疲劳和恢复身体机能,科学的利用理疗方法,针对球类运动的不同特点,可以达到加速缓解运动疲劳,同时具有治疗损伤的作用。

(5)拔罐

利用拔罐疗法可以有效地消除机体局部的严重疲劳及损伤。通过拔罐时局部负压作用,使组织内的瘀血散于体表,有助于组织代谢产物的吸收和排泄,使疲劳消除。此方法也可根据个人适应程度选择。

(6)针灸

针灸疗法主要是针对疲劳的肌肉上的穴位进行针灸,以消除机体的疲劳。全身疲劳可扎足三里,或用耳穴压丸。

3.营养补充

球类运动需要消耗机体大量的能源物质。适当补充营养,才有利于身体恢复,疲劳的消除。其中,外周的运动器官会消耗大量的糖原、脂肪和蛋白质,同时可产生很多代谢的产物,如乳酸堆积、酮体生成和氨的积累。因此,在球类运动疲劳的产生过程中和运动性疲劳出现以后,尽快摄入足够的营养物质来补充能量、调节生理功能,可以有效地缓解运动性疲劳的产生和促进运动性疲劳恢复。

通常情况下,机体完成高强度的球类运动时,由于产生的乳酸等代谢产物,使肌肉中的 pH 值下降,从而导致肌肉疲劳。因此,运动时适当的补充盐类,可以提高运动者运动耐乳酸的能力,提高负氧债的能力。常用的碱性盐方法有:第一,碳酸氢钠 0.2～0.3 克/千克体重,运动前 30～60 分钟加在足够的水或饮料中使用;第二,运动前 3～4 天食用磷酸钠,每次 1 克,1 天 4 次,最后一次在运动前 2～3 小时服用。

当运动结束后,补充肌酸能提高短距离、动力性、高强度以及间歇性运动的能力,但对耐力性练习能力不产生影响;补充肌酸在伸膝肌和跖屈肌收缩时有明显的抗疲劳作用。

研究表明,在运动疲劳时中枢神经系统中某些脑区的 5-HT 和相关代谢产物的浓度增高,它的升高与血液中游离色氨酸的增加明显相关,而血液中的游离色氨酸又是与支链氨基酸(BCAA)竞争进入血脑屏障的。因此,一些研究者提出:只有在血液中游离色氨酸与 BCAA 比例增加时,脑内的 5-HT 才可能增加,而引发疲劳。由此能够得出,在运动中补充足够的氨基酸或支链氨基酸(BCAA),以降低色氨酸与 BCAA 的比例,减少脑内 5-HT 的生成,就可以延缓和减少中枢性疲劳。

4.按摩治疗

按摩主要是通过对人体的机械刺激、神经反射,以及神经—体液调节而影响人体各器官、系统的功能,从而调节血液循环、增强心血管功能、解除大脑的紧张,改善由运动性疲劳造成的免疫功能下降的状况。按摩对神经系统可起兴奋或抑制作用,通过神经反射影响各器官的功能;按摩可以改善皮肤的呼吸,改善皮肤的营养,使皮肤润泽富有弹性;按摩可以使周围血管扩张,降低大循环中的阻力,加速静脉回流,加强局部血供,消除疲劳;按摩还可以调节呼吸和改善消化机能。总之,按摩是消除运动性疲劳的重要手段。

按摩有人工按摩、机械按摩、水力按摩和气压按摩四种,其中人工手法按摩是最有效果的,它可根据运动者承受运动负荷部位,进行局部或全身手法按摩。运动者也可采用有振动的机械按摩、脉冲水力按摩、气压按摩或水浴按摩。

以消除运动性疲劳为主要目的的按摩主要在运动后进行,按摩时间根据疲劳程度而定,一般在 30～60 分钟之间。运动后的按摩也叫恢复按摩,其目的是帮助运动员消除疲劳,恢复体力,一般在课的结束部分或课后进行。也可在洗澡后或晚上睡前进行。

按摩过程中,应注意几个方面:第一,按摩者的手要清洁、温暖,指甲要剪短,手上不能带金属物,以免擦伤被按摩者的皮肤;第二,按摩的方向一般是按机体淋巴流动的方向进行。淋巴结所在的部位不宜按摩,按摩用力应由轻到重再逐渐减轻结束,速度应由慢到快,再逐渐慢后结束;第三,为了便于按摩者操作,按摩者和被按摩者所取的体位和姿势要适宜,被按摩者的肌肉要充分放松;第四,按摩部位应根据球类运动的特点和疲劳情况而定,通常是运动负荷量最大的部位;第五,当运动者极度疲劳时,需让运动者休息 2～3 小时后再进行按摩。

5. 中医治疗

中医药注重辨证施治,对症下药。对运动性疲劳后的恢复具有良好的疗效并且没有副作用。中医药多从健脾益气、补肾壮阳或补益气血方面治疗运动疲劳。因运动性质的不同,发生运动性疲劳的征候亦不同,故应根据中医对运动性疲劳的"三个分型"和常见运动性疲劳征候,对症选药和组方,以加快机体的恢复。我国医学界通过大量的中药消除运动性疲劳的临床实验,证实了中药对消除运动性疲劳的特殊效果。

例如,天氡氨酸的钾盐或镁盐能消除疲劳,防止疲劳积累,延缓衰竭出现的时间。它的主要作用是加速 ATP 和 CP、糖原的再合成,节约糖原,天氡氨酸盐还能转变为谷氨酸,这对神经系统有良好的作用,可用于消除足球运动中的疲劳。再如,霸王七、绞股蓝、阿胶等多味中药配成的方剂能明显提高机体耐力及对疼痛的抑制力,促进球类运动疲劳的消除。另外,灵芝、人参、鹿茸、三七、枸杞、刺五、五味子等均有滋补强壮身体,调节机体阴阳平衡,促进疲劳消除的显著功效。

6. 心理治疗

心理学认为,情绪因素可以帮助个体有效抵制和消除疲劳。心理疗法能减轻紧张情绪,放松肌肉,积极向上、乐观愉快的情绪对消除疲劳和延迟疲劳的产生有良好的效果。心理疗法包括心理调整、自我调整、放松练习和气功等手段。运动后,采用心理调整、自我暗示、放松练习和气功等心理恢复手段,通过诱导性的语言使运动者由意念来调动肢体,通过对高级中枢的暗示使肌肉放松,以及适时地找运动者谈心、开小结会都是行之有效的帮助放松、消除疲劳的办法。

需要补充的是,心理疗法还可以作为一种辅助方法,配合其他消除疲劳的方法,来改善呼吸和循环系统,增强机体疲劳恢复的效果。

二、大学生球类运动损伤的处理与预防

(一)球类运动损伤处理

1. 运动挫伤

肌体某部受钝性外力作用,导致该处及其深部组织的闭合性损伤,称为挫伤。球类运动中的跑、跳等都易发生挫伤,同时,有些球类运动对抗性很强,常常发生内脏器官的受伤,主要表现在,

头晕、脸色苍白、出虚汗、心慌、四肢发凉等,严重的甚至会有休克状态。其次是外部挫伤,主要表现在大腿的股四头肌和小腿前部的骨膜和后部的小腿三头肌、腓肠肌。此外,腹部、上肢、头部的挫伤也时有发生。挫伤后,以疼痛、肿胀、皮下出血和功能障碍的症状为主。

处理:必须在一天内进行局部冷敷、外敷或包扎等,并抬高患肢,以减少出血和肿胀。股四头肌和小腿后群肌肉的严重挫伤多伴有部分肌纤维的损伤或断裂,组织内出血形成血肿,应将肢体包扎固定后,迅速送医院诊治。头部、躯干部的严重挫伤可能会伴有休克症状,应认真观察呼吸、脉搏等情况,休克时应首先进行抗休克处理,使伤员平卧休息、保温、止痛、止血,疼痛甚者,可口服可卡因,或肌肉注射杜冷丁,并立即送医院诊治。

2.运动擦伤

粗糙的物体相互摩擦而引起的皮肤表层的损害,叫擦伤。主要症状为表皮剥脱,有少量出血和组织液渗出。擦伤是外伤中最轻、最常见的一种,约占运动损伤的16%。

处理:一般较轻较小的擦伤,可以用生理盐水或其他药水冲洗伤部,最常见的就是涂抹红药水或紫药水,不需包扎,一周左右就可痊愈。面部擦伤宜涂抹0.1%新洁尔灭溶液。通常较大的擦伤伤口易受污染,需用碘酒或酒精在伤口周围消毒,如果创面中嵌入沙粒、炭渣、碎石等,应用生理盐水棉球轻轻刷洗,消除异物,消毒后撒上云南白药或纯三七粉,盖上凡士林纱布,适当包扎。若不发生感染,两周左右即可痊愈。关节周围的擦伤,在清洗、消毒后,最好用磺胺软膏或青霉素软膏等涂敷,否则会影响活动,并易重复破损。

3.运动撕裂

球类运动中,因剧烈的运动而产生的强烈的冲撞,很容易造成肌肉撕裂,这种受物体打击而引起的皮肤和皮上组织均出现规则或不规则的裂口,叫运动撕裂。

处理:如果伤口小,不严重,则用红药水、碘酒或酒精涂抹伤口即可,然后用云南白药或其他药物和方法止血,再用消毒纱布覆盖,并适当加压包扎。如不能制止出血,应尽量在靠近伤口处按规定缚以止血带,立即送医院治疗。伤口较大、较深、污染较严重时,应立即送医院进行清创缝合手术,并口服或注射抗生素药物预防感染,并按常规注射破伤风抗毒素。

4.运动扭伤

球类运动过程中,由于激烈的对抗或用力过猛造成关节扭伤。也有的是技术动作错误引起的。例如篮球中的运球变向、急停等。从而导致关节囊、关节周围韧带和关节附近的其他组织结构损伤。关节扭伤后,关节及周围出现疼痛、肿胀,有明显的压痛感觉,关节活动障碍。

处理:韧带的轻微扭伤,可以采用冷敷和加压包扎或是外敷活血止痛的药物,一天之后可采用理疗或是按摩治疗。韧带完全断裂,关节失去功能,应立即送医院手术缝合和固定处理。当关节肿胀和疼痛减轻后,可适当进行功能性的运动,但不宜过早运动,防治转入慢性疾病。

5.运动拉伤

牵拉所引起的肌肉微细损伤、部分撕裂或完全断裂,叫拉伤。球类运动中,大腿后群肌肉和小腿后群肌肉的拉伤最为常见。拉伤后局部疼痛、压痛、肿胀、肌肉发硬、痉挛、功能障碍。如果肌肉断裂,伤员受伤时多有撕裂感,随之失去控制相应关节的能力,并可在断裂处摸到凹陷,在凹陷附近可摸到异常隆起的肌肉断端。

处理:拉伤时应立即采用氯乙烷镇痛喷雾剂等进行局部冷敷,加压包扎,并把患肢放在使受伤肌肉松弛的位置,以减轻疼痛。肌纤维轻度拉伤及肌肉痉挛者,用针刺疗法会取得良好的效果。肌肉、肌腱部分或完全断裂者应在局部加压包扎,固定患肢后,马上送医院诊治,必要时还要接受手术治疗。通常拉伤 48 小时后才能开始按摩,但手法一定要轻缓。

6.运动关节脱位

关节面失去正常的连接,叫关节脱位。例如球类运动中的对抗,摔倒时手撑地引起的肘关节或肩关节脱位,此时,通常伴有关节囊撕裂,关节周围的软组织损伤或破裂。关节脱位后,关节完全不能够活动,甚至发生肌肉痉挛现象,并且伴随着关节畸形,关节内发生血肿。此时受伤关节疼痛,有压痛和肿胀。如果复位不及时,血肿会激化而发生关节粘连,增加关节复位的困难。

处理:应马上用夹板和绷带在脱位所形成的姿势下固定伤肢,如果没有夹板,可用纸板、绷带或布巾,将伤肢固定在本人的躯干或健肢上,防止震动,并尽快送医院治疗。必须注意的是,如果没有把握做好整复处理时,切记不可随意做整复手术,以免加重损伤,增加疼痛。

7.腿部屈肌拉伤

在完成各种动作时,当肌肉主动收缩或被动拉长超出其所能承担的能力时,可造成大腿部肌肉的急性拉伤。准备活动不充分、不当地使用猛力、疲劳或负荷过度、技术动作有缺点、气温过低、场地粗糙是常见的致伤原因。该肌群运动肌肉弹性、伸展性差,肌力弱是发生损伤的内在因素。肌肉拉伤轻者,可仅有少许肌纤维撕裂或肌膜破裂;重者可造成肌肉大部或完全断裂。

处理:肌肉微细损伤或伴有少量肌纤维撕裂者,伤后应迅速给予冷敷,局部加压包扎,休息时应抬高患肢。24～48 小时后可开始理疗和按摩,按摩时手法宜轻柔,伤部仅能做些轻推摩,伤部周围可做揉、捏、搓等,同时配合点压穴位(宜取伤周穴位)。如肌肉大部或完全断裂者,在局部加压包扎并适当固定患肢后,应马上送往医院诊治。

8.腰部筋膜炎

腰肌筋膜炎,即腰肌劳损,其病理改变是多种多样的,包括神经、筋膜、肌肉、血管、脂肪及肌腱的附着区等不同组织的变化。通常多为急性扭伤腰部后,治疗不彻底就参加运动,逐渐劳损所致。另外,锻炼中出汗受凉也是重要成因之一。其症状主要有:有局部酸疼发沉等自发性疼痛,最常见的疼痛部位是腰椎 3、4、5 两侧骶棘肌鞘部,不少患者同时感觉有疼麻放射到臀部或大腿外侧;大部分伤者尚能坚持中小运动量的锻炼,一般表现为运动前后疼痛;在脊柱活动中,尤其是前屈时常在某一角度内出现腰痛。

处理:可采用理疗、按摩、针灸、封闭、口服药物、用保护带及加强背肌练习等非手术治疗手段。对顽固病例可手术治疗。

9.脑震荡

头部受到外力打击或撞击后,是大脑管理平衡的膜半规管、椭圆囊、球囊等感受器官功能失调,并引起的大脑暂时的意识功能障碍,叫脑震荡。比如足球中的头球争顶动作,两人头部相撞就有可能引起脑震荡。受伤后,主要表现为神志不清醒,肌肉松弛,脉搏徐缓、瞳孔放大、神经系统反应减弱或消失等。清醒后,常伴有头痛、头晕、恶心、呕吐感,情绪上烦躁、注意力不集中、失眠等症状。

处理:受伤后应立即做到两点:第一,让伤者平卧,头部冷敷。若有头昏,及时指压人中、内管、合谷穴;第二,若呼吸发生障碍,则立即进行人工呼吸。

在上述处理后,如出现反复昏迷,或耳鼻口出血,瞳孔放大且不对称,表明病情严重,应立即送往医院。在运送的过程中,要让伤者平卧,头部固定,谨防颠簸。脑震荡一般都可自愈,不需要住院,但是要注意休息和必要的药物治疗,保持情绪上的稳定,减少脑力劳动。

在恢复的过程中可以定期或不定期的做脑震荡痊愈实验。其方法是:闭目,单腿站立,两臂平举,如果能保持平衡,表明基本痊愈。这时,可以适当参加球类运动,但要避免翻滚和旋转性动作,以防复发。

10. 网球肘

网球肘是肱骨外上髁处的常见慢性损伤性炎症,主要病变是伸肌总腱的慢性炎症,以往常见于网球运动员,所以又叫"网球肘",现这种损伤亦多见于乒乓球运动员。一般而言,在前臂过度旋前或旋后位,被动牵拉伸肌(握拳、屈腕)和主动收缩伸肌(伸腕)将对肱骨外上髁处的伸肌总腱起点产生较大张力,如长期重复这种动作即可引起该处的慢性损伤。因此,凡需反复用力活动腕部的职业和生活活动作均可导致这种损伤,如网球运动员,由于"反拍""下旋"回击急球时,球的冲力作用于伸腕肌或被动牵拉该肌即可损伤。其主要症状为早期做某一个动作时肘关节外侧疼痛,不活动时疼痛减轻或消失。再做动作时又出现。此后症状逐渐加重,变为持续疼痛,夜间疼痛更加明显。疼痛可向前臂或肘上放射,有时在活动时突然出现并加重,如提物、拧毛巾时突然感觉患部疼痛,不能完成动作。检查时,肱骨外上髁、桡骨小头、肱桡关节处等有压痛,疼痛较为敏锐。皮肤表面无炎症,肘关节活动正常,伸肌腱牵拉试验,即伸肘、握拳、屈腕,然后前臂旋前,此时肘外侧出现疼痛为阳性,是经典的检查试验。此外,抗阻力伸腕外上髁处出现疼痛也是阳性表现。

处理:早期可采取保守治疗,即限制肘关节的活动,尤其是伸腕握拳的动作。使用限制性绷带支具可起到一定的作用。中药烫洗或中医按摩、推拿也可治疗早期的外上髁炎症。中晚期症状持续加重,一般保守治疗效果不理想的,可以采用泼尼松龙0.5毫升加1%利多卡因1毫升痛点封闭的方法,多能取得较好的效果。治疗后的功能康复和生活、运动姿势和强度的调控也十分重要。对于保守治疗无效果的,可以手术治疗。

11. 膝关节急性损伤

膝关节急性运动创伤较常见,常见于足球运动、篮球运动、橄榄球运动等。膝关节韧带损伤、半月板损伤、髌骨关节损伤、肌肉断裂及关节内骨折等损伤均需要紧急处理。轻、中度膝关节运动创伤,可通过保守治疗治愈。严重的运动创伤往往需要手术治疗。关节内积血往往是关节内韧带或半月板撕裂,应积极处理,必要时进行关节镜检查与治疗。膝关节韧带损伤常为复合伤,即两组以上韧带同时损伤,多由接触性暴力(如内翻损伤、外翻损伤、过伸损伤、前后损伤等)或非接触暴力导致,若处理不当将导致膝关节不稳定,影响运动训练甚至继发其他组织损伤或创伤性关节炎发生。常见的膝关节损伤有以下几种。

（1）膝关节胫侧副韧带损伤

直接或间接外翻位暴力为常见损伤原因。如在足球、橄榄球运动中，膝关节屈曲位小腿突然外展外旋，足及小腿固定大腿突然内收内旋或外力直接作用于膝外方产生很大的外翻力导致股骨内旋等，均容易导致膝关节外翻位损伤。轻度外翻位暴力常导致胫侧副韧带浅层损伤，可发生股骨内上髁内侧副韧带止点撕脱骨折或胫骨内髁处韧带撕脱；严重外翻暴力可导致内侧副韧带深层、前交叉韧带及半月板损伤，成为"三联伤"。少数导致胫骨外侧平台骨折，甚至半腱肌及缝匠肌断裂或撕脱骨折。通常将内侧副韧带损伤分为部分损伤、完全损伤及联合损伤（合并半月板或前交叉韧带）。主要临床表现为，受伤后膝内侧部突然出现剧烈疼痛，关节强迫于屈曲位，腘绳肌产生保护性痉挛，拒绝任何活动，勉强用足尖行走。轻中度韧带损伤，如不损伤关节内结构，一般不引起膝关节肿胀，经过简单固定可继续参加比赛；严重的内侧副韧带损伤，内侧副韧带深层损伤，特别是合并有半月板损伤、交叉韧带损伤或关节骨折，膝关节可出现关节肿胀，积血，功能障碍更加明显。

处理：损伤早期主要防止损伤加重、固定、止痛。局部立即给予氯乙烷麻醉、降温或冷敷，松软敷料及弹性绷带加压包扎止血固定，抬高患肢，减轻肿胀。3 天后局部热敷或应用中药外敷，并进行股四头肌训练。3 周内局部支持带或支具辅助下扶拐杖行走。6 周后去除支具或拐杖膝关节屈伸活动，渐进性抗阻锻炼。3 个月后恢复日常活动。如患膝疼痛、肿胀明显，外翻应力试验阳性，X 线片有骨折，原则上需手术修复。手术修复断裂的韧带止点或缝合撕裂的内侧副韧带，术后康复训练。合并内侧半月板及前交叉韧带损伤者，也需手术修复。

（2）膝关节外侧副韧带损伤

外侧副韧带在膝关节的外侧，起于股骨外上髁，止于腓骨小头。伸直位韧带最为紧张，屈曲位松弛，不与半月板相连，具有防止小腿内收及旋转功能。膝关节外侧副韧带损伤较内侧副韧带损伤少。因为膝关节完全伸直位，保护膝关节的韧带、肌肉及关节囊均紧张，不易损伤。外侧副韧带损伤常由于内翻暴力所致，膝关节内侧的直接碰撞最为常见。损伤程度取决于外力大小，外侧副韧带最早承受牵拉暴力，暴力持续下去，前交叉韧带、腘肌腱、后外侧关节囊、后交叉韧带甚至髂胫束、腓肠肌外侧头、股二头肌都会被损伤。腓总神经可被牵拉或撕裂伤。外侧副韧带根据损伤程度分为部分损伤、完全损伤及联合结构损伤。主要临床表现：膝关节外侧部局限性疼痛、肿胀。如未损伤至关节囊、半月板、交叉韧带，一般不出现关节积液。关节外方的压痛点对判断韧带损伤部位有意义。如若存在联合结构损伤（关节囊、交叉韧带及外侧肌肉），膝关节内翻异常活动增大，抽屉试验阳性，甚至出现膝关节后外侧不稳定。合并腓总神经损伤可出现足下垂。

处理：单纯外侧副韧带部分损伤可保守治疗。包括支持带、石膏或支具制动 3～6 周，股四头肌等长收缩，下肢功能康复训练。外侧副韧带完全性损伤及联合损伤均需手术修复。早期全面修复外侧副韧带或联合结构可取得满意的治疗效果，合并腓总神经损伤也需要同时修复。

（3）半月板损伤

半月板是位于胫股关节间隙内的纤维软骨，内侧半月板呈"C"形，外侧半月板呈"O"形，具有传导载荷，维持关节稳定，协调膝关节伸屈及旋转运动，协助滑润关节等功能。在剧烈的球类运动中，从蹲位站起时双脚在地面上未动，膝关节扭锁机制出现障碍导致半月板损伤。在正常关节运动中，半月板是随着股骨的移动而活动，不与胫骨一起移动。只要膝关节伸直时胫骨能够外旋，膝关节屈曲时胫骨能够内旋，半月板就会自由运动，不会受到牵拉和张力，此即扣锁机制。如果膝关节伸直或屈曲时没有胫骨的外旋或内旋，半月板的自由活动消失，在关节中出现了矛盾运动,在剪力与压力的作用下会导致损伤而撕裂。其主要症状有:受伤当时患者膝关节疼痛,出现肿胀,关节功能障碍。疼痛常在外伤当时出现,位于关节的一侧,位置较固定,常在膝关节的某一角度发生,活动后加重,休息减轻。半月板本身无神经末梢,疼痛主要来自关节囊的刺激,或活动时机械牵拉刺激周围组织的感觉神经所致。急性期过去后,关节活动时膝关节疼痛同时发出"咔哒"声音,或单独出现弹响声音,部分患者伴有膝关节伸直或屈曲受限。

处理:该损伤的治疗方案取决于损伤是急性还是慢性,需了解病人的意愿做出选择。对于急性半月板损伤的初期患者,慢性半月板损伤症状、体征不肯定者,经关节镜检查适合保守治疗者,应采取非手术治疗,目的是保护撕裂的半月板组织,减轻疼痛与肿胀,恢复肌肉张力和关节活动范围。方法:受伤当时给予加压包扎与抬高患肢,具有止血与缓解症状作用;冷敷在受伤当时立即进行,具有止血、消肿和组织麻醉作用;关节穿刺抽液适用于关节肿胀严重患者;利用红外线、磁疗仪等理疗方法促进肿胀消退和瘀血吸收;石膏或支具固定具有止痛和利于组织撕裂修复作用;抗炎止痛治疗缓解症状,为康复训练创造条件;功能锻炼在疼痛得到控制的情况下进行,早期可进行股四头肌等练习,主动锻炼在疼痛能忍受时进行。保守治疗6周,如果症状消失,股四头肌可以达到正常侧的80%～90%,可开始正常活动。如仍有明显的半月板损伤症状,应手术治疗。手术治疗半月板损伤的方式有半月板缝合术、半月板切除术、异体半月板移植术。

(二)球类运动损伤预防

球类运动损伤常常与运动练习安排、运动项目、技术动作、技术水平、运动环境和条件等因素有关。球类运动的损伤会造成非常严重的影响,它直接影响了运动者的身体健康、学习和工作,不仅使人不能正常参加比赛,而且影响运动能力的提高,严重时还可使人残废,甚至死亡。一旦受伤,还会给运动者造成不良的心理影响。总之,球类运动损伤的预防比治疗更为重要。目前,世界各国都把防治球类运动损伤作为一个重要的课题进行研究。关于球类运动损伤的预防有以下几点。

第一,全面发展身体素质,特别是注意发展踝关节、膝关节及大腿、小腿肌群的力量和柔韧性。对易伤部位要进行专门练习,例如加强肱四头肌力量练习,对预防髌骨软骨病会起到重要作用,亦能增强膝关节的稳定性。同时注意自我保护动作的练习。加强技术练习,正确掌握各种技术并能熟练运用,此外还要注意合理安排运动负荷,防止过度疲劳的产生和局部负荷过重。

第二,在进行球类运动中严格执行保护运动者身体健康的有关规定,同时注意场地及器材要符合球类运动的要求。

第三,球类运动损伤的初步急救非常关键,对于损伤不是很严重的情况,只需做一些针对性的处理,比如说止血、清创、消毒和包扎即可。但是对于特殊情况,如果处理得当可以大大减少以后的并发症,加快损伤的好转和愈合,使运动者较快地恢复健康。若急救处理不当,轻者会加重伤情,发生感染,延长治愈时间;重者则可能造成残废。

第四,平时要注意加强防伤观念的教育,在教学、练习和比赛中,认真贯彻"预防为主,治疗为辅"的方针。加强对运动者的进行组织性、纪律性教育,培养他们良好的体育道德风尚。并且在平时的球类运动中提高自我保护和保护他人的意识,使运动变得更加高尚和健康。

第五,根据年龄、性别、健康状况、技术水平和不同球类运动的特点,形成良好的自我认识,循序渐进,持之以恒,并且合理安排运动负荷,避免因疲劳影响技术动作变形,造成不必要的运动损伤。

第六,在球类运动和比赛前,应充分做好准备活动,将头、肩、腰、膝、脚踝等易损伤部位充分活动,以能够适应运动或比赛的要求,运动后做整理活动,将不必要的运动损伤消除,以达到运动前的状态。

三、大学生球类运动疾病的防治

运动疾病一般指因机体对运动的应激因子不适应或是运动练习安排的不适合,而造成的体内机能紊乱、机能异常、综合征或疾病。如运动过量、过度紧张、肌肉酸痛、贫血、腹痛、中暑等。

(一)运动过量

运动过量是指运动者由于疲劳的连续积累而导致机体出现功能紊乱或病理状态的运动和比赛。运动过量是一种练习与恢复、运动与运动能力、应激与应激耐受性之间的失衡状态。根据运动疲劳的程度,过量运动可分为短期过量运动和过量运动综合征。短期过量运动经过1~2周恢复,运动能力能够恢复或超过原来水平。而过量运动综合征则表现为持续的运动能力、免疫力下降,易感染,持续疲劳,且情绪低落、易烦躁。

1.运动过量的原因

(1)过量的运动负荷

由于运动者平时缺少相关的球类运动的锻炼,其身体素质和体质水平始终保持在一个较低的程度,如果没有循序渐进的过渡适应,突然需要大量运动时,就会超出身体机能所承受的能力,出现不适应的现象。

(2)糖原不足

由于持续大强度球类运动需要肌糖原供不应求,刺激支链氨基酸和游离脂肪酸氧化供能,支链氨基酸的减少引起血浆游离色氨酸比值升高,大量色氨酸进入大脑,产生 5-羟色胺,5-羟色胺是公认的中枢疲劳的神经递质,因此加速了疲劳的发生。

(3)植物神经系统紊乱

植物神经系统调节紊乱就是我们通常所说的过量运动综合征,它是过量运动发展的高级阶段,过量运动使肾上腺皮质激素的分泌减少、功能下降。

(4)自由基学说

自由基代谢失衡对细胞膜结构、线粒体功能等有很大损害,并直接影响到细胞氧化还原功能,导致运动疲劳。

2.运动过量的防治

防治运动过量的常见方法包括以下几种。

(1)运动前注意自我身体意识,了解目前的身体健康情况,尤其是心血管和呼吸系统的机能状况。平时如不经常运动,也不了解科学运动的知识与方法,急于求成地去进行练习,不但无益于健康,反而很容易损伤身体。因此,参加球类运动前必须自我认识身体状况,为运动的方式与运动负荷的选用提供客观的依据。

(2)运动要逐步提高,持之以恒。开始运动时,运动量要小些,有10~14 天的观察反应期。

对没有球类运动习惯的人,参加运动后,可能不适应,表现为劳累、肌肉酸痛、食欲稍减,甚至睡眠不佳。适应后再逐渐增加运动量,每增加一级负荷量,都要有一段适应期。对多数人来讲,一般运动量的增加不是直线上升的,而是波浪式渐进的,增加运动量时应以延长运动时间为主,不宜强调加快速度。同时,参加球类运动一定要系统地进行,要持之以恒。只有这样的运动才能使身体结构和机能发生有利的变化,增强体质。

(3)运动和休息要安排适当,劳逸结合,两者要同样重视,要做到动态平衡,即要调节好运动和休息的时间,根据身体反应、外界环境和条件的变化不断进行调整,这样可以避免因两者安排不当造成意外。

(4)运动时每天或隔天记录自我感觉,对比前、后的脉搏、血压数值,晨起的脉搏、食欲和睡眠情况等,有了这些记录,便于自我监督。

(5)做好准备活动与整理活动。运动前的准备活动是十分有必要进行的,它可以提高身体各器官系统的活性,使身体逐步适应运动时所要达到的强度要求。运动后进行一些恢复性的整理活动,可使运动中比较兴奋的器官逐步地平静下来。运动结束后可进行一些恢复性慢跑、柔韧性放松、局部按摩等。

(6)运动时应避免某一肢体或器官负荷过重。练习时最好有多个部位参加运动,或每次运动采用多种形式,以使身体各部位得到活动的机会。活动时呼吸要自然,注意发展腹式呼吸,尽量避免屏气或过分用力。

(7)在运动过程中,要注意合理的饮食搭配,多吃些营养丰富易消化的食物,以保证运动时体力消耗的补充,减少由于食量增加而给消化系统带来的负荷。运动时体内水分消耗过多,运动后要适当地补充水分。

(二)过度紧张

过度紧张是在参加球类运动或比赛时,运动负荷超出了机体所能承受的能力而引起的病理状态,多发生于运动比赛经验不足、体育锻炼基础差、长期中断运动或有某种疾病的人。尤其是患有高血压、心脏病的人,如果勉强去完成剧烈的运动或比赛,都可能发生过度紧张。

1.过度紧张的原因

正常情况下,造成过度紧张的原因如下。

(1)急性胃肠功能紊乱及运动应激性溃疡

急性胃肠功能紊乱是过度紧张中最常见的一种,常在剧烈运动后即刻或短时间内发病,出现恶心、呕吐、头痛及头晕、面色苍白、呈衰弱状态,呕吐物为食物、黏液及水。有的人在运动后仅有恶心或不适感,仍可少量进食;有的人在运动后8~10小时发生呕吐。体检时,腹部有轻微压痛,脉搏稍快,血压多数正常。运动后发生呕吐的原因,可能不是因为胃酸过多,而是运动时发生的物理原因所引起。

(2)昏厥

在运动中或运动后,由于供血量的减少或脑血管的痉挛,引起脑部突然供血不足而发生的暂时性知觉丧失。昏倒前,常有全身软弱、头晕、耳鸣、眼前发黑、面色苍白。昏倒后,意识丧失或模糊不清、面色苍白、手足发凉、出冷汗、脉率增快或正常、血压降低或正常、呼吸慢或增快。

（3）急性心脏功能不全和心肌损伤

急性心脏功能不全和心肌损伤表现为运动后出现头晕、眼花、步态不稳、面色苍白，身体迅速衰弱，呼吸困难，并有恶心、呕吐、咳嗽、胸痛甚至意识丧失。

（4）脑血管痉挛

运动后突然发生一侧肢体麻木、动作不灵活或麻痹，同时伴有头痛、恶心及呕吐。

2.过度紧张的防治

（1）预防

球类运动基础较差者，不可勉强参加激烈、紧张的运动或比赛，活动前要做好充分的准备活动，并注重坚强身体素质的训练，运动量的增加要做到循序渐进。患病时应积极治疗并注意休息，避免剧烈运动，必要时要定期做身体检查。伤病初愈或因其他原因中断球类运动后再重新参加运动时，要逐渐增加运动量，不要马上进行大强度运动或剧烈比赛。在参加体力负担较重的比赛前，应遵医嘱时刻注意身体的状态，参加球类运动应禁止高血压、心脏病患者和身体不合格者参加。

（2）治疗

轻度的过度紧张，应将病人安静平卧，并注意保暖，可服用热糖水或镇静剂，一般经短时间休息即可恢复。对有心功能不全的病人，应采取半卧位，保持安静，并针刺或掐点内关、足三里等穴。如果有昏迷，可加用人中、百会、合谷、涌泉等穴，并送医院治疗。

（三）肌肉痉挛

肌肉痉挛俗称抽筋，是指肌肉发生不自主的收缩反应。运动中小腿腓肠肌和大腿后群肌肉发生痉挛较为常见。痉挛的肌肉僵硬，剧烈疼痛、肿胀，肌肉的运动能力和柔韧性降低，肌肉痉挛所涉及的关节功能也会发生一定的障碍。

1.肌肉痉挛的原因

发生肌肉痉挛一般有以下原因。

（1）长时间或大强度的球类运动，会引起肌肉结构的损伤，肌肉的血液循环和能量物质代谢发生改变，肌肉中大量的乳酸和代谢废物堆积，肌肉收缩与放松不能协调地交替进行，从而引起肌肉痉挛。

（2）运动中大量排汗，特别是在高温条件下长时间的剧烈运动，使电解质从汗液中大量丢失，肌肉的兴奋性增高，发生肌肉痉挛。

（3）其他因素。如肌肉受到寒冷刺激，兴奋性会增强，易发生强直性收缩；肌肉突然受到外力的猛烈打击等，也会产生强烈收缩而引起痉挛。

2.肌肉痉挛的防治

（1）预防

不在通风不良、密闭的空间做长时间或激烈的运动。长时间运动之前、中、后，皆需要有足够的水分和电解质的补充。在日常饮食中摄取足够的矿物质（如钙、镁）和电解质（如钾、钠）。矿物质的摄取可从牛奶、优格、绿色叶类蔬菜等食物中摄取，电解质可从香蕉、柳橙、芹菜、天然食物等或一些低糖的饮料中获得。不穿太紧或太厚重的衣服从事运动或工作,运动前检查保护性的贴扎、护套、鞋袜是否太紧。运动前做充足的准备运动和伸展操,冷天运动后须做适当的保温。不做过度的练习,运动前对易抽筋的肌肉做适当的按摩。

(2)处理

一般肌肉痉挛只要向相反的方向牵引痉挛的肌肉,即可缓解或消失。牵引时用力宜缓慢、均匀,切忌用暴力,以免拉伤肌肉。大腿后群肌肉、小腿腓肠肌痉挛,可尽力伸直膝关节,用力将踝关节充分背伸,尽可能拉长痉挛的肌肉。缓解后,配合局部按压、揉捏、点掐、针刺有关穴位等,效果会更好。

(四)腹痛

运动者在球类运动或比赛中,因生理和病理原因而发生的腹部疼痛症状,称为运动中腹痛。腹痛是运动中常见的一种疾病,在篮球、足球等项目中经常发生。这种腹痛,在安静时通常地不会发生的,只有运动时才会出现,并且疼痛的程度与运动量的大小、运动速度以及运动强度等有关。球类运动中较常见的是肝脾瘀血、胃肠痉挛和膈肌痉挛导致的腹痛。

1.腹痛的原因

运动中腹痛的发生的原因主要有以下几个方面。

(1)缺乏运动或运动水平较低,准备活动不充分,开始时运动就过于激烈,内脏功能 还没有达到较高的水平,从而导致脏腑功能失调。过度紧张,空腹运动,以及饭后过早地参加运动,都是引起腹痛的原因。

(2)球类运动前饮食、饮水过多,或吃了较难消化的食物使胃肠充盈、饱满,都可以引起胃肠痉挛,以致腹痛。

(3)因胃肠道痉挛或功能紊乱而引起的腹痛,性质可以是钝痛、胀痛甚至绞痛,部位一般在肚脐周围。另外,运动中腹痛的程度与运动负荷的大小成正比;强度小,较慢速度运动时,疼痛不明显;随着运动负荷的加大,疼痛逐渐加剧。

2.腹痛的防治

(1)预防

平时应加强全面身体训练,提高生理机能水平。运动前要充分做好准备活动,运动中注意呼吸节律。在进行辅助练习时,如慢跑,应合理分配体力,注意控制速度。合理安排膳食,饭后须经过一定时间才可进行剧烈运动,运动前不宜过饱或过饥,也不要饮水过度。运动时要遵循球类运动的科学性原则、循序渐进原则。对于各种疾患引起的腹痛,应就医检查确诊,彻底治疗,疾病未愈之前,应在医生指导下进行球类运动。

(2)处理

对运动时出现腹痛的运动者要慎重对待。首先要了解腹痛的性质、部位,根据腹痛的部位与运动负荷的关系,来判断是由疾病引起的,还是与运动有关的生理原因引起的,做到有的放矢。出现腹痛时应立即降低负荷强度,减慢速度,调整呼吸和动作节奏,按摩腹部,按压足三里、内管、三阴交等穴位,如果无效或疼痛反而加重,应立即停止运动,及时送往医院检查。

（五）昏厥

在运动中,由于脑部突然血液供给不足而发生的暂时性知觉丧失现象,称为运动性昏厥。运动性昏厥表现为全身无力、头昏耳鸣、眼前发黑、面色苍白、失去知觉、突然昏倒、手足发凉、脉搏慢而弱、血压降低、呼吸缓慢等。

1.昏厥的原因

球类运动中,由于脑供血不足而发生的暂时性知觉丧失现象,称为运动性昏厥,其发生原因是剧烈运动或长时间运动,使大量血液积聚在下肢,回心血量减少所致,也和剧烈运动后引起的低血糖有关。

2.昏厥的防治

（1）预防

平时要经常坚持球类运动,以增强体质;久蹲后不要突然起立;不要带病参加剧烈运动;疾跑后不要立即停下来;不要在饥饿的情况下参加剧烈运动。

（2）治疗

发生晕厥时,应迅速使患者平卧,足略高于头部,并进行由小腿向心脏方向推摩或拍击。同时用手指点压人中、合谷等穴位,必要时给氨水闻嗅。如有呕吐,应将患者头偏向一侧。如停止呼吸,马上进行人工呼吸。轻度休克者,应由同伴搀扶慢慢走一段时间,帮助进行深呼吸。

（六）中暑

由于人体运动时产生的热超过了身体的散热能力而发生的高热状态,称为运动性中暑。高温环境中,长时间球类运动容易发生中暑,尤其是在温度高、通风不良、头部缺乏保护的情况下,最容易发病。常见的比如足球运动及其他的室外球类运动。运动性中暑可分为热射病、日射症、热痉挛和循环衰竭四种类型。

1.中暑的原因

（1）热射病

热射病是发生在高热环境中的一种急性病。运动时,体内产热较多,如果天气温度和湿度较高,且空气不流通,散热就会受到影响,热量在体内大量积累,会造成体温大大升高,水、盐代谢出现紊乱,严重影响体内的生理机能以及中枢神经系统的机能活动。

（2）日射症

由于阳光直接照射头部而引起的机体强烈反应,如头晕、头痛、呕吐现象,并逐步发展为体温升高,皮肤灼热干燥,严重者可出现精神失常、虚脱、血压下降、心率失常,甚至昏迷危及生命。

（3）热痉挛

运动中机体大量排汗,失水失盐过多以致电解质平衡紊乱,发生肌肉疼痛和痉挛。

（4）循环衰竭

由于运动时机体失水过多,使血容量减少,如果心脏功能和血管舒张调节不能适应,可导致周围循环衰竭而发生中暑。

2.中暑的防治

(1)预防

高温炎热季节运动时,应当减少运动量和运动时间。夏天在室外锻炼时,应戴白帽,穿浅色、宽松、通风性能好的运动服。准备清凉消暑或低糖含盐饮料,并准备急救药品,发现中暑症状,立即停止运动,及时处理。

(2)处理

一旦出现中暑,首先必须降温,迅速将患者移到凉爽、通风的地方,平卧休息,头部稍垫高,松解衣服,全身扇风,头部冷敷,用温水或酒精擦身,服饮盐开水或清凉饮料,必要时服解热药物。肌肉痉挛者主要是牵引痉挛的肌肉,补充盐和水。头痛剧烈者,针刺或点太阳穴、风池、合谷、足三里等穴。如有昏迷,可刺激人中急救,对四肢进行重推摩和揉捏,必要时一面急救,一面迅速送医院治疗。

第六章　大学生足球运动技能培养研究

第一节　大学生足球运动技术能力培养

一、足球无球技术能力培养

（一）足球无球技术分析

1. 起动

（1）原地起动

原地起动指球员在一次激烈对抗后，进入体能调整时，根据场上情况使自己身体进入下一轮跑动中的动作。起动时，头和肩迅速领先伸出，蹬地并跟随短小步幅跑；前几步保持低重心，用力摆动两臂。

（2）运动中起动

运动中起动指球员在身体处于位移的过程中（主要是在走或慢跑），根据场上情况，使自己的身体快速进入比赛节奏所要求的跑动中。起动时，随时观察场上情况，脚步处于预动状态；要用力蹬地并跟随短小步幅跑，依距离加大、加快步幅和步频。在接触对手时要保持低重心。动作过程中要自然摆动两臂。

2. 跑动

足球比赛中的"跑"，要求球员必须随时能够起动、急跑、急停或减速，并通过扭转虚晃身体来及时改变运动方向。足球比赛中的跑需要随时改变速度和方向，必须使身体重心降低并使脚接近地面；双臂的摆动应比正常冲刺跑的幅度小，这样有助于身体平衡及敏捷地调整步法。

（1）快跑与中速跑

进行快跑与中速跑时，应依据比赛场上的即时情境，在制造"空当"时，应采取中速跑；在插入对方防守"空当"时，应快跑甚至是冲刺跑。在快跑或中速跑时，除了正确的身体动作之外，应保持身体重心的稳定，降低前腿及膝的高度，两臂摆动要适度、自然；注意腿的动作速度，避免腾空时间过长。

（2）冲刺跑

在足球运动中，冲刺跑多用于后场截球后的反击，无球队员此时应选择进攻的最佳空间，快速冲刺到最合理的位置，接应同伴的传球，给对手致命一击。冲刺跑时身体向前的动力来自于蹬地，队员应保持身体的放松，头部不要晃动，摆臂有力但不要紧握双拳，以免引起全身肌肉的紧张。

3.晃动

上身侧倾及以身体垂直轴为中心的扭转便是晃动。多数晃动动作用以欺骗对手的重心向一侧移动从而失去平衡，达到突破对方防守的目的。无球状态下摆脱对手紧盯时也要和有球一样，以肩、腿、髋和臂的虚晃达到欺骗对手的目的。晃动效果在很大限度上取决于急停、起动和转身这些无球技术的熟练程度。稳定性是保证完成上身最大幅度虚晃动作的基础。若稳定性差，假动作的逼真性和多样性就会受到限制。

（二）足球无球技术能力练习与提高

1.变向变速训练

（1）球员进行 15 米全力跑训练，并训练在一个固定目标急停。

（2）球员看教练员手势在 10～20 米内实行突然起动训练，并进行向左和向右转身 90°或 180°、360°的下蹲训练，以及跳跃等训练。

（3）球员依据教练员手势在 20 米×20 米场内做与教练员手势方向相反的全力跑训练。

（4）两名球员背向足球墙呈坐或俯卧、仰卧、下蹲等姿势，然后球员在听到教练员将球踢向足球墙的响声后进行立即起动追球训练。

（5）在中圈内，一名球员跟随另一名球员做突然起动、起跳、急停以及卧倒等训练。

（6）球员全力做沿 3 米长的正方形边线进行绕圈跑的训练。

（7）球员做 30 米的"折回跑"训练。可以根据两人竞赛的形式进行训练，还可以采取定时、定间歇的训练形式。

（8）两名球员做绕立柱追逐跑的训练。训练的距离为 50 米，间距为 2.5 米作立柱。

2.假动作训练

（1）在训练场的中圈内可无规则设置 8～12 根立杆，球员在中圈内进行快速曲线跑的训练。

（2）球员进行两脚交替跨跳的训练。在训练场上画一条 1～1.5 米的折线，并在拐弯处画一圆圈，球员尽量做左右两脚交替跳入圈内前进的训练。在跨跳时，球员应尽量保持低重心，起跳的角度尽量要小。

（3）球员间隔 3～4 米进行排列，处在队尾的球员尽力进行全速自后向前并从两名队员中间穿插跑过的训练。

（4）球员在罚球区半场内进行一人追逐三人的训练。被追逐的球员利用各种假动作进行躲闪，但是不能跑到训练场地外。被抓到的球员接着担任起追逐的任务。

二、足球有球技术能力培养

（一）颠球技术能力培养

1.颠球技术分析

（1）挑球

支撑脚踏在球的侧后方 25～30 厘米处,膝关节微屈,牢固支撑身体,挑球脚前掌轻轻放在球顶部位,屈小腿,大腿微伸,将球轻轻拉向身体,当球被拉动后,前脚掌迅速着地并伸向往回滚动的球,当球滚至趾背的同时,脚趾伸,小腿微屈,大腿屈,并向前上方轻轻用力将球挑起。

（2）正脚背颠球

用正脚背击球,击球瞬间踝关节紧张,击球的下部,由于摆腿的原因,击球后球产生一定的向内旋转是正常的。颠球时两脚可交替击球,也可单脚连续击球。击球时用力均匀,使球始终控制在身体周围。

（3）脚内侧、外侧颠球

屈膝抬腿,用脚的内侧或外侧向上摆动,击球下部,双脚内侧或外侧交替击球,或单脚连续击球。

（4）大腿颠球

抬腿屈膝,用大腿的前三分之一部位向上击球的下部。抬腿不宜过高,与髋关节高度平行或稍高于髋关节,两腿交替击球,或单腿连续击球。

2.颠球技术能力练习与提高

（1）无球模仿练习,体会各部位颠球的用力要领及触球的时机。

（2）用左脚或右脚尖把放在地上的球向上挑起。

（3）用脚背上撩的动作,把落地反弹起的球从头上越过进行练习。

（4）行进间或跑进中颠球练习。

（5）两人有球训练:每人触球 2～3 次后,将球传给同伴,同伴接球后,颠球 2～3 次,再传回。也可以次数递增交换颠球。如甲颠一次击给对方,乙颠两次再击给甲,甲再颠三次击给乙,以此类推。

（6）多人有球训练:以三人或四人一组,进行颠球比赛,规则可类似排球规则,颠球部位不限,每方击球次数规定为三次或四次。

（二）传球技术能力培养

1.传球技术分析

（1）一次传球

球员在被对手逼抢球时;为了不延误比赛时间,能够顺利向前前进时使用一次传球。一次传球把球传向队员时,要保持默契。传球时,要看周围是否有足够的接应点。第一次传球要高质量地完成,把握好传球的时机、力量和位置。

（2）传中球

当球员不想给对手回防的机会时,要通过传中球来把球传到对手的身后,进而开始进攻。传中球技术。传中球时要明确目标,保持正确的传中球技术动作,传球时前最后几步的步伐要调整好。此外,要快速连接传球动作,尽量直接传球,同时,要保证高质量地完成传中球动作。

（3）对传球

传球给队员时,首先要判断同伴是否在能够控制的范围内,确定后再传球。球队团结配合,有协作意识,才有可能成功传给队员。球队的传球质量要有统一要求。要求接球队员能很自然地将球接住并且可以立即传球或射门。

2.传球技术能力练习与提高

（1）进行直接射门训练。

（2）两人一组,向左右两侧或回传给队友。

（3）两人一组,尽可能多地采取快速、简练、多变的方法将球传给同伴。

（4）在下雨天进行脚下传球练习;在逆风中进行地滚球练习。

（三）接球技术能力培养

1.接球技术分析

（1）脚内侧接球

以脚内侧接地滚球:支撑脚与来球方向正对,微屈膝关节,稍向前倾上体,身体重心放在支撑脚上。接球脚提起(约一球高),大腿外旋,膝关节稍屈,脚掌与地面平行,脚内侧对准来球。当脚接触来球时,快放大腿,用脚内侧作为切面与来球前缘相切,切后随即微微上提,将来球挡在身体前并缓缓向前滚动(图6-1)。

图6-1

（2）脚背正面接球

支撑脚维持身体平衡,接球腿屈膝向前上方抬起,用脚背正面对准来球。当球与脚背接触时,小腿与脚腕放松下撤,缓和来球力量并使球落在身前(图6-2)。

图 6-2

（3）大腿接球

接球腿大腿抬起，以大腿中前部对准下落的球，当球接触大腿时，顺势向下撤腿，使球落在下一个动作所需的位置上（图 6-3）。

图 6-3

（4）胸部接球

胸部接球有挺胸式和收胸式两种，以收胸接球为例，身体正对来球，两脚左右或前后开立，两臂自然张开，挺胸主动迎球，当胸部与球接触时，要迅速缩胸、收腹，用胸扣压球以缓冲来球力量，使球落地（图 6-4）。

图 6-4

2.接球技术练习与提高

（1）将球向上抛起或踢起，球下落时选择身体合适部位停空中球或反弹球。

（2）对墙进行踢球，然后用身体合适部位主动去接墙反弹过来的不同性质的球。

（3）两人一组，互抛互接，练习接空中球或反弹球。抛球的力量可由小到大，距离由近到远，速度由慢到快。

（4）两人一组，运球的同时练习地滚球、空中球或反弹球等。

（5）两人一组，一名球员持球，两球员间隔 5 米左右相对站立。开始游戏后，持球的人将球立刻传给另一名球员，对方接球后，再传给持球的球员。

（四）踢球技术能力培养

1.踢球技术分析

（1）脚内侧踢球

以踢定位球为例，直线助跑，两眼看球，支撑脚在球侧后方 10～15 厘米处，脚尖指向出球方向。踢球腿以髋关节为轴由后向前摆动，脚踝外展，脚尖稍翘，以脚内侧部位对准来球。

（2）脚背正面踢球

踢定位球时，直线助跑，两眼看球，支撑脚在球侧后方 25 厘米左右处，脚尖指向出球方向。踢球脚的脚背绷直，保持头部和膝部在球的上方，用脚的鞋带部位击球的后下部（图 6-5）。踢地滚球时，脚趾应对准出球方向，击球部位应准确，以保证击球时能发上力（图 6-6）。对速度较快的来球，要通过加大摆踢力量和调整出球方向，消除其初速度对击球方向的影响。

图 6-5

图 6-6

（3）脚背内侧踢球

以踢定位球为例，斜线助跑，助跑方向和出球方向约成 45°角。支撑脚在球侧后方 25 厘米左右，脚尖指向出球方向。用脚背内侧踢球的后下方。踢球时脚背要绷直，脚趾扣紧，脚尖指向斜下方（图 6-7）。

图 6-7

（4）脚背外侧踢球

以踢定位球为例，助跑、支撑脚的位置和踢球腿的摆动与脚背正面踢球的动作要领一样，只是在踢球腿前摆时，膝关节向内转动，脚趾内扣，脚外侧基本与地面垂直，用脚外侧部位击球的后中部（图 6-8）。

图 6-8

（5）脚后跟传球

脚后跟传球如图 6-9 所示。这种传球方法具有一定的隐蔽性。

图 6-9

2.踢球技术练习与提高

（1）做向前跨一步的踢球模仿练习。

（2）双手将球抛起，等球落至脚背上方，用脚背将球向上踢起，用手将球抓住，反复练习，体会击球时脚背的感觉以及正确的击球部位。

（3）对墙踢球。开始时距墙 5～10 米，踢球力量小些，然后逐渐加长距离，加大踢球力量。

（4）进行踢远或踢准比赛。

（5）两人一组，一球，一人将球抛起用正脚背将球踢给对方，对方接球后用同样的方法将球踢回。

（6）两人一组，一人脚底踩球，另一人做向前跨一步踢球练习和慢速助跑踢球练习。

（7）两人一组，相距 15 米，中间放两个间隔 1 米宽的标志物，试着传球并从中间通过，成功一次得 1 分，先得 10 分者获胜。将标志物的间距缩小或加大两者之间的距离继续练习。

(五)运球技术能力培养

1.运球过人技术分析

运球时要逼近防守者,距对方 2 米左右。身体要保护球并用远离防守者的脚控制球。过人时重心要低并落于两脚之间,有利于假动作使对方失去重心,运用拨、拉、扣、挑等技术动作,突然快速地摆脱越过对手(图 6-10)。

图 6-10

2.运球技术练习与提高

(1)变速运球:由练习者持球在一定范围内匀速运球,听教练员发出信号后即做变速运球。也可以旗杆为标记,规定在某段距离以慢速运球,在另一段为快速运球。

(2)内引外拨:用脚内侧做斜线内引运球,控制速度,运球平衡,当教练员发出信号,球员快速改用脚外侧拨球,并起动加速跟上球,将球控制后再做斜线内引运球,以此重复练习。

(3)一攻一防:一人持球,一人防守进行过人突破练习,防守者可由消极防守逐步过渡到积极防守,可定时交换,也可谁控制球就由谁进攻,另一人防守。

(六)头顶球技术能力培养

1.头顶球技术分析

(1)原地前额正面顶球

正对来球,两脚左右开立,膝关节微屈,两臂自然张开,当球运行到快要通过重心垂直于地面的垂线时,两腿用力蹬地,迅速向前摆体,微收下颌,触球瞬间颈部做爆发式振摆,用前额正面击球中部将球顶出(图 6-11)。

图 6-11

（2）前额正面跳起顶球

选好起跳位置，掌握好起跳时机，起跳脚积极蹬跳发力，手臂协调向上提摆，以加强起跳力量（图 6-12）。

图 6-12

（3）前额侧面跳起顶球

动作类似前额正面的跳顶，只是在起跳上升阶段，上体应向出球的相反方向回旋转体。当重心升至最高点时，上体向出球方向侧加速转动，摆体侧甩，可利用脚的侧下蹬加快侧摆速度，用前额侧部将球顶出（图 6-13）。

图 6-13

2.头顶球技术练习与提高

（1）两人一组，一人双手将球向斜上方托起，另一人站在球的下方，用前额正面顶球。

（2）进行自抛自顶比赛，顶得远者获胜。

（3）3 人一组，站成三角形。一人抛球，一人顶球，一人接球。接球人变抛球人，抛球人变顶球人，顶球人变接球人，交换训练。

(4)在 40 米×50 米的场地内设两个球门,攻守双方各 6 人。守门员手抛球后,任何一方的球员都可用手将球接住,然后将球高抛给队友,该队友头球传给另一名同伴,该同伴用手接到球后,随即再将球高抛给另一名队友,该队友再用头球传给另一名同伴,直至头球射门。防守队员只能用头顶球抢断。

(七)抢截球技术能力培养

1.抢截球技术分析

(1)正面抢截球

两膝弯曲,上体略前倾,并注意观察对手的脚下动作,在对手触球的刹那,支撑脚前跨将球控住。如果双方对脚触球,则应顺势向上做提拉动作,将球从对方脚背上带出(图 6-14)。

图 6-14

(2)侧面抢截球

身体向对手倾靠,重心略降,手臂贴紧身体。在对手近侧脚离地刹那,用肩以下、肘以上的部位猛力冲撞对手的相应部位,使对手身体失控,趁机控球。

(3)铲球

多用于对方突破后被迫采用的破坏球防守技术。多为侧面铲球和侧后铲球,一般避免背后铲球。触球部位多为脚内侧、脚尖、脚外侧等部位(图 6-15)。

图 6-15

2.抢截球技术练习与提高

(1)原地蹬出做铲球动作,熟练后,接着进行铲传与铲控的练习,方法同上。

(2)争抢球练习:在两名球员前方 5 米处放置一球,听到教练员吹响的哨音后,两人同时朝着球的方向同时跑进。然后选择适当的位置和时机冲撞来达到控制球的目的,注意冲撞要合理,以免造成损伤。

（3）慢跑合理冲撞练习：两名球员朝着同一方向慢速向前跑，在跑的过程中，两名球员可以合理冲撞对方，通过冲撞练习来对冲撞的时机、部位和用力方式进行体会。

（4）侧后追赶抢球练习：一名球员带球直线前进，另一名球员从后面对其进行追赶，追至与带球人并肩时找准时机通过合理冲撞来将球控制好。练习时，带球的球员要积极配合抢球者，让抢球者体会抢球动作，前进与追赶的速度要循序渐进。

三、足球守门员技术能力培养

现代足球要求守门员除守住球门不失球以外，还需扩大防守区域，充分利用规则赋予他在本方罚球区内可利用手触球的特权，封锁和控制本方罚球区的空间，起着"最后一道屏障"的作用。同时，守门员所处的位置优势，便于观察和分析全场的攻守情况，所以守门员往往既是本队防守的组织者、协调者，又是进攻的始发者。其应掌握的基本技术包括：移步、接球、扑球、托球、拳击球和手掷球、脚踢球等。

（一）守门员技术动作结构

守门员技术是一种位置技术，是守门员位置各种技术的综合体，包含多种技术要素。但从其防守行动的过程来分析，可大致分为以下几个阶段。

1.观察判断

守门员在进行防守时，其第一步就是进行观察和判断，其需要具有开阔的视野和纵观全局的能力，能够了解攻防队员的位置关系和动态变化，又要有所侧重，以攻防转换的发展为核心。球员在观察的基础上，对场上的形势进行思考和判断，从而采取相应的进攻和防守的策略。守门员应从球的运行状态，判断其路线、性能、速度和落点，从而为防守做好积极的心理准备和动作准备。

2.移动选位

在观察判断的基础上，守门员要根据来球的发展变化，进行相应的移动和选位。守门员的防守移动主要有平移侧滑步、侧前交叉步以及短距离的快速起动。侧滑步移动相对平稳，便于连接双脚起跳动作，但移动速度较慢；交叉移动的速度较快，便于连接单脚踏跳动作，多用于扑远侧球或出击防守前的移动。

守门员的选位是指通过有目的的移动调整自己与球和球门的位置关系。从站立角度上应选在球与球门线中点的连线上；从站位距离上，向前应能最大限度地封堵射门角度，向后则能有效地防止对方的吊射。

守门员为了守球门，首先要选择正确合理的位置。位置的选择应根据对方的射门角度来决定。一般情况下应站在两球门柱与射门时球所处的位置形成的分角线上（图6-16）。

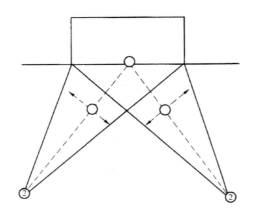

图 6-16

当对方劲射时,守门员应靠前些,这样可以缩小射门角度。在对方远射时可适当前移,但要防备对方吊球。当球向中场或前场发展时,守门员可前移到球门区线附近,并根据球的发展及时调整自己的位置,当对方在中场直接插入突破时,守门员应抓好时机及时出击截球。

3. 准备姿势

准备姿势指守门员采取防守行动前的身体姿态。其动作是两脚平行站立,上体略前倾,两腿自然屈蹲,脚跟稍提,重心落在前脚掌上,两臂在体前自然屈伸,掌心向下,手指张开,眼睛注视来球,使身体处于"一触即发"的良好状态。

4. 防守应答

防守应答是指守门员对那些对球门构成威胁的来球做出相应反应。包括心理反应和应答动作。其中反应的准确性和敏捷性直接影响应答动作的完成,而应答动作的速度与合理性则直接影响防守动作的效果。

守门员的应答行动可大致分为出击防守和门区防守两类。出击防守时,判断要准确、动作要果断、时机要恰当。出击防守通常是守门员对各种吊向罚球点附近的球,以及突破队员单刀赴会时采取的一种防守行动。门区防守则是指守门员对各种射门刺激做出的应答动作。门区防守要求守门员判断准确、反应敏捷、动作及时到位。

在出击或门区防守行动中,守门员可视临场实情选用接球、扑球和托击球等动作方法。对球速慢、角度正的射门球应尽量采用接球方法;对球速快、角度刁的射门球可采用扑球方法;对力量大,形势危急下的射门球可以利用托、击球方法。总之,守门员的防守要稳健可靠,最大限度地减少防守失误,建立场上队员对球门的安全感,消除他们的后顾之忧,以便全力以赴地发挥他们自身的能力。

5. 接球后的行动

守门员在接球之后,即意味着一个阶段的防守结束,下一轮的进攻马上开始。现代足球运动注重快攻打法的运用,在接到球之后,守门员应该具有快攻意识,并就有发动快攻的能力。在接球之后,应迅速观察前场队员的行动和意图,只要前场队员处于有利位置并采取前插的动作,则应及时将球传出,发动有力的快攻。若没有快攻的机会,则应根据场上攻守双方队员的行动与态势,将球发至最有利于下一步进攻的队员。由于竞赛规则对守门员持球持续时间有限制,所以要求守门员应具备良好的快速观察和判断能力。另外,在开球进攻时,还应注意对距离自己较近的球员的动向,避免开球失误,从而使得对方抓住进攻机会得分。

(二)守门员技术分析

1.接球

(1)上手接球

面对来球,两臂上伸,两手拇指相对呈八字形,其余四指微屈,手掌对球。在最高点手触球瞬间,手指、手腕适当用力,缓冲来球并将球接住,顺势转腕屈肘、下引将球抱于胸前(图6-17、图6-18)。

图 6-17

①　　　　　②　　　　　③　　　　　④

图 6-18

(2)下手接球

①直腿式下手接球

面对来球,弯腰时两膝伸直,两腿分开,距离不得超过球的直径,两手掌心向上,前迎触球后将球抱于怀中。

②跪撑式下手接球

以接左侧球为例,左腿屈,右腿跪撑于左脚附近,距离不得超过球的直径,其余动作与直腿式接球相同。接右侧球时,动作相同,方向相反(图6-19)。

图 6-19

2.发球

(1)抛踢球

抛踢球有踢自抛的下落空中球和踢自抛的反弹球两种方法,踢自抛的下落空中球和踢自抛的反弹球的动作与脚背正面踢球基本相同。

(2)手掷球

①单手肩上掷球

两脚前后开立,两膝弯曲,单手持球,屈臂于肩上。掷球前,持球手臂后引,同时身体随之侧转,重心移到右脚上。掷球时,利用后脚用力蹬地、转体和挥臂、甩腕的力量将球掷向预定的目标。

②勾手掷球

两脚前后开立,身体侧对出球方向,单手持球后引,臂微屈,同时重心移到后脚上。掷球时,后脚用力向后蹬地,同时转体,重心由后脚移向前脚。当持球手臂由后经体侧沿弧线摆至肩上时,手指和手腕用力将球掷向预定的目标。球出手后,掷球手臂继续前摆,上体前倾后脚向前迈出,维持身体平衡(图 6-20)。

图 6-20

3.托球

近球侧手臂伸出迎球。触球刹那,手腕后仰,用掌跟部顶推发力,将球向侧或上托出。

4.扑球

(1)倒地侧扑球

①扑脚下球

注视并判断对手将要起脚射门的方向,扑球时重心降低出击迎球,在对手起脚射门的刹那,快速倒地侧扑封堵球路,将球接住或挡出,随即做屈膝团身动作进行自我保护(图6-21)。

图 6-21

②扑两侧球

注视来球,身体重心置于两腿之间,两脚时刻准备蹬地,精力集中。扑球时,异侧脚内侧侧蹬发力,同侧脚屈膝迎球跨出,上体顺势压扑以加速重心的前移倒地,双臂同时迎出接球,腕关节稍内扣,用手掌挡压控球。触球后屈臂收球于胸前,并快速抱球起身。侧倒过程以小腿、大腿、臀部、肩和手臂外侧顺序缓冲着地。

(2)腾空跃起侧扑球

确定来球路线后,迅速降低重心,身体向球侧倾斜移动。同侧脚侧上步,用脚掌外侧蹬地发力,使身体呈水平状腾空,两手同时快速迎球,身体展开。接球手形成球窝状,靠压腕和手指用力将球控住。落地时,两手按球,随即屈肘,以前臂、肩部、上体侧面和下肢依次着地。注意屈膝团身护球,并顺势抱球起身。

5.拳击球

(1)双拳击球

双拳击球时,两臂屈肘握拳于胸前,两拳相拢,拳心相对,当跳起接近最高点即将触球的一刹那,两拳同时快速冲击,以拳面将球击向预定的目标。

(2)单拳击球

单拳击球时,屈肘握拳于肩前,身体跳起接近来球,在击球前的一刹那,快速冲拳,以拳面将球击向预定的目标。

(三)足球守门员技术能力练习与提高

1.接踢来球训练

接踢来球训练要求守门员从蹲伏于地的队员身上跃过,依此来练习接踢来球。接踢来球训练方法是足球守门员需要掌握的一项基本技术。

2.扑接脚下球训练

在进行扑脚下球训练时,队友运球直逼守门员,守门员判断最佳的时机果断扑接脚下球,并不断进行练习,掌握最佳扑出时机。

3.扑低平球训练

如图 6-22 所示,在松软的草皮或沙地上放置一个活动球门,在球门的两侧前方分别用 2 个圆锥形标志物做一个 2 米宽的小球门。在正对小球门 12 米远处各放一圆锥形标志物,2 名队员各准备数个足球站在 2 个圆锥形标志物旁边,守门员则站在球门的中间。2 名发球队员轮流朝面向自己的小球门踢出低平球,守门员运用滑步将球扑出,然后迅速站起来去扑另一侧的来球,如此反复进行训练。

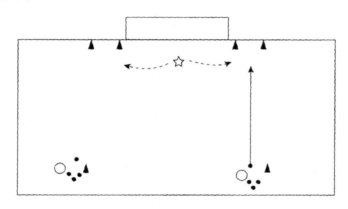

图 6-22

4.接吊球训练

在开始进行训练时,进行无人干扰的训练,守门员熟悉吊球的角度、速度等,其后再进行一人干扰、两人干扰的训练,最后过渡到对抗中完成相应的训练。

5.鱼跃扑高球训练

如图 6-23 所示,若干守门员站在蹲在地上的队员的左侧,教练员持球站在蹲地队员的前方 3 米处,并将球抛向蹲地队员的右侧,让守门员鱼跃过蹲地队员去扑球或拳击球。

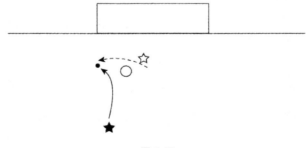

图 6-23

6. 连续扑接球训练

如图 6-24 所示,将练习者分为 5 人一组,每轮游戏由 2 组学生参加。游戏开始,一组为射门组,一组为守门组。射门组的练习者每人持一球,将球平行摆放在罚球区的线上,完成连续 5 次射门。防守组每次选派一人站在球门内充当守门员,完成 5 次射门训练后双方交换角色。2 组都完成射门和守门后,游戏结束,进球最多的一组获胜。

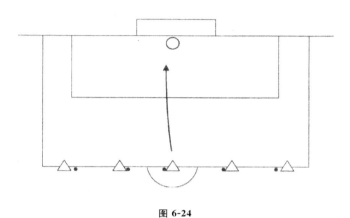

图 6-24

7. 各种地滚球、平空球和高球训练

在进行该练习时,守门员接由 10 米外踢来的各种地滚、平空和高球。训练时可将踢球者增加至 2～4 人,从多方向踢出多种性质的球,提高守门员快速移动中处理球的能力。

8. 守门综合训练

练习者在五人制比赛场地中进行训练。每轮由一人充当守门员,剩下的人负责射门。训练开始前,守门员背对射门者,站在球门线上(图 6-25)。射门者在点球点后排成一路纵队,轮流射门。射门者依次将球放在点球点上将球射向球门。在射门触球前,射门者必须大声呼喊守门员的名字,守门员迅速转身做出扑救动作。一轮完成后,练习者交换角色,继续进行训练,直至所有人都完成各个角色后结束。

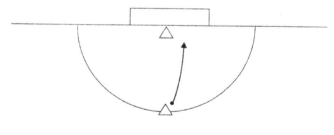

图 6-25

四、足球掷界外球技术能力培养

(一)足球掷界外球技术分析

掷界外球技术是一个下肢固定的爆发式单摆运动。在掷界外球时,为了保证较远的投掷距离,应选择合适的投掷角度,并掌握好合适的出手时机。在掷界外球过程中,在由后向前摆的时候,出手迟则出手角度较小;反之,出手角度较大。通过投掷角度的调整来对投掷的远度进行相应的调整。一般而言,当球的抛出角度为45°时,其投掷的远度最大。另外,球的落点与掷出点不在一个水平面上,因此球的掷出角度还与地斜角具有一定的关系。

在投掷界外球时,投掷速度对投掷点远度具有重要的影响。当投掷力量较大,出手速度较快时,投掷的距离相对较远。需要注意的是,投掷时身体的协调性也与投掷的远度具有重要的关系。投掷界外球时,应具有良好的力量素质,并且具有良好的协调用力能力,这样才能够很好地完整投掷动作。

1.原地掷界外球

面对出球方向,两脚前后或左右开立,每脚均应有一部分站立在边线上或边线外。膝关节弯曲,上体后仰成背弓,重心移到后脚上(左右开立时,重心在两脚间),两手自然张开,拇指相对,持球的侧后部,屈肘将球置于头后。掷球时,后脚用力蹬地(或两脚用力蹬地),两腿迅速伸直,身体重心由后脚移到前脚,收腹屈体,同时两臂急速前摆。当球摆到头上时用力甩腕将球掷入场内。掷球时,后脚可沿地面向前滑动,两脚均不得离地(图6-26)。

图 6-26

2.助跑掷界外球

两手持球放在胸前,在助跑迈出最后一步时,上体后仰成背弓,同时将球上举至头后,掷球时的动作与原地掷界外球动作相同。将球掷出后,后脚可在地面上向前滑行,但不得离地。

(二)足球掷界外球技术能力练习与提高

(1)两人一球,相距15米,原地互掷界外球。

(2)两人一球,相距25米,两端设两条平行线,助跑互掷界外球。

（3）前场界外球战术练习。通过队员跑动,调动对方的防守,将球掷入空当,继续组织进攻;选择掷球力量较大的队员,将球直接掷入罚球区内攻门;将球掷向近门柱的罚球区线附近,由身材高大的前锋将球蹭顶给罚球点附近的同伴攻击球门。

第二节　大学生足球运动战术能力培养

一、足球运动的基本战术阵型知识

（一）"WM"阵型

如图 6-27 所示,"WM"阵型的队员比较平均分布在比赛场地上,其中有 3 名后卫、2 名前卫和 5 名前锋。每个队员都有固定的防守对象:前卫防守对方内锋,中后卫防守对方中锋,边后卫防守对方边锋。"WM"阵型在 20 世纪三四十年代被世界各国广为应用。

图 6-27

（二）"4—2—4"阵型

如图 6-28 所示,"4—2—4"阵型以 2 名中后卫为核心,有人数较多的密集防守线,同时又组成了 2 名中锋、2 名边锋的进攻线,因而进攻线也得到了加强。除此之外,由于边后卫频繁地插上助攻,更增加了对方防守的困难。

图 6-28

（三）"4—3—3"阵型

如图 6-29 所示，"4—3—3"阵型有 3 名前卫、4 名后卫，在防守中可以形成多种形式的战术配合。3 名前锋负责进攻，中场的 3 名前卫要密切地与前锋和后卫协同配合，进行交叉换位。这种阵型隐藏着极大的进攻突然性，有时拖后的前卫会突然地出现在前锋位置上，给对方防守线出其不意的打击。

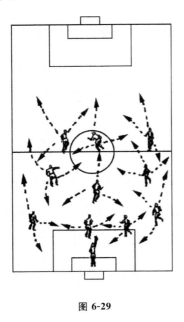 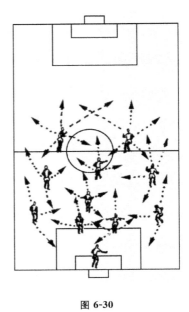

图 6-29　　　　　　　　　　　　　　　　图 6-30

（四）"4—4—2"阵型

"4—4—2"阵型能牢固地控制中场的主动权，极大地增强了防守线的力量。同时由于中场队员和边后卫大范围地穿插配合，能够为进攻创造有利条件。"4—4—2"比赛阵型适于那些技术战术全面的队员，特别是掌握了灵活换位的队员运用。如图 6-30 所示，"4—4—2"阵型使中、后场的防守更加巩固，攻防更为机动、灵活，二、三线插上进攻和快速反击更为锐利。

（五）"4—5—1"阵型

"4—5—1"阵型由"4—4—2"阵型变化而来，如图 6-31 所示。边后卫与中卫的职责和打法采用区域与盯人相结合的混合防守体系。双中卫主防对手 2 名中锋。中锋拉边或回撤分别由边后卫和前卫看守，2 名边后卫固守边路，这种阵型打法是现代足球比赛边后卫常采用的打法。

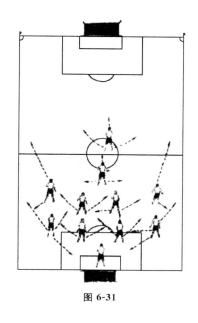

图 6-31

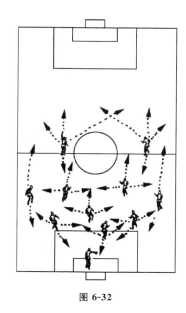

图 6-32

（六）"3—5—2"阵型

如图 6-32 所示，"3—5—2"阵型放重兵于中场，有利于取得中场攻防的主动权，攻防转换快捷、机动，能较好地保持攻防的动态平衡。

（七）"1—3—3—3"阵型

"1—3—3—3"阵型指 1 名拖后中卫（自由人）、3 名前锋、3 名后卫、3 名前卫的阵型。其攻守平衡，设"自由人"，使防守厚度增加，层次分明。"自由人"须补位及时，抢断稳健，能扼守最后防线，并且进攻时可伺机插上助攻。由于只有 3 名前卫，中场力量略显不足，一般由守转攻时，有 1 名后卫插上，由攻转守时，有 1 名前锋撤回，以协助中场前卫的攻与防。3 名前卫三角站位。

（八）"3—4—1—2"阵型

"3—4—1—2"阵型兼有"3—5—2"阵型的特点，进可演变成 3 名前锋，退可稳固后防，变化颇多。此阵形对场上每个位置要求都很高，队员都应熟知阵形的变化套路，在队员之间交叉换位、后插上紧密配合都应相当默契，否则不会达到预想的战术效果。

二、足球进攻战术能力培养

（一）个人进攻战术分析

1. 传球

传球时及时把握传球机会；中距离传球可以加快进攻推进速度，失误又相对较少，所以多采用中距离传球;传球弧线一般要与接球者跑动切入的方向一致;传球路线应尽量避开对方的抢截半径和断球的可能;传中球的弧线要与冲顶射门的同伴的跑动方向相反;顺风进攻时少传直传球和长传球,传球力量适当小些。在进行传球训练时应注意培养良好的传球意识,隐蔽传球意图,提高传球的准确性,并合理把握传球的时机。

2.运球突破

一般来说,这些情况下运用运球突破:控球队员在没有射门、传球可能时;同伴处于越位位置而又没有其他更好的传球选择时;控球队员在对手贴身紧逼,失去传球和射门的角度时;在攻守转换过程中,控球队员在进攻范围内,面对最后 2 名防守队员,而且防守队员身后又有较大空当时。要掌握好运球突破的时机、距离和方向,突破对手后应及时射门或与同伴进行传球配合。

3.射门

射门时,队员首先应通过快速的观察做出及时正确的判断,然后根据来球的速度、落点和防守队员及守门员所处位置的情况采用有效的射门方法射门。在战术上,射门要快、准、狠、变。要机智地进行摆脱,闪开角度再起脚射门。应具有强烈的射门进球意识和欲望,捕捉一切射门的机会是进球获胜的前奏。要敢于在激烈对抗中完成射门行动。射门前要观察守门员所处的位置和移动情况,选择好射门角度,这直接影响射门的效果。同时还应注意射门时尽量射低平球,必须准确、突然、有力以及掌握好射门时机。

4.跑位

跑位是指在比赛中无球进攻队员有目的、有意识的跑动,为自己或同伴创造进攻机会的行动。为了保证有限的有球活动顺利、高效地完成,进攻队员就必须通过积极、快速、多变的无球活动来摆脱防守,创造控制、支配球的必要时间和空间。跑位运用前,要有敏锐的观察,跑位时目的要明确,行动时时机应合理,跑位中行动要多变。可将跑位分为:摆脱跑位、切入跑位、牵制跑位。

(二)局部进攻战术分析

局部进攻战术是指进攻中两个或几个队员之间的配合方法。局部进攻战术是集体配合的基础。其基本配合形式主要包括传切配合、交叉掩护配合、二过一配合。

1.传切配合

传切配合是指控球队员将球传给切入的进攻队员的配合方法,是局部进攻战术中运用最多的方法。传切配合的形式有局部传切和转移长传切入。

(1)局部传切配合

按传切的线路可分为直传斜切和斜传直切(图 6-33)。

(2)长传转移切入

在进攻中当一侧受阻时,长传转移到另一侧,切入队员得球后展开进攻(图 6-34)。

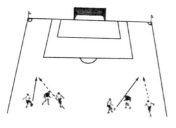

图 6-33　　　　　　　　　　　　　　　　　图 6-34

2.交叉掩护配合

交叉掩护配合是指在局部地区两名进攻队员在运球交叉换位时,以自己的身体掩护同伴越过防守队员的配合方法(图 6-35)。

图 6-35

3.二过一配合

二过一配合是指在局部地区两名进攻队员通过两次以上的连续传球配合,越过一名防守队员的配合方法。根据传球和跑位的路线,二过一配合的形式主要包括:斜传直插二过一、直传斜插二过一、斜传斜插二过一、回传反切二过一。

(1)斜传直插二过一配合(图 6-36)

当防守队员身后有一定空当,防守队员距插入队员较近时,采用此种二过一配合效果较好。

(2)直传斜插二过一配合(图 6-37)

当防守队员身后有较大空当或防守队员移向接应队员时,采用此种二过一配合效果较好。直传球力量要适当。

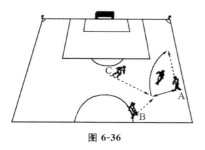

图 6-36　　　　　　　　　　　　　　　　图 6-37

（3）斜传斜插二过一配合（图 6-38）

当防守队员身后空隙较小或采用连续二过一时，采用此种二过一配合效果较好。

（4）回传反切二过一配合（图 6-39）

当接应队员与控球队员有一定的纵深距离，而且防守队员贴身逼抢时，可主动向后扯动，拉出空当，采用此种二过一配合。

图 6-38

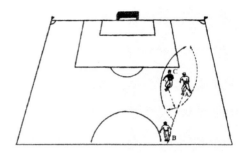
图 6-39

（三）整体进攻战术分析

整体进攻战术是指为了完成进攻战术任务所采用的全局性的配合方法。整体进攻战术涉及的人员比较多，是全队协调一致的行动，体现了一个队的进攻实力和配合能力，一次完整的整体进攻是由发动、发展和结束三个阶段组成的。

1.边路进攻

边路进攻一般是指进攻的最后阶段发生在前场罚球区线以外靠近边线区域的进攻。边路进攻的发起、推进通常有两种渠道：进攻过程始终沿边路而行；通过中路转移至边路。一次完整的边路进攻是由发动、组织和结束三个阶段组成的。边路进攻打法的主要目的在于充分利用"宽度"原则，拉开防守面，削弱中路的防守力量，创造中路破门得分的有利战机。边路进攻的方法主要包括以下几种：

（1）边锋在边路运球突破（图 6-40）。

（2）边锋与中锋或前卫二过一配合（图 6-41）。

图 6-40

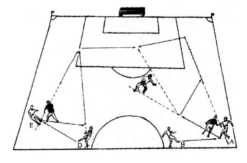
图 6-41

（3）边锋与中锋交叉换位配合（图 6-42）。

（4）前卫套边配合（图 6-43）。

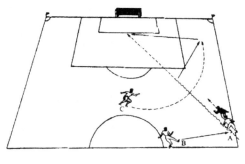 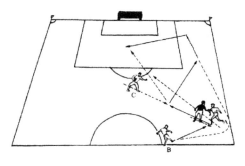

图 6-42　　　　　　　　　　　　　　　　图 6-43

（5）后卫插上套边配合（图 6-44）。

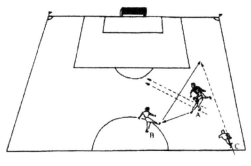

图 6-44

2.中路进攻

中路进攻是指进攻最后阶段发生在前场中间区域的配合。在战术上，中路进攻要求进攻队员要协调行动、跑位要灵活，动作要迅速，射门要果断，并利用规则全力突进对手发球区，以争取进攻优势和罚点球机会。中路进攻方法主要包括以下几种。

（1）运球突破中远距离施射，或利用个人娴熟控运技术突破后冷静射门。

（2）中场突破空间小、时间短，在对方人缝中利用二过一配合或传切配合突破防守并射门。

（3）中锋与前卫或边锋利用斜向运球交叉换位，掩护同伴突破防守并射门。

（4）中锋回撤将对方中卫拉出来再反切接球突破射门。

（5）横扯插上配合，由中锋跑位扯动，拉开防守队员，制造出第二空当，前卫队员突然插上射门（图 6-45）。

（6）头球摆渡配合。当地面配合难以突破对方防守时，可运用外线吊球，利用中路攻击手的身高和头球优势，争顶摆渡，边锋或前卫插上射门（图 6-46）。

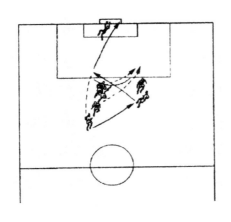
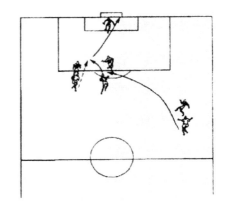

图 6-45　　　　　　　　　　　　　　　　图 6-46

(7)任意球战术配合。前场中路距门 30 米以内的任意球战术配合进攻。

3. 转移进攻战术

转移进攻指由一个区域转向另一个区域的进攻配合。转移进攻一般包括三种：中路进攻受阻时转移到边路组织进攻，边路进攻受阻时转移到中路组织进攻，一侧边路转移到另一侧边路的进攻。

转移进攻能充分利用场地的空间和足球比赛进攻没有时间和传球次数限制的规则，及时转移攻击点，迫使对方防线横向扯动，出现空当，从而成功地突破防线。转移进攻时应注意以下几点。

(1)转移进攻战术实施要求全队思想要统一，行动要积极。特别是一侧边路进攻转移到另一侧边路进攻时，前卫、边后卫应及时插上，进攻才会收到较好的效果。

(2)转移进攻最好有组织者和信号，组织者一般应是突前前卫或拖后前卫。进攻受阻时应及时回传给他(这就是信号)，并由他及时转移进攻点。

(3)队员的视野要广，转移进攻点的意识和观察分析、审时度势的能力要强。

(4)进攻受阻的明显标志是防守局部人数明显超过进攻局部人数，而且防守能力很强，此时应及时转移进攻方向。

4. 快速反击战术

快速反击指防守方在获得球权后，在对方尚未形成稳固防守态势时，快速攻击对方，从而创造射门机会的配合。

快速反击时应注意以下几点。

(1)全队思想统一，行动一致。应具备灵活应变、快速突击的能力，并具有较为固定的快攻配合路线。

(2)快速反击要求快传球，多采用中、长传球，向前传球，时间短与传球次数少是成功的关键。

(3)在前场抢断球后要敢于快速运球突破，直接创造射门得分的机会。

(四)进攻战术能力练习与提高

1.个人进攻战术练习与提高

(1)移动接球。接应队员避开障碍物旗杆,向两边空当接同伴的传球。接球后再回传给同伴,再向另一边移动接球,以此重复练习。可定时交换练习。

(2)在40米×40米方块场内。进行同时多人、多球的传球与接应练习。重点是选择传球目标,观察、呼应与跑动接应。随着练习的熟练,可以增加练习用球的数量和限制触球次数。

2.局部进攻战术练习与提高

(1)各种二对一射门练习。

(2)踢墙式二过一练习。

(3)连续斜传直插二过一练习。

(4)在罚球区前10米×10米范围内进行二过一配合射门练习。

3.整体进攻战术练习与提高

(1)边路进攻练习

均分为两队,每队5～7人可在70米×50米的场地上进行,但在距边线处的场地两侧另加两个6～7米宽的小球门,进攻队员必须先将球传过两侧任何一个球门后才能射门。练习中学生必须先通过边路的小球门再射入正式球门,才能得分;进攻时队员要有意识地通过配合或个人突破越过小球门,从边路组织进攻。

(2)边路传中与中路射门练习

教师分别将球传给⑦号和⑧号,⑦号和⑧号接球后传给接应⑨号和⑩号做二过一配合,然后快速运球传中,⑨、⑩号抢点射门(图6-47)。

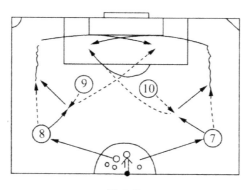

图 6-47

三、足球防守战术能力培养

(一)个人防守战术分析

1. 选位与盯人

选位与盯人是指防守队员为占据合理的防守位置以及限制进攻队员所采取的行动方法。关于选位与盯人,其基本原则是进攻队员、防守队员和本方球门中点三点成一线,并保持适当距离;选位要及时,应先于进攻队员(图 6-48);选位以盯人为主,需要同时兼顾球和空间情况的变化。另外,选位要保持队形,以多防少或以少防多时,要根据具体情况和任务目的灵活选位。在盯人上,应根据不同的场区和任务,对进攻队员实施紧逼盯人或松动盯人(图 6-49)。

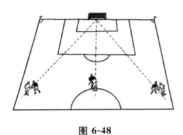

图 6-48   图 6-49

2. 抢球

抢球指将对方控运的球抢过来或破坏掉的战术行动,是重要的个人战术,是个人防守能力的重要标志。抢球的要素如下。

(1)正确的站位:选择在持球对手与球门中点之间站位,这是对方运球突破的必由之路。

(2)合理的距离:通过移动与持球对手保持最适宜的距离。

(3)准确的时机:在对手接控球未稳或控球和运球两个触球动作之间的时机,将球抢下来或破坏掉。

3. 断球

断球是指将对方的传球从途中截下来或破坏掉的战术行为。断球是转守为攻最主动、最有效的战术行动。断球的要素如下。

(1)合理的位置:偏向有球一侧移动,并"松动"防守。

(2)正确的判断:判断持球队员与接应队员的意图,预测传球的时间和路线。

(3)恰当的时机:对方传球的一刹那,先于接球队员快速插向传球路线,将球截断下来。

(二)局部防守战术分析

局部防守战术是指两个或两个以上防守队员之间的配合方法。它是整体防守战术的基础。

其基本配合形式有:保护、补位和围抢。

1.保护

保护是指给逼抢持球队员的同伴心理和行动上的支持,使其无后顾之忧,全力以赴紧逼对手。一旦被持球队员突破,保护队员可及时补防,堵住进攻路线或夺回控球权。如果逼抢队员夺得了控球权,保护队员可以及时接应发动进攻。保护队员在进行保护时,应注意以下几个方面的要求。

(1)保护队员选位要根据临场具体情况随时调整角度,如果同伴堵内放外,保护队员选位角度偏向外线。如果同伴堵外放内,保护队员选位角度应偏向内侧,配合同伴形成夹击之势。

(2)保护队员与逼抢队员的距离是动态变化的,根据不同场区应有所不同:后场3~5米;中前场4~8米。根据持球队员的不同特点也应有所变化:对技术型队员距离应近些,对速度型队员距离应稍远些。

(3)保护队员选位时还应考虑双方人数的对比。二防一时,全力保护、夹击。二防二时,既要保护同伴防突破,又要兼顾自己应盯防的对方接应队员。二防三时,主要是延缓对方的进攻速度,为其他队员争取回防的时间。

(4)保护队员还要通过语言指挥同伴抢截和选位,同时让同伴知道自己的保护位置,以使防守配合更为协调和有效。

2.补位

补位是指防守队员弥补同伴在防守中出现漏洞时所采取的相互协助的战术配合。

(1)当前卫或后卫队员插上进攻退守不及时,临近的队员应暂时弥补他的空位,以防对手利用这一空当进行快速反击(图6-50)。

(2)当同伴被突破后,保护队员要及时补位防守,将球夺回来或阻断其进攻路线。被突破的队员应立即后撤选择适当位置转化为保护队员(图6-51)。

(3)守门员出击时,后卫队员要及时回撤到球门线附近,弥补守门员的位置,防止守门员出击失误,对方突然射空门。

图 6-50　　　　　　　　　　　　　　　图 6-51

(三)整体防守战术分析

整体防守战术是指全队所采取的一种防守配合。

1.整体防守战术防守类型

整体防守战术的防守类型主要包括人盯人防守、区域盯人防守和混合防守。

（1）人盯人防守

人盯人防守是一种除自由人以外，其他每个队员都有固定盯人对象的防守形式。这种打法突出的特点是，在全场攻守的每一个时间和空间，两两对垒的情况总是使每一个进攻队员始终处于压力之中。进行人盯人防守时应注意以下几点。

①要求同伴之间要相互协作。当同伴盯人失误时，邻近队员根据场上情况，进行迅速、灵活补位，以保全整体人盯人防守的严密性。

②要求每一个队员必须具有较强的个人作战能力。

③要求每一位防守队员必须有较强的体力素质。因为在全场范围内，防守队员需始终不停地奔跑和逼抢。

（2）区域盯人防守

区域盯人防守主要是指每一防守队员占据一定的活动区域，当进攻者进入该防区时，区域防守队员实施严密盯人，以控制进攻者在此区域的一切有效行动。区域盯人打法规定了每一个防守者的明确任务，但同伴之间仍需必要的协作，当某一区域盯人防守失败时，邻近队员应及时补位，被突破防守队员应及时地与他换位，以求整体防守的有效性。由于交界处常常由于防守职责不明确而给进攻者带来可乘之机，因此进行区域盯人防守时应特别注意各区域间交界处的防守。

（3）混合防守

混合防守是人盯人防守和区域盯人防守两种形式交织在一起的防守打法。它的最大特点是能根据对手的情况，灵活地将盯人防守和区域盯人防守的优点充分利用，以提高全队防守的效益。混合防守通常是选择体力好、个人作战能力强的队员以人盯人防守盯住对方的核心球员，其他队员采用区域盯人防守。

2.整体防守打法

整体防守战术常用的防守打法包括层次回撤式打法、向前逼压式打法与快速密集式防守。

（1）层次回撤打法

层次回撤打法是分层次、有步骤、有组织的一种防守打法。第一层次是在丢球后离球最近队员立即逼抢，附近队员堵截传球路线，延缓进攻，争取时间；第二层次是其他队员迅速回位，既要选位盯人，又要以球为中心，按场区分主次，组成相互支持与保护的纵深防守队形和体系；第三层次是在稳固防守的基础上，变被动防守为主动争夺球权，即变防守为进攻。

（2）向前逼压式打法

向前逼压式打法是指丢失控球权后，不是回撤消极防守，而是立即对球、对空间进行逼压，降低对方的进攻速度，迫使对手犯错误，将球破坏或夺回来。采用向前逼压式打法及时将球夺回来，组织二次进攻，此时是对方防守思想最麻痹、防守行动最迟缓的时刻，反击的成功率也最高。

（3）快速密集式防守

密集防守是一种缩小防范区域、集中防守主要力量于门前危险地带，仅留1～2名队员于中场附近的防守形式。密集防守的主要特点：防守人数多，可乘空隙小，渗透性进攻配合较难。因此，进攻方破门的难度也相对较大。但此种防守方法会影响由守转攻时的反击速度，所以，就一般情况而言,这种防守打法更多地用于对付明显强于自己的对手。一旦转守为攻,尽量运用长传反击,少运用横传和回传。

(四)防守战术能力练习与提高

1.个人防守战术练习与提高

(1)结合位置的诱导性进行有球练习。在半场内全队按照比赛阵型分别站好各自的位置,一个人多方向控运球,各位置随球方向的变化做选位练习。

(2)诱导性有球练习。进攻队员在离球门 16～20 米距离内做横向运球,防守队员练习选位。

(3)一对一盯人练习。在半场内,两人一组,进攻队员向球门做变向与变速运球,防守队员进行盯人练习。

(4)无球结合球门的练习。两人一组,面对面站立,相距 2 米左右,一攻一守,进攻队员做摆脱跑动,防守队员做选位盯人练习。

2.局部防守战术练习与提高

(1)在 10 米×30 米的 3 个方格内进行练习(图 6-52):S 将球传给被❶号队员盯防的①号,❶号的任务是迫使①号横向活动并阻止其达到对面的端线。❷的主要任务就是保护❷。

(2)练习在 30 米×20 米的 6 个方格内进行:每方格内有两名队员,其中包括一名守门员(图 6-53)。两端设球门,在进攻队员距离球门较近,射门无阻拦时,鼓励队员多射门,以增加其信心和勇气。要求防守队员必须严密紧盯对手,阻止其射门。

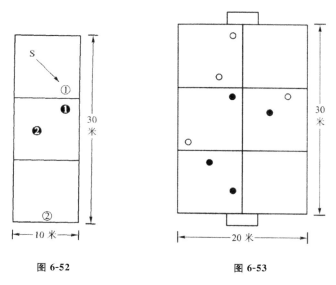

图 6-52　　　　　　　　　图 6-53

(3)2 对 3 攻守练习,在 10 米×20 米的场地上进行,当进攻者突破一名防守者时,在临近的两名防守者之间进行补位练习。

3.整体防守战术练习与提高

(1)无对抗的7人区域防守练习。⊗传给⑪,所有队员按箭头所示向⑪移动,放开⑦,⑪将球回传给⊗,所有队员向移动⊗,⊗传球给⑦,7名防守队员又向⑦移动,放开⑩,如此反复做若干次(图6-54)。

(2)有对抗的区域盯人防守:6攻7练习,攻方积极进攻。守方积极抢断。❾远离❻控球时,❻不盯❾,而是在原地等待❾带球前进时再进行堵抢。如果❾插向❺和❹之间的空当,❻回撤紧盯❾,或者❺移动盯❾,❻回撤至❺空出的防守区域保护❺,使中路防守始终保持一人轮空保护(图6-55)。

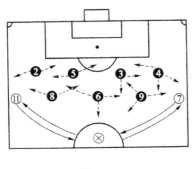

图 6-54

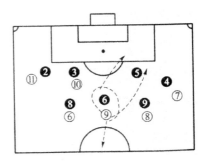

图 6-55

第三节　大学生足球运动规则学习

一、足球运动的基本规则

(一)队员人数

一场比赛应有两队参加,每队上场队员不得多于11名,其中必须有1名守门员。如果任何一队少于7人则比赛不能开始。

1.替补队员人数

(1)正式比赛

在由国际足联、洲际联合会或会员协会主办的正式比赛中,每场比赛最多可以使用3名替补队员。

竞赛规程应说明可以有几名替补队员被提名,从3名到最多不超过12名。

（2）其他比赛

在国家队比赛中,最多可使用 6 名替补队员。

其他所有比赛,只要符合下列条件即可增加替补队员数量:双方关于替补人数达成一致意见;比赛前通知裁判员。

如果赛前没有通知裁判员,或双方未达成一致意见,替补队员不能超过 6 名。

2.违规与判罚

如果一名替补队员,或被替换下场的队员未经裁判员许可进入比赛场地:

（1）裁判员停止比赛(如果该替补队员或被替换下场的队员没有干扰比赛,不必立即停止比赛)。

（2）裁判员以非体育行为警告该队员并令其离开比赛场地。

（3）如果裁判员暂停比赛,应在比赛停止时球所在地点由对方踢间接任意球重新开始比赛。

如果一名队员与守门员互换位置前未得到裁判员许可:裁判员允许比赛继续;当比赛停止时,裁判员警告有关违例队员。

比赛中,任何其他违反本规则的情况:有关队员被警告;在比赛停止时球所在地点由对方队员踢间接任意球重新开始比赛。

3.队员和替补队员被罚令出场

队员在开球前被罚令出场,只可从被提名的替补队员中选一人替换。

凡被提名的替补队员被罚令出场,无论是在开球前或在比赛开始后,均不得替换。

（二）比赛时间

比赛分为两个时间相等的半场,每半场 45 分钟。特殊情况经裁判员和双方同意另定除外。任何改变比赛时间的协议(如因光线不足每半场减少到 40 分钟)必须在比赛开始之前制定,并要符合竞赛规程。

1.中场休息

队员有中场休息的权利;中场休息不得超过 15 分钟;竞赛规程必须注明中场休息的时间;只有经裁判员同意方可改变中场休息时间。

2.允许补充的时间

在每半场比赛中损失的所有时间应予补足。

（1）替换队员。

（2）对队员伤势的估计。

（3）将受伤队员移出比赛场地进行治疗。

（4）浪费的时间。

（5）任何其他原因。

补充消耗时间的多少由裁判员酌情决定。

3. 罚球点球

如果执行罚球点球或重新执行罚球点球,每半场结束时间可延长至罚球点球结束。

4. 中止的比赛

除竞赛规程另有规定外,中止的比赛应重新进行。

二、足球中的犯规和不当行为

下列情况将被判罚犯规或不正当行为。

(一)直接任意球

裁判员认为,如果队员草率地、鲁莽地或使用过分的力量违反下列 7 种犯规中的任意一种,将判给对方踢直接任意球。

(1)踢或企图踢对方队员。

(2)绊摔或企图绊摔对方队员。

(3)跳向对方队员。

(4)冲撞对方队员。

(5)打或企图打对方队员。

(6)推对方队员。

(7)抢截对方队员。

如果队员违反下列三种犯规中的任意一种,也判给对方踢直接任意球:

(8)拉扯对方队员。

(9)向对方队员吐唾沫。

(10)故意手球(守门员在本方罚球区内除外)。

在犯规发生地点踢直接任意球。

(二)罚球点球

在比赛进行中无论球在什么位置,如果队员在本方罚球区内违反了上述 10 种犯规中的任意一种,应被判罚球点球。

(三)间接任意球

如果守门员在本方罚球区内违反下列 4 种犯规中的任意一种,将判给对方踢间接任意球。

(1)用手控制球后在发出球之前持球超过 6 秒。

(2)在发出球之后未经其他队员触及,再次用手触球。

(3)用手触及同队队员故意踢给他的球。

(4)用手触及同队队员直接掷入的界外球。

裁判员认为,队员在出现下列情况时,也将判给对方踢间接任意球。

（1）以危险方式比赛。

（2）阻碍对方队员行进。

（3）阻挡对方守门员从其手中发球。

（4）因规则本款之前未提及的任何其他犯规而停止比赛，对队员进行警告或罚令出场。

在犯规发生地点踢间接任意球。

（四）纪律处罚

（1）黄牌表示警告场上队员、替补队员或被替换下场的队员。

（2）红牌表示将场上队员、替补队员或被替换下场的队员罚出场。

只允许对场上队员、替补队员或替换下场的队员出示红牌或黄牌。

裁判员从进入比赛场地开始直到比赛结束后离开场地前，均有权进行纪律处罚。

队员无论是在比赛场内或场外，无论是直接对对方队员、同队队员、裁判员、助理裁判员或其他人犯有应被警告或罚令出场的行为，都将根据犯规性质进行处罚。

（五）可警告的犯规

如果队员违反下列 7 种犯规中的任意一种，将被警告并被出示黄牌。

（1）犯有非体育行为。

（2）以语言或行动表示不满。

（3）持续违反规则。

（4）延误比赛重新开始。

（5）当以角球、任意球或掷界外球重新开始比赛时，不退出规定的距离。

（6）未得到裁判员许可进入或重新进入比赛场地。

（7）未得到裁判员许可故意离开比赛场地。

如果替补队员或者替换下场的队员违反下列 3 种犯规中的任意一种，将被警告。

（1）犯有非体育行为。

（2）以语言或行动表示不满。

（3）延误比赛重新开始。

（六）罚令出场的犯规

如果队员、替补队员或被替换下场的队员违反下列 7 种犯规中的任意一种，将被罚令出场。

（1）严重犯规。

（2）暴力行为。

（3）向对方或其他任何人吐唾沫。

（4）用故意手球破坏对方的进球或明显的进球得分机会（不包括守门员在本方罚球区内）。

（5）用可能被判为任意球或球点球的犯规，破坏对方向本方球门移动着的明显的进球得分机会。

（6）使用有攻击性的、侮辱性的或辱骂性的语言和/或动作。

（7）在同一场比赛中得到第二次警告。

被罚令出场的队员、替补队员或替换下场的队员必须立即离开比赛场地附近及技术区域。

三、足球的越位规则

(一)越位位置

队员处于越位位置本身并不是犯规。

队员处于越位位置:队员较球和最后第二名对方队员更接近于对方球门线。

队员不处于越位位置:他在本方半场内;他齐平于最后第二名对方队员;他齐平于最后两名对方队员。

(二)犯规

处于越位位置的队员,在同队队员踢或触及球的一瞬间,裁判员认为其就下列情况而言"卷入"了现实比赛中时才被判为越位犯规。

(1)干扰比赛。

(2)干扰对方队员。

(3)利用越位位置获得利益。

(三)没有犯规

如果队员直接从下列情况下接到球,则没有越位犯规。

(1)球门球。

(2)掷界外球。

(3)角球。

(四)违规与判罚

对于任何越位犯规,裁判员应判给对方在犯规发生地点踢间接任意球。

四、球门球

踢球门球是重新开始比赛的一种方法。当球最后触及进攻方队员后,球的整体从地面或空中越过球门线,且不是进球得分时,应判防守方踢球门球。球门球可以直接射门得分,但仅限于踢入对方球门。

(一)程序

(1)由防守方从球门区内的任何一点踢球。

(2)进攻方队员应在罚球区外直至比赛进行。

(3)踢球队员在球触及其他队员前不得再次触球。

(4)当球被直接踢出罚球区,即为比赛进行。

(二)违规与判罚

如果球门球未被直接踢出罚球区:应重踢球门球。

1.由非守门员踢球门球

如果比赛进行后,踢球队员在球触及其他队员前再次触球(用手除外):由对方在违例发生地点踢间接任意球。

如果比赛进行后,踢球队员在球触及其他队员前故意用手触球:由对方在违例发生地点踢直接任意球;如果违例发生地点在踢球队员本方罚球区内,则判对方罚点球。

2.由守门员踢球门球

如果比赛进行后,守门员在球触及其他队员前再次触球(用手除外):由对方在违例发生地点踢间接任意球。

如果比赛进行后,守门员在球触及其他队员前故意用手触球:如果违例发生地点在守门员本方罚球区外,由对方在违例发生地点踢直接任意球;如果违例发生地点在守门员本方罚球区内,由对方在违例发生地点踢间接任意球。

对于任何其他违反此规则的:应重踢球门球。

五、角球

角球是重新开始比赛的一种方法。当球最后触及防守方队员后,球的整体在地面或空中越过球门线,且不是进球得分时,应判为角球。角球可以直接射门得分,但仅限于踢入对方球门。

(一)程序

(1)必须将球放在离球出界处最近的角球弧内。
(2)决不允许移动角旗杆。
(3)对方必须在距角球弧至少9.15米(10码)以外,直至比赛进行。
(4)必须由进攻方队员踢球。
(5)当球被踢出并移动时即为比赛进行。
(6)踢球队员在球触及其他队员前决不允许再次触球。

(二)违规与判罚

1.由非守门员踢角球

如果比赛进行后,踢球队员在球触及其他队员前再次触球(用手除外):由对方在违例发生地点踢间接任意球。

如果比赛进行后,踢球队员在球触及其他队员前故意用手触球:由对方在违例发生地点踢直接任意球;如果违例发生地点在踢球队员本方罚球区内,则判对方罚点球。

2.由守门员踢角球

如果比赛进行后,守门员在球触及其他队员前再次触球(用手除外):由对方在违例发生地点踢间接任意球。

如果比赛进行后,守门员在球触及其他队员前故意用手触球:如果违例发生地点在守门员本方罚球区外,由对方在违例发生地点踢直接任意球;如果违例发生地点在守门员本方罚球区内,由对方在违例发生地点踢间接任意球。

对于任何其他违例:应重踢角球。

第七章 大学生篮球运动技能培养研究

第一节 大学生篮球运动技术能力培养

一、运球技术能力培养

（一）运球技术分析

1.高运球

高运球时，微屈两腿，稍向前倾斜上体，两眼注视前方，将肘关节作为弯曲轴，自然伸屈前臂，用手腕与手指在球的后上方按拍，按拍时动作要柔和而有力。在运球手臂的同侧脚的外侧控制前方球的落点，这样，球的反弹就会高于胸腹位置。在高运球时，运动员推按球要用力，手脚配合要协调（图7-1）。

图 7-1

2.低运球

运球时，两腿应迅速弯曲，重心下降，上体前倾，球的落点在体侧，用上体和腿保护球，同时，用手腕和手指短促地按拍球的后上方，使球控制在膝关节的高度。在低运球时，运动员应降低重心，目视前方，注意保护球（图7-2）。

图 7-2

3.运球急停急起

运球急起时,用力后蹬两脚,快速向前倾斜上体,起动要快速,同时,在球的后上部按拍球,人与球一起迅速向前走。在运球急停急起时,运动员应降低重心,合理控制球,上体前倾(图 7-3)。

图 7-3

4.胯下运球

以右手运球为例。变向时,左脚在前,右手拍按球的右侧上方,将球从两腿之间运至身体左侧,然后上右脚,换手运球,加速前进。运动员进行胯下运球时,应注意球的击地点和动作的连贯性、协调性。

5.背后运球

以右手运球,向左侧变向为例。变换方向时,将右脚置于前方,把球用右手拉到右侧的背后,将手置于球的右后方迅速转腕按拍,按拍的轨迹是身后—身体左侧前方,然后换左手运球,左脚向前,加速前进。运动员进行背后运球时,右手按拍提拉球换手动作要协调,加快速度。

6.体前变向变速运球

倘若运球队员的突破方向是对手的右侧,要先将球运向对手的左侧,当对手迅速向左侧做出移动动作时,运球队员迅速将球运向右侧,将右手置于球的右侧上方按拍。与此同时,向左前方跨出右脚,运用肩膀将对手挡住,然后迅速将左手置于球的后上方进行按拍,从对手的右侧运球超越防守。运动员在运球时,应将重心降低,转体探肩,蹬跨有力,换手变向后要加速。

7.体前变向不换手运球

突破对方前,先将球从右侧拨至体前中间位置,当对手向侧移动堵截时,迅速将球拨回右侧,左脚向右前方跨出,同时右手向前运球,加速前进。运动员在突破时注意保护球。

8.转身运球

当对手右路堵截时,迅速上左脚,微屈膝,重心移至左脚,并以左脚前脚掌为轴做后转身,右手将球拉至身体的后侧方,并按拍球落在身体的外侧方,然后换左手运球,加速超越防守(图7-4)。

图 7-4

(二)运球技术能力练习与提高

(1)原地做高运球、低运球训练。

(2)左、右手交替在体前做横向运球训练。

(3)直线跑动中高低运球训练。

(4)原地或行进间两手各运一个球训练。

(5)在体侧做纵向前拉后推运球训练。

(6)在行进间连续做各种运球变向训练。

(7)弧线运球。沿罚球圈中圈做弧形运球到对面底线,再沿边线运球返回。

(8)运球急停急起。听或看信号做急停急起或变速运球的练习。

(9)领跑运球。两人一组,一人不带球在前而时快、时慢,做变向、急停、后转身等动作,另一人持球在后面跟随做相应的运球动作。

(10)对抗运球训练。两人一组,每人运一球,在保证自己的球不被对方打掉的前提下,伺机打掉对手的球。此种方法也可若干人在固定区域内同时进行训练。

(11)全场一对一攻防训练。

二、传接球技术能力培养

(一)传接球技术分析

1.传球技术分析

(1)双手胸前传球

传球前,双手持球于胸腹间,两肘自然弯曲于体侧,成基本站姿,眼要与传球的目标方向平视。传球时,猛蹬后脚发力,前移重心,前伸两臂,旋转两手腕于内侧,用力下压拇指,迅速用食指与中指拨球,快速传球(图7-5)。球出手后身体迅速调整成基本站立姿势。

图 7-5

(2)双手头上传球

双手手指尖朝上,从球侧面持球于头顶,肘部微屈,向传球方向跨步同时手腕后转,球移至脑后,将球向前抛出,手腕下转发力,做好随球动作。

(3)单手肩上传球

单手肩上传球是指传球前单手持球于肩上,出手时单手将球传出的一种传球方法,是传球中最基本的传球方法之一。这种方法比较适合力量大、适合于远距离的传球,在抢到后场篮板球发动长传快攻时经常使用。这种传球方式重点在于肩关节充分外展,传球时,肘关节领先,挥臂扣腕动作连贯(图7-6)。球出手后,右脚随着身体重心前移而向前迈出半步,保持基本站立姿势。

图 7-6

2.接球技术分析

(1)单手接球

以右手接球为例。右脚向来球方向迈出,接球时微屈右臂,手掌保持勺形姿势,自然分开手指,向迎球的方向伸出手指,同时左脚迈出一步。当手指与球接触后,顺势后撤手臂,同时收肩,上体微向右后转动。然后用左手帮助将球握于胸前。跳起用单手接高球时,可采用手指尖触球后顺势卷腕的手法,把球引到胸前成双手持球(图7-7)。

图 7-7

（2）双手接球

接球前,目视来球方向,自然分开手指,保持两拇指成八字形姿势,两手保持半圆形动作。接来球前,伸展双臂主动迎球,放松肩、臂、腕和指。双手接球时,先用指端与球接触,同时随球后引两臂,目的是缓冲来球的力量,准备做下一步的动作(图 7-8)。

图 7-8

（二）传接球技术能力练习与提高

（1）原地徒手双手持球动作的模仿练习。体会不持球时,能否正确地做出双手持球的徒手模仿动作。

（2）成双手持球的徒手模仿动作,做向来球方向伸臂—主动回收手臂的徒手模仿接球动作。

（3）原地双手持球基本姿势的练习。每人一球,双手持球于胸前,体会双手持球的正确动作方法。

（4）每人一球,成基本站立姿势。双手持球于胸前,做传球发力时的抖腕动作,但球不离开手。

（5）两人一组一球,距离 4 米逐渐扩大到 8 米,然后再从 8 米逐渐缩小到 4 米,用双手胸前传、接球。

（6）两人一组一球,相距 5 米左右,用双手胸前传、接球,在 1 分钟内看哪组传球次数多(记两人总次数)。

（7）两人一组一球,两人四只手共持一球,一人做传球动作,一人做接球动作,两人的手都不离开球,像拉锯一样一传一接连续做。

（8）两人一组一球,一人原地传球,另一人向左、右、前、后移动做接球练习。两人相距 4～6 米,传接球一定次数后,相互交换。

（9）行进间胯下交接球。两脚左右开立,略宽于肩,持球于膝前。练习时,向前迈出右腿,同时左手持球在两腿中间将球交右手,左脚继续向前行进,右手持球经右腿外侧在两腿间将球交左手,依次前进做胯下"8"字交叉接球练习。

(10)全场三人传接球练习。每传一次球都要通过中间人。在3人传球推进的过程中,要保持好三角队形,中间人保持在稍后,两边在前。

(11)全体练习者排成纵队,教师持球距纵队5~7米。排头队员上步接教师传来的球并回传给教练员,然后跑回队尾,接着第二名队员进行练习,依次类推。此练习还可要求练习者跑动接球、急停、上步传球,以加大练习难度。

三、持球突破技术能力培养

(一)持球突破技术分析

1. 原地持球交叉步突破

以右脚做中枢脚为例。左右两脚分开站立,膝盖稍作弯曲,降低身体重心,在胸腹之间持球。突破时,迅速将左脚前脚掌的内侧蹬地,稍微向右转动上体,向前下压左肩,向右前方移动重心,向右侧前方将左脚蹬地,把球引在身体右侧,蹬地并向前跨出右脚,迅速超越防守。运动员在进行原地持球交叉步突破时,应注意弯曲膝盖,降低重心,迅速将移动脚蹬地,向前跨出右脚(图7-9)。

图 7-9

2.原地持球同侧步突破

以左脚为中枢脚为例。准备姿势和突破前的动作要求同交叉步一样。突破时,向右前方将右脚跨出一步,身体向右转并探肩,前移重心,用右手运球,迅速将左脚前脚掌蹬地,并向右前方跨出左脚,突破防守。运动员在做原地持球同侧步突破时,要注意向前跨步移动脚,转体探肩,前移重心(图7-10)。

图 7-10

3.行进间突破

首先,接同伴的来球。在快速移动中,如果队员看到同伴传来的球,应该将双臂伸展准备迎接来球,双臂伸展的方向要与来球方向保持一致,同时用一脚迅速蹬地,两脚向上跳起接前方或侧方的来球。

其次,看清场上形势。准确、快速分析与防守队员的位置关系,两膝弯曲,降低重心,保持身体平衡,快速对依据防守队员的位置和具体情况同侧步或交叉步突破做出选择。

最后,伺机突破进攻。运动员在行进间突破时,要注意协调连贯好摆脱移动、伸臂迎球和跨跳的衔接;突破起动要迅速,突破防守的同时注意将球保护好。

4.转身突破

(1)前转身突破

以中枢脚为左脚为例来分析前转身突破技术。与球篮背对,两脚平行或前后分开站立,保持两膝弯曲,将身体重心放低,双手将球放在腹部前方。突破时,身体重心位于左脚,右脚前脚掌内侧用力蹬地,以左脚为轴碾地,此时右脚随前转身突向球篮方向,身体上部左转,下压左边肩膀。把右手放在球上,将球推向右脚侧的前方,球与手分开后,左脚蹬地,左脚向前方跨出,将对手突破。在运用前转身突破技术时,运动员要注意稳定重心,要紧密衔接转身与突破动作。

(2)后转身突破

以中枢脚为左脚为例来分析后转身突破技术。与球篮背对,两脚平行或前后分开站立,保持两膝弯曲,将身体重心放低,双手将球放在腹部前方。突破时,以左脚为轴,向后方向转身,向右侧后方移动右脚,脚尖指向的方向为侧后方,向后转动上体并压右肩。用右手把球推向右脚前的方向,左脚内侧迅速蹬地,与此同时将左脚跨向球篮方向,换另一只手来运球,并将防守队员迅速突破。运动员在向后转动身体突破时,应注意保持重心平稳,要衔接好转身与突破动作。

(二)持球突破技术能力练习与提高

(1)模仿训练。熟练两种不同的脚步运作与方法和跨步、转体、探肩动作。

(2)徒手做突破训练。两人一组,一人站在突破者前面,突破者做持球突破动作。两人一组互相交换训练。

(3)原地持球突破训练。队员分布在半场内,以篮圈为目标,模仿突破的脚步动作。

(4)一对一持球突破结合跳投或行进间投篮训练。进攻者进攻失球后,两人攻守交换。

(5)突破防守行进间投篮训练。为固定防守人,其他队员依次做突破投篮,抢篮板球至队尾。

(6)突破上篮练习,全体练习者成一列纵队,面对球篮,每人一球,按顺序做原地持球交叉步或同侧步突破接行进间投篮。抢篮板球后运球回队尾。

四、投篮技术能力培养

(一)投篮技术分析

1.原地单手投篮

以原地右手投篮为例,双脚在原地分开站立,右脚稍微向前方迈出,运用两脚中间的力量承担身体重心,肘弯曲,手腕向后方向仰,保持掌心是向上的,自然分开五指,用手将球放在右眼前上方,用左手扶住球的侧面,两膝稍稍弯曲,放松上体并稍微向后倾斜,双眼与篮点对视。投篮时,蹬伸下肢,同时顺势伸展腰腹部,肘部上抬将前臂伸直,前屈手腕,手指在手腕的带动下将球弹拨出去,最后运用食指与中指将球用力投出,球与手相离后,右臂要自然跟进投篮动作。在进行原地单手投篮时,运动员应注意手腕要有力,球的飞行要有弧度(图 7-11)。

图 7-11

2.原地双手胸前投篮

双手持球,两脚左右或前后站立,两腿微屈,前脚掌着地,上体稍向前倾,眼睛注视瞄准点,两手五指自然张开,捏球两侧稍后部位,两拇指相对成八字形,用手指和手掌接触球,手心空出,持球于胸前,屈肘靠近身体。投篮时,两脚蹬地身体伸展,同时两臂向前上方伸出,两拇指向前上方用力推送,手腕稍有外翻,使球从拇指、食指、中指的指尖投出,向后旋转飞行。在进行原地双手胸前投篮时,运动员应把握好弧度不然有碍于投球的命中,注意对手的站位。

3.行进间投篮

(1)行进间单手肩上高手投篮

在篮球比赛中,行进间单手肩上高手投篮是运动员切入到篮下时常用的一种投篮方法。以右手投篮为例,球在空中移动的时候,右脚大步幅向投篮方向或来球方向跨出,右脚跨出的同时做接球动作,向前小步跨出左脚,脚跟先着地,稍向后仰上体,迅速蹬地起跳,右腿膝盖弯曲,左脚蹬地与地面分离。双手同时向前上方举球,身体腾空后,向前上方伸展右臂,腕、指动作同原地单手投篮。投篮出手后,两脚同时落地,两腿弯曲,以缓冲落地的力量。在行进间单手肩上高手投篮时,应力求节奏清楚,起跳充分,举球、伸臂、屈腕、拨球动作连贯,用力适度(图 7-12)。

图 7-12

(2)行进间单脚起跳单手低手投篮

经常在快速移动中超越对手并接近篮下时运用行进间单脚起跳单手低手投篮。以右手投篮为例,行进过程中大步跨出右脚,与此同时,用双手接球,将球用身体保护好,接着小步迈出左脚,迈出的同时向上奋力起跳,身体随起跳动作充分伸展,伸直右臂,手心向上,将球举向篮圈方向,然后通过手指拨球来投篮。一跨二跳接球牢,挑拨球时力要巧。

(3)行进间勾手投篮

行进间勾手投篮技术是运动员持球突破至篮下或空切至近篮区背向或侧向篮圈接球后常采用的一种篮下投篮方法。以右手投篮为例,接球或停止运球后,以左脚向便于投篮的方位跨出一步并起跳,用左肩靠近防守队员,右腿顺势自然上提,注视篮圈,左手离球,右手持球向右肩侧上方伸出,当举球至头的侧上方时挥前臂,以屈腕、压指动作通过食指、中指拨球将球投出。如在篮侧投碰板球,则要利用手指不同的拨球动作,使球向相应方向旋转碰板入篮。在行进间勾手投篮时,运动员应注意跨步蹬地、起跳要与举球动作的协调一致;腕、指动作和力量对球的旋转方向、弧线及落点的良好控制。

4.跳起投篮

以右手投篮为例。在胸腹之间用双手持球,两脚前后或左右分开站立,微屈两膝,两脚之间承担身体重心,放松上体,眼睛向篮圈方向注视。起跳时,适当弯曲两膝,然后用脚掌蹬地发力,腹部提起,腰部伸展,迅速向上摆臂举球,同时做起跳动作,在头上或肩上用双手举球,在球的左侧用左手扶球。当身体升至最高点或接近最高点时,左手与球相离,向前上方伸直右臂,同时屈腕、压指,篮球通过指端投出去,注意要用突发性力量投篮。投篮后,身体自然落地,屈膝缓冲起跳力量,做好冲抢篮板球或回防的准备动作。在跳起投篮过程中,运动员应注意身体的稳定性,球出手时腕、指柔和而准确地屈拨用力(图 7-13)。

图 7-13

5.扣篮

(1)原地双脚起跳双手扣篮

扣篮前,双手持球双脚用力蹬地向上跳起,同时将球上举,充分伸展身体,将球举过头顶至最高点并与篮圈构成最佳入射角时,双臂用力前屈,用突发性屈腕、压指的动作,将球扣入篮圈内。球离手后注意控制身体和落地屈膝缓冲。扣篮动作关键:掌握好起跳的时机,身体协调一致并充分伸展,屈腕、压指要有突发性和力度。

(2)行进间单脚起跳双手扣篮

扣篮前,一脚跨出一大步同时接球,接着另一脚向篮圈方向跨出一小步蹬地尽力高跳,随之在空中充分伸展上体,双手举球至最高点,当球举过篮圈高度时,立即用突发性动作挥动双手前臂接着屈腕、压指,将球自上而下扣入篮圈。球离手后注意控制好身体平衡,落地屈膝缓冲。要尽力高跳并充分伸展上体。是否加挥臂动作要视球体超过篮圈的高度而定,主要靠腕、指动作。

(3)行进间单脚起跳单手扣篮

以右手为例,扣篮前,要求运动员行进间右脚跨出的同时接球,紧接左脚迈出一小步制动并用力蹬地向上跳起,上体充分伸展,高举手臂将球举至最高点,超过篮圈的高度并有适宜的入射角时,立即用突发性向下屈腕和压指的动作,将球自上而下地扣入篮圈之中。球离手后特别要注意身体的控制和落地屈膝缓冲。

(二)投篮技术能力练习与提高

(1)原地徒手模仿投篮技术动作训练。

(2)原地模仿跳投训练。

(3)自抛自接球后做急停跳投训练。

(4)在篮下左、右侧碰板投篮训练,距离可不断调整。

(5)五点晋级投篮训练,在球篮周围设五个点,靠近边线的一点开始,每个队员在第一个点投中后,方能晋升到第二点投篮。先投完五个点者为胜。

(6)近距离传、接球做行进间高手和低手投篮训练。

(7)运球做行进间单手高手、单手低手投篮训练。

(8)在罚球线上做原地单手肩上投篮训练。

(9)在传、接球中做急停跳投训练。

(10)运球、传球、投篮组合训练,以培养运动员综合运用技术的能力。

(11)两人一组一球,相距4～5米对投训练。

(12)两人一组一球,相距4～5米进行对面投篮动作练习。反复体会投篮时的用力顺序。动作要连贯协调,注意蹬地、抬肘、伸臂、拨球一气呵成。

(13)两人一组两球,进行不同角度的投篮练习。队员面对球篮,每人一球,篮下有专人传球,投中者继续投,直到投不中为止,然后按顺时针移动位置。

五、抢篮板球技术能力培养

(一)抢篮板球技术分析

1.抢进攻篮板球

对于处在外线位置的队员抢篮板球,当同伴投篮时,如进攻队员面向球篮,则首先要观察判断球的反弹方向、速度和落点后,突然起动冲向球反弹方向进行补篮或抢获篮板球。以从防守人身后左侧冲抢为例,进攻队员面向球篮时,右脚向右侧跨步,向右侧做假动作,随后以左脚为支撑脚,右脚向左跨出一小步,重心移至左脚,同时右脚立即向前跨步绕前,挤靠防守人,从而跳起抢篮板球或进行补篮。因此,准确判断进攻时间,绕步冲阻,并及时起跳,以补篮或组织第二次进攻是进攻队员需要注意的方面(图7-14)。

图 7-14

2.抢防守篮板球

对于处于外围的防守队员抢篮板球,当进攻队员投篮、防守队员面向对手时应观察判断对手,通过采用合理动作利用转身阻止对手向篮下移动,并抢占有利的位置,是进攻队员需要做的几个方面。起跳进行抢球时,向上摆动两臂,同时,将两脚的前脚掌用力蹬地,尽力向球的方向伸展身体和手臂,身体和手臂伸展到最高点时,积极进行抢球(图 7-15)。

图 7-15

(二)抢篮板球技术能力练习与提高

(1)队员以两列横队站立,听教师口令进行原地徒手双脚起跳,进行用单手与双手抢篮板球的模拟练习。

(2)队员持球向篮板或墙上抛球,做上步起跳的动作,在空中用单手或双手抢反弹回来的球。

(3)队员站成两列横队,每人一球,向头上抛球后起跳,用双手或单手做空中抢球训练。

(4)抢占位置的训练。2人面对面站立,之间间隔1米的距离,进攻队员试图运用假动作摆脱防守队员的防守,积极抢占方便投篮的位置,防守队员转身想办法挡住进攻队员,并跳起做抢篮板球的动作。做一定次数后,攻守交换。

(5)2人一组,站在篮下两侧,轮流跳起在空中用双手将球托过篮圈,碰板传给同伴,必须跳到最高点时托球,连续托球15～30次。

六、防守技术能力培养

(一)防无球队员技术能力培养

1.防无球队员技术分析

(1)防接球

以防接球时为例,防守队员应在自己的视线范围内时刻关注对手和球,并做出准确的防守动作,膝盖弯曲,降低身体重心,保证向任何方向都能够随时起动,要特别注意衔接起动与移动步法,并注意控制平衡,在动态中始终保持在对手与球之间偏向对手一侧的断球路线上,同时伸出同侧手臂形成"球—我—他"的钝角三角形的防守选位。

(2)防切入

防切入也是篮球比赛中防守无球队员的一种重要方法。防切入是指防守进攻队员试图切入或摆脱进攻队员的切入。在防切入时,要同时防守人与球,在不能兼顾的情况下,主要防人,使球和人始终在自己的视线范围内。当对手企图进攻时,主要可以采取的防守方法有凶狠顶挤、个步堵截、抢前等,阻止对方及时进攻。如果对手的切入方向与迎球方向相同,则主动防守进攻队员的后方,以此来将对手的接球路线切断。

(3)防摆脱

在篮球比赛中,防摆脱能够有效防守无球进攻队员。防摆脱指的是限制和封堵无球进攻队员的摆脱。通常,在后场进攻队员通过快下接球攻击进行摆脱。这时,防守队员一定要主动防止其进攻动作。在篮球比赛中,抢占有利的防守位置是防守无球队员的关键。

2.防无球队员技术能力练习与提高

(1)防投切选位练习。两人一组,进攻队员原地只做投切结合动作。防守队员快速移动脚步动作,及时调整重心、步法,做好防投防突的选位练习。

(2)攻守交换练习。两人一组,进攻队员在离篮6米左右,防守队员传球给进攻队员后立即对他进行防守。进攻队员则利用投突结合动作来进攻。练习数次后,攻守双方交换继续练习。

（3）抢位与防底线突破训练。防守队员在进行抢位与防底线突破训练时,当前锋队员在限制区两侧30°以下位置接球时,防守队员应卡堵其底线突破,抢防底线突破的位置,不让对方从底线突破。对方一接球,靠近底线的一只脚在前,并先堵死底线一侧。如果对方从底线突破,应快速滑步并结合堵截步将对方堵在底线外。该训练要求防守须快速到位。先卡堵死底线,然后及时结合滑步和堵截步抢位堵底线。防突破训练过程中,要注意防对方的下一个变化技术动作,避免对手突破防守。

（二）防有球队员技术能力培养

1. 防有球队员技术分析

（1）防运球

防运球过程中,篮球运动员用撤步与滑步,而不应用交叉步移动,还应注意的是,防守队员进行阻堵时,要位于进攻队员的前面一步左右的位置进行,迫使其改变运球方向。当进攻队员利用变速变向、急起急停等方法来摆脱防守时,在其变换动作时防守队员应及时抢前向后移动,占据有利位置,并控制好身体平衡,迅速地变换步法继续进行阻截。

（2）防传球

防守队员防传球的目的是阻止对手向篮下有攻击威胁的内线区域的传球。防守队员在进攻队员接到球之后,要选择正确合理的防守位置,防守位置与对手的位置之间的距离要保持适当,防守队员要将自己的身体重心调整好,眼注视球,判断对手的传球目的,判断依据是对手的位置、视线与动作,防守队员要通过干扰与封堵进行防守,具体方式是挥动手臂。

防传球过程中,最重要的是尽量使对手向外传球,阻止其向内线进行传球。

（3）防投篮

防止对方投篮成功是防投篮的根本目的。因此,在对手掌控球后,防守队员要时刻保持警惕。斜步防守贴近对手是防守队员主要采取的防投篮手段,挥动手臂对其进行干扰,使其放弃投篮。与此同时,另一手臂要向侧方伸直,对对手的传球造成一定的阻碍作用。防守队员要对对手是否投篮做出正确判断,注意其假动作。

（4）防突破

① 防守背对球篮突破的持球队员

防守背对球篮突破的持球队员的防守方法主要运用于近篮区背向或侧向球篮接球的情况,防守队员要保持"你—我—篮"的有利位置,不宜紧靠对手,要有适当的距离。

防守中,当对方接球后,两脚前后站立的姿势时,如果后脚可以做中枢脚转身突破,则必须对其转身一侧多加防范,与对方同侧的脚向后撤半步,手臂侧伸,另一手臂封锁住对手一侧。对手转身进行变向突破时,防守队员要及时做出后撤动作,向侧方向跨步进行阻拦。

防守中,当对手接球后,两脚成平行站立的姿势时,那么防守时应主要以对手接球时距离篮筐的距离为依据,距离较近时主要以防投篮为主,距离较远时主要以防突破为重点。

② 防守面向球篮的持球队员

对防守面向球篮的持球队员来说,有一点非常重要,那就是选位。防守队员要对对手接球的位置、来球的方向、对手与篮筐的角度大小及距离远近以及同伴所处的防守位置的情况进行综合考虑,对突破能力较强的对手进行及时阻截。

（5）抢球

在篮球比赛中,当进攻队员停止运球、接球或抢到篮板球落地时,防守者趁其保护球不当出其不意地将球抢过来。抢球时,当手指接触球或控制住球的同时,利用拧、拉和身体扭转力量,同时手臂要迅速向腰腹回收,快而狠、果断有力地将球抢夺过来。

（6）打球

打原地持球队员手中的球:用手指、手掌击球,用手指、小臂与手腕的短促快速动作弹击,不可挥大臂上步抢打。手臂快速出击,将球向上打出。

打运球队员手中的球:以对手右手运球为例。当对手向前推进时,防守者应在左脚向左滑步抢位堵截的同时,在球从地面弹起的瞬间,突然用左手以短促有力的动作从侧面将球打出,并及时上步控制球。

打行进间投篮队员手中的球:侧身跟随运球队员,当对方起步上篮跨出第二步,把球由体侧移到腰腹部位的瞬间,防守者可用(右)左手自上往下的斜击方法将球打落。

（7）盖帽

在篮球比赛中进攻队员投篮或上篮时,当球刚离手的一刹那,防守队员立即跳起将球打落的技术动作称为"盖帽"。

防守过程中,运用盖帽技术应注意以下三个方面:首先,盖帽前,要根据进攻队员的投篮动作和身高、弹跳等特点,降低重心,迅速移动,选择有利位置,准确判断对手起跳及出球时机,当对手起跳投篮时,立即跟随起跳;其次,在盖帽过程中,身体和手臂充分伸展,当对手举球到最高点或球刚出手的一刹那,及时起跳,迅速而果断地向侧或向前点拨,将球打落。打球动作要小而突然,前臂不要下压,要尽量避免接触对手的身体,以免造成犯规;最后,盖帽后,注意收腹以免犯规。

2. 防有球队员技术能力练习与提高

（1）抢地滚球练习。队员在端线两侧站二列横队,面相对。教练员在端线中点向场内抛球,左右对应的两个队员快速冲向球,抢到球的队员向对面篮进攻,未抢到球的队员进行防守。

（2）两人一组,相距1.5米,面对面站立,一人双手持球于腹前,另一人按抢球的动作要求,突然上步将球抢夺回来。持球队员由正常握球开始,逐渐加大握球力量,使抢球队员体会和掌握拉抢和转抢的动作方法。每人抢若干次后,攻守交换练习。

（3）两人一组,相距1.5米。持球人做出传球动作后,另一队员立即上步打球,二人轮流练习。

（4）两人一组,在半场或全场一攻一守的练习中,防守队员紧紧跟随运球队员。当球刚从地面弹起时,突然打球,两人轮流攻守练习。

（5）两人一组,站在篮下,一人将球抛向篮板,另一人跳起抢篮板球。当得球下落转身时,投球人立刻打球。两人轮流进行练习。

（6）两人一组,一人持球突破,一人防守。当进攻队员持球突破的一刹那,防守队员利用前转身上步,从运球队员身后,用靠近运球的手由后向前抄打球,然后上步抢篮。两人轮流练习打球。

（7）3人一组,两人相距1米,中间一人持球向两侧摆动,两侧无球队员根据球的部位,及时抢球。然后持球队员逐步改做转身跨步和摆脱护球动作,另两名队员伺机抢球。完成一定次数后,攻守交换。

第二节 大学生篮球运动战术能力培养

一、基础配合战术能力培养

(一)进攻基础配合战术能力培养

1. 传切配合能力培养

(1)传切配合分析

二人传切:如图 7-16 所示,④传球给⑤后做向左切入的假动作,然后变向从右侧切入,⑤接球后回传给④的下一位队员,并做向底线切的假动作,然后变向从左侧横切。④切入后至⑤队尾,⑤至④队尾。依次进行练习。

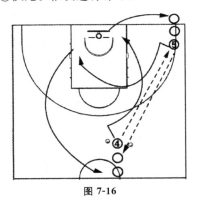 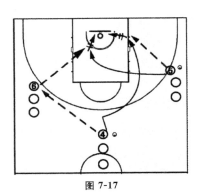

图 7-16   图 7-17

三人传切:如图 7-17 所示,④与⑤各持一球,④传球给⑥后从右侧切入接⑤传球投篮。⑤传球给④后,横切接⑥传球投篮。④、⑤投篮后自抢篮板球传给本组的另一人。按逆时针方向换位,连续进行练习。

(2)传切配合能力练习与提高

① 全队分成两组,依次向篮下切入,切入篮下的队员分别跑到另一组队尾,依次进行练习。

② 全体分成两组,每人一球,抢篮板球后按顺时针方向换位,依次进行练习。

2. 突分配合能力培养

(1)突分配合分析

如图 7-18 所示,开始时④持球突破,在突破中跳起分球给向两侧移动的⑦,⑦在接球后做投篮动作,然后传球给⑤,⑤接球后从底线或内侧突破,跳起传球给接应的⑧。位置交换,④到⑦队尾,⑦到④队尾。突破要有速度,注意保护好球。接应分球的队员要移动及时。

如图 7-19 所示,⊗传球给④,④接传球后向篮下运球突破,当遇到⑤补防时,将球分给移向空位的⑤,⑤接球投篮。④、⑤抢篮板球回传给⊗。④接球前要做摆脱动作,突破时保护好球,⑤要及时突然移动至空隙地区接应。

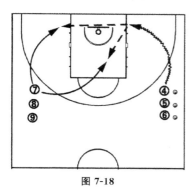 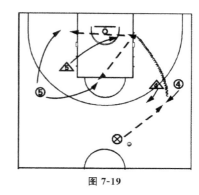

图 7-18   图 7-19

(2)突分配合练习与提高

队员每人一球做突破后传给固定位置接球的教练员。另外,队员也可以从底线突破将球分给 3 秒区、对面零度角接应的队员。

3. 掩护配合能力培养

(1)掩护配合分析

如图 7-20 所示,将练习者分成两组,站在④身前充当防守者,⑥跑到侧后方给④做侧掩护,④先做向左跨步切入假动作,待⑥做好掩护后,及时向另一侧切入,⑥适时地后转身跟进。然后两人互换位置,轮流进行练习。

如图 7-21 所示,⑥传球给④,然后去给④做侧掩护,④利用掩护运球切入时,⑥换防④,④可将球传给转身跟进的⑥投篮。

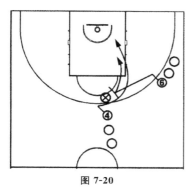 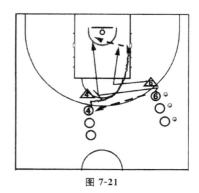

图 7-20   图 7-21

(2)掩护配合练习与提高

①掩护目的要明确,注意行动的隐蔽,同时避免犯规。

②被掩护者要主动贴近掩护者,且不能留有空隙,以防防守队员挤过。

③防守队员换防时,掩护者应采取护送措施,参与进攻。

④进攻队员在进行掩护配合时,应做到配合默契,掌握好进攻时机,及时行动,动作果断,节奏分明,并结合场上防守的具体情况,组织突破、中投或内线进攻。

4. 策应配合能力培养

(1)策应配合分析

如图 7-22 所示,将练习者分为三组,按逆时针方向传球,传球后跑到下一组的队尾落位。

如图 7-23 所示,⑥传球给⑤,⑤回传并上提做弧线跑动要球,⑥传球给插上策应的④,然后切入篮下接④的传球上篮。三人轮转换位。

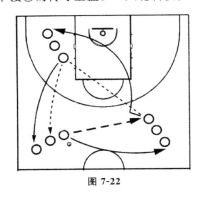
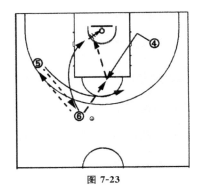

图 7-22   图 7-23

(2)策应配合练习与提高

①策应配合的分解训练。策应人策应动作的练习。策应人变向起动急停接球的动作要规范扎实。每人做一定次数后,换下一人练习。

②策应后接球转身投篮练习,自投自抢篮板球。

(二)防守基础配合战术能力培养

1. 挤过配合能力培养

(1)挤过配合分析

如图 7-24 所示,④去给⑤做掩护,当④接近⑤时,同时⑤准备移动,⑤要及时向前跨一步靠近⑤,并在⑤与④之间侧身挤过继续防守⑤。⑤去给⑥做掩护,⑥按⑤同样的动作挤过。依次进行循环练习,然后攻、守互换。

(2)挤过配合能力练习与提高

①在实施挤过配合时,不应过早暴露挤过配合的意图,以防止对方反方向切入。

②实施挤过配合时,应在两进攻队员身体靠近之前,果断抢步贴近对手,快速侧身挤过。

③防守掩护者的队员,应选择能够兼顾防守两个进攻队员的位置,做好随时换防的准备,并及时提醒己方队员注意对方的掩护意图。

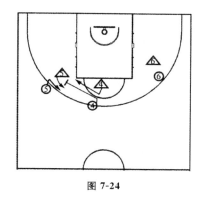

图 7-24

2. 穿过配合能力培养

(1)穿过配合分析

如图 7-25 所示,在弧顶外持球,④、⑤、⑥轮流做定位掩护,△4、△5、△6防守者练习挤、穿、换防守。当弧顶传球给⑥时,④立即起动借⑤定位掩护摆脱防守切入,△4做挤过、穿过或交换防守练习。⑤做完掩护后拉出,④切入后到限制区左侧做定位掩护,⑥将球传过弧顶后利用④掩护切入,△6做挤过、穿过或交换防守练习。如此反复进行练习,到一定次数后攻守交换。

图 7-25

(2)穿过配合能力练习与提高

①防掩护者的队员应主动后撤一步选好位置,并及时提醒同伴,以便让队友穿过。

②当对方掩护时,防守掩护着的队员应撤步侧身,避开掩护者及时穿过。

3. 换防配合能力培养

(1)换防配合分析

如图 7-26 所示,⊗与④和⑥在外围传接球,当⊗传球给④的同时,⑤给④做后掩护,④将球回传给弧顶队员,④借掩护之机切入篮下,这时△5一边跟防,一边通知△4,当④切入时,△5突然换防④,并准备断弧顶队员传给④高吊球,此时△4要抢占内侧防守位置,防止⑤接弧顶⊗的球。

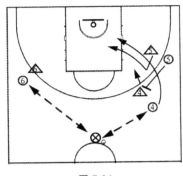

图 7-26

（2）换防配合能力练习与提高

①在利用交换配合堵截进攻队员的攻击路线时，防守掩护者的队员以及时发出信号提醒同伴。

②在掩护队员转身切入之前，防守被掩护者的队员应及时撤步，以抢占有利于防守的位置。

③当对方纵向移动做侧掩护时，为减少交叉移动最好采用交换防守以破坏对方的掩护。采用交换防守时，由后面的防守者首先发出换防的信号。

4. "关门"配合能力培养

（1）"关门"配合分析

如图 7-27 所示，④、⑤、⑥在外围相互传球，寻找机会从 ④ 与 ⑤ 或 ⑤ 与 ⑥ 之间突破。④、⑤、⑥除了要防住自己的对手外，还要协助邻近同伴进行"关门"，不让对方突破到篮下。当进攻者突破不成把球传出时，"关门"的队员还应快速还原去防自己的对手。

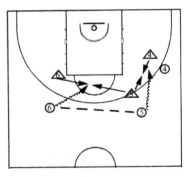

图 7-27

（2）"关门"配合能力练习与提高

①防守对方突破的队员应该及、积极地堵住进攻队员的突破路线。

②防守队员应根据持球队员的停球和传球，来决定围堵和回防，在进攻队员突破时，临近突破一侧的防守队员应快速移动靠拢进行关门配合。

③邻近的两名防守队员在运用关门配合时，应两肩靠紧，微屈膝，含胸，两臂自然上举或侧举，在发生身体接触时，为避免受伤，应使用暗劲。

二、快攻与防守快攻战术能力培养

(一)快攻战术能力培养

1. 快攻战术分析

(1)长传快攻

抢篮板球后长传快攻:如图 7-28 所示,⑤抢到篮板球后,应仔细观察场上的人、球情况,掌握发动快攻的时机,⑦和⑧及时快攻超越防守。⑤根据情况,长传球给⑦或⑧进行投篮。④、⑤、⑥应随后插空跟进。

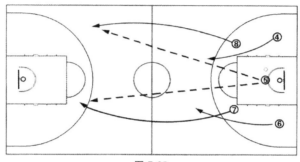

图 7-28

抢篮板球后接应发动长传快攻:如图 7-29 所示,当⑤抢到篮板球后,⑦和⑧已经快下,但由于受到的严密防守,⑤不能及时长传,此时⑤可立即将球传给⑥,⑥接应后根据场上情况,迅速将球长传给已经快下的队员⑦和⑧进行投篮。

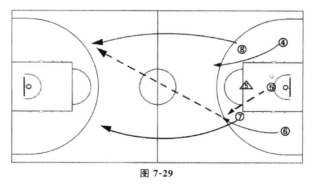

图 7-29

掷后场底线球长传快攻:如图 7-30 所示,当对方投中篮后,离球近的⑥立即捡球跨出底线,迅速掷界外球,快速将球长传给快下的④或⑤进行投篮。

断球长传快攻:如图 7-31 所示,⑦抢断⑥的传球后立即将球传给快下的⑤或⑥进行投篮。

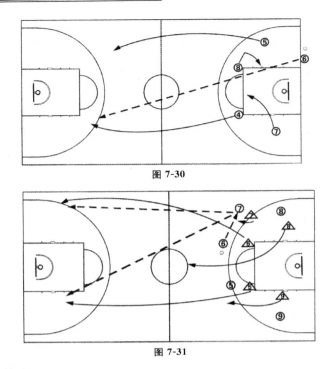

图 7-30

图 7-31

（2）运球突破快攻

在抢断球或获得篮板球后，抓住进攻时机，快速运球超越对手直攻篮下得分。

（3）快攻结束的配合

①二攻一配合：利用快速传、接球投篮或突破分球投篮。

②三攻二配合：两边的队员要快速拉开向前，中间队员稍微拖后，从而形成三角纵深队形，从而扩大攻击面，根据情况选择合适的进攻路线，给对方防守施加压力。

③人数相等时的进攻：在快攻的结束阶段，当攻防双方队员的人数处于均衡状态下时，运用区域上的优势，趁其站位未稳而对其发动攻击。

2. 快攻战术能力练习与提高

（1）全场长传球上篮训练。

（2）五人全场传球训练。

（二）防守快攻战术能力培养

1. 防守快攻战术分析

（1）提高投篮命中率，拼抢前场篮板球

现代篮球比赛节奏快，攻守转换迅速，比赛中，由守转攻抢时，通过争取后场篮板球进而发动快攻的概率最大，因此，进攻队员提高投篮命中率、积极拼抢前场篮板球是制约对方发动快攻的有效方法。

（2）堵截快攻的第一传和接应

篮球训练和比赛中，对快攻的第一传和接应进行有组织的堵截，是使其快攻失败的关键动作。对手拿球由守转攻时，离持球队员最近的防守队员要迅速上前封堵对手的传球路线，伺机夹击防守，干扰其第一传，同时，其他队员切断接应路线，伺机断球，延缓其进攻速度，争取时间布防。当对方发动后场端线球快攻时，一方面防守队员要迅速退防，防止其偷袭；另一方面防守队员要全力封堵对手发端线球，延缓其进攻速度，组织好防守阵型。

（3）控制对手的推进

篮球比赛过程中，当对方发动快攻时，领防队员绝对不可盲目后撤，而是应当与持球者保持适当距离，控制后撤速度以对对手的推进速度进行控制，从而转入阵地防守。

（4）防守快下队员

篮球比赛中，本方由攻转守时，防守队员应积极堵截中场，使进攻队员不能长驱直入篮下；积极运用快速退守，并追截沿边线的快下队员。

（5）提高队员以少防多的能力

篮球比赛过程中，当对方成功发动快攻、出现以少防多的不利局面时，防守队员提高一防二、二防三的能力，重点防篮下，为同伴回防赢得时间，这就必须提高个人防守能力，以及同伴之间的相互补防能力。在篮球比赛实践中，一防二时，防守队员要绝对的冷静，对于防守位置的选择要注重人球兼顾，在移动中更加积极从而争取退守时间。在防守过程中要注意观察对方的意图和行动，看准时机迅速、果断地抢断，封盖、干扰对方投篮，并积极抢篮板球。二防三时，两名防守队员积极移动，紧密配合，内外兼顾，左右照应。两名防守队员中一名队员侧重对付有球的队员，另一名队员注意选择合理位置，做到既能控制篮下，又能同时兼顾两名无球队员的行动，看准时机，果断进行抢、断球，争取转守为攻。

2．防守快攻战术能力练习与提高

（1）全场二对二训练。把篮圈封死，先做半场二打二。进攻队员抢到篮板球继续投篮，防守队员抢到球立即一传组织反击。离球最近的原进攻队员封一传，另一队员堵截接应。

（2）全球三对三训练。训练方法基本同上，只是人数不同。当原防守队员抢到后场篮板球后，近球队员封一传，另两名队员堵截接应队员。

（3）全场一防二。要求队员利用假动作迷惑对方，采用假扑真撤保护篮下的策略，迫使进攻失误。当进攻结束后应立即封一传，堵接应，延缓快攻速度。

（4）全球二防三。防守队员不要固定站位，不能让进攻队员准确判断防守的阵型。如进攻结束立即分散封一传，堵接应队员。

三、进攻人盯人防守与人盯人防守战术能力培养

（一）进攻人盯人防守战术能力培养

1．进攻人盯人防守战术分析

（1）进攻半场人盯人防守

掩护突破与空切配合：如图 7-32 所示，⑥传球给⑤，④提上给⑤做掩护，⑤借助④的掩护持

球突破到篮下；同时⑧提上给⑦做掩护，然后转身插向篮下，准备接⑤的分球或抢篮板球，⑦借助⑧的掩护插向底线，准备接⑤突破分球，以便于⑤突破篮下时可以有自己上篮、分球给⑦或④或⑧投篮四个机会。

　　掩护策应与传切配合：如图 7-33 所示，⑥传球给⑦，然后去给⑤做侧掩护，④做假动作后插到罚球线上要球，⑧去给⑦做侧掩护，⑦传球给④后，借⑧的掩护向篮下快下，⑤借助⑥的掩护插到圈顶准备策应跳投，④根据情况做策应跳投或传给⑦准备投篮。

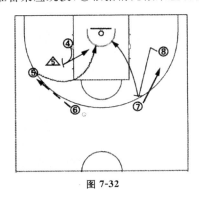

图 7-32

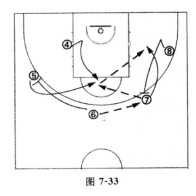

图 7-33

　　(2)进攻全场紧逼人盯人防守

　　① 快速进攻：快速进攻主要用于由守转攻时，通过对快攻战术的运用来进行进攻的一种方法。这种方法能够有效破坏全场紧逼人盯人的防守。具体操作上来讲与快攻战术区别不大。

　　②"逐步"进攻："逐步"进攻也主要用于守转攻时，如果没有空当，可以在进行快速反击的情况下，队员通过站住位置，从而运用各种方法配合去来撕破对方紧逼人盯人防守。

2. 进攻人盯人防守战术能力练习与提高

　　(1)传切训练。将队员分成两组，由每组排头开始，依次进行。每组练习后，练习者排到另一组后面。

　　(2)二对二、三对三练习局部配合，如前锋与中锋，后卫与中锋，后卫与前锋，后卫、前锋与中锋等。

　　(3)5 人在无防守的情况下，初步熟悉进攻战术的路线和方法，明确主攻点、关键和难点，以及战术的变化。

　　(4)半场一对一摆脱接球训练。将队员分成两人一组，先由一组队员进行练习，练习一定次数后，换一组进行训练。

　　(5)半场五对五攻守训练。将队员分成 5 人一组，先由两组进行练习。进攻的一组按预定的配合方法进行练习，要熟悉进攻练习，了解不同的机会。防守的一组要人盯人，开始可以消极一些，但一定要跟着对手跑动。练习一定时间后，换两组上场训练。

　　(6)全场五对五攻守训练。将队员分成 5 人一组，先由两组进行练习。全场五对五练习时，可结合快攻反击，把全场进攻与半场进攻有机地结合起来，注意进攻的衔接训练，提高进攻的组织速度。

（二）人盯人防守战术能力培养

1. 人盯人防守战术分析

（1）半场人盯人防守战术

① 半场扩大人盯人防守

结合对方进攻特点决定战术策略应用，如果对方外围投篮准确，但突破能力及全队的整体进攻配合质量较差，采用半场扩大人盯人防守战术可有效地扼制对方的习惯打法。有时也用于加强外线防守、切断内外联系，使中锋没有获球的机会，从而达到"制外防内"的防守策略。因此，这是一种防守目的明确，主动性、攻击性很强的防守方法。但由于扩大了防守，队员的体能消耗很大，不利于协防，容易出现漏人的现象。当比赛由进攻转为防守时，防守队员对于对方反击的速度要严加控制，马上后撤，对方进攻的持球队员进入半场后，防守队员要通过紧逼放慢其速度，使其无法突破。在半场扩大人盯人防守中，对于无球队员的防守，位置的选择最重要。

通常，篮球比赛中的扩大人盯人防守主要有三种情况，即球在正面时的防守、球在底角时的防守、球在 45°角时的防守。无论是哪种防守，都应该紧盯对方持球队员，不让他投篮或从容地传球，并严防他从底线突破，此外，还要加强对对方不持球队员的防守，防止对手接球，尤其是在篮下接到球，此时应当果断地绕前防守。

② 半场缩小人盯人防守

破掩护、交换防守或协防：如图 7-34 所示，进攻队员⑤将球传给⑦后，⑤去给④做掩护，防守队△和△向后移动穿过去破坏对方的掩护；若对方掩护成功，△和△要及时交换防守，或△随之移动，继续去防④，其他防守队员相应向篮下收缩，进行协防。

围守中锋防突破：如图 7-35 所示，进攻中锋⑥威胁性较大，而其他外围队员⑦、⑤、④中远距离投篮不准，但又善于切入时，特别是⑥接到外围⑧的传球，除△全力防守之外，△、△、△都要相应缩小防区。

图 7-34

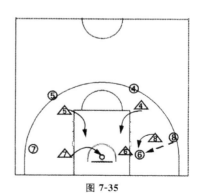

图 7-35

（2）全场紧逼人盯人防守

① 前场防守

对方在后场外掷界外球时的紧逼：一对一紧逼形式，如图 7-36 所示，△积极阻挠④掷界外球，其他前场的防守队员采用错位防守，卡断传球路线，积极抢断球。后场的防守队员应提上防守,与对手保持稍远的距离,并随时准备抢断长传球。

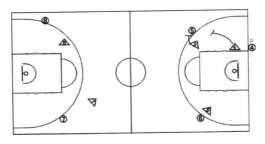

图 7-36

夹击接应的紧逼:在上述一对一紧逼形式中,如果④是控制球能力很强的队员,是该队的主要接应者,△可以放弃对发球人的阻挠,转而对⑤进行夹击,阻止其顺利接应管球。

机动夹击接球者的紧逼:如图 7-37 所示,△和△分别站在对手的侧前方,阻止对手迎前接应。△放弃防守发球者,退到⑤和⑥的后面,随时抢断传给⑤和⑥的高吊球,△提上,准备抢断传给⑥的长传球,△向⑦方向靠一点,准备抢断传给⑦的长传球。

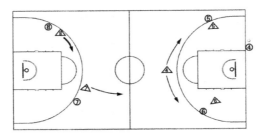

图 7-37

放弃防守发端线界外球队员:当对方球员与后场发边线球时,对于掷球者通常不采用紧逼战术,而用夹击战术对付接球队员。当本方投篮不中,对方抢到篮板球后的全场紧逼,应在移动中就地找人,最主要的是对抢到篮板球和接应的队员及时紧逼,破坏其接应点的传球路线。

② 中场防守

中场夹击与轮转补防:这种中场紧逼盯人与区域紧逼中的一线夹击存在一些不同之处,全场紧逼人盯人防守的形式是对固定对手的一对一紧逼为主,而区域紧逼以紧逼不固定的对手、守区盯人为宗旨,而全场范围内的补防又与半场范围内的补防不同,具体在防守过程中,应灵活机动调整防守对象。

防中路策应:如果在比赛中,攻方采用高大队员在第二防区的中路策应进攻。当对方企图用中路策应的配合攻破第二防区时,防守队员应积极封堵对方向中路的传球路线。其他同伴错位防守,并切断对方策应的接球路线。如果对方队员成功接到球,此时,应防止对方无球队员从第一防区向第二、第三防区空切,切断策应队员再度从第三防区中路策应的接球路线,并要防守对方的空切篮下。

③ 后场防守

比赛中,在后场应继续扩大防守,对持球队员积极封堵,尤其在底线场角,防守队员应积极组织夹击,破坏对方的进攻,促进其出现失误,继续给对方心理上施加压力。如果在前场和中场防守时,由于交换盯人、轮转补防出现防守队员中间高矮错配、强弱不均等现象,可以寻找适当的时机进行调整,以巩固后场的防守实力。

2. 人盯人防守战术能力练习与提高

(1)半场人盯人防守战术能力练习与提高

①提高脚步动作的灵活性和个人防守技术训练。从各种脚步动作练习开始,过渡到半场或全场的一对一攻守对抗练习,在对抗中重点提高个人的脚步移动速度和一对一紧逼抢的能力,培养抢前防无球队员的接球和切入能力训练。

②半场二对二训练。进攻者掷端线界外球,两防守者或各紧逼自己的对手,不让接(发)球;或两人夹击接应者,争取断球或使对方违例。

③半场五对五攻守对抗训练。进攻投篮命中后从中圈发球继续进攻,进攻队员抢到前场篮板球,可以补篮或二次进攻。防守队员抢到后场篮板球或抢断成功,应从中圈开始发球进攻。

(2)全场紧逼人盯人防守战术能力练习与提高

①全场运球一防一。要求堵中放边,防强手,放弱手,始终与对手保持不远于一臂的距离。

②全场二防二。要求封堵掷界外球队员,紧逼接应队员,提高攻守转换的速度。

③全场三防三,中篮后必须掷端线界外球,中途抢断立即反击。

④全场四防四中场夹击练习,防守队员各自紧逼防守自己的对手,接球后其他队员积极配合夹击防守,并按顺时针方向换位协防。

⑤全场五对五教学比赛。只要进攻队员投中后,应当立即全场紧逼,其他情况可采用半场扩大紧逼防守。

四、进攻区域联防与区域联防战术能力培养

(一)进攻区域联防战术能力培养

1. 进攻区域联防战术分析

(1)"1—3—1"联防进攻

中锋策应进攻:篮球比赛中,当外围队员持球时,将球传给中锋队员,中锋队员接球后,除个人攻击外有三个传球点,第一点传给横切的同伴,第二点传给空切篮下的同伴,第三点传给后卫队员,在策应过程中也可个人进攻。

背插、溜底线进攻:本队的三名外线队员在传球过程中调动防守,组织中、远距离投篮,迫使对方扩大防区。如果没有机会,一旦本队的外线队员接球时,同为外线的同伴立即背插至右侧底角,接传球后,远投或回传组织进攻。

三角穿插进攻方法:如图 7-38 所示,⑦接到⑧的传球后,把球向左移动,⑥向左前方跳步接⑦的传球,由于⑥已进入投篮攻击点,△6️⃣出来防守⑥,此时内线④斜插篮下要球,△4️⃣必然去跟防④,紧接着⑤向罚球线远端斜插要球,△5️⃣紧随其上,⑧同时空切篮下接⑥传球上篮,这时△6️⃣是

背对⑧,所以不会去防守⑧。该战术先后出现 3 次战机,成功的关键是穿插要球逼真,连续穿插衔接紧凑到位,传球及时到位。

(2)"2—1—2"联防进攻

以"2—1—2"中锋策应底线进攻为例,如图 7-39 所示,⑥接到⑦的传球,见⑧从右侧溜底到左侧,就向篮下持球突破,使△5和△6"关门"防守,⑤上提接⑥突破分回传球,再传给溜底线过来的⑧,④下移把△4挡在身后,所以⑧投篮是很好的机会,这时④、⑤、⑦准备去抢前场篮板球,⑥撤到安全区域。在篮球比赛中,"2—1—2"主要是针对"3—2"区域联防站位,以迫使对方改变防守队形,使本方队员通过中锋策应、外围穿插、溜底线投篮等形式,形成局部区域的以多打少的局面。

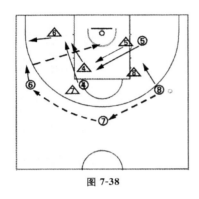
图 7-38

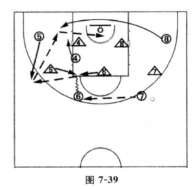
图 7-39

2. 进攻区域联防战术能力练习与提高

(1)溜底线、背插接球投篮训练,依次进行自投自抢篮板球,交换位置,反复练习。

(2)三人三球内外线配合训练。投篮后各自抢篮板球回原位。练习数次后按顺时针方向交换位置,依次进行练习。

(3)五对五半场进攻区域联防完整配合训练。在消极防守下熟悉进攻配合的方法,掌握投篮时机,暂不要求投篮。在此基础上接着进行积极防守情况下的全队练习,掌握进攻节奏,运用声东击西、内外结合的策略,创造更多的投篮机会。

(二)区域联防战术能力培养

1. 区域联防战术分析

以"2—1—2"区域联防为例,在"2—1—2"区域联防中,突前的两名防守队员应要快速灵活,善于在抢断后就地组织反击;位于后排防守的两人应是身材高大、善于盖帽和抢篮板球、发动快攻的队员。"2—1—2"联防主要有以下几种防守方法。

(1)球在正面弧顶时的防守配合。

(2)球在侧面两腰时的防守配合。

(3)球在底角时的防守配合。

(4)防守外中锋的配合。

（5）防守溜底线的配合。

2. 区域联防战术能力练习与提高

（1）局部对抗

①一防二训练。二人外围传球，一人左右来回移动防守有球队员。二人传球不要太快，待防守者到位后再传给另一队员。

②二对二训练。进攻队员二人在球场右侧或左侧的3分线附近相互传球。防守队员二人站位在同侧限制区线附近。当本区进攻队员接球时，要按人盯人方法防守，另一队员后撤保护。练习时，当对方球到底角时，要重点防对方底线突破，当对方得球时，按先防突破再防投篮的原则移动。

③二对三训练。进攻队员三人沿3分线站位，进行外围传球。防守队前锋二人在罚球线附近根据球的转移进行防守。练习时，离球近的队员先去防对方得球的队员。另一防守队员选择一防二的位置。

④三防四训练。外围四人传球，三人防守。三人防守应积极移动补位，一人防对方持球队员，二人防对方三名不持球队员，防守区域可机动变化，力求做到球到人到。

2. 局部防守配合训练

①堵截护送盯人训练。进攻队两名队员在篮下来回溜底，两名防守队员用人盯人方法来回跟踪防守。进攻队可结合内线活动及背插，提高防守移动速度与补防能力。

②盯人与补位配合训练。进攻队员溜底或斜插时，处于该区的防守队员跟踪，当进攻队员向这一区域移动时，临区的防守队员及时进行补位。可以三对三，在两侧反复训练。

③交接防守对方溜底队员配合训练。

3. 攻守转换训练

可采用二对二、二对三、四对四、五对五半场攻守的练习方法。刚开始时，进行两队攻守练习，一队进攻，一队防守。练习一定时间后教师发出信号，进攻组队员听信号后转为快速退防，迅速抢占有利位置。按二人、三人、四人、五人联防的原则和方法进行防守。练习时可往返进行，也可以提出特殊要求和规定。

第三节　大学生篮球运动规则学习

一、篮球竞赛通则

（一）比赛时间

（1）比赛应由4节组成，每节10分钟。

（2）在第 1 节和第 2 节为上半时。第 3 节和第 4 节为下半时。

（3）上下半时中的节间以及每一决胜期之前应有 2 分钟的比赛休息时间。

（4）半时间的比赛休息期间应为 15 分钟。

（5）在比赛预定的开始之前,应有 20 分钟的比赛休息期间。

（6）比赛休息期间开始的确定。

①比赛预定的开始之前 20 分钟。

②当结束一节的比赛计时钟信号响时。

（7）比赛休息期间结束的确定。

①在第 1 节的开始,当球在跳球中被一名跳球队员合法拍击时。

②在所有其他节的开始,当球在掷球入界后触及一名场上队员或被场上队员合法触及时。

（8）如果在第 4 节比赛时间终了时比分相等,为打破平局,需要一个或多个 5 分钟的决胜期来继续比赛。

（9）如果结束比赛时间的比赛计时钟信号响时或恰好之前发生了犯规,在比赛时间结束之后应执行最后的罚球。

（10）如果作为此罚球的结果需要一个决胜期。那么,在比赛时间结束后发生的所有犯规应被视为在比赛休息期间发生的,在决胜期开始之前应执行罚球。

(二)球队要求

1.球队的组成

（1）一名教练员,如果球队需要可有一名助理教练员。

（2）不超过 12 名有资格参赛的球队成员,包括一名队长。

（3）最多 5 名有专门职责的随队人员可坐在球队席上,如领队、医生、理疗师、统计员、译员等。

2.替换队员

在比赛时间内,每队应有 5 名队员在场上并可被替换。

(三)比赛暂停

（1）每次暂停应持续 1 分钟。

（2）一次暂停可以在一次暂停机会期间被准予。

（3）暂停机会期间开始的确定。

①投篮得分时,对于非得分队。

②在最后一次或仅有一次的罚球成功后球成死球时。

③球成死球,比赛计时钟停止,以及当裁判员已结束了与记录台的联系时。

（4）暂停机会期间结束的确定:队员在掷球入界或第 1 次或仅有一次的罚球可处理球时。

（5）在第一半时的任何时间每队可准予 2 次暂停;在第二半时的任何时间可准予 3 次暂停,以及每一决胜期的任何时间可准予 1 次暂停。

(6)未用过的暂停不得遗留给下一个半时或决胜期。

(7)除了对方队员投篮得分并且没有宣判犯规或违例后准予的暂停外,应给首先提出暂停请求的教练员的队登记暂停。

(四)替换队员

(1)在替换机会期间球队可以替换队员。

(2)一次替换机会开始的确定。

①球成死球,比赛计时钟停止,以及当裁判员已结束了与记录台的联系时。

②在最后一次或仅有一次的罚球成功后,球成死球时。

③在第 4 节的最后 2 分钟或每一决胜期的最后 2 分钟内,投篮得分时,对于非得分队。

(3)一次替换机会结束,当队员在掷球入界或第 1 次或仅有一次的罚球可处理球时。

(4)队员已成为替补队员和替补队员已成为队员,分别不能重新进入比赛或离开比赛,直到一个比赛的计时钟运行片段之后球再次成死球为止。但是,如果出现下列情况,则该队员可以重新进入比赛或离开比赛。

①某队场上队员已被减缩到少于 5 名。

②作为纠正失误的结果,拥有罚球权的队员已被合法地替换后坐在球队席上。

二、违例

(1)出界。球触及界外的人或界线外任何物体,将判为出界,由对方在就近的边线掷界外球。

(2)非法运球。当已获得控制球的队员将球掷、拍或滚在地面上,并在球触及另一队员之前再接触球为运球开始。队员用双手同时触球,或使球在一手或两手中停留的瞬间运球即完毕。队员第一次运球结束再次运球便是非法运球违例。

(3)带球走。当持活球的队员用同一脚向任何方向踏出一次或数次,另一中枢脚离开与地面的接触点。

(4)3 秒违例。当某队在球场上控制活球并且比赛计时钟正常运行时,该队的队员不得停留在对方队的限制区内超过持续的 3 秒钟。

(5)8 秒违例。每当一名队员在后场获得控制活球时,他的队必须在 8 秒钟内使球进入前场。

(6)24 秒违例。每当一名队员在场上获得控制活球时,他的队应在 24 秒钟内尝试投篮,并触及篮圈。

(7)持球违例。一名队员在场上正持着活球,这时对方队员处于积极防守位置,距离不超出 1 米,该队员必须在 5 秒钟内传、投或运球。

(8)干扰球违例。以下情况都属于干扰球违例。

① 投篮时,球在飞行中下落,并完全在篮圈水平面之上,进攻或防守队员触球。

② 当球在球篮中时,防守队员触及球或球篮。

③当投篮的球接触篮圈时,进攻或防守队员触及球或篮板。

④ 判罚:

攻方违例:不得分,并将球判给对方队员在罚球线的延长部分掷界外球。

守方违例：判给投篮队员得 2 分，如在 3 分投篮区投篮则判得 3 分。之后在端线后掷界外球重新开始比赛。

（9）回场球违例。下面几种情况都属于回场球为例。

① 某队在前场控制活球。

② 控制球队在前场最后触球后使球从前场进入后场。

③ 控制球队的队员在后场首先触球。

三、犯规

（一）侵人犯规

侵人犯规指与对方发生非法身体接触而产生的犯规行为。

1. 阻挡

阻挡是阻止对方队员行进的非法身体接触。

2. 撞人

撞人是持球或不持球的队员推动或移动到对方队员躯干上的非法身体接触。

3. 背后非法防守

背后非法防守是防守队员从对方队员的背后与其发生的身体接触。即使防守队员正在试图去抢球，与对方队员发生身体接触也是不正当的。

4. 用手拦阻

用手拦阻是防守队员在防守状态中用手阻挡对方队员，或是阻碍其行动或是帮助防守队员来防守对手的动作。

5. 拉人

拉人是干扰对方队员移动自由而发生的非法身体接触。这种接触（拉人）能用身体的任何部位来发生。

6. 非法用手

发生在队员试图用手抢球接触了对方队员时，如果仅仅接触了对方队员持球的手，则被认为是附带的接触。

7. 推人

推人是用身体的任何部位强行移动或试图移动已经或没有控制球的对方队员时发生的非法身体接触。

8. 非法掩护

非法掩护是试图非法拖延或阻止非控制球的对手到达希望到达的场上位置。

9. 侵人犯规判罚

(1)登记犯规队员一次侵人犯规。

(2)对没有做投篮动作的队员犯规由非犯规队在距发生犯规地点最近的界外掷界外球重新开始比赛。

(3)对正在做投篮动作的队员犯规判罚。

①如果投中篮,要计得分并判给一次罚球。

②如果 2 分投篮没有成功,则判给两次罚球。

③如果 3 分投篮没有成功,则判给 3 次罚球。

(4)控制球队的队员发生犯规,由非犯规队在距发生犯规地点最近的界外掷界外球重新开始比赛。

(二)违反体育道德的犯规

1. 判断原则

(1)裁判员认为队员蓄意地对持球或不持球的对方队员造成侵人犯规为违反体育道德的犯规。

(2)如果队员通过合法的努力去抢球(正常的篮球动作)时构成了犯规,这不是违反体育道德的犯规。

(3)如果队员努力去抢球发生过分地接触(严重犯规),该接触被认为是违反体育道德的。

(4)故意拉、打或推、踢对方队员通常是违反体育道德的犯规。

2. 判罚

(1)登记犯规队员一次违反体育道德的犯规。

(2)要判给非犯规队罚球再加一次中场球权。

(3)判给的罚球次数要按下列规定。

①如果被犯规的队员未做投篮动作,则判给两次罚球。

②如果被犯规的队员正在做投篮动作,如投中,要计得分并再判给一次罚球。

③如果被犯规的队员正在做投篮动作,投篮未得分,则根据投篮的地点判给两次或三次罚球。

(三)技术犯规

技术犯规是指队员或教练员因表现恶劣而被判犯规,比如与裁判发生争执。根据犯规的人员和时间,有不同的判定标准和判罚。

1.场上队员

队员的技术犯规指队员漠视裁判员的劝告或运用不正当的行为。具体有以下方面。

（1）同裁判员、到场的技术代表、记录员、助理记录员、计时员、24 秒钟计时员和对方队员交谈或接触没有礼貌。

（2）使用很可能引起冒犯或煽动观众的言语或举动。

（3）戏弄对方或在对方眼睛附近摇手妨碍他的视觉。

（4）妨碍迅速地掷界外球以延误比赛。

（5）被判犯规后，在裁判员要求举手时不举手。

（6）没有报告记录员和裁判员擅自更换比赛号码。

（7）没有报告记录员以及没有得到裁判员招呼的替补队员进入场地。

（8）离开场地去获得不正当的利益。

（9）队员抓住篮圈并把整个身体的重量悬挂在篮圈上（根据裁判员的判断，如果某队员正试图防止自己或另一名队员受伤而抓住篮圈是可以的）。

（10）队员的技术犯规判罚：

①要登记违犯者一次技术犯规。

②判给对方队员两次罚球。

③罚球后中场球权。

④对行为十分恶劣或屡次违反此条规定的队员要取消其比赛资格，令其退出比赛，并执行。

⑤裁判员事先阻止和在某些情况下对那些显然是无意的、不影响比赛的小的技术性违犯不予追究是明智的。

2.场外人员

（1）教练员、助理教练员、替补队员和随队人员必须留在他们的球队席区域内，除非出现以下特殊情况。

①得到裁判员的许可后，教练员、助理教练员或一位随队人员可以进入场地照料受伤队员。

②如果根据医生的判断，受伤队员处于危险中并立即需要照料时，他可以不得到裁判员的许可进入场地。

③替补队员可以到记录台请求替换。

④教练员或助理教练员可以请求暂停。

⑤只有在暂停期间，教练员或助理教练员可以进入场地向他的球员讲话，只要他留在他的球队席附近；然而在比赛中，教练员可以指挥他的队员，只要他是在球队席区域内。

⑥教练员或助理教练员可以在停止计钟时有礼貌地并在不干扰比赛正常的进行情况下，向记录台询问有关比分、时间犯规次数的问题。

（2）教练员、助理教练员、替补队员或随队人员在与裁判员，到场的技术代表、记录员、助理记录员、计时员、24 秒钟计时员或对方人员交涉时不得无礼。

（3）只有被登记在记录表上的教练员在比赛过程中允许保持站立。

（4）场外人员的技术犯规判罚

①要登记教练员一次技术犯规。

②判给对方队员两次罚球和随后的球权。

③队长指定罚球队员。

④罚球过程中,所有其他队员要位于罚球线的延长部分和3分投篮线的后面,直到罚球过程完毕。

⑤罚球后,无论最后一次罚球成功与否,均由罚球队员的任一队员在记录台对面边线的中点外掷界外球。

⑥如遇下列情况,则将取消教练员的比赛资格,令其离开比赛现场。

a.因其本身违反体育道德的行为而被登记了两次技术犯规时。

b.因助理教练员、替补队员或坐在球队席上的随队人员的违反体育道德行为的结果而被累计登记了三次技术犯规或3次技术犯规的组合中,其中有一次是登记教练员自身时。

c.教练员被取消比赛资格,要由被登记在记录表上的助理教练员代理。如记录表上没有登记助理教练,则由队长代替。

3.休息时间内

队员、教练员和随队人员有导致比赛器材损坏的行为,当裁判员观察到这类行为时要立即警告该队的教练员。若再次有导致比赛器材损坏的行为,则判为休息时间内的技术犯规。

(1)对合格参赛的球员宣判了技术犯规,则对该球员进行登记,判罚两次罚球。该犯规要计入全队犯规之中。

(2)对教练员、助理教练员或随队人员宣判了技术犯规,则对教练员进行登记,罚则是两次罚球。该犯规不记入全队犯规之中。

(3)罚球完毕后,比赛要在中圈跳球开始或重新开始。

(四)双方犯规

双方犯规是两名互为对方的队员大约同时相互发生侵人犯规的情况。

(1)应给每一犯规队员登记一次侵人犯规。不判给罚球。

(2)如果在双方犯规的同一时间出现的情况不同,比赛应按下列所述重新开始。

①投篮有效或最后一次或仅有一次的罚球得分,应将球判给非得分队从端线的任何地点掷球入界。

②某队已控制了球或拥有球权,应将球判给该队在最靠近违犯的地点掷球入界。

③任何队都没有控制球也没有球权,一次跳球情况发生。

第八章 大学生排球运动技能培养研究

第一节 大学生排球运动技术能力培养

一、准备姿势及培养

(一)准备姿势动作解析

下肢姿势、上体姿势和手臂姿势是排球运动准备姿势的三个主要环节,根据身体重心的高低,可将排球准备姿势分为三种类型,分别是稍蹲准备姿势、低蹲准备姿势和半蹲准备姿势。

1. 稍蹲准备姿势

排球运动中,一般在扣球助跑之前,或球在正在组织进攻的对方手中、不需要自己快速反应起动时采用稍蹲准备姿势。

两脚左右开立,脚间距稍比肩宽,一脚在前,两脚尖适当内收,脚跟稍提起。上体前倾,重心靠前,膝的垂直线在脚尖前面,两臂自然弯曲,双手置于腹前,目视来球(图8-1)。

图 8-1

2. 半蹲准备姿势

一般在接发球、拦网和各种传球中采用半蹲准备姿势。

半蹲时,两脚左右开立,脚间距稍比肩宽,一脚在前,两脚尖适当内收,脚跟稍提起,膝关节保持 $100°\sim110°$ 的弯曲程度,以便于向各个方向及时蹬地起动。上体前倾,重心靠前,膝的垂直线应在脚尖前面,两臂自然弯曲,双手置于腹前,目视来球(图 8-2)。

图 8-2

3.低蹲准备姿势

在防守、保护中多采用低蹲准备姿势。

两脚左右开立,重心要低,与前两种准备姿势相比而言,脚间距比更宽一些、身体重心更低更靠前一些、膝部弯曲的程度更大一些,肩部和肘部的垂直线过膝部,膝部垂直线超过脚尖,手臂置于胸腹之间,目视来球(图 8-3)。

图 8-3

(二)准备姿势培养方法

(1)学生围成一圈进行慢跑,听到或看到教师发出手势或哨音的信号后立即做好预定的各种准备姿势。

(2)慢跑方式同上。看到教师的信号后迅速转身 180°做好准备姿势,再看到教师的信号后,继续慢跑。

(3)学生站成两列横队,教师站在队伍前中央。学生看教师的手势,做各种准备姿势。

(4)队形同上。学生原地做各种跑跳动作,看到教师发出的信号后,立即做好预定的准备姿势。

(5)两人一组,一人做准备姿势,另一人纠正其错误动作,两人交换进行。

(6)结合各种技术进行准备姿势的练习。如在接发球时首先应强调做好半蹲准备姿势等。

二、移动技术及培养

(一)移动技术动作解析

1.起动

移动发力时,首先要起动,起动速度是移动的关键。起动的速度主要取决于正确的准备姿势、反应能力和腰腿部的速度力量。在排球运动中,要根据场上情况采用不同的准备姿势,这样才能随时随地改变移动方向和速度。

2.移动步法

(1)并步与滑步

在球和身体的距离在一步左右时可以运用并步移动。例如,向前移动时,后腿蹬地,前面一只脚要向来球的方向跨出一步,后腿要迅速跟上做好击球的准备。当球在身体侧面并离自己稍远,而且并步不能立刻接近球的时候,可以快速运用连续的并步,这种连续的并步就是滑步。

(2)跑步

当球与身体的距离较远时需运用跑步,跑步移动的时候,两只手臂要配合身体前后摆动,当球飞来时,要边跑边转身,并且逐渐将身体重心降低,准备击球。

(3)跨步和跨跳步

跨步要比交叉步的移动距离近一些,主要用于接1~2米的低球。移动的时候步子要迈大一些,身体重心要低。例如,向前移动,后脚需要用力蹬地,前脚向前跨出一大步,膝关节弯曲,上体向前倾斜,身体重心要从后腿移至前腿上,可以向前方、向斜前方或向侧方。跨跳步就是在跨步的过程中做跳跃腾空的动作。

(4)交叉步

以向右交叉步为例。上体稍右转,左脚从右脚的前面向右边迈出一步,接下来右脚再向右边跨出一大步,与此同时身体转向球飞来的方向,并且做好击球前的准备姿势。向左交叉步与向右交叉步的方向相反(图 8-4)。

图 8-4

3.制动

(1)一步制动法

一步制动时,移动最后一步跨出要大,降低身体重心,适当内转膝关节和脚尖,保持全脚掌横向蹬地,这样可以抵住身体重心继续向前移动的惯性力,上体主要通过腰腹力量来控制,身体重心垂直向上。

(2)两步制动法

两步制动法是以第二步的开始做第一次制动,紧接着跨出下一步做第二次制动。

(二)移动技术能力培养方法

(1)看或听信号后做前、后、左、右的交叉步移动。

(2)在进攻线和中线之间连续做前进和后退的移动练习。

(3)在规定地点做好准备,教师以垂直抛球为信号,争取在球没有落地之前从球下钻过。

(4)两人面对面成半蹲姿势站立,双手互拉,一人主动做向左、右、前、后的一步移动,另一人跟着做。

(5)两人一组,一人把球向前、后、左、右抛出,另一人不停地快速向各方向移动,用双手把球接住。

(6)采用滑步,做从场地的一侧边线移动到另一侧边线的练习。

(7)六人一组,平行站在端线处做原地跑或原地小碎跑,看到教师的信号后立即起动冲刺跑动。

(8)两人一组,一人将两个球依次向两个方向抛出,另一人移动后依次将球接住并抛回。

(9)三人一组,绕三角障碍物任意跑动,一人追,两人跑(要求规定三人移动的步法)。

三、发球技术及培养

(一)发球技术动作解析

1. 正面下手发球

在排球发球技术中,正面下手发球这一方法最简单,因此容易掌握,不易出现失误,准确性高,但球的速度较慢,力量小,攻击性较差。一般适合初学者使用。

发球队员面对球网站立,两脚前后开立,左脚在前,右脚在后,两膝稍弯曲,上体前倾,左手持球于腹前下方。发球时,左手将球平稳抛起在腹前右侧,离左手高度30厘米左右,抛球的同时,右臂伸直往身体右侧后下方摆动。击球时,右脚蹬地,右臂伸直,以肩为轴由身体后下方向前上方挥摆,在体前右侧以全掌或掌根击球的后下方,身体重心随之前移。击球后,队员立即进场参加比赛(图8-5)。注意在进行正面下手发球时,要做到"一低、二直、三跟进"。即抛球的高度低;挥臂击球时手臂要伸直;身体重心随向前摆臂而跟进前移,并顺势入场。

图 8-5

2. 侧面下手发球

侧面下手发球动作较简单,容易掌握,它是借助腰腹转动力量带动手臂挥动击球,比较省力,具有一定的稳定性,但不具备较强的攻击性,适用于初学者,特别适用于初学排球的女生。

　　发球队员左肩对球网站立,两脚左右开立与肩同宽。两膝稍弯曲,上体略前倾,左手持球于腹前。发球时,左手将球平稳抛至腹前离身体约一臂之距,离左手高度 30 厘米左右。抛球的同时,右臂伸直向身体右侧后下方摆动,身体稍右转。击球时,以右脚蹬地发力,身体向左转带动右臂向体前上方摆动,在腹前用全掌或者掌根击球的后下方。击球后,迅速进场进行比赛(图 8-6)。

图 8-6

3. 正面上手发球

　　正面上手发球是指发球队员面对球网站立,利用收腹转体动作带动手臂加速挥动,在头的右前上方用全手掌击球过网的发球方法。

　　发球队员面对球网,两脚前后自然开立,左脚在前,右脚在后,左手持球在腹前。发球时,左手将球平稳抛至右肩前上方,高度 1 米左右。抛球的同时,右臂屈肘抬起并后引,肘关节约与肩部齐平,手掌自然张开呈勺形,上体稍向右侧转动,抬头,挺胸,展腹,身体重心移至后脚。击球时,两脚蹬地,上体迅速向左转动,同时迅速含胸收腹,带动手臂向右肩前上方加速弧形挥动,以全手掌击球的后中下部。击球时,手臂要充分伸直,手掌和手腕要有明显的推压动作,使球向前呈上旋飞行。击球后,队员立即进场参加比赛(图 8-7)。

图 8-7

　　在采用正面上手发球时,要求转体收腹带收臂,弧形鞭甩应加速,全掌击中球下部,手腕推压球上旋。对击球手形也有一定的要求,击球时,以全手掌击球的后中下部(图 8-8①)。这样击球面积较大,手作用在球上的时间较长,也容易击准和控制球,从手触球到球离手的瞬间,球的受力方向都在发生变化,加之手腕的推压作用(图 8-8②),使球旋转飞行,以增加旋转力。以对方临场变化情况为依据,还可发出不同弧度、速度、落点和性能的球。

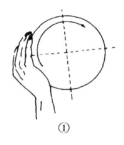 

图 8-8

4. 正面上手发飘球

准备姿势和抛球动作与正面上手发球相同,但抛球高度只比击球点高 1～2 个球。发球队员抛球的同时,上体向左转并稍后仰、挺胸、展腹、举臂后振。紧接着甩力左转体、收腹、含胸动作带动手臂,向前水平挥动。击球时,手腕紧张,用掌下 1/3 部位突然击球的中下部,使其作用力通过球的重心,球不旋转。击球后,队员迅速进场参加比赛(图 8-9)。

图 8-9

5. 跳发球

队员面对球网站在离端线 3～4 米处,以右手或双手持球置于体侧或腹前。发球时,用右手或双手将球抛至右肩前上方,抛球高度一般为肩上方 2 米左右,落点在端线附近。随着球抛出,队员迅速向前做 2～3 步助跑起跳。起跳时,两臂要协调而积极地摆动,摆幅要大,扣球时挥臂击球动作类似于正面扣球。击球后,尽量使得双脚同时落地,两膝顺势弯曲缓冲,迅速入场(图 8-10)。

图 8-10

6.勾手大力发球

勾手大力发球是指采用勾手的形式,充分运用全身的爆发力,发出力量大、速度快、弧度低、旋转强的球。这种发球方式发出的球,容易造成对方接发球困难,在心理上给对方造成较大威胁。下面以勾手大力发上旋球为例进行介绍。

(1)准备姿势

两脚左右开立,约与肩同宽,左肩对球网,膝关节弯曲,上体前倾,将重心落在两脚之间,将球用左手或双手放于胸腹前,两眼注视对方场区。

(2)抛球摆臂

用左手或双手将球抛起至左肩上方,约1米左右的高度即可。抛球的同时,右腿弯曲,重心也随之移至右脚,上体右转并倾斜,右臂向身体右侧后下方摆动,同时挺胸抬头,两眼注视球体。

(3)挥臂击球

击球时,右脚用力蹬地,利用身体左转的力量带动手臂沿弧形轨迹向上挥动,在右肩前上方击球。同时身体重心移至左脚,手掌手指自然张开呈勺形,手臂充分伸直至高点用全手掌击球的后中下部,击球一瞬间,手腕手掌要明显的向前迅速做推压动作,使球上旋飞行。击球后,迅速进入场地准备比赛。

此外,还可以通过采用助跑来进行勾手大力发球,以加强勾手大力发球的攻击性。

7.勾手发飘球

发球队员身体左侧对球网站立,左手平稳地将球抛至头前上方击球点的高度,同时右手随上体右转而摆向右下方,击球时,蹬地转体,略有挺胸展腹动作,手臂从后下方经上往前挥动击球,用掌根、虎口等手上较硬的部位击球的中部稍靠下的部位。击球后,队员迅速进场参加比赛(图8-11)。

图 8-11

(二)发球技术能力培养方法

(1)自抛球:自抛,也可找一固定参照物自抛。要求将球平稳地向上抛出,且抛出的球不旋转,高度固定。

(2)击固定球:一人持球于击球点高度,另一人击球。体会击球点位置和挥臂动作。

(3)抛球配合挥臂动作练习:抛球后做挥臂动作,但不将球击出。

(4)对墙近距离发球练习:距墙6米左右发球,逐渐将与墙的距离拉大至9米左右。

（5）距网 6 米发球练习：两人一组，各距网 6 米练习发球，逐渐拉大距离。

（6）单手掷球比赛：分若干组，画一条直线作为掷球目标，看哪一组掷得准。命中率高者获胜。

（7）在发球区内发球练习，具体方法如下。

①全队分成 2～4 个小组依次发球。发球攻击性强得 2 分，发一般球得 1 分，发球失误 0 分，看哪一组先获得规定分数。

②提高发球的稳定性。规定每人连续发 5 个或 10 个攻击性强的好球，失误 1 个则扣除 1 个好球，其中，无攻击性的球不算，直至完成任务。

③在距排球场发球区 10～12 米、12～14 米、14～16 米、16～18 米处分别画 A、B、C、D 区，要求发球落点依次前进，即第一个球落在 A 区、第二个球落在 B 区、第三个球落在 C 区、第四个球落在 D 区。

（8）抛球练习：每人一球，首先做不离手的抛球练习，同时做引臂和摆臂击球练习（不实击）。学生可按教师的口令集体做，以控制节奏。

四、垫球技术及培养

排球运动的垫球技术是指运动员通过手臂或身体其他部位由球的下方向上将来球垫击反弹出去的击球动作。在排球比赛中，垫球是防守的基础，接发球、接扣球、接拦回球及处理各种困难球时一般采用垫球技术，它可弥补传球的不足、辅佐进攻、由被动变主动，从而争取得分。

（一）垫球技术动作解析

1. 正面单手垫球

当来球快速飞向体侧较远，来不及用双手垫球时，可采用单手垫球的方法。因手臂伸得远，故击球范围大且动作快，但触球面积小，控制球的能力较差。

准确判断来球的落点，当来球在身体的右前方近处时，迅速移动接近来球，以右脚跨出最后一大步，身体向右倾斜，右臂伸直，自右后下方向前上方摆动，用前臂内侧、掌根、虎口或手背击球的后下部，将球垫起（图 8-12）。如果来球较远，则应迅速向前跨出一大步，将身体重心放在跨出的腿上，以跨出腿同侧手臂向前伸出，将手插入球的下部将球平稳垫起。

图 8-12

2.正面双手垫球

正面双手垫球准确率高,容易控制落点,是排球垫球技术的基础。正面双手击球的击球手形主要为包拳式(图 8-13)、叠掌式(图 8-14)和互靠式(图 8-15)。

图 8-13   图 8-14   图 8-15

正手双手击球部位以前臂腕关节以上 10 厘米左右桡骨内侧平面为宜(图 8-16)。

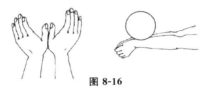

图 8-16

根据来球的力度,可以将正面双手垫球技术分为以下三种类型。

(1)垫轻球

面对来球,成半蹲姿势或稍蹲姿势站立,两手掌根相靠,手腕下压,两前臂外翻成一个平面。当球来到腹前约一臂距离时,两臂夹紧前伸,插入球下;击球时,协调配合蹬地、跟腰、提肩、顶肘、抬臂、压腕等动作,使身体重心随着击球动作向前上方移动,在腹前击球的后下部,击球瞬间,两臂要保持稳定;击球后,抬臂送球,身体重心随球向前维持平衡。

(2)垫中等力量球

面对来球,成半蹲姿势或稍蹲姿势站立,手形与垫轻球相同。因来球有一定力量,因此,适当放松手臂,减缓迎击球动作速度,利用来球本身的反弹力将球垫起;击球时,充分运用蹬地、跟腰、提肩、压腕的动作,在腹前击球的后下部;击球后,抬臂送球,身体重心随球向前维持平衡。

(3)垫重球

面对来球,成半蹲姿势或低蹲姿势站立,手形和垫轻球相同。击球时,含胸收腹以使手臂随球屈肘后撤,适当放松手臂以缓冲来球的力量,以手臂和手腕的动作控制垫球的方向和角度。当来球点稍高且距身体较近时,在腹前用前臂垫击球的后下部;当来球点较低且距身体较远时,将手臂后撤,同时屈肘翘腕,在腹前用手腕部位的虎口部位垫击球的后下部;击球后,抬臂送球,身体重心随球向前维持平衡(图 8-17)。

1   2   3   4

图 8-17

3. 背向垫球

背向垫球是指背对出球方向的垫球方法,该垫球方法可以在较高点垫击球,但不便于观察目标和控制球的方向和落点,准确性差。

准确判断来球方向和落点,当球飞过身体上方离身体较远时,迅速转体移动到球的落点处,背对出球的方向,夹紧并伸直两臂,插到球下,在肩前上方用力击球;击球时,用蹬地、抬头挺胸、展腹和上体后仰的动作带动两臂向后上方摆动抬送,以前臂击球的前下部(垫低球时也可屈肘翘腕)将球向后上方垫出(图8-18)。

图 8-18

4. 体侧垫球

体侧垫球多用于垫飞向体侧、速度较快的球或在来不及移动时使用,它可以扩大防守范围,但不易控制垫球的方向、弧线和落点。

以球从左面飞来为例,准确判断来球,侧对球,右脚前脚掌内侧蹬地,左脚向左跨出一步,身体重心随即移至左腿,左膝弯曲,同时两臂夹紧向左侧伸出,左臂高于右臂,右肩稍向下倾斜;击球时,身体向正转腰和收腹,以两臂组成的平面,自右侧后下方截击来球的后下部,将球平稳垫起(图8-19)。

图 8-19

5. 跨步垫球

面对速度较快、弧线低的来球或在来球距离身体较远时多采用跨步垫球技术。跨步垫球用单手和双手均可,它动作快、控制范围大,但击球面积小,不易控制击球的方向。

准确判断来球落点,迅速向来球方向跨出一大步,屈膝深蹲,将身体重心移到跨出的腿上,上体前倾,臂部下降,用两前臂的内侧平面击球的后下部,将球平稳垫起(图8-20),单手垫球时则用虎口、掌根、手背或前臂击球的后下部,将球垫起。

图8-20

6.低姿垫球

采用低姿垫球技术有利于更好地控制球,多在接发球、接扣球和接拦回球中的来球低、速度快、靠身体附近时采用。

(1)低蹲垫球

准确判断来球落点,当来球在身体附近较低部位时,迅速移动身体,随即快速降低重心,上体前倾,两臂贴近地面插入球下;击球时,将跨出腿膝部充分弯曲并稍外展,自然弯曲蹬地腿,脚内侧着地,靠球的反弹力或用屈肘、翘腕的动作击球的后下部,将球垫起(图8-21)。

图8-21

(2)全跪垫球

准确判断来球落点,当来球在身体附近很低的部位时,在半跪垫球方法的基础上继续向前压上体,移动距离比半跪垫球大,使两臂前倾的投影点明显超过脚尖,用两膝内侧跪地,以膝、小腿和脚弓内侧部位平稳地支撑身体。同时两臂迅速前伸插入球下,以小臂、虎口或翘腕动作将球垫起。

(3)半跪垫球

准确判断来球落点,当来球在身体附近较低的部位时,在低蹲垫球的基础上继续向前移动身体重心,充分前压上体,塌腰塌肩,后腿以膝部内侧和脚弓内侧着地平稳支撑身体,同时两臂贴近地面,插入球下,以双手虎口部位触球,用翘腕动作将球垫起。

7.前扑垫球

一般在来球低而远且来不及移步时采用前扑垫球技术,即身体向前扑出完成击球动作。该垫球技术的特点是防守控制范围大、应用广、易掌握。

垫球前,准确判断来球落点,当来球相对较近时,采用半蹲姿势准备,降低身体重心,上体前倾,利用前脚掌用力蹬地,使身体向来球处伸展扑出,同时伸出双手插入球下,利用提肩、抬臂动作将球垫起(图8-22);当来球很远,用双手垫球不能击到球时,可用单手前扑垫球。击球时,击球的手臂尽量前伸,用手背、虎口或小臂击球下方,另一手屈肘撑地缓冲。击球后以击球手一侧的胸腹部先着地,顺势滑行(图 8-23)。

图 8-22

图 8-23

8. 侧倒垫球

侧倒垫球是指向侧跨步后再倒地的垫球动作。它击球点低、便于观察击球过程和击球方向,单手或双手垫击均可,多用于接侧向的低、远球,或在来不及移动到位时采用。

侧倒垫球前,宜采用低姿防守,先向侧面跨出一大步,臀部下降,重心下降至跨出腿上,身体姿势成侧弓箭步。垫球时,跨出腿用力向水平方向蹬地,身体向侧方伸展腾出并迅速侧转,击球手臂前伸向侧下直插入球下,在向内转体转肩的同时上抬两臂,用掌根、虎口、手背或前臂将球垫起。击球后手臂不回收,以体侧着地成侧卧姿势滑动,再以臀、背依次着地后倒。

9. 鱼跃垫球

鱼跃垫球多用于当来球较低、较远,来不及移动到来球落点时。它的特点是控制范围大,动作难掌握,对运动员的灵敏素质要求较高。

垫球前,采用半蹲准备姿势,判断好来球的落点,向前移动重心,前脚掌用力蹬地,采用一至两步助跑或原地跃出,充分伸展身体、前伸手臂,用手背、虎口或前臂将球垫起;击球后双手在体前着地支撑,屈肘缓冲。

10. 挡球

在排球运动中,当来球高度高,速度快,力量大,不便于传球和垫球时,可用手在胸部以上挡击来球,这种方法被称为挡球。挡球技术分以下两种类型。

(1)单手挡球

挡较高的来球时采用单手挡球技术,当来球位于头部上方或侧上方时,伸直手臂,用图 8-24 所示手形,用力击球。对于飞向身后的高球,也可用单手将球挡回(图 8-25)。

图 8-24　　　　　　　　图 8-25

（2）双手挡球

挡击胸部以上力量大、速度快的来球时，多用双手挡球，双手挡球的手形主要有两种，即抱拳式和并掌式，前者是由两肘弯曲，一手半握拳，另一手外抱，两手掌外侧所组成的平面朝前（图 8-26）；后者是由两肘弯曲，两手虎口交叉，两手掌外侧合并呈勺形的击球面朝前（图 8-27）。

图 8-26　　　　　　　　图 8-27

挡球时，上举手臂，屈肘、肘部朝前，手腕后伸，在脸颊或两肩的前上方，以手掌外侧和掌根所组成的平面挡击球的后下部，将球向前上方挡起（图 8-28）。

图 8-28

（二）垫球技术能力培养方法

（1）连续对墙垫球练习，对墙距离由近而远。

（2）移动垫球：在前、后、左、右移动中垫回同伴的抛球。

（3）垫固定球：练习时分成两人一组，一人持球于腹前，另一人用垫球动作击球，体会击球动作。

（4）垫传交替练习两人一组，一人垫球一人传球。两人交替进行。

(5)对垫练习两人一组对垫练习,距离由近而远。

(6)发垫练习相距 4～6 米,一人发球一人垫球。

(7)垫抛球:练习时分成两人一组,一人抛球,一人垫球。

(8)对垫比赛:4～6 人一组对垫,可隔网也可不隔网,可跑动也可不跑动。

(9)三人垫球练习三人一组,三角连续垫球练习。

(10)持球接力:练习时,将学生分成若干组,面对面并相隔一定距离,持球者把球放在垫击位置上,用走或跑前进。跑到规定距离后,将球交给对方。在练习时,手臂要伸直,球不能掉地。跑得快者为胜。

(11)垫球接力:一种是行进间自垫接力,另一种是原地自垫接力。练习时分成若干组,同组内进行编号,一人自垫 5 次后叫同组编号,被叫到者接着垫球。

(12)连击球次数比赛:练习时,用单手或双手连续击球,连击次数多者为胜(动作不限)。

五、传球技术及培养

排球运动中的传球技术是指运动员利用手指与手腕的弹力或身体其他部位的协调用力,将球传出的一种击球动作。传球触球面积大、传球准确性高、稳定性高,能很好地利用手指、手腕的力量来对传出球的方向、速度、弧度和落点进行控制。手和全身动作容易协调配合,变化多端。

(一)传球技术动作解析

1. 正传

正传是正面向前传球的技术动作。它是传球技术的基础方法。

以正面双手传球为例,传球前,采用稍蹲准备姿势,判断好来球的落点后,快速移动到球下,在稍蹲准备姿势的基础上,上体稍挺起,双手置于脸前;击球时,用蹬地、伸膝、伸臂的协调动作迎球,在球接近额前时以双手张开成半球形从脸前向前上方,拇指相对成“一”或“八”字形,用拇指内侧、食指全部、中指的二三指节触球,根据具体情况采用不同的力量用手指、手腕的弹力将球传出(图 8-29)。

图 8-29

2. 背传

背传是向身体背后方向的传球动作,是二传队员必须掌握的传球技术之一,多用于组织进攻,具有出其不意或迷惑对方的效果。

进行背传前的准备姿势可采用稍蹲姿势,上体要稍直,背部正对目标,上体比正传稍后仰,击球手法与正传相同,击球点保持在额前、稍向头上方处;触球时,手腕适当后仰,掌心向上,击球的上部;手触球缓冲后,手腕有明显的后翻动作,拇指托住球并后挑,然后利用展腹、伸肘、蹬腿的力量向后上方传送球(图 8-30)。

图 8-30

3. 侧传

侧传是指身体侧对传球目标,主要靠双臂向侧方将球传出的传球动作。

传球过程中,迎球动作、手形均与正面传球的相同,但出球方向一侧的手臂低一些,另一侧的则要高一些,传球时,蹬地、双臂向传出方向一侧伸展,另一侧手臂的动作幅度要稍大一些。击球时,蹬地后,上体向出球方向倾斜,击球点保持在脸前或稍偏向传出方向的一侧,用力伸展手臂传球(图 8-31)。

图 8-31

4. 跳传

跳传是跳起在空中进行传球的传球动作。单手或双手均可,在比赛过程中,可根据具体情况采用原地跳、助跑跳、单脚跳或双脚跳等不同的形式。

以原地起跳双手跳传为例,当来球至头前上方较高的位置时,双臂向上摆动帮助起跳,起跳后双手顺势举在脸前,身体在空中保持平衡。当身体上升到最高点时,迅速伸臂,同时加强主动屈指、屈腕的动作,加大伸臂动作的幅度和速度,同时依靠手指手腕的弹力传球(图 8-32)。

在跳传技术学习中需要注意,为了保持身体平衡,任何一种起跳都应尽量向上垂直起跳,向前或向侧冲跳是不合适的。由于跳传击球发力时运动员处于腾空状态,用不上蹬地的力量,故传高远球时,击球点应略低一些,在身体下降前将球传出。

图 8-32

(二)传球技术能力培养方法

(1)徒手模仿练习:做传球的准备姿势、身体协调延伸动作和手型的模仿练习。

(2)自抛自传练习:双手由胸前垂直向上抛球,球高约 1 米左右,准备自传;当球下落到手中时,手指、手腕保持一定的弹性,使球轻轻地反弹起来;从而连续向上自传。

(3)对墙传球练习:人与墙相距 3 米左右,对准墙上的目标连续传球。

(4)两人一组,单手传击球,动作不限,击球次数越多越好。

(5)两人一组,于额前上方抛击球,也可接球后,相互纠正手型。

(6)两人一组,一人抛球,另一人用前额顶球,体会传球的击球点的位置。

(7)两人一组,一人抛球,另一人首先做好传球的手型,然后接住来球,体会传球手型。

(8)传固定球:两人一组,一人按传球手型持球于额前,向额前上方做推送动作;另一人用单手压住球,给球一定的力量。体会传球手型和身体其他相关部位的协调用力。

(9)对传练习:两人相距 3～5 米,连续传球。

(10)接传由同伴抛来的球:两人相距 4 米,同伴用双手抛球,练习者将球传回。

(11)传不同高度的球:两人相距 4～6 米,交替传高球和平球,距离可逐渐增大。

(12)移动后传:两人一组,由同伴抛球,练习者移动后传。抛球者可将球抛至跑动传球者的左、右侧或前、后方。

(13)三人一组,三人三角传球练习。

六、扣球技术及培养

排球运动的扣球技术是指运动员跳起在本方场区上空,将球从过网区击入对方场区的击球方法,它具有很强的攻击性。

（一）扣球技术动作解析

1.正面扣球

正面扣球也称"正面屈臂扣球"，是扣球技术中最基本的一项技术。在此基础上才出现了其他扣球技术。由于正面扣球面对球网，便于观察来球和对方的防守布局，因而击球准确性较高。由于挥臂动作灵活，队员能根据对方拦防情况，随时改变扣球路线和力量，能控制击球落点，因而进攻效果好。初学者必须掌握好正面扣一般高球后，再学习其他扣球技术。正面扣球技术由五个环节组成，分别是准备姿势、判断和助跑、起跳、空中击球、落地。

扣球助跑前采用稍蹲准备姿势，两臂自然下垂；站在离球网 3 米左右处，做好向各个方向助跑双脚起跳的准备。在助跑跨出最后一步的同时，两臂从体侧向后引，然后向前上积极摆动，双腿蹬地向上起跳。起跳后，挺胸展腹，右臂向后上方屈臂抬起，身体成反弓形，以迅速转体、收腹动作发力，依次带动肩、肘、腕各部位成鞭打动作向前上方挥动。击球时，以全手掌包满球击球的后中部。同时主动用力屈腕向前推压，使扣出的球加速上旋。落地时，前脚掌先着地，同时顺势屈膝、收腹，以缓冲下落力量（图 8-33）。

图 8-33

2.双脚冲跳扣球

采用两步助跑的方法，第二步的步幅要小于一般正面扣球。踏跳过程中，双脚向后下方蹬地，使身体向前上方腾起，在空中抬头、挺胸、展腹，形成背弓，击球时快速收腹，挥臂，手腕推压击球的后中部。

3.单脚起跳扣球

单脚起跳扣球是指助跑的最后一步以单脚踏地，另一只脚直接向前上方摆动帮助起跳的一种扣球方法。这种扣球在现代排球中的发展前景十分广阔。前脚起跳由于第二只脚不再落地面直接上摆，且起跳腿下蹲较浅，因而它比双脚起跳动作快 0.2 秒左右。此外，由于它能充分利用助跑速度，加上右腿积极上摆的协调动作，比双脚起跳冲得更远，跳得更高。所以它既能高跳扣定点高球，又能追球起跳扣低弧度球，有利于对时间和空间进行很好的控制，而且兼有位置差和空间差的特点，这对突破和避开拦网有较大作用。

单脚起跳扣球，可采用一步、两步或多步助跑。助跑的路线与球网的夹角不宜太大，以免造成前冲力过大而碰网或过中线犯规。助跑到最后，以左脚向扣球点位置跨出一大步，身体重心稍后倾，在右脚向上摆动时，左脚用力蹬地起跳，两臂积极配合上摆，起跳后的扣球动作与正面扣球基本相似(图 8-34)。

图 8-34

4.勾手扣球

勾手扣球时,助跑的最后一步,两脚平行于中线,右肩对网完成起跳动作或起跳后在空中使左肩转向球网。起跳后,上体稍后仰或稍向右转,右肩下沉,当右臂随着起跳动作摆至面前,迅速引至体侧,手臂伸直,掌心向上,五指微张,手呈钩形,同时挺胸、展腹。击球时,利用向左转体及收腹动作带动伸直的手臂,由下经体侧向上划弧挥动,在头的前上方最高点,用全手掌击球的后中部(图 8-35)。

图 8-35

(二)扣球技术能力培养方法

1.助跑起跳练习

(1)向后做一步跨跳练习。

(2)向前做最后一步跨跳练习。

(3)向左或向右做最后一步跨跳练习。

(4)一步、两步、三步助跑起跳扣固定球。

(5)一步助跑起跳。右脚跨出一大步,左脚迅速跟上起跳。

(6)从进攻线附近开始做两步助跑起跳。

(7)两步助跑起跳。左脚先出方向步,右脚跨出一大步并制动,左脚再迅速跟上起跳,同时两臂协调配合。助跑速度由慢到快,步幅由小到大,两步之间衔接紧密,动作连贯。

(8)改变方向的助跑起跳。最后踏跳时脚尖和身体的方向要与原来的方向不同。

2. 挥臂击球练习

(1)对墙连续扣球练习。

(2)徒手做扣球挥臂击球动作练习。

(3)快速挥臂打一定高度的树叶。

(4)手握一小皮球原地做挥臂甩腕掷球。

(5)原地对墙自抛自扣或自抛后原地起跳扣球。

(6)手持 1~2 千克的哑铃练习挥臂动作。

(7)降低球网或拉一根长绳做原地自抛自扣过网练习。

(8)扣固定球,扣吊球或一人双手持球于头上,另一人扣固定球。

3. 完整扣球练习

(1)在网前自抛自扣过网。

(2)助跑起跳扣网前固定吊球。

(3)结合二传扣一般高球。

(4)在 3 号位扣抛球,扣斜线与转体线球。

(5)结合一传、二传进行 4 号位扣球。先练习扣斜线球,后练习扣直线球。

(6)在 5 号位接从对方推过来或发过来的球,将球垫给网前二传队员,然后助跑起跳扣球。

(7)在 2 号位扣 3 号位抛来的球,扣斜线与直线球。

(8)教师或学生站在网前高台上,单手托球,学生助跑起跳扣球,在学生击球的一刹那教师及时撒手。

七、拦网技术及培养

排球运动的拦网技术是指运动员用腰部以上身体的任何部位,在球网附近且高于球网上沿的位置阻拦对方击球过网的技术方法。拦网技术攻击性强,有利于比赛中得分、获胜。根据拦网的人数配合,可以将拦网技术分为三种类型,即单人拦网、双人拦网和三人拦网。

(一)拦网技术动作解析

1. 单人拦网(图 8-36)

(1)准备姿势

两脚平行站立,大约与同肩宽,身体正对球网,距离球网约 30~40 厘米,膝关节微屈,两手臂自然弯曲放在胸前,以便随时准备起跳或移动。

(2)移动

在比赛中,拦网队员需要及时移动,以便对准对方进攻点。常用的移动步法主要有并步移动、滑步移动、交叉步移动、跑步移动。

（3）起跳

起跳时，降低重心，膝关节弯曲，弯曲程度可以因人而异，两脚用力蹬地，用两臂在体侧划小弧用力上摆的力量，来带动身体向上垂直起跳，起跳后利用收腹的力量来控制身体平衡。要掌握好拦网起跳的时间，可以通过对方二传球的高低、远近、快慢以及扣球队员的起跳时间和动作特点来决定。拦高球时，一般在扣球队员跳起之后起跳；拦快球时，可以和扣球队员同时起跳或提前起跳。

（4）空中击球

起跳的同时，两手臂要与球网平行，努力向网上沿的前上方伸出，两手臂伸直，前臂要与网接近，两手伸向对方上空接近球，两手自然张开，屈指屈腕呈勺型。为了防止球从两手间漏过，所以两手之间距离不能超过一个球。当手触球时，两手要突然紧张，要用手腕的力量用力下压盖住球的上方。站在靠近边线的拦网队员，为了防止对方打手出界，拦网时外侧手掌心要内转。拦远网扣球时，手臂要尽量向上伸直，手腕不能下压，以提高拦击点。

（5）落地

如果球已经被拦回，则要面向对方，屈膝缓冲，双脚落地。如果球没有被拦到，身体下落时要向着球飞出的方向转身准备救球。

图 8-36

2．双人拦网

双人拦网技术是指前排两个队员互相靠近、同时起跳的拦网技术，对方大力扣球时多采用双人拦网技术。

双人拦网时，应以一人为主拦队员，另一人为配合队员。主拦队员不是固定的，一般情况下距对方扣球点近的队员应为主拦队员。主拦队员必须抢先移动到对正扣球点的位置，做好起跳准备，配合队员则迅速移动靠近主拦队员准备同时起跳。两队员之间的距离一定要合适。距离太远，跳起后将出现"空门"；距离太近，起跳时互相干扰，致使双方都跳不高。双人拦网起跳时，两人的手臂应该在体前划小弧向上摆伸，都要尽量垂直向上起跳，要防止互相碰撞或干扰。手臂在空中既不能重叠，造成拦击面缩小，又不能间隔太宽，造成中间漏球。扣球靠近边线时，靠边线近的拦网队员外侧的手应适当内转，以防打手出界。

3．三人拦网

如果对方进行高点强攻，本方可采用三人拦网技术。在组成三人拦网时，不论对方从哪个位置进攻，都应以本方中间位队员为主拦者，两侧队员主动配合，集体起跳拦网。

(二)拦网技术能力培养方法

1.原地移动与起跳练习

(1)原地做拦网的徒手动作

(2)两人隔网站立,一人做徒手扣球动作,一人做原地起跳拦网。

(3)两人隔网站立,一人双手持球于网上沿,另一人原地起跳拦固定球。

(4)两人隔网在网一端站立,做一次原地拦网后,两步移动到中间起跳在网上空拍手后,再向网的另一端移动拦网。

(5)两人隔网站立,做向左、向右原地一步起跳在网上空互拍手。

(6)在2、3、4号位网上设置三个固定球,高于网上40～50厘米,单人从2或4号位开始,向左或右移动起跳双手捂盖球,轮流连续做。

(7)顺网由4号位向3、2号位做并步、交叉步或跑步移动起跳拦网。也可从2号位向4号位方向移动。

(8)两人在中间3号位拦网后,各向两边移动与2、4号位配合双人拦网,然后站在2、4号位;原2、4号位队员跑到队尾。

2.拦网手法练习

(1)网前徒手做伸臂、提肩、手腕下压捂球的拦网动作。

(2)两人一组,一人对准拦网者双手自抛自扣;拦网者预先摆好拦网手型,当扣球者击球时,拦网者伸手拦网。

(3)学生站在凳上,轮流体会拦网时的伸臂和捂盖动作,扣球者要有意向拦网队员手上扣。

3.结合扣球的完整练习

(1)教师在高台上扣固定路线球,学生原地起跳拦网。

(2)学生站在2号位轮流拦对方4号位扣固定路线的近网球。

(3)对方2号位扣球,本方4号位拦网。

第二节　大学生排球运动战术能力培养

一、排球进攻战术及培养

(一)个人进攻战术解析及能力培养

1.发球个人战术及培养

发球个人战术具有独立性和自主性。运用发球个人战术的目的是破坏对方的一传,为本方得分或反击创造有利条件。根据临场情况,针对不同对手的接发球适应能力,采用不同的战术很有必要。

（1）发球个人战术的具体要求

①应观察了解对方接发球的弱点选择合理的发球战术。

②应了解对方对不同性能发球的适应程度选择合理的发球战术。

③应根据发球人的技术水平、战术意识及心理状态选择合理的发球战术。

④应看清对方接发球站位阵型、轮次特点及可能运用的进攻战术选择合理的发球战术。

⑤应根据比赛中双方比分的增长情况选择合理的发球战术。

⑥在室外比赛,要充分利用自然条件,如阳光、风向对接发球的影响。

（2）发球个人战术的运用

①改变发球的方法

A.改变发球速度。为了达到先发制人的目的,可以采用击球点高、距网近、速度快的飘球或跳发球技术;也可采用高弧度的、慢速度的发球方法,利用速度使对方不适应。

B.改变发球弧度。发球时,加强上旋或发左旋、右旋球,改变飞行弧度,从而降低一传到位率。如上空没有障碍物,可以发高吊球,利用球体下降时产生的重力加速度,使对方不适应。

C.改变发球位置。发球队员可采用站在距端线近处发球,也可站在距端线中距离或远距离发球。发球队员可站在端线外右半区发球,也可站在其左半区发球。发球距离和方位不同,可以发出不同性能和不同落点的球。

②发球的攻击性和准确性

A.在本方得分难、比分落后较多或遇到对方进攻强轮次等情况下,为改变落后状况,可采用加强攻击性的拼发球战术。

B.在本方比分领先较多的情况下,可采用攻击威力大的发球,以扩大战果。

C.在本方发球连续失误或对方暂停、换人后,以及对方处于进攻较弱的轮次或接发球连续失误的情况下,应注意发球的准确性,避免失去得分机会。

D.在比赛处于关键时刻,特别是在决胜局时,发球更要注意准确性,不做无谓的失分。

（3）发球个人战术的练习要点

①加强发球的性能

发出的球力量大、速度快、弧度低平、旋转性强或飘晃度大,以达到直接得分或破坏对方进攻的效果。

②控制发球的落点

A.将球发到对方两个队员之间的连接区,或边线及后场端线附近,以增加防守球员接发球到位的难度。

B.将球发向对方参加进攻的队员,落在该队员的前、后、左、右,迫使其先接球。

C.将球发给对方二传或落在该队员跑动的必经线路上,迫使其接球,以破对方进攻节奏。

D.将球发给垫传技术差、情绪急躁、精力分散或刚换上场的队员,以造成其接发球失误。

（4）发球个人战术的练习方法

①徒手做击球练习,击球手按照动作要求,击打左手。

②在墙或球网边进行抛球,要求平稳上抛,位置、高度和距离都要固定。

③两人一组,站在端线外对发。在开始阶段,主要要求技术动作,而不要求力量,待技术较为

成熟后,再逐渐加大发球力量;或将后场分区,要求将球发至规定区域内。

2.扣球个人战术及培养

扣球个人战术的任务是扣球队员以比赛中对方拦网和防守情况为依据,选择合理的扣球技术和路线,有效突破对方的防御。

(1)扣球个人战术的要求

①了解对方该轮次拦网、防守特点,拦网队员集结和后排防守布局情况。

②扣球前,应明确本队的进攻打法和应变措施。应观察一传和二传的情况确定跑动路线、上步时间和起跳地点,主动和同伴配合,并根据二传情况,随机应变。

③助跑起跳过程中和起跳后要观察拦网队员的动作、手型及场上防守队员的位置变化,寻找最佳的攻击线路和攻击点。

(2)扣球个人战术方法

①扣球线路的变化

A.扣球时采用直线和斜线相结合,长线与短线相结合。

B.利用助跑路线与扣球路线不同的方向,迷惑对方拦网和防守队员,如直线助跑扣斜线球;斜线助跑扣直线球等。

C.向防守技术差和意志不顽强的防守队员扣球,或扣向对方空当和防守薄弱的区域。

②扣球动作的变化

A.运用转体、转腕的扣球技术,突然改变扣球方向避开对方拦网。

B.运用超手高点扣球技术,从拦网人手上方进行突破进攻。

C.选用正面扣球变为勾手扣球动作,造成对方拦网判断失误。

D.利用突然性的两次攻,造成空网或一对一进攻的有利局面。

E.高点平打,造成球触拦网手后飞向后场远区或有意向两侧打手出界。

F.突然用单脚起跳扣球,使对方来不及拦网。

G.有意识地提早或延迟扣球时间,使对方难以掌握拦网的起跳时间。

H.运用轻扣或吊球技术,使球随拦网队员一同下落,增加拦网队员自我保护球的难度或使球落在对方网前或拦网队员的身后。

I.利用"时间差""位置差""空间差"个人扣球动作变化,晃开对方拦网。

③根据临场情况采取扣球战术

A.根据对方拦网队员的身高和技术情况,避强打弱。

B.找人找点的扣球。将球扣向拦网较差的队员或对方站位的空当。

(3)扣球个人战术的应用

①轻重变化:扣球时重扣强行突破与轻扣打点有机结合。

②路线变化:扣球时运用转体、转腕灵活地扣出直线、斜线、小斜线等,避开对方的拦网。

③打吊结合:在对方严密的拦网下,先佯做大力扣杀,突然由扣变吊,将球吊入对方空当。

④超手和打手:充分利用弹跳力,采取超手扣球技术,从拦网队员手的上面突破;还可以利用平扣、侧旋扣球、推扣等手法,造成拦网队员被打手出界。

⑤左、右手扣球:利用异侧手辅助进攻,形成左右开弓式的扣球,以增加击球面和隐蔽性,提高应变能力。

（4）个人扣球战术的练习方法

①徒手做扣球挥臂击球动作练习。

②网前原地起跳扣对方抛过来的"探头球"。

③连续两步助跑起跳。先慢跑,然后两步助跑起跳,再慢跑,再起跳。如此重复。

④在 5 号位接从对方抛过来或发过来的球,将球垫给网前二传队员,然后助跑起跳扣球。

⑤6 号位队员接对方的球,把球垫给网前二传队员后,至 4 号位或 2 号位助跑起跳扣球。

（二）集体进攻战术解析及能力培养

1.集体进攻战术解析

下面主要对排球集体进攻战术的阵型配备情况进行介绍。

（1）"心二传"进攻阵型

"心二传"进攻阵型是二传队员在中场进攻线附近组织进攻的阵型。其特点是二传队员在中场位置进行二传,利于组织后排进攻及前后排互相掩护进攻,战术变化多,适合性广。

3 号位作二传的"心二传"阵型:前排 3 号位队员在进攻线附近担任二传,1 号位队员专门后排跑动进攻,其他队员分别进行前排或后排进攻。

6 号位作二传的"心二传"阵型:后排 6 号位队员在进攻线附近担任二传,其他队员分别进行前排或后排进攻。

后排插上组成"心二传"阵型:6 号位队员从 3 号位队员右侧"插上"成"心二传"进攻阵型,其他队员分别进行前排或后排进攻。

（2）"边二传"进攻阵型

"边二传"进攻阵型是由一名前排或后排队员在前排 2 号位作二传,其他队员参与进攻的阵型。其特点是二传队员在边上,对一传要求较高,战术变化比"中二传"的进攻阵型多,战术可简可繁,适应性广。

"边二传"阵型:2 号位队员站在网前担任二传,3、4 号位队员前排进攻,其他队员参与后排进攻。

反"边二传"阵型:4 号位队员站在网前做二传,其他队员参与进攻。通常 2、3 号位队员如果是左手扣球,采用这种阵型的优势就会较为明显。

（3）"中二传"进攻阵型

"中二传"进攻阵型是由一名前排或后排队员在前排中心位置做二传,其他队员参与进攻的阵型。其特点是二传队员在中间,一传容易到位,战术繁简多变,适合性广。

"大三角"站位:基本的站位方法,变化主要以 2、4 号位队员进攻为主,辅以后排进攻。

"小三角"站位:4 号位队员位置不变,2 号位队员站在中场接球,3 号位球员站在 2、4 号位之间的网前。这实际上是一种较为隐蔽的站位方法,1 号位队员可在 2 号位做佯攻,2 号位队员从中路进攻,后排队员后排进攻。这种阵型有利于各种交叉换位进攻(图 8-37)。如果 2 号位队员左手扣球得力,则可以在场区右侧站成"小三角",即 2 号位队员位置不变,4 号位队员中场接发球,3 号位队员站在 2 号位队员与 4 号位队员之间的网前做二传,5 号位队员在 4 号位做佯攻,后排队员后排进攻(图 8-38)。

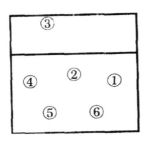

图 8-37

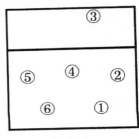

图 8-38

2.集体进攻战术的练习方法

(1)"中二三"进攻战术练习

①站位练习

站在自己的半场上按"中二三"进攻阵型站位,然后进行不结合球的模仿跑动和轮转练习,了解各位置的分工与配合方法。

②有球练习

同伴在 6 号位向 3 号位抛、传球,3 号位二传队员将球交替传给 4 号、2 号位队员扣球,扣球后相互交换位置(图 8-39);场上 6 名队员站成"中一三二"接发球站位阵型,教师从对区抛球,队员接发球练习"中二三"进攻战术(图 8-40)。

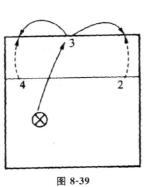

图 8-39

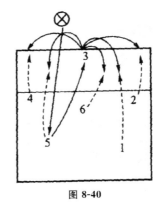

图 8-40

(2)"插三二"进攻战术练习

①站位练习

按"插三二"进攻战术站位,徒手模仿 1 号、6 号、5 号位插上跑动的路线和职责。

②后排队员前插练习

在对方场区抛或发球过网,由 1 号位或 6 号位或 5 号位插上作二传,组织"插三二"进攻战术(图 8-41、图 8-42、图 8-43)。

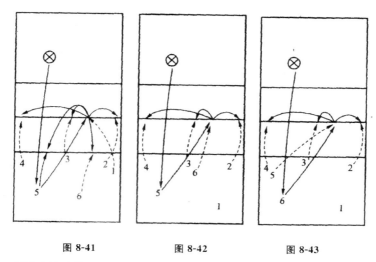

图 8-41   图 8-42   图 8-43

（3）"边二三"进攻战术练习

①站位练习

站在自己半场上按"边二三"进攻阵型站位,然后进行徒手的模仿跑动和轮转位置练习,熟悉"边二三"进攻战术各位置的跑动线路、分工及配合方法。

②有球练习

站在 4 号位、3 号位准备扣球,由 3 号位队员将球传给 2 号位二传队员,二传队员将球传给 4 号位或 3 号位的进攻队员扣球(图 8-44)。

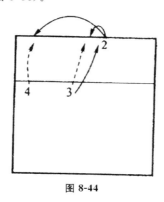

图 8-44

二、排球防守战术及培养

(一)个人防守战术解析及能力培养

个人防守战术的任务就是指队员在防守的时候,选择最有利的位置,并采用合理的接球动作,按战术要求把球防起。一个优秀的防守队员,不仅要有勇猛顽强的作风,而且还要善于以对方进攻及本方拦网的情况为依据做出正确的判断,并做出正确的决策。

1.个人防守战术的要求

第一,根据对方进攻特点和空中动作,判断对方是重扣还是轻吊。

第二,根据对方二传的方向、落点和进攻队员跑动的方向和击球点高低,判断对方进攻的位置和来球落点。

2.个人防守战术的应用

第一,针对性防守:根据对方进攻队员的特点,采取相应的防守行动。如对方只打不吊,取位要靠后;打打吊吊则取位要灵活;只有斜线则放直防斜。

第二,判断进攻点,合理取位:防守球员要根据二传的方向和落点,及时地做出判断,并迅速取位。例如当球离网较近的时候,本方队员来不及拦网,防守队员的防守取位可靠前,以封堵角度;球离网较远,防守取位可靠后些。

第三,上、下肢并用:充分利用规则,采用上、下肢的协调配合防守。如采用高姿势防守,上肢负责腰部以上的来球,下肢负责腰部以下的来球。

第四,拦、防配合:根据前排拦网队员的情况主动配合、弥补。如采用拦斜防直或反之。

第五,"有利面"放宽:即防守球员取位时把自己最擅长防守的一面适当放宽。如自己的右侧面防守较好,可把这个区域适当放宽,以扩大防守面。

3.个人防守战术的训练要点

第一,根据对方二传的方向和落点,迅速地做出判断,并立即移动到相应的位置,正对来球,准备接球。

第二,根据判断,及时移动取位,守住"最危险"区域。

第三,运用各种击球动作防守起球,力求控制球的高度和落点,使之便于组织反攻。如来球能够控制,要垫给二传队员组织快攻或强攻。

第四,防守还应根据本方前排拦网队员的情况,主动选择防守位置加以配合与弥补,重点防守前排拦网的空当。

第五,在选择前后位置的时候,应根据对方二传球与网的距离和扣球队员击球点的高低选择防守。如球离网近,无人拦网时,防守取位可向前;如球离网远或近网球被拦时,防守队员取位可向后。

第六,根据对方球员扣球的特点,采取相应的防守行动,如对方只扣不吊时,则取位要靠后。如对方打吊结合时,要随时准备向前移动。如对方扣球只有斜线,则要放直防斜等。

第七,在选择左右位置的时候,要根据对方扣球队员的助跑路线和扣球队员起跳的人与球所保持的关系来选择防守位置。一般来讲,防守位置应取在对方扣球队员和球连线的延长线处。

4.个人防守战术的练习方法

(1)上下肢协同防守练习

采用上下肢的协调配合防守的思想。如采用高姿势防守,上肢负责腰部以上来球,下肢负责腰部以下来球进行训练。

（2）针对性的防守练习

根据对手不同的进攻特点,进行有针对性的防守训练,如对方只打不吊,取位要靠后;打打吊吊则取位要灵活;只有斜线则放直防斜。

（3）判断进攻点,合理取位的练习

根据本方队员二传的方向和落点,及时判断,迅速取位,培养合理取位的意识。可模拟比赛进行专门的训练,如当球离网较近来不及拦网时,防守取位应靠前,以封堵角度;球离网较远,防守取位应靠后些。

（4）拦、防结合防守练习

根据前排拦网队员的情况进行主动的配合和弥补。如采用拦斜防直或反之的方法进行训练。

（二）集体防守战术解析及能力培养

1.集体防守战术解析

下面重点介绍集体防守战术的阵型配备。

（1）接发球防守战术

①2 人接发球阵型

大多用于高水平的球队中,主要阵型如下。

"后 2"站位阵型:两名后排队员负责全场接发球,另 1 名后排队员不接发球,专门准备进行后排进攻(图 8-45)。

专人接发球站位阵型:安排两名接发球好的队员接发球,采用"心二传"进攻阵型,1 号位队员专门准备组织前排和后排进攻战术(图 8-46)。

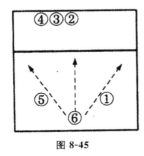

图 8-45

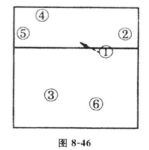

图 8-46

②3 人接发球阵型

对队员判断、移动及控制球的能力要求较高。主要阵型如下。

"前 1 后 2"站位阵型:由 1 名前排队员和两名后排队员担负全场的接发球(图 8-47)。

"后 3"站位阵型:由后排 3 名队员担负全场的接发球(图 8-48)。

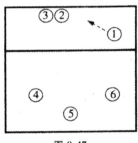

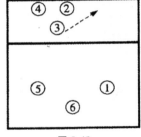

图 8-47   图 8-48

③4 人接发球阵型

对接发球队员的前后移动和判断能力要求较高。主要阵型如下。

"一"字站位：接对方的跳发球、大力球及平冲球(图 8-49)。

"浅盆"站位：接对方落点靠后或速度平快的发球(图 8-50)。

"深盆"站位：接对方下沉球及长距离飘球(图 8-51)。

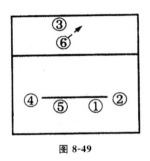

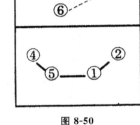

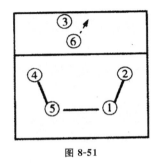

图 8-49   图 8-50   图 8-51

④5 人接发球阵型

对队员与队员之间的配合要求较高。主要阵型如下。

"一"字站位阵型：接球时,5 名队员"一"字形排开,左右距离较近,每人守一条线,互不干扰(图 8-52),对付跳发球、大力发球、平冲飘球的效果较为明显。

"W"站位阵型：也称"一三二"型站位。5 名队员分布均衡,前面 3 名队员接前场区的球,后排两名队员接后场区的球,职责分明(图 8-53)。缺点是队员之间的"结合部"相应增多,接对方发到边角上的球较为困难。

"M"站位阵型：也称"一二一二"型站位,前面两名队员接前区球,中间队员接负责中区的球,后面两名队员接后区球,分布均匀,分工明确。缺点是接对方发到场地两腰及后区的大力球、平飘球等较为困难(图 8-54)。

(2)接扣球防守战术

①无人拦网防守阵型

适用于初学者或在对方进攻无力时采用。站位方法与 5 人接发球站位基本相同。

②单人拦网防守阵型

适用于当对方扣球威胁不大、扣球路线变化不多、轻打吊球较多时。拦网队员拦扣球人的主要进攻路线,不拦网队员及时后撤防守前区或保护拦网人,后排队员后撤加强后场防守。

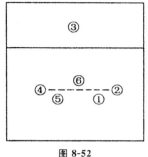
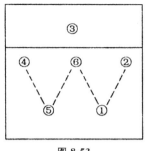
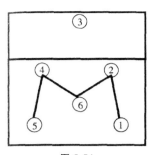

图 8-52　　　　　　　　　　图 8-53　　　　　　　　　　图 8-54

③双人拦网防守阵型

适用于当对方水平较高,进攻力量强、进攻线路变化较多时。主要阵型如下。

"边跟进":如图 8-55 所示,以对方 4 号位进攻为例,我方 2、3 号位队员拦网,其他 4 个队员组成半圆弧形防守。如遇对方吊前区,由边上 1 号位队员跟进防守。

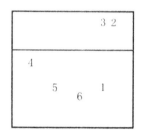
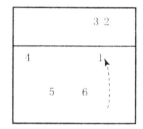

图 8-55

"心跟进":如图 8-56 所示,以对方 4 号位进攻为例,我方 2、3 号位队员拦网,后排中心的 6 号位队员在本方拦网时跟在拦网队员之后进行保护,其余 3 名队员组成后排弧形防守。

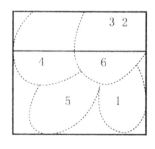
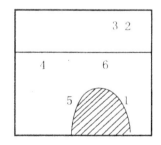

图 8-56

④3 人拦网防守阵型

适用于当对方主要扣球手进攻实力强、但不善吊球时。此阵型的优点是网上力量强,缺点是后防空隙大。

(3)接拦回球防守战术

①1 人或 2 人接拦回球阵型

前排 3 名队员掩护、跑动,后排 6 号位队员进行后排进攻,1 号位队员传球后立即下撤,5 号位队员迅速向进攻点移动接拦回球(图 8-57)。

前排 3 名队员掩护、跑动,后排 1、6 号位队员进行后排进攻,5 号位队员传球后立即下撤,迅速向进攻点移动接拦回球,其他队员尽可能参与接拦回球(图 8-58)。

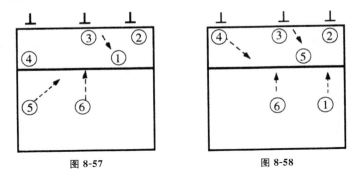

图 8-57   图 8-58

②3 人接拦回球阵型

前排 3 名队员掩护、跑动,最终的进攻点在 2 号位,1 号位队员传球后立即下撤,5、6 号位队员迅速向 2 号位移动,准备接拦回球(图 8-59)。

③4 人接拦回球阵型

以 2 号位进攻为例,1 号位队员插上,跳传给 2 号位进攻,3、5 号位队员负责前场区,4、6 号位队员负责中场区及后场区(图 8-60)。

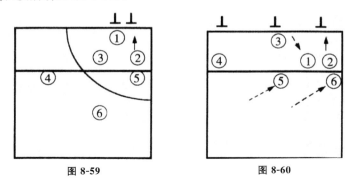

图 8-59   图 8-60

④5 人接拦回球阵型

"二、三"阵型:该阵型适用于对方拦网能力一般,拦回球落点比较分散时。如 4 号位进攻,3、5 号位队员负责前场区,1、2、6 号位队员负责中场区和后场区(图 8-61)。

"三、二"阵型:该阵型适用于对方拦网强、拦回球落点大多集中在网前时。如 4 号位进攻,3、5、6 号位队员组成第一道防线。1、2 号位队员组成第二道防线(图 8-62)。

"二、二、一"阵型:该阵型适用于对方拦回球落点比较分散时。如 4 号位进攻,3、5 号位队员负责前场区,2、6 号位队员负责中场区,1 号位队员负责后场区(图 8-63)。

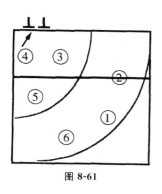

图 8-61

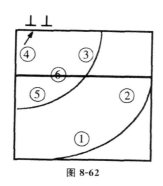

图 8-62

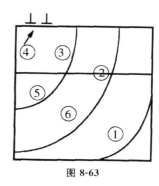

图 8-63

2.集体防守战术的练习方法

(1)人盯人拦网练习

同伴在后场抛球给二传队员,扣球队员在 4 号、3 号、2 号位跑动扣球,对方 2 号、3 号、4 号位队员人盯人拦网,本方后排队员进行防守反击。

(2)调整传球和反攻练习

同伴隔网站在高台上扣球,后排 3 名队员进行各种线路的防守、调整传球和反攻练习。

(3)6 对 6 攻防转换练习

分别在无对抗条件下、简单对抗条件下和较激烈对抗条件下进行攻防转换练习。同伴在场外抛球,一方接发球组织一攻,另一方拦网防守后组织反攻。成死球后,立即抛球继续进行攻防转换练习。

第三节　大学生排球运动规则学习

一、比赛人数和计分规则

(1)每个队最多有 12 名队员,教练员、助理教练员、医生各 1 人。每队上场 6 人,站成两排,从左至右,前排为 4、3、2 位,后排为 5、6、1 位,队员服装必须统一,上衣前后有明显号码。

(2)比赛采用每球得分制,胜一球即胜一分。

(3)比赛的前 4 局以先得 25 分,并同时超出对方 2 分的队为胜一局。当比分 24：24 时,比赛继续进行至某队领先 2 分为胜一局。决胜局以先得 15 分,并同时超出对方 2 分的队获胜。当比分为 14：14 时,比赛继续直至某队领先 2 分(16：14,17：15)。正式比赛采用五局三胜制。最多比赛 5 局,先胜 3 局的队为胜一场。

二、关于"自由人"的规定

(1)各队登记在记分表上的12名运动员中,可选择一名运动员为"自由人",并在其姓名旁注上"L"字样,其号码与首先上场的6名队员一样,也必须登记在第一局的位置表上。

(2)"自由人"必须穿着与其他队员不同颜色(或不同式样)的上衣。

(3)"自由人"可以在比赛中断和裁判员鸣哨发球之前,从进攻线和端线之间的边线处自由进出,换下任一后排队员,不需经过换人过程,也不记在正常换人人次,其上下次数不限,但在其上下两次之间必须经过一次发球比赛过程。

(4)"自由人"不得发球、拦网和试图拦网。

(5)"自由人"在任何地区(包括比赛场区和无障碍区)都不得将高过于球网上沿的球直接击入对区。

(6)"自由人"在前场区及前场区外无障碍区进行上手传球,当传出的球的整体高于球网上沿时,其他队员不得进行进攻性击球。当他在后场区及后场区外无障碍区上手传出的高于球网上沿的球,其他队员可以进行进攻性击球。

(7)"自由人"受伤,经裁判员允许可由登记在记分表上的任一队员替换,受伤的"自由人"在这场比赛中不得再参加比赛。替换受伤"自由人"的队员在这场比赛中仅限于以"自由人"的身份参加比赛。

三、发球

(一)发球击球时的犯规

1.发球次序错误

某队未按照记分表上所登记的发球次序发球为发球次序错误。取得发球权的6名场上队员必须按顺时针方向轮转一个位置,由轮到后排右的队员发球。发球次序错误的处理规则如下。

(1)队员恢复到正确位置。

(2)如果在发球次序错误中没造成得分则判失一分。

(3)记录员必须准确地确定发球次序错误从何时发生,从而取消其发球次序错误中所得的所有分数,再判罚失一分,对方得分仍然有效。

(4)如已得分,而又不能确定其发球次序错误从何时发生,则仅给予失一分的判罚。

2.发球区外发球

发球队员在发球时不受位置错误的限制,但队员发球击球时或跳发球起跳时,踏及场区或发球区外地面为发球区外发球犯规。跳发球队员击球前允许在发球区外助跑,但起跳时必须在发球区内;击球后发球队员可以踏及场内或发球区外。发球区外发球犯规由第一裁判及负责端线的司线员共同负责判定。判犯规队失一分。

3.发球击球时球未抛起或持球手未撤离

判断时主要看清击球时球是否清楚地离手,由第一裁判员判定。判犯规队失一分。

4.发球 8 秒

第一裁判员鸣哨发球后 8 秒内,发球队员未将球击出,为发球 8 秒犯规。第一裁判在鸣哨允许发球后应默数,计算 8 秒(目前我国的联赛仍执行原规则发球 5 秒犯规的规定)。发球 8 秒由第一裁判员负责判定,判犯规队失一分,换由对方发球。

(二)发球击球后的犯规

1.发出的球触及发球队队员或未能通过球网垂直面

由第一裁判员判定,判犯规队失一分。

2.界外球

界外球包括以下几种情况:球的落点完全在场区界线以外的地面上;球触及场外物体、天花板或非比赛成员等;球触及标志杆、网绳、网柱或球网标志杆以外部分;发球时或进入对方场区时,球的整体或部分从过网区以外过网。

(三)发球掩护

任何一名发球队的队员,以挥臂、跳跃或左右晃动等动作妨碍对方接发球,而且发出的球从他的上空飞过,则构成个人掩护;发球队有两名或更多队员密集站立遮挡发球队员,而且发出的球从他们的上空飞过,则构成集体掩护。判断发球掩护的要点是发球的队是否形成屏障,并确实起到掩护发球的作用。发球掩护犯规由第一裁判员判定,判犯规队失一分换由对方发球。

四、位置错误

发球击球瞬间,双方任何一名队员不在规则规定的位置上,则构成位置错误犯规。判断位置错误必须明确以下几点。

(1)位置错误犯规只在发球击球瞬间才有可能造成,发球击球后,两队队员可在本场区任意移动或交换位置,不受任何限制。

(2)队员的场上位置应根据脚的着地部位来确定。

(3)明确“同排”与“同列”的概念及位置关系:1、6、5 及 2、3、4 号位队员为同排队员。1、2 号位,3、6 号位,4、5 号位队员为同列队员。规则规定同排左边或右边队员的一只脚的某部分必须比同排中间队员的双脚距离同侧边线更近。同列队员中,前排队员一只脚的某部分必须比同列后排队员的双脚距离中线更近,当发球队员击球时的犯规与对方位置错误同时发生,则发球犯规被认为在先而被判罚。如果发球队员是在击球后的犯规,则位置错误在先,判位置错误犯规。

五、击球

(一)四次击球

一个队连续触球 4 次(拦网一次除外)为四次击球犯规。判断时注意不论队员主动击球还是被动触球,均算作该队员击球一次。当同队的 2 名(或 3 名)队员同时触到球时,被记作 2 次(或 3 次)击球(拦网除外)。如 2 人同时去击球,但只有 1 名队员触球,则只计一次击球。

(二)持球

排球规则规定球必须击出,不得接住或抛出,击出的球可以向任何方向弹出。在判断时必须注意以下几点:首先,必须清楚击球与持球之间的区别,击球是一个单一的动作,而持球犯规先是使球停滞再将球抛出;其次,进攻性击球时,吊球是允许的,但触球必须清楚,没有推压动作,并且不得用手改变球的方向;再次,队员在拦网时有推、扔、携带等动作,裁判员必须判其持球;最后,第一裁判员一定要注意观察运动员身体与球接触时的状况,不受运动员击球前或击球后身体姿势或位置的影响。因为规则在允许上手传球的同时也允许身体任何部位击球。

(三)连击

一名队员连续击球两次或球连续触及身体的不同部位为连击犯规(拦网一次和第一次击球时除外)。

在判断连击犯规时应注意以下几点:第一,在第一次击球时,允许身体不同部位在同一击球动作中连续触球,不判连击。第一次击球指的是接发球、接所有从对方击过来的球、接对方拦回的球;接触本方拦网队员后的球;第二,在第二、第三次击球时,仍应注意判断连击犯规。第三,在判断连击犯规时要排除:在拦网一个动作中,球可以迅速而连续触及一名或更多的拦网队员。拦网后,即使是拦网触过球的队员仍可再做第一次击球。第四,判断连续犯规也应以视觉判断为主,看清击球一瞬间是否造成连击犯规,不考虑击球前、后的动作。

(四)借助击球

队员在比赛场地以内借助同伴或任何物体的支持进行击球,为借助击球犯规。判断时要注意区分:一名队员可拉住或挡住另一名即将造成犯规的同队队员(如将要触网或过中线等);队员击球后拉住或触及网柱、挡板等也不犯规。

击球时的各种犯规均由第一裁判员负责判定。当第一裁判员出现明显漏判时,第二裁判员可以用手势示意,但不得鸣哨,也不得坚持自己的判断,各种击球犯规的队均判失一分。

六、队员在球网附近的犯规

(一)过网击球

对方进行进攻性击球前或击球时,在对方空间触及球或对方队员为过网击球犯规。判断过网击球犯规的依据是击球点是否在对方场区空间。如果击球点尚在本方场区上空,击球后手随球过网则不判犯规。

过网击球犯规由第一裁判员负责判断。当第一裁判员有明显漏判时,第二裁判员可用手势示意,但不得鸣哨,也不得坚持自己的判断。过网击球犯规的队被判失一分。

(二)过中线

比赛进行中,队员整个脚、整个手或身体其他任何部分越过中线并接触对方场区时,为过中线犯规。判断时必须注意区分以下情况:如果队员一只或两只脚、一只手或双手越过中线触及对方场区的同时,其余部分还接触中线或置于中线上空是允许的,不判为犯规。比赛中断后队员可以进入对方场区,因此必须清楚地判断先成死球还是先过中线。

过中线犯规由第二裁判员负责判定,发现犯规后应立即鸣哨,做出手势。第一裁判员同样有权判定。判犯规队失一分。

(三)触网

比赛进行中,任何队员触及 9.50 米以内的球网、标志杆、标志带为触网犯规。但队员未试图进行击球的情况下偶尔触网,不判为犯规。击球试图包括一次进攻行动中的参与成员和掩护者。队员击球后,在不影响比赛进行的情况下,可以触及网柱、网绳或网全长之外的任何其他物体。判断触网犯规时应注意区别主动触网与被动触网,由于球被击入球网而造成球网触及队员,属被动触网,不应判为触网犯规。判断时还应注意分清先成死球还是先触网。

触网犯规由第一裁判员分工负责观察进攻一方及双方队员网上沿有无犯规;第二裁判员分工观察拦网一方及双方队员网上沿以下部分有无犯规。判犯规队失一分。

(四)进入对方无障碍区的球

规则规定球的整体或部分从过网区以外进入对方无障碍区,队员在不进入对方场区的情况下,将球从同侧过网区以外击回是允许的。在击球时,对方队员不得阻碍。

七、拦网犯规

(一)过网拦网

在对方进攻性击球前或击球时,在对方空间拦网触球为过网拦网犯规。

(二)后排队员拦网

排球规则规定只有前排的队员可以拦网,后排队员靠近球网,将手伸向高于球网处阻挡对方来球,并触及球,为后排队员拦网犯规。判断后排队员拦网犯规必须同时具备三个条件:后排队员在靠近球网处;手在高于球网上沿处阻挡对方来球;触及了球。判断时应注意以下几点。

(1)当后排队员参加集体拦网时,只要具备上述三个条件中的第一、第二两条,虽本人未触球,但集体拦网成员中的任何一名队员触及了球,即被认为参加集体拦网的队员都触及了球,因此也应判后排队员拦网犯规。

(2)后排队员在球网附近,低于球网上沿处触及了对方来球,由于缺少一个条件,不能判为后排队员拦网犯规,但这次触球是该队三次击球中的第一次,即该队还可以击球两次。还须注意,既然后排队员的该次触球不认为是拦网,因此不允许该队员连续击球。

(3)最容易造成后排队员拦网犯规的是后排插上队员,因此裁判员对后排插上队员要特别注意。

(三)拦发球

拦对方发过来的球为拦发球犯规。只要队员在球网附近,手高于球网上沿阻拦对方发过来的球,不论拦起、拦死,只要触球即为犯规。

八、进攻性击球犯规

后排队员在前场区内,或踏及进攻线(或其延长线),击整体高于球网上沿水平面的球,并使球的整体由过网区通过球网垂直面或触及对方拦网队员,则为后排队员进攻性击球犯规。判断后排队员进攻性击球犯规必须同时具备三个条件:后排队员在前场区内,或踏及进攻线(或其延长线);击球时整个球体高于球网上沿;完成进攻性击球,即击出的球整体由过网区通过球网的垂直面,或触及对方拦网队员的手。裁判员必须熟悉双方球队的阵容,对后排插上队员及善于后排进攻的队员要特别注意。

第九章 大学生乒乓球运动技能培养研究

第一节 大学生乒乓球运动技术能力培养

一、握拍技术

手握乒乓球拍的方法,即握拍技术。现代乒乓球运动的握拍主要有直拍握法和横拍握法两种。两种握拍方法各有特点,适用于不同的打法和不同技术特点的选手,没有孰好孰坏之分。其中,直拍握拍在亚洲选手中使用较多,横拍握拍广泛被欧洲选手使用。不过现代乒乓球的发展越发注重全面性因素,因此,现阶段使用横拍握拍法的选手较多。

在乒乓球技术中,握拍法是最为基础的。正确的握拍技术不但对掌握乒乓球技术有深远意义,而且对提高乒乓球技巧同样有深远意义。

（一）直拍握法

直拍握法的特点是出手快速,攻球有力,拍面变化不大,对手难以判断。

1.直拍快攻型握拍法

拇指第一指节和食指第二指节握拍,使拍柄压住虎口,拇指与食指之间的距离要适当;其他三指自然弯曲,中指第一指节顶住球拍的后上部(图9-1)。

图 9-1

2.直拍弧圈球型握拍法

拇指紧贴于拍柄左侧,食指扣住拍柄,形成一个小环状紧握拍柄;其他三指自然伸直,中指第一指节顶住球拍的背面约 1/3 处(图 9-2)。

图 9-2

(二)横拍握法

正反手转换顺畅、攻球力量大、人的生理方面没有显而易见的漏洞,是横拍握法的显著特征。另外,横拍握拍在攻削球时握法变化小,反手攻球容易发力,由此便成为欧洲两面弧圈型打法的标准握拍法。不过横拍握法也不是完全没有缺点,如在正反手交替击球时,需变换击球拍面,调节拍形幅度大,易被对方识破。

横拍握拍方法是中指、无名指和小指自然弯曲握住拍柄,虎口贴住拍肩;拇指在球拍的正面轻贴于中指旁,食指自然伸直,斜放于球拍背面。深握时,虎口紧贴球拍。浅握时,虎口轻微贴拍(图 9-3)。

图 9-3

二、基本步法

(一)基本步法分析

乒乓球技术理论中指出,步法是"乒乓球运动的生命"。从本质来讲,步法就是合理的移动,步法移动是击球的基本环节之一,是正确使用和衔接各项技术动作的枢纽,更是执行各项战术的有效保证。传统乒乓球技术理论认为手臂是技术的关键,而实际上,现代乒乓球技术理念确定只有移动到位,才能有较为舒适的体位施展手臂上的"功夫"。

对于乒乓球运动来说,基本步法如下。

1. 单步

单步动作简单、移动范围小,常在近网短球、推挡球、侧身攻球以及球落点位于中路稍偏左等时常用。以一只脚为轴,另一只脚向各个方向移动,身体重心随之落于移动脚上。

2.跳步

跳步移动范围比单步和并步都大,移动速度快。当判断好来球方向时,一脚用力蹬地,使两脚离开地面向来球方向跳动。

3.跨步

跨步动作幅度和移动范围都较大,常用来对付离身体稍远的、力量大的来球。基本动作为一脚蹬地,另一脚向移动方向跨一大步,蹬地脚随后跟上半步或一小步,以保持身体平衡。

4.并步

并步的移动幅度比单步大、比跳步小,移动时不腾空,便于保持身体重心稳定。要求运动员一脚先向另一脚并半步或一小步,另一脚在并步脚落地后随即向来球方向移动一步。

5.交叉步

交叉步移动范围和幅度都大。移动中,常以靠近来球方向的脚作支撑脚,支撑脚的脚尖调整指向移动方向,远离来球方向的脚在体前交叉,向来球方向跨出一大步,身体随之向来球方向转动,支撑脚跟着向来球方向再迈一步,即完成前交叉步;后交叉步是在体后完成交叉动作。

6.小碎步

小碎步是练习者向前后左右的高频率的小跑步移动步法,是以上几种步法的组合形式,它能迅速地调节身体重心、调节击球位置、击球时间、击球力量,具有起动快、发力大、击球准的特点。这种结合步移动范围比任何一种步法都大,便于攻防的转换需求,能灵活运用于各种打法。

7.侧身步

侧身步,是指当来球逼近练习者身体或来球在练习者反手位时,练习者侧身正手攻球的移动步法。运动中,练习者可根据来球距自己身体的远近采用单步侧身、并步侧身、跨步侧身或交叉步侧身。

(二)基本步法练习

(1)单个或组合步法的模仿练习,如挥拍做跳步、并步结合侧身步、侧身步结合交叉步等。

(2)看手势练习快速变换前、后、左、右移动。

(3)完成规定步法的次数或组数练习,或完成规定时间的步法练习。

(4)完成步法与手臂摆速的结合练习,如站于每张球台边线一端。听口令后,练习者采用并步、交叉步、小跑步、并步结合跨步等步法移动,用一只手或两只手分别触摸边线两端。

(5)加强腿部力量练习,采用蛙跳、蹬跨、单足起、杠铃蹲起等练习提高爆发力。

(6)观看优秀乒乓球运动员录像,学习步法移动时重心的移动、步法的衔接。

三、基本站位

（一）进攻型打法的基本站位

距离球台端线 50 厘米左右。擅长近台进攻的运动员,站位可稍近些(如左推右攻打法者站位距球台端线约 40 厘米);擅长中近台进攻的运动员,站位可稍后些(如直拍弧圈打法的站位距球台端线 60 厘米,横拍两面拉打法的站位距端线约 65 厘米);擅长正手侧身抢攻的运动员,可站在球台偏左侧(如直拍、横拍以侧身抢拉为主的运动员,左脚约站在位于球台左边线延长线外约 25 厘米处);擅长打相持球或反手实力较强的运动员,可站于球台中间略偏反手的位置。

（二）削攻型打法的基本站位

距球台端线 100～150 厘米,多在球台中间略偏反手的位置。进攻能力强的,站位可稍近些;以防守为主的运动员,站位可稍远些。

需要着重说明的是,基本站位指的是一个大概范围,并不是固定的一点。各类型打法的基本站位不仅不同,而且它们所指的范围大小也不一样。直拍近台快攻打法的基本站位所指范围较小,弧圈球打法就大些,而削球打法则更大。另外,基本站位还与个人身体及对方打法特点有关。从目前发展趋势看,为突出正手抢攻,进攻型打法的基本站位多偏向于球台左侧。

四、准备姿势

不管是哪类体育运动项目,准备姿势都是技术运用的起始状态。良好的准备姿势可以为后面的技术动作提供充足的准备。乒乓球运动速度较快,对练习者的反应速度有着较高的要求,正确的基本姿势能保证击球者迅速移动、选择合理的击球位置、有效地完成击球动作。在乒乓球运动实践中,准备姿势只是一个参考动作,并没有一个统一的标准,这主要是因为击球者的身体条件和技术特点不同导致的,有时候准备姿势的差异还与个人习惯有关。然而,不管参与者采用哪种姿势,均包含以下几种。

（一）下肢动作

两脚开立,身体位于两脚之间或比肩略宽,但不宜超过肩宽的 1.5 倍,身体重心位于两脚间,稍保持在稍靠前的腿上;两脚的前脚掌内侧着地,脚跟略提起,以便于快速起动。

（二）躯干动作

上体稍前倾,适度收腹含胸。既不能站得过直,重心过高,也不能挺出腹部,全身松散,以免降低动作的灵活性、影响击球。

（三）上肢动作

两肩基本同高,保持自然,避免耸肩,未击球时不应刻意地沉肩,下颌稍向后收,两眼注视来球;持拍手臂自然弯曲,置于身体右侧,大臂与躯干的夹角成 60°左右,上臂与前臂的夹角接近 90°;手腕放松(但不能无力下垂而形成"吊腕"),持拍于腹前偏右侧,离身体约 30～35 厘米。侧身抢攻较多的练习者,持拍手的位置应更偏正手位;球拍位于台面水平面上,非持拍手自然放于腹前,与持拍手基本同高。

五、发球技术

(一)发球技术分析

对于所有乒乓球回合来说,发球都属于其开始,同时因为发球是整个比赛过程中唯一不受对方干扰的技术环节,所以较好的发球无疑就成为球员的有力武器。

在发球时,发球者可根据自己的战术意图或需求自由选择合适的站位,并可在规则范围内发出各种不同力量、速度、旋转、路线、落点的球,以达到控制对方抢先上手进攻,创造得分机会的目的。纵观现代乒乓球的发球技术主要有以下几种。

1.发平击球

(1)正手发平击球

以左脚在前的近台站位为例,身体稍微右转,重心偏右脚。左手的掌心托球放于体前偏右侧,右手持拍于身体右侧。左手将球向上抛起,同时右臂稍向后引拍;当球开始回落时,持拍手由身体的右后向前挥拍;在球下降接近球网高度时,将拍形稍前倾,击球的中上部。击球后,前臂和手腕应随势向前挥动,身体重心随之移向前面的脚。

(2)反手发平击球

以右脚在前的近台靠中线偏左站位为例,身体稍微向左转,左手掌心托球放于身体前方偏左侧,右手持拍于身体前方。左手将球向上抛起,同时右臂外旋,并向身体左侧后方引拍;当球开始回落时,持拍手由身体的左侧后方向右前方挥拍,拍形稍前倾成半横状;在球下降接近球网高度时,击球的中上部,同时向右前方发力。击球后,手臂随势前挥,身体迅速还原,重心随之移至前面的脚。

2.发转与不转球

(1)正手发转与不转球

以右手持拍、站位靠近左半台为例,左脚在前,右脚在侧后,抛球的同时持拍手向后上方引拍。要求拍面后仰,手腕适当外展,手臂放松,腰向右转。当球降至球网高度时,持拍手迅速用力向前或向下挥拍,发球后快速还原至准备姿势,以备下一次击球。

(2)反手发转与不转球

以右脚在前、左脚在后为例,向上抛球的同时持拍手向左后上方引拍,身体随之左转,球拍稍后仰。当球下落时,手臂自左上方向右下方挥拍,在球拍触球的瞬间加大前臂、手腕手指的爆发力,增强球的摩擦力量。发球动作结束后,必须用最短时间还原成准备姿势,从而为下次击球做好准备。

3.发奔球

（1）正手发奔球

以左脚在前的近台站位为例，左手掌心托球放于身体前方稍微偏右侧，身体略向右转，将球抛起后，持拍手向右后方引拍，前臂放松，使球拍顺势下降，当球降至约与球网高度相同时，手臂迅速向左前方挥动，拇指压拍，使拍面略向左偏斜。在拍球的过程中，手腕向左上方抖动，使拍从球的右侧中上部摩擦，球的第一落点靠近端线处。击球后前臂和手腕随势前挥。

（2）反手发奔球

以右脚在前的站位为例，身体稍向左转，左手掌心托球置于身体前方偏左侧，持拍手置于体前。抛球的同时持拍手向左后方引拍，拍形稍前倾，当球降至约与球网相同高度时，用前臂和手腕发力，击球左侧中上部，拍触球的同时前臂加速向右前上方横摆，手腕抖动使拍面摩擦球，第一落点靠近本台端线。击球动作完成后，前臂和手腕随势前挥。

4.发侧旋球

（1）正手发左侧上（下）旋球

以正手发左侧上旋球为例，左脚在前，持拍手抛球的同时向右上方引拍，手腕略向外展；球回落时，右手迅速向左下方挥动，食指压拍，拍面略向左偏斜约与球网相同高度时击球，前臂和手腕用力向左挥动，同时前臂略向外旋，使拍从球的正中部向左侧上摩擦，拍触球的刹那间，前臂略向外旋，球的第一落点靠近端线。

发左侧上旋球与发左侧下旋球的区别在于手臂应从右后方向前下挥动，使拍从球的中下部向左侧下摩擦。

（2）反手发右侧上（下）旋球

以反手发右侧上旋球为例，右脚稍前，持拍手位于身前，持球手位于身体左侧。发球时，拍与球接触的刹那间，前臂带动手腕用力向右下方挥动，同时前臂略向内旋，拇指压拍，使拍面逐渐向左倾斜，使拍从球的正中部向右上方摩擦，球的第一落点靠近端线，击球位置如图 9-4 所示，击球动作如图 9-5 所示。

反手发右侧上旋球与反手发右侧下旋球的区别在于触球瞬间，拍面略后仰，拍从球的中下部向右侧下摩擦。

A

B

图 9-4

图 9-5

5.高抛发球

（1）正手高抛发球

正手高抛发球首先应注意抛球的稳健性,抛球手的肘部要贴近身体左侧,尽量让球在抛起时接近于垂直状态,使球在身体的右侧前方降落。当球下降至大约与头部高度相同时,持拍手由右上方向左下方挥动。其次,练习者要避免击球点离身体过远,一般在右侧腰前15厘米左右为宜。

对于不同的正手高抛发球,应分别注意的是:首先,发左侧上旋球时,注意球拍从球的右侧中下部向左侧上部摩擦;其次,发左侧下旋球时,注意球拍从球的右侧中下部向左侧下部摩擦;最后,发直线长短球时,注意球拍击球高度和用力方向、拍形变化及第一落点一气呵成,增强发出的球的威胁性。

（2）反手高抛发球

多采取右脚在前,左脚稍后的站位。持拍手同力向上抛球,当球开始下降时,持拍手向左上方挥拍,上体略左转,以增大击球的距离。

针对不同的反手高抛发球,应分别注意以下几点。

第一,发右侧上旋球时,注意当球下降到头部高度时,持拍手从左上方经身前向右下方挥拍,球拍触球的左中下部并向右侧上部摩擦。与此同时,在击球瞬间,手腕由左向右挥动可增大球的旋转。

第二,右侧下旋球时,注意持拍手从左后上方向前下方挥摆,使球拍从球的左侧中下部向右侧下部摩擦。与此同时,在击球瞬间,手腕由左向右抖动可增大球的旋转。

（二）发球技术练习

（1）徒手做抛球及发球前的准备动作练习。

（2）在台前的发多球练习。

（3）练习中要尝试各种旋转和各种旋转强度的发球练习,做到可以随心所欲地发出不同旋转方向和强度的球。

（4）规定距离,如离墙2米,对墙做各种发球练习。

（5）规定手法,如同一手法发不同旋转和落点的球。

（6）不同的发球练习结合进行。练习发斜线球,后练习发直线球;先练发不定点球,后练发定点球。

（7）观看优秀乒乓球运动员的录像,体会其发球要点。

六、接发球技术

（一）接发球技术分析

乒乓球接发球技术是一项被动中求主动的技术。接发球者应力争破坏对方的发球,限制对方特长技术的发挥。接发球技术的好坏对接发球者在比赛中能否变被动为主动非常重要。倘若接发球技术还有待提高,则极易让对方获得更多的进攻时机,或者由于技术不同造成紧张、产生原本不应有的失误。

（1）接上旋（奔球）球时，可采用正反手攻球或推挡回接，接发球时拍面适当前倾，击球的中上部。

（2）接下旋长球时，可用搓球、削球、提拉球回接，搓或削球时多向前用力。

（3）接转与不转球时，如果判断不准，可轻轻地托一板或撇一板，但要注意弧线和落点。

（4）接左侧上、下旋球时，可用攻球和推挡（搓球或拉球）回接，接发球时拍面稍前倾（后仰）并略向左倾，击球偏右中上（下）部位，以抵消来球的旋力。

（5）接右侧上、下旋球时，可用攻球或推挡（搓球或拉球）回接；接发球时拍面稍前倾（后仰）并向右偏斜，击球偏左中上（下）部位；其他同接左侧上、下旋球。

（6）接近网短球时，可用快搓、快点或台内突击回接，接发球时主要靠手腕和前臂的力量击球。

（二）接发球技术练习

（1）固定一种技术（如推挡、削球、搓球等）去接对方的单一发球。

（2）练习回接对方的平击发球。

（3）练习接对方用近似手法发出的两种不同旋转的球，以提高适应能力。

（4）练习用不同的技术方法回接对方发来的旋转球，以提高适应能力。

（5）由定点定性能的接球练习逐渐过渡到不定点不定性能的接发球练习，以加强对对方来球旋转和落点的判断。

（6）两人一组进行发球和接发球练习，提高防御对方强攻的能力。

七、推挡球技术

（一）推挡球技术分析

1.快推

以在球台中间或偏左、身体距台约40厘米的站位为例。该技术要求练习者两脚平站或右脚稍微向前，两膝微屈，收腹含胸，身体向前或稍微向左转。右上臂和肘关节靠近身体右侧，手臂自然弯曲引拍至身前或偏左，与此同时，前臂外旋，使拍面稍前倾，当对方的来球从台面上弹起后，前臂和手腕向前或向前兼略向上挥拍迎球，在来球的上升前期，以稍前倾的拍形推击球的中上部。击球瞬间，前臂和手腕自然向前或向前兼略向上发力，并主要借用来球的反弹力量将来球快速击回。击球后，手和臂顺势向前挥动，并迅速还原成准备姿势以备下次击球。对于快推技术动作的整个过程来说，身体重心一定要置于双脚上（图9-6）。

2.挡球

（1）正手挡球

以在球台中间或偏左、身体离台约40～50厘米的站位为例。该技术要求练习者两脚开立，左脚略前,两膝微屈,收腹含胸,上体略向右转。右臂自然弯曲并内旋,使拍面接近垂直,置于身体右侧前方。当对方的来球从台面弹起后,前臂向前,以拍迎球,在来球的上升期,以接近垂直的拍形推击球的中部。只以前臂和手腕轻轻用力,借助来球的反弹力将来球挡回。击球动作完成后,不但要让手和臂顺势前挥,而且要在最短时间内还原成准备姿势,从而为下次击球做好充足准备。

图 9-6

(2)反手挡球

以在球台中间或偏左、身体离台约 40～50 厘米的站位为例。该技术要求练习者两脚开立,比肩稍宽,右脚稍前或两脚平站,两膝微屈,收腹含胸,上体略向左转。右臂自然弯曲引拍至身体前方或略偏左,同时前臂外旋,使拍形接近垂直状态。当来球从台面弹起后,前臂向前,以拍迎球,在来球的上升期,以接近垂直的拍形推击球的中部。击球瞬间只以前臂和手腕轻轻用力,主要借助来球的反弹力将来球挡回。击球后,手和臂顺势前挥,并迅速还原成准备姿势以备下次击球。

3. 推挤

推挤技术的具体要求是:练习者看准来球,在来球触台后弹起的上升期,触球的左侧中上部,沿球体向左下方用力,以摩擦为主。

(二)推挡球技术训练

(1)挥拍模仿推挡练习,体会击球的动作要领。
(2)两人一组进行对推练习。
(3)两人一组,一人以平击发球喂球,另一人挡平击发球。
(4)两人一组,一人攻球,另一人推挡对方攻球。
(5)两人一组,进行推落点练习,由一点推对方球台不同落点。
(6)进行各种推挡球方法的结合练习。

八、搓球技术

(一)搓球技术分析

1. 快搓

(1)正手快搓

击球者肘部自然弯曲,手臂外旋使拍面角度稍后仰,后引动作较小。当来球跳至上升期时,利用上臂前送的力量,与手腕配合发力,触球的中下部并向前下方用力摩擦球。

(2)反手快搓

反手快搓与正手快搓基本相同、方向相反。

2.慢搓

(1)正手慢搓

击球者左脚稍前、身体稍向右转。前手臂向右上方引拍,前臂带动手腕向左前下方用力,在来下降后期击球的中下部。直拍者反手搓要以食指和中指力为主,同时拇指配合发力;横拍者需要有机结合拇指与食指的协调发力。

(2)反手慢搓

反手慢搓与正手慢搓相同、方向相反。

3.摆短

摆短在实战比赛中的运用非常普遍。质量较高的摆短可以有效控制对方的上手进攻,其中以摆短至对方左右两边的"小三角"位置为最佳。除此之外,立足于战术角度来分析,倘若对方步法与处理台内球的技术存在不足之处,则应把球摆短能够促使对方到台前,从而造成对方回球质量出现下滑。

(1)正手搓球摆短

击球者右脚前移,靠近球台,球拍向右侧后方引,拍面稍后仰,在来球的上升期击球的中下部,前臂向前下方挥动,同时手腕适当配合发力。击球后,随挥动作应稍小,并迅速还原至准备姿势。

(2)反手搓球摆短

击球者身体前移,靠近球台,球拍略向左后引至腹前,拍面稍后仰,在来球的上升期击球的中下部,前臂向前下方挥动,同时手腕适当配合外展发力。完成击球动作后,击球者的随挥动作需要适当减小,同时用最短时间还原为准备姿势。

(二)搓球技术练习

(1)徒手模仿搓球动作。

(2)自己抛球,当球弹起后将球搓过网,反复练习。

(3)一人发下旋球,另一人将球搓回。

(4)两人一组,两人对搓中路直线,再对搓斜线。

(5)两人一组发下旋球,一人正(反)手搓对方两点,另一方正、反手搓对方正(反)手一点。

(6)将搓球与之有紧密联系的技术结合练习,如搓球后抢攻,或是将摆短与劈长结合练习。

九、攻球技术

(一)攻球技术分析

1.正手攻球

(1)正手快攻

以右手持拍为例,身体离球台约 40 厘米左右,左脚稍前,重心放于右脚。击球前,将拍引向右侧,引拍适度,上体与臂夹角为 30°～40°,前臂自然弯曲,与上臂的夹角约 110°～120°,球拍呈半横状。当来球从台面弹起,前臂和手腕向前上方挥动,并配合内旋转腕的动作,使拍形前倾,在上升期击球中上部。拍触球瞬间,前臂用力收缩,手腕加快内旋速度,拇指压拍,使拍面沿球体做弧形挥动。直握拍者,拇指稍用力压拍,控制拍形,中指和无名指辅助发力并决定发力方向;横握拍者,靠食指调节弧线。完成击球动作后,挥拍到头部的高度,科学调整身体重心,用最短时间还原成准备姿势,从而为下次击球做好充足准备(图 9-7)。

图 9-7

(2)正手快带

左脚稍前,身体重心放于右脚,身体稍向右转。击球前适当拉开上臂与上身的距离,前臂、手腕自然弯曲。拍面前倾并固定手腕,使球拍高于击球点。击球时,动作要小,要求腰髋带动上体向左转动,在球的上升期击球的中上部。以前臂为主向前迎球,并利用来球前进的力量将球带出。快带中适当控制球的速度和落点变化有利于从被动转为主动。

(3)正手快拉

击球者左脚稍前,身体离球台约 60 厘米。击球前,持拍手臂向右后下方引拍,球拍以半横状下垂,拍形稍后仰。当来球从高点开始下降时,上臂由后向前上方用力挥动。在将触球前,前臂加速用力向左上提拉,同时配合手腕动作在下降期击球中部或中下部向上摩擦球,触球瞬间拍形接近垂直。若遇来球低或下旋球较强时,腰部应配合向上用力。击球后随势挥拍至额前,重心移至左脚并迅速还原成准备姿势以备下次击球。

(4)正手突击

视来球高低和下旋力的强弱,决定拍形和用力方向。当来球下旋强烈,拍形可稍后仰,触球中下部,触球同时多向上用力摩擦球;当来球稍带下旋,拍形可与台面垂直,触球中部,向前上方用力;当来球不转,拍形可稍前倾,触球中部稍稍偏上,用力方向以向前为主。正手突击要求:整个突击动作需要在腿、腰、髋和上臂协调发力的基础上,促使前臂主要发力,从而协调配合完成整个过程。

（5）正手扣杀

以横板为例，扣杀球时击球者多选择在球台中间或偏左，近台位置的站位。左脚稍前，两脚距离稍宽，身体重心放于右脚，两膝微屈，收腹含胸，腰、髋及上体稍向右转；右臂自然弯曲，前臂后引拍至身体右侧偏后，适当加大引拍距离，同时前臂内旋，使拍稍前倾。当来球从台面弹起后，腰、髋带动身体及上臂向左转动，同时，上臂积极发力带动前臂和手腕向左前方挥拍，在来球的高点期以前倾拍形猛击球的中上部。击球瞬间，上臂和前臂向左前方发力，腰、髋积极协助用力。击球后，手和臂顺势向左前方挥动，并迅速还原成准备姿势以备下次击球（图9-8）。

图 9-8

2.反手攻球

（1）反手快攻

击球者右脚略微靠前，身体和球台的距离是40厘米左右。持拍手臂自然弯曲，将球拍移至腹前偏左位置。击球时，前臂和手腕向右前上方挥动，同时配合外旋腕动作使拍形向前倾，在来球的上升期击球的中上部。击球后，随势将球拍挥至右肩前，并迅速还原成准备姿势以备下次击球。

（2）反手远攻

击球者右脚稍前，身体离球台1米以外。击球前，持拍手的上臂和肘关节尽量靠近身体，前臂向左下方移动，把球拍移至腹前偏左的位置，使拍形稍微后仰。击球时，手臂由后向前挥动，前臂在上臂带动下向前上方用力，同时配合向外转腕动作，在来球的下降期击球中下部。击球后，大臂随势向前送，肘关节离开身体，将拍挥至头部高度，同时身体重心移至右脚还原成准备姿势以备下次击球。

（3）反手快带

击球者站位近台，两脚几乎平行，上臂尽量靠近身体。击球前，前臂迅速伸入台内迎球，拍面尽量前倾且用手腕固定，要求球拍应略高于来球。击球时，在来球上升期击球的中上部，借助来球的前进力用力还击或根据来球旋转的强弱适当加力。击球动作强调落点变化和长短结合，以争取主动。快带斜线时，球拍触球中左部，前臂由后向前向右下挥摆；快带直线时，触球中部，前臂由后向前向下挥摆，同时科学调整用力的大小，从而对回球长短进行控制。

（4）反手反斯

击球者右脚稍前或两脚平行站立，两膝微屈，收腹含胸，身体稍向左转。击球前，将球拍引至腹前偏左处，上臂与前臂约成130°，肘关节略向前，拍面近乎处于垂直状态。击球时，上臂贴近身体，前臂向右上方挥动，同时腰、髋带动上体向右转动，在来球的下降前期击球的中下部。击球瞬间，手腕向上转动使拍面摩擦球。完成击球动作后，球拍随挥到头部，同时用最短时间还原成准备姿势。

（5）反手扣杀

以直握拍者为例，上臂靠近身体，右脚稍前同时前臂做旋外动作，拍形稍垂直。触球瞬间身体重心上提，食指压拍，拇指放松使拍形稍前倾，在球的高点击球的左侧中上部，前臂快速向右前方发力击球。

（二）攻球技术练习

（1）徒手模仿正、反手攻球，体会挥臂、扭腰和重心转换等动作要领。

（2）2 人对攻中路直线或 2 人对攻斜线。

（3）2 人对练，一人挡球，另一人练习直拍横打技术；或一人自抛自攻，另一人用挡球回击；或一人正（反）手攻球，一人推挡回击；或一人一点攻两点，另一人两点推挡一点。

（4）站位近台中偏右（左），在右（左）角端线附近自抛自攻对方右（左）边斜线。体会前臂和手腕动作要点。

（5）做回单点或回固定点的正反手摆速练习。

（6）做正、反手三点攻练习。

十、弧圈球技术

（一）弧圈球技术分析

1.正手弧圈球

（1）正手加转（高吊）弧圈球

击球者两脚分开，两膝内收微屈，重心放于前脚内侧，左脚在前，稍微提起脚后跟，身体略右转，手腕外展后拉引拍至右后方，当来球跳至高点期或下降前期时，腰髋带动上臂、前臂由后向前挥动击球的中上部或中部，击球瞬间向前上方发力，与此同时右脚掌内侧用力蹬地，稍伸膝，重心随之由右脚转向左脚。

（2）正手前冲弧圈球

以击球者为直握拍者为例，击球前前臂在腰、髋的带动下向右后方引拍，身体重心移至右脚，比拉加转弧圈球时稍高。当球拍与来球高度相同或稍低于来球时，拍形稍前倾于拉加转弧圈球，手腕屈（横握拍者手腕内收）；击球时，前臂在腰、髋和大臂的带动下在来球的上升后期和高点期，在身体侧前方向左前上方挥拍，以向前为主，略向上发力摩擦击球的中上部。击球瞬间，肘关节约呈 110°～140°，手腕伸（横握拍者手腕外展），手指手腕快速摩擦球；完成击球动作后，手臂随势朝左前上方挥动，促使力量完全作用于球上，同时用最短时间还原，从而为下次击球做好充足准备。

2.反手弧圈球

（1）反手加转（高吊）弧圈球

以在球台偏左部位，距台约 60 厘米的站位为例。该技术要求练习者两脚基本平站，左脚稍前,右脚稍后,身体重心落双脚,双膝微屈,腹内收,腰、上身略向左转,前臂置腹前自然弯曲,手腕稍向后拉,引拍至腹部左侧下方,肘关节略向前,屈手腕,拍下垂,拍形稍前倾,重心略左脚,于球下降前期触球中上部,触球瞬间脚用力蹬地,伸膝、转腹,腰髋带动上、前臂向前上方发力,拍撞球后迅速转为向前上方摩擦,重心略上提前移并转至右脚,迅速还原成准备姿势以备下次击球。

(2)反手拉前冲弧圈球

两脚分开,右脚略前,重心置于左脚,上体稍微左转,手臂自然弯曲,肘关节略近身,手腕内收,前臂外旋引拍至向左后方,拍形前倾。当来球弹起至高点期或上升后期时,触来球的中上部,随后腰髋由左向右前上方转动,上臂带动前臂,以前臂为主加速向前略向上摩擦球,触球后,手腕向前加力摩擦,重心由左脚转至右脚迅速还原成准备姿势以备下次击球。

(二)弧圈球技术练习

(1)徒手模仿拉弧圈球技术的动作。

(2)在原地做上肢徒手动作的基础上,结合下肢步法做移动中的模仿练习。

(3)单个动作练习,规定一人发球,一人练拉弧圈球,然后再重新发球。

(4)一人挡球,另一人练连续拉弧圈球。

(5)一人削球,另一人练连续拉弧圈球。

(6)一人发中路出台的下旋球,另一人连续拉弧圈球。

(7)2人对搓,固定一人搓中拉弧圈球。

(8)在练习弧圈球技术时应增加单项技术与其他技术的结合练习,如发球后第三板的弧圈球抢攻、接发球抢拉以及弧圈球结合扣杀等。

十一、削球技术

(一)削球技术分析

在 20 世纪中期,削球发展成了世界乒坛的常见打法,具体原因和那个阶段的技术理念以及器材发展水平有密不可分的关系。随着海绵胶皮的问世以及弧圈球打法的显露头角,过往单纯依靠削球等待攻方失误的打法完全没有了生存空间。直到现在,世界优秀的削球选手已经屈指可数。不过,尽管削球打法失去了广阔的生存空间,但削球技术仍旧被许多选手所掌握,作为应变或改变场上节奏,起到出其不意效果的技术使用。

1.正手削球

正手削球时练习者应两脚开立,左脚稍前,两膝弯曲,身体略向右转,手臂向右后上方移动,重心落在右脚。击球前,手臂自然弯曲,引拍至右肩侧,使拍面后仰;击球时,持拍手上臂带动前臂由右上向左前下方加速切削,同时手腕向下转动用力,在右侧离身体40厘米处,在来球下降期摩擦球的中下部;击球后,手臂顺势挥至右侧下,迅速还原成准备姿势。

2.反手削球

（1）近削

击球前,前臂上提,球拍稍竖;击球时,以前臂发力为主,手腕配合向前下方压球,在来球高点期或下降前期摩擦球的中部或中下部;击球后无前送动作。

（2）远削

击球前,前臂上提,增大用力距离,引拍时动作适当加快;击球时,上臂带动前臂发力,球拍由上向前下方挥动,在来球下降后期摩擦球的中下部。

3.削追身球

（1）正手削追身球

以来球在身体中间偏右为例,击球者应右脚后撤,含胸收腹,向右后转腰。上臂靠近身体,前臂稍外旋向右上方引拍,拍面竖立,上臂带动前臂向下用力压球以控制球弧线,在下降前期击球的中部或中下部;击球后手臂向下挥拍,放松后还原成准备姿势。

（2）反手削追身球

与正手削追身球相比,反手削追身球与其存在很多相同之处,不同之处是方向相反。

（二）削球技术练习

（1）徒手模仿挥拍练习。
（2）用正、反手削对方的直线或斜线球。
（3）正手和反手结合向固定落点削球。
（4）逼角后结合变线。连续削逼左(右)角,突然变线回右角(左)。
（5）搓削结合与削攻结合练习。

第二节　大学生乒乓球运动战术能力培养

一、发球抢攻战术

对于我国的乒乓球直板快攻打法来说,发球抢攻不但是"杀手锏",而且是争取主动权和先发制人的重要战术。各种类型打法的运动员都普遍采用发球抢攻来抢占每个回合的上风。发球抢攻战术运用的效果主要取决于发球的质量和第三板进攻的能力。发球抢攻战术因打法的类型不同而有所差异,但常用的发球抢攻战术——反手发右侧上旋球、右侧下旋球,都是发至对手中路靠右近网处,伺机攻对手左方。这种战术对付弧圈球选手较为有效。

发球抢攻战术是以旋转、线路、落点及速度不同的发球来增加对方回击的难度,使其出现机会球,或降低回球质量,然后抢先进攻,以争取主动或直接得分,这是乒乓球所有打法,特别是进攻型打法的主要战术和得分手段(图9-9)。

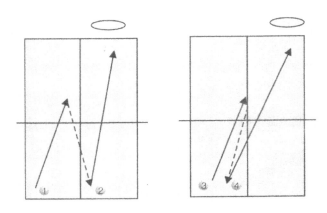

①反手发球；②正手位进攻；③反手发球；④正手侧身位

图 9-9

一般来说，常见的发球抢攻战术类型如下。

（一）发正、反手侧上、下旋球结合落点进行抢攻

以发侧下短球为主配合侧上旋至对方右方近网处，使发出的球在对方台面上两跳甚至三跳不出台，迫使对方难抢攻，从而为自己抢攻或抢拉创造机会。在此基础上，突然发出角度大的长球（以免下旋为主）至对方左方台区，使对方难以发力先拉或攻，为自己侧身或正手位抢攻创造条件。这种发球抢攻战术与前面的左长右短相反，运用得当往往会取得很好的效果。上述左长右短、右长左短的发球抢攻战术，可以在旋转变化的基础上交替变化线路与落点。

（二）发下旋转与"不转"结合落点抢攻

丁松是我国乒乓球防守型削球打法的优秀代表。他发球以长为主，能发左方、右方，当对方不能立即判定是转与不转球，他就能直接抢"冲"。转与不转发相同落点，以不出球台为主，先发转后发不转或先发不转后发转，进行抢攻。转与不转发不同落点，连发短球后突发长球进行抢攻。

（三）发正、反手奔球结合侧身用正手发高、低抛左侧上（或下）旋球后抢攻

发急球或急下旋球与侧上、下旋短球相结合。以发急球为主配合短球。发侧上、下旋球与急球结合发不同落点，以侧身发侧上、下旋球（包括高抛球）为主配合右角急球，正手发奔球到右角配合发急球到左角。

（四）反手发右侧旋球后抢攻

对于反手发右侧旋球后抢攻来说，特别适宜在反手进攻方面占据优势的运动员。一般多发至对方中右近网或半出台落点，然后用正、反手抢攻对方反手。亦可发长球至两大角。一般发至对方正手时，对方常会轻拉直线，可用反手抢攻斜线。若发至对方反手拉，还可伺机侧身抢攻。

对横拍削球手,以发至中右半出台为好。因为横握拍用正手接右侧旋球不便发力,控制能力低。反手发右侧上、下旋球,应强调出手动作要快。对方接发球的一般规律是:你发短球,对方接球也短。发球抢攻者应有这方面的意识。

(五)下蹲发球后抢攻

可以将左侧上、下旋与右侧上、下旋球结合运用,落点上应有长、短变化。对付只会用搓接发球的选手,应以发上旋为主。抢攻落点以中路为最佳,往往可直接得分。当然,还要注意灵活变化,攻击对方的弱点或声东击西。

二、接发球战术

接发球战术属于和发球抢攻相抗衡的一项战术,旨在破坏对方的发球强攻、尽全力在接发球轮形成相持局面或主动局面。通常来说,接发球战术主要包括以下几种。

(一)接发球抢攻

接发球抢攻是最积极主动的接发球方法,在无遮挡发球规则下,世界各国的优秀运动员越来越重视接发球抢攻战术的重要性。在运用此战术时,需注意:对于对方发球的旋转要判断清楚,步法移动要迅速,以保证用最佳的击球点和击球时间击球。

(二)稳健控制法

稳健控制法是利用拉、推、拱、搓、削等技术接发球,主要注重接发球的命中率,以稳为主,但也需加强手法、落点的变化和对弧线的控制,以防对方抢攻。一般为攻对削、削对攻或削对削时采用。

(三)接短球

接短球战术是在对方为控制我方的抢攻而发短球时所采用的积极回球的方法,可分为以下两点。

1.快摆结合劈长

在对方发较转的短球时,可以快摆为主结合劈长。

2.挑打或晃撇

在对方发侧上或不转短球时,可大胆挑打;对于不转球还可以利用身体的晃动,将球撇至对方反手大角,由于伴有身体的晃动,使对方不敢轻易侧身。

三、对攻战术

乒乓球的对攻战术主要适用于快攻类和弧圈类打法的运动员,快攻类打法依靠正、反手攻球和反手推挡、快拨等技术,充分发挥速度的优势,调动压制对方以达到攻击的目的。弧圈类打法依靠正、反手的拉弧圈球技术,发挥旋转的威力牵制对方,达到攻击目的。

对攻战术是进攻型打法在相持阶段常用的一项重要战术。快攻类打法主要依靠反手推挡(或反手攻球)和正手攻球(或正手拉弧圈球)的技术,充分发挥快速多变的特点来调动对方。一般来说,常见的对攻战术包括以下几种。

(一)压对方反手,伺机正手攻或侧身攻

通常情况下,该战术用来应对反手水平较低或进攻水平有待提高的对手。压住对方反手时,可用推挡、反手攻或弧圈球;压住对方反手准备侧身前,应主动制造机会,或突然加力一板,或攻压一板中路,或攻压一板大角度,尽可能不要做出盲目侧身的行为。

(二)加、减力推压中路,攻两角,伺机抢攻战术

在比赛过程中,调节击球力量的轻重对战术变化有重要影响,击球节奏的变化往往能获得理想效果。以加、减力的推挡,压对方中路,伺机攻击两角。以不同线路的轻、重球结合运用,先以轻拉或挡迫使对方靠前回接,再以突击或加力推攻击对方相反方向。

(三)被动中打回头球的战术

乒乓球比赛中,主动与被动的关系随时发生变化。在运用回头球的战术中,实际上是根据临场观察对手的攻击特点,及时进行反击,打对方一个措手不及。如果对方队员侧身拉球的线路80%是直线,对方侧身攻击球时,有准备在正手位运用扣杀、反拉、快带等技术,将球回击,达到变被动为主动扭转被动局面。

四、拉攻战术

拉攻是利用球的旋转和落点的变化创造机会,进行突击(扣杀和抢冲),从而达到控制对方,争取主动的一种重要手段。拉攻战术是对付削球类打法的主要战术。常用的拉攻战术有以下几种。

(一)拉左杀右或拉右杀左

拉左杀右或拉右杀左战术是拉对方一边杀另一边。一般先拉削球旋转变化不强或攻势较弱的一边,出现机会后杀另一边。

(二)拉中路杀两角或拉两角杀中路

拉中路杀两角是从中路寻找机会,然后杀两角得分。拉两角杀中路是先从两角找机会,然后突击中路得分。

（三）拉直杀斜或拉斜杀直

相对来说,拉斜杀直时拉球更加稳妥,尽管杀直线能够产生较大威胁,但技术难度更大;拉直杀斜时拉球难度稍大,但杀斜线的难度降低,命中率高。因此,这两个战术的使用,还需根据对手和比赛场上的情况而定。

（四）变化拉球的旋转和长短落点,伺机突击

在拉球中拉出真(强烈上旋)、假(不转)及侧旋弧圈,用旋转的变化来增加对方削球的难度;也可用托球长短落点的变化来创造机会,即先拉长球至对方端线处,迫使对方后退削,再突然拉一板中路偏右的短球;或先拉刚出台的轻球,再发力拉靠近端线的长球,从中伺机突击。

五、推攻战术

一般来说,推攻战术运用于正手攻球和反手推挡的速度和力量,同时联系落点变化与节奏变化对对方产生压制作用与调动作用,从而占据主动地位或赢得分数。推攻战术是左推右攻打法对付攻击型打法的主要战术,有反手推挡能力的两面攻运动员、攻削结合运动员等也常使用它。

推攻战术的常见类型有左推右攻;推挡侧身攻;推挡、侧身攻后扑正手;左推结合反手攻;左推、反手、侧身攻后扑正手几种。这里通过详细阐析左推右攻战术来讲述推攻战术的技术要点。

左推右攻是以近台正手攻球为进攻,以反手推挡为防守和助攻的主要手段,其风格是"快、准、狠、变、转"。当推挡略占上风时,或在侧身抢攻获得成功后,对方往往会主动变线到正手,此时应以有力的正手攻球进行回击;主动推变直线,引诱对手回斜线,用正手攻直线反袭对方空当。在特殊情况下,运动员可以佯作侧身,诱使对方变线,为自身创造正手回击的时机(图 9-10)。

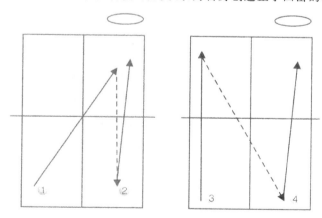

①反手推斜线;②正手攻直线;③反手变推直线;④正手攻直线

图 9-10

运动员在运用推攻战术时,需要重点关注以下几个方面。

第一,推、攻都要有线路变化、落点变化和节奏变化,这是推攻战术争取主动和创造扣杀机会

的主要方法。

第二,推挡一般以压对方反手为主,然后突然变正手,以创造进攻机会。如果对方正手较差,才可以推对方正手为主。

第三,在推挡中突然加力推对方中路,使对方难于用力回击,然后用正手或侧身扣杀。

第四,遇到机会球时要果断扣杀,这是推攻战术得分的主要手段。

第五,推攻战术要坚持近台,又不能死守近台,要学会近台和中台的位置转换,掌握对手节奏。

第六,推攻战术对付弧圈类打法应坚持近台为主,用快推和加、减力推挡控制落点,伺机采用近台反拉或中等力量扣杀弧圈球,然后进入正手连续进攻。

六、搓攻战术

搓攻战术主要运用"转、低、快、变"的搓球控制对方,以寻找战机,然后采用低突、快点或拉攻等技术展开攻势并进入连续进攻;在搓球中遇到机会球时进行扣杀,常常带有突然性,往往可以直接得分。搓攻战术是乒乓球各种打法都不可缺少的辅助战术。搓攻战术主要有正、反手搓球结合正手快拉、快点、突击或扣杀与正、反手搓球结合反手快拉、快点、突击或扣杀两种。

在运用搓攻战术时需要注意的是:首先,搓攻战术既要尽可能早起板,以争取主动,但又不能有急躁情绪,否则起板容易失误;其次,在搓球中遇到机会球时要大胆扣杀,这是搓攻战术的主要得分手段;最后,在搓短中摆短,可使对方不易抢先进攻,故有利于创造进攻机会,以便伺机用正、反手或侧身进攻。

七、削、攻结合战术指导

削、攻结合战术是削攻结合打法的一项常见战术,通常利用削球旋转的变化对对方形成牵制和控制,并且向进攻提供有利的时机。削、攻结合战术的常见情况包括以下几种。

(一)削、攻结合

(1)在削球时,以削球为主,削攻相互结合,伺机得分。

(2)以反手削,正手攻,削攻相结合,伺机得分。

(3)以正、反手削、攻结合运用旋转和节奏变化来扰乱对方,争取进攻得分。

(二)削两角,伺机反攻

(1)用削球紧逼对方两大角,伺机抢攻。

(2)用削球紧压对方左角(右角)突变右角(左角),伺机进行反攻。

(三)削转与不转伺机反攻

(1)以先削加转,后送不转,结合落点进行变化,伺机反攻。

(2)用削下旋、突削侧旋,扰乱对手,伺机反攻。

（3）在连续削球中，突然用拱或带来扰乱对手，伺机反攻。

（四）削长、短球伺机反攻

（1）用削同线、异线长、短球，伺机反攻。
（2）用削近身长、短球，伺机反攻。

八、弧圈球战术

直拍弧圈球结合快攻与横拍弧圈球结合快攻是弧圈球的常见类型，具体特征是站位中台或中近台，常见方式是以拉弧圈球为得分。弧圈球战术能够把速度和旋转有效地结合起来，稳健性好，适应性强。当前，有很多高水平选手用弧圈球战术替代了攻球或扣杀。弧圈球战术主要有以下几种。

（一）发球抢拉战术

发球抢拉战术主要是正手（或侧身）发强烈的下旋球至对方左侧近网处。迫使对方以搓回击，然后拉加转弧圈球到对方反手或中路；反手发右侧上、下旋球至对方中路偏右或偏左的地方，然后拉前冲弧圈球至对方两大角；反手拉急下旋球至对方偏右或左大角，当对方以搓球回击时，拉前冲弧圈球至对方正手。一般用速度快、落点长的球，使对方退守，然后根据对方的站位和适应弧圈球的能力，决定拉哪种弧圈球向对方攻击。下面介绍四种发球抢拉战术（图 9-11 至图 9-14）。

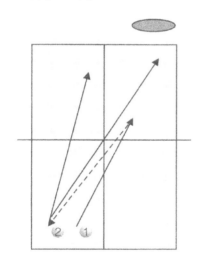

①发短球至对方左半台近网处；
②用正反手拉加转弧圈球到对方反手或中路

图 9-11

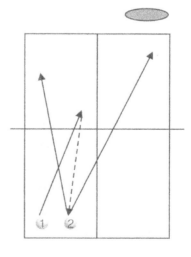

①发短球至对方中路近网处；
②用正手抢拉前冲弧圈球至对方两大角

图 9-12

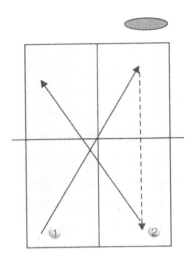

①发长球至对方左大角；
②用正手抢拉前冲弧圈球至对方正手

图 9-13

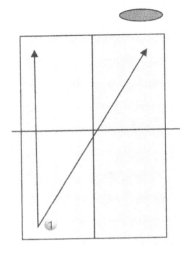

①发两个大角度长球再用正手抢拉

图 9-14

（二）接发球抢位战术

接发球抢拉战术是与发球抢拉战术相抗衡的一项战术。接发球抢位战术的目的是攻在前面，对对方运用发球抢拉战术产生破坏作用，运动员自身占据主动位置，一直到获得胜利。当对方发侧上旋球和不太转的球时，用前冲弧圈球回击；当对方发侧下旋球或强烈下旋球时，用前冲弧圈球回击；当对方发下旋球或强烈下旋球时，用拉加转弧圈球回击。图 9-15 是一种接发球抢位战术。

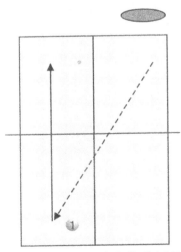

①用侧身前冲弧圈球或拉加转弧圈球回击

图 9-15

（三）对攻相持战术

在对付从两面进攻的打法时，应充分利用正手位弧圈球攻其中路，再压其反手或突击正手；对左准右攻打法时，可先以弧圈球拉住对方左角，然后转拉中路靠右或正手；如果对方正手攻弧圈球技术较差，可连续使用拉、冲对方正手，再转攻反手。下面是三种对攻相持战术（图 9-16 至图 9-18）。

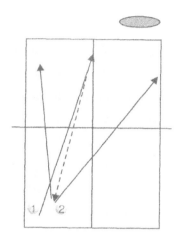

①回搓近网短球；
②用正手为拉弧圈球至对方反手

图 9-16

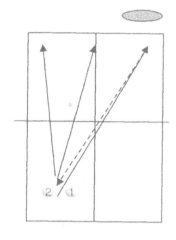

①用弧圈球拉反手位；
②用正手位中路或正手位

图 9-17

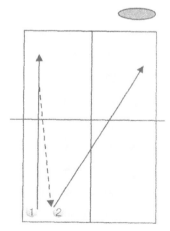

①正手拉直线球；②正手反攻对方反手位

图 9-18

(四)弧圈球结合扣杀战术

用前冲弧圈球迫使对方远台回击,然后放短球,再加杀;用拉加转弧圈球与不转球相结合合,伺机扣杀。弧圈球结合扣杀战术,如图 9-19 所示。

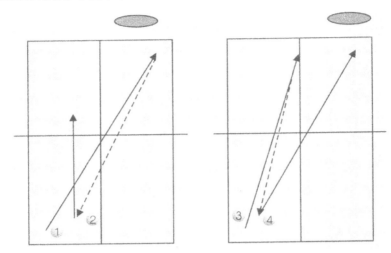

①正前冲弧圈球;②放短球;③拉转与不转弧圈球;④用正手扣杀

图 9-19

九、双打战术指导

双打比赛的显著特征是更追求战术完美配合,戏剧性特征和自身魅力十分明显。双打战术是两名运动员相互配合、融会贯通、取长补短,通过合作的方式来达到克敌制胜、运用集体的智慧获取最佳战术组合的表现形式。下面介绍几种主要的双打战术。

(一)弧圈型打法对快攻型打法的主要战术

1.发球抢攻战术

发球者以发下旋、侧下旋近网短球为主,配合急侧下旋球以牵扯对方的注意力,使对方在接近网短球上只能以搓球回接,充分发挥弧圈球的威力,这需要两名运动员在场上的默契配合,要求拉弧圈球运动员在旋转、落点等方面质量要高,为同伴创造更多连续冲或扣杀的机会。

2.接发球抢攻战术

接发球以快拉、撇、挑等技术至对方的空当或反手位,造成对攻的形势。因为快攻的特点主要表现在前三板。所以,主动与对方展开对攻,充分发挥弧圈球正、反手两面拉的优势,局面自然能得到控制。如自己的相持能力不占优势,则可多采用摆短或切加转长球来回接,这样在防御方面相对较容易,用快带、反剔等技术回击对方反手位形成对攻,再伺机拉弧圈球去争取主动。

3.防守反攻战术

乒乓球运动员在防御过程中,应主动运用逼两大角和削转与不转球,导致对方不得不拉高吊弧圈球或放短球过渡,然后寻找机会展开反攻。这需要两名运动员默契配合、心领神会,尤其是在关键场次、关键比分时运用此战术,效果最佳。进攻型运动员在被动防御时可用放高球技术(欧洲运动员较多),要求弧线高、旋转强,应尽量放到对方端线附近,迫使对方不能大力扣杀,为反攻创造机会。截至当前,防守反攻战术获得越来越多人的重视。

(二)弧圈型打法对弧圈型打法的主要战术

1.发球抢攻战术

发球者多以中路近网侧上、下旋或转与不转球为主,适当配合有速度的中路长球,这种突出"中路"的特点主要是为了限制对方回大角度球,为同伴创造机会。最新技术是,当对方快拉、挑、点球时,同伴应利用反削或反撕技术至其空当,使对方措手不及。

2.接发球抢攻战术

充分利用弧圈球技术的特点,积极主动抢先上手,打对方的空当。当对方站位远离球台或进攻能力较弱时,可用摆短至中路过渡,为同伴进攻创造机会。

3.防守反攻战术

采用此战术时,防守要求弧线长、落点刁、旋转强,为同伴反攻创造有利条件。

4.站位变化的战术

在比赛逐步深入的情况下,在双方各自的技术、战术和打法等特点都已被对方适应的情况下,可利用变化站位的形式来迷惑对方。如正手位接近网短球较弱、接长球较强,而在接发球时改用反手位接发球的站位来迷惑对方,达到扰乱对方发球战术的目的,伺机为进攻创造机会。如接突然发过来的急长球不好,就主动在接发球时适当远离球台,造成有意识接长球的假象。当对方发球的一瞬间立即移动步法,从而为自己在接发球上赢得主动。在特殊情况下,站位变化战术往往能得到事半功倍的效果。

(三)防守型打法对防守型打法的主要战术

1.发球抢攻与接发球抢攻战术

一方面,可采用特长发球技术伺机进行抢攻;另一方面,也可根据同伴的打法特点有选择地发球,以利于同伴进行抢攻。在接发球时,可以伺机大胆地采用突然性接发球抢攻,以取得主动,为进攻创造条件。

2.拉、搓结合战术

运用拉、搓结合战术的过程中,首项要求是树立抢攻意识,然后保证搓球在长短、快慢、旋转方面存在变化,如此不仅能创造更多的突击机会,还能把对方战术意图彻底打乱,也能保证防守获得理想效果。需要注意的是,不但要抢攻坚决,而且要线路清晰。

3.防守反击战术

当对方的攻击力强于本方时,在加强防守的同时,积极寻找机会进行反攻,从而削弱对方的攻势。实施此战术时应积极移动步法,同伴要做好连续进攻的准备。

(四)快攻型打法对快攻或弧圈型打法的主要战术

1.发球抢攻战术

发球者以发侧上、下旋或转与不转的近网短球为主,配合发长球至对方的右大角和中线稍偏右处进行抢攻。抢攻者必须根据回球的落点、长短、旋转进行抢攻,用力大小要善于根据回球来加以调节,要求抢得快、落点活,如能向对方的空当发动攻势效果更好。

2.接发球抢攻战术

首先对发来的球要判断清楚,以快点为主或用快拉去回击,必须树立敢打必胜的信念。要求出手快、落点活,配合突然的假动作,主要攻击对方空当。有时也可做相反的运用,以便为同伴创造进攻机会。当不能起板进攻时,可运用多种技术(摆短、切、撇等)过渡一板。要求落点好、具有突然性,使对手不容易抢攻,为同伴下一板进攻创造机会。

3.从中路突破再变线

如果对方技术水平较高、正反手均能拉弧圈球的运动员,那就要从中路突破。首先应在发球、接发球方面严格控制台内短球,伺机抢先突击,力争主动打至对方中路,使对方处于被动防守的局面后,突击变线,从而为扣杀创造更多的机会。切不可过分求稳、防御过多,以免造成被动挨打的局面。

4.以近网控制球为主突击变线

该战术是削球或中台防御型运动员所采用的战术,发球应以侧上旋为主,伺机攻击各条线路,注意控制好过渡球落点,并主动配合好转与不转,争取抢先突击,要求速度快、落点刁、突然性强,能根据场上对方的站位及走位情况突击对方的空当,伺机扣杀。

(五)以攻为主型打法对以削为主型打法的主要战术

1.发球抢攻和接发球抢攻的战术

利用发球抢攻与接发球抢攻打乱对方的战术意图,在发球后或接发球时,看准旋转,尤其是对底线加转下旋球,充分利用弧圈球或突击到对方的中间偏右处,再伺机扣杀或爆冲另一方的近身或两大角。在接发球过程中,必须创造并寻找突然起板的机会,促使对方出现慌乱并使其判断出现偏差,破坏对方的战术部署,向获得全局的胜利奠定基础。

2.拉远吊近战术

在拉球的过程中,利用长、短落点及线路的变化,伺机向站位近台的一方进行突击,或用吊短球诱使站位离台较远的运动员上前接球,从而打乱对方步法,伺机拉前冲弧圈球或突击。在已适应对手削球的线路及旋转变化后,可运用中等力量加强进攻,迫使对方远离球台;或拉对方两大角迫使对方拼命奔跑回接来球,然后再突然吊短球,同伴伺机扣杀或冲追身及两大角。

3.快攻与弧圈球结合旋转、节奏变化

正胶直握拍运动员与横握拍弧圈球运动员结合,可在比赛中充分利用胶皮本身的特点,拉出旋转反差大、节奏变化多的球,使对方由于频频前后移动和击球时间上的判断失误,造成回球质量较低,然后伺机进行大力扣杀或前冲弧圈球。

4.搓中突击战术

对于削球技术水平稳健又具有一定进攻能力的运动员,利用搓球的旋转变化、长短变化及线路变化,使对方频繁地在前后走动中回球,造成回球质量降低,再伺机进行前冲或突击;出现机会球时同伴可大力扣杀或拉前冲弧圈球,没有机会再用搓短球过渡,迫使对方在前后走动中出现漏洞。

5.被动防御战术

当对方运动员防守技术实力强于本方进攻实力时,可有意改变节奏,如拉弧线高的球或用搓球过渡,有意让对方进攻,尽量避免连续拉攻,从而由被动转为主动。当对方突然反击时,应当通过放高球来过渡,旋转要强、落点要好,在恰当时机做出反攻。

(六)以削为主型打法对以攻为主型打法的主要战术

1.削一点伺机反攻另一角

连续削对方一点,把对方两人调到同一位置上,然后伺机进攻对方空当;或采用交叉削球到对方不同的空当,使对手不断地向左、右移动,再伺机反攻对方空当或追身。

2.发球抢攻战术

当比赛处于被动局面或比赛进入关键时刻时,以发近网转与不转短球为主,配合突然性急球扰乱对手,伺机进行反攻。

3.接发球抢攻战术

这种战术常会打乱对方的作战计划,从心理上给对方造成很大压力,同时也能给同伴创造机会,使自己增强信心和削球的主动性。但在运用接发球抢攻时,应提前向同伴示意做好准备,方

能取得预期的效果。

4.削转与不转球战术

在对方拉攻实力相对较弱或其中一名运动员相对较弱或在比赛进入关键时刻时,多采用此项战术,造成对方判断失误、进攻保守、信心不足等。先以削加转球为主再送不转球,使对方拉球出界,当对方明显手软、不敢轻易大力扣杀时,多送不转或弧线稍高一些的球,引诱对方发力,造成其失误。

十、乒乓球战术学练方法

(一)单个战术练习法

根据多次比赛的实践,将复杂多变的战术简化,总结为规律性战术,反复练习之。如应对正手单面强攻者(包括弧圈与快抽),可归纳为先压反手大角,后调正手空当,再压反手的战术。平时即照此练习。很多实践表明,这确实是一项能够取得理想成效的练习法。

(二)附加装置练习法

这是为更有效地解决某些技战术问题,对球台、球网做适当调整或增加附加装置后再进行练习的一种方法。

1.击目标练习法

为战术需要,在对方台面放置半个乒乓球或其他物品。要求运动员练习时尽力击中目标。此法可大大提高控制落点的能力,提高某特定战术的练习质量。

2.升降球网练习法

(1)升网法:将球网稍升高(约1厘米),练习既定内容。此法可增加攻球弧线的弯曲度,对攻球弧线过直者,颇有实用价值。

(2)将球刚略下降,按既定内容进行练习:此法多在练习削球或搓球时采用,可降低击球弧线的高度。

3.网上加线练习法

将球网下方另加一直线,要求双方击球皆从中间穿过(中间约为5厘米)。此法一般在对搓时采用,目的是控制弧线高度。

4.加宽球台练习法

将球台的其中一方改放一个半或两个台面,使台面加宽。此法多在练习步法时采用,可增加脚步移动的距离和速度。

第三节　大学生乒乓球运动规则学习

一、乒乓球规则用语

(1)回合。球处于比赛状态的一段时间。

(2)球处比赛状态。从有意识发球前,球静止在不执拍手掌中的最后一刹那,到该回合被判得分或重发球。

(3)重发球。重发球是不予判分的回合。

(4)一分。一分是判分的回合。

(5)执拍手。执拍手是正握着球拍的手。

(6)不执拍手。没有握着球拍的手。

(7)击球。击球是用握在手中的球拍或执拍手手腕以下部分触球。

(8)阻挡:自对方最后一次击球触及本方台区后,如果在台面上方或正向比赛台面方向运动的球,在没有触及本方台区,也没有越过端线之前,即触及本方运动员或其穿戴的任何物品。

(9)发球员。发球员是在一个回合中,首先击球的运动员。

(10)接发球员。接发球员是在一个回合中,第二个击球的运动员。

(11)裁判员。裁判员是被指定管理一场比赛的人。

(12)副裁判员。副裁判员是被指定在某些方面协助裁判员工作的人。

(13)"穿或戴"的物品。穿或戴的物品是指运动员在一个回合开始时穿或戴的任何物品,但不包括比赛用球。

(14)越过或绕过球网装置。除从球网和比赛台面之间通过以及从球网和网架之间通过的情况外,球都应视作已经"越过或绕过"球网装置。

(15)球台的"端线"。主要包括球台端线以及端线两端的无限延长线。

二、竞赛服装

(1)服装上不得带有可能产生不悦或诋毁本项运动声誉的设计或字样。

(2)比赛的双方运动员应穿着颜色明显不同的运动衫,以使观众能够容易地区分他们。

(3)比赛服一般包括短袖运动衫、短裤或短裙,短袜和运动鞋;其他服装,如半套或全套运动服,不得在比赛时穿着,得到裁判长的允许时除外。

(4)短袖运动衫,短裤或短裙可以是任何颜色,但其主要颜色应与比赛用球的颜色明显不同。短袖运动衫的袖子和领子除外。

(5)团体赛同队运动员,或同一协会运动员组成的双打,服装款式和颜色应一致,鞋袜除外。

(6)在运动员运动衫背后的中间位置应优先佩戴被组织者指定的用于标明运动员身份的号码布,而不是广告。这个号码布应是长方形,面积不大于600平方厘米。

（7）在运动服前面或侧面的任何标记或装饰物以及运动员佩戴在比赛服上的任何物品，如珠宝装饰等，均不应过于显眼或反光，以致影响对方的视线。

（8）有关比赛服的合法性及可接受性问题，应由裁判长决定。但裁判长不得否定国际乒联已许可的式样图案。

（9）当双方运动员或运动队所穿服装颜色类似，且均不愿更换时，应抽签决定某一方必须更换。

（10）允许乒乓球运动员的比赛服上有以下内容。

第一，在前面或侧面，总面积不超过 64 平方厘米的徽章或字样，广告除外。

第二，在运动衣背上的号码或字样，用于标明运动员、运动员的协会，或在俱乐部比赛时，标明运动员的俱乐部。

第三，按照"比赛区域每个半场的地板上均可有一条广告，面积不超过 3 平方米，且与球台或挡板的距离不得少于 2 米；此外，制造商名称和标志的面积不得超过 750 平方厘米。所有上述同样的颜色应与地板颜色相同，但可以浅些或深些。"这项条款规定的广告。

第四，经国际乒联批准的国际乒联标记为"ITTF"。

三、竞赛设备

（一）球

（1）球应为圆球体，直径为 40 毫米。

（2）球重 2.7 克。

（3）球应用赛璐珞或类似的材料制成，呈白色或橙色，且无光泽。

（二）球拍

（1）球拍的大小、形状和重量不限，但底板应平整、坚硬。

（2）底板厚度至少应有 85% 的天然木料。加强底板的粘合层可用诸如碳纤维、玻璃纤维或压缩纸等纤维材料，每层粘合层不超过底板总厚度的 7.5% 或 0.35 毫米。

（3）用来击球的拍面应用一层颗粒向外的普通颗粒胶覆盖，连同粘合剂，厚度不超过 2 毫米；或用颗粒向内或向外的海绵胶覆盖，连同粘合剂，厚度不超过 4 毫米。需要说明的是：第一，"普通颗粒胶"是一层无泡沫的天然橡胶或合成橡胶，其颗粒必须以每平方厘米不少于 10 颗、不多于 50 颗的平均密度分布整个表面；第二，"海绵胶"即在一层泡沫橡胶上覆盖一层普通颗粒胶，普通颗粒胶的厚度不超过 2 毫米。

（4）覆盖物应覆盖整个拍面，但不得超过其边缘。靠近拍柄部分以及手指执握部分可不予以覆盖，也可用任何材料覆盖。

（5）底板、底板中的任何夹层以及用来击球一面的任何覆盖物及粘合层均应为厚度均匀的一个整体。

（6）球拍两面不论是否有覆盖物，必须无光泽，且一面为鲜红色，另一面为黑色。

（7）由于意外的损坏、磨损或褪色，造成拍面的整体性和颜色上的一致性出现轻微的差异，只要未明显改变拍面的性能,均可允许使用。

(8)比赛开始时及比赛过程中运动员需要更换球拍时,必须向对方和裁判员展示他将要使用的球拍,并允许他们检查。

(三)球台

(1)球台的上层表面叫比赛台面,应为与水平面平行的长方形,长 2.74 米,宽 1.525 米,离地面高 76 厘米。

(2)比赛台面不包括与球台台面垂直的侧面。

(3)比赛台面可用任何材料制成,应具有一致的弹性,即当标准球从离台面 30 厘米高处落至台面时,弹起高度应约为 23 厘米。

(4)比赛台面应呈均匀的暗色,无光泽,沿每个 2.74 米的比赛台面边缘各有一条 2 厘米宽的白色边线,沿每个 1.525 米的比赛台面边缘各有一条 2 厘米宽的白色端线。

(5)比赛台面由一个与端线平行的垂直的球网划分为两个相等的台区,各台区的整个面积应是一个整体。

(6)双打时,各台区应由一条 3 毫米宽的白色中线,划分为两个相等的"半区"。中线与边线平行,并应视为右半区的一部分。

(四)球网装置

(1)球网装置包括球网、悬网绳、网柱及将它们固定在球台上的夹钳部分。

(2)球网应悬挂在一根绳子上,绳子两端系在高 15.25 厘米的直立网柱上,网柱外缘离开边线外缘的距离为 15.25 厘米。

(3)整个球网的顶端距离比赛台面 15.25 厘米。

(4)整个球网的底边应尽量贴近比赛台面,其两端应尽量贴近网柱。

四、合法发球与还击

(一)合法发球

(1)在发球开始时,球要自然地放置于不执拍手的手掌上,手掌张开,保持静止。

(2)发球员要用手将球几乎垂直地向上抛起,不得使球旋转,并使球在离开不执拍手的手掌之后上升不可以少于 16 厘米,球下降至被击出前不可以碰到任何物体。

(3)当球从抛起的最高点下降时,发球员才能击球,使球首先触及本方台区,然后越过或绕过球网装置,再触及接发球员的台区。在双打中,球要先后触及发球员和接发球员的右半区。

(4)从发球开始,到球被击出,球应始终在台面的水平面以上和发球员的端线以外;而且不可以被发球员和其双打同伴的身体或衣服的任何部分挡住。

(5)运动员发球时,要让裁判员或副裁判员看清他是否按照合法发球的规定发球。

(6)如果没有副裁判员,裁判员对运动员发球合法性有怀疑,在一场比赛中第一次出现时将进行警告,并不罚分。

（7）在同场比赛中，如果发球员或其双打同伴发球动作的正确性再次受到怀疑，不论是否出于相同的原因，都要判接发球方得 1 分。

（8）无论是否第一次或任何时候，只要发球员明显没有按照合法发球的规定发球，接发球方将被判得 1 分，不需要警告。

（9）运动员因身体伤病而不能严格遵守合法发球的某些规定时，可以由裁判员做出决定免于执行。

（二）合法还击

对方发球或还击之后，本方运动员一定要击球，使球直接越过或绕过球网装置，或触及球网装置后，再触及对方台区。

五、判一分

回合中出现重发球以外的下列情况，应判失一分。
（1）未能合法发球。
（2）未能合法还击。
（3）拦击或阻挡。
（4）连续两次击球。
（5）用不符合所规定的拍面击球。
（6）运动员或其穿戴的任何物品移动了比赛台面。
（7）不执拍手触及比赛台面。
（8）运动员或其穿戴的任何物品触及球网装置。
（9）在双打中，除发球和接发球外，运动员未能按正确的次序击球。
（10）实行轮换发球法时，发球方发出和还击的球，被接发球方连续 13 次合法还击。

六、胜一局、胜一场

（一）一局比赛

在一局比赛中，先得 11 分的一方为胜方。10 平后，先多得 2 分的一方为胜方。

（二）一场比赛

一场比赛由奇数局组成。所有比赛均采用 7 局 4 胜制。

七、重发球

重发球对应的情况主要有以下几种。
（1）如果在合法发出的球越过或绕过球网装置时，触及球网装置或触及球网装置后被接发球员或其同伴拦击或阻挡。

(2)如果接发球员没有准备好,球已发出,而且接发球员或其同伴均没有企图击球。

(3)由于发生了运动员无法控制的干扰,而让运动员未能合法发球,合法还击或遵守规则。

(4)由于要纠正发球、接发球次序或方位出现错误。

(5)由于要实行轮换发球法。

(6)由于警告或处罚运动员。

(7)由于比赛环境受到干扰,导致该回合结果有可能受到影响。

八、比赛次序

(一)正确的比赛次序

(1)在单打中,首先要由发球员合法发球,再由接发球员合法还击,然后两者交替合法还击。

(2)在获得每 2 分之后,接发球方即成为发球方,依此类推,一直至该局比赛结束,或者直至双方比分都达到 10 分或实行轮换发球法,这时,发球和接发球次序仍然不改变,但每人只轮发 1 分球。

(3)在双打的第一局比赛中,要先由发球方确定第一发球员,再由先接发球方确定第一接发球员。

(4)在双打以后的各局比赛中,第一发球员确定之后,第一接发球员应是前一局发球给他的运动员。

(5)双打中,首先要由发球员合法发球,再由接发球员合法还击,然后由发球员的同伴合法还击,再由接发球员的同伴合法还击,此后,运动员要按此次序轮流合法还击。

(6)在双打中,每次换发球时,前面的接发球员要成为发球员,前面发球员的同伴要成为接发球员。

(7)在双打决胜局中,当一方先得到 5 分时,接发球方要交换接发球次序。

(8)一局中首先发球的一方,在该场下一局要首先接发球。

(9)一局中,在某一方位比赛的一方,在该场下一局要换到另一方位。

(10)在决胜局中,一方先得 5 分时,双方要交换方位。

(二)错误次序的纠正

(1)在单打中,裁判员一旦发现发球、接发球次序出现错误,要立即暂停比赛,按该场比赛开始时确立的次序,按场上比分由应当发球或接发球的运动员发球或接发球。

(2)在双打中,裁判员一旦发现发球、接发球次序出现错误,要立即暂停比赛,按发现错误时那一局中首先有发球权的一方所确立的次序进行纠正,继续进行比赛。

(3)裁判员一旦发现运动员要交换方位而未交换时,要立即暂停比赛,按该场比赛开始时确立的次序,按场上比分运动员应站的正确方位进行纠正,再继续进行比赛。

(4)在任何情况下,发现错误之前的所有得分都有效。

九、轮换发球法

对于轮换发球的方法常见内容如下。

第一,如果一局比赛进行到 10 分钟仍未结束(双方都已获得至少 9 分时除外),或者在此之前任何时间应双方运动员要求,应实行轮换发球法。需要注意的是,当时限到时,球仍处于比赛状态,裁判员应立即暂停比赛。由被暂停回合的发球员发球,继续比赛。当时限到时,球未处于比赛状态,应由前一回合的接发球员发球,继续比赛。

第二,在此之后,每个运动员都轮发一分球,直至该局结束。如果接发球方进行了 13 次合法还击,则判发球方失 1 分。

第三,轮换发球法一经实行,或一局比赛进行了 10 分钟,该场比赛剩余的各局必须实行轮换发球法。

十、间歇

除了一方运动员提出要求外,单项比赛应连续进行。

在单项比赛的局与局之间,有不超过 1 分钟的休息时间。在单项比赛的每局比赛中,每得 6 分后,或决胜局交换方位时,可用短暂的时间擦汗。一名或一对双打运动员可在一场单项比赛中要求一次暂停,时间不超过 1 分钟。在单项比赛中,暂停应由运动员或指定的场外指导者提出;在团体比赛中,应由运动员或队长提出。

倘若出现一名运动员或一对运动员与其指导者或教练员对是否暂停有不同意见的情况,在单项比赛中决定权属于这名或这对运动员,在团体比赛中决定权属于指导者或教练员。

请求暂停只有在球未处于比赛状态时做出,应用双手做出“T”形表示。在得到某方合理的暂停请求后,裁判员应暂停比赛并出示白牌,然后将白牌放在提出要求暂停一方运动员的台区上。当提出暂停的一方运动员准备继续比赛(以时间短的计算)或 1 分钟暂停时间已到时,白牌应被拿走并且立即恢复比赛。如果比赛双方运动员或是他们的代表同时提出要求暂停,应在双方运动员准备恢复比赛或暂停时间满一分钟时继续比赛。在这场单项比赛中,双方运动员都不再有暂停的权利。

倘若发现赛区内有人受伤流血,必须马上暂停比赛。重新开始比赛的要求受伤运动员接受医疗救护,同时赛区内的全部血迹被擦干净。除非裁判长允许,运动员在单项比赛中应留在赛区内或赛区附近,在局间法定休息和暂停间歇时间内,运动员应在裁判员的监督下,留在赛区周围 3 米以内的地方。

第十章　大学生羽毛球运动技能培养研究

第一节　大学生羽毛球运动技术能力培养

一、握拍技术及培养

（一）握拍技术动作解析

羽毛球握拍技术可分为正手握拍与反手握拍两种，下面就这两种握拍方法进行教学指导。

1. 正手握拍

先用左手握住球拍的中杆，使拍框与地面垂直。张开右手，使虎口对准拍柄斜棱上的第二条棱线（此时眼睛从左至右可同时看见 4 条棱线），然后用近似握手的方法将拍柄握住，拇指和食指贴在拍柄两侧的宽面上，其余的三指自然握住拍柄，五指与拍柄成斜形（图 10-1）。

2. 反手握拍

在正手握拍的基础上，将球拍柄稍向外旋，拇指稍向上提，拇指内侧顶贴在拍柄第一斜棱旁的宽面上，也可将大拇指放在第一、二斜棱之间的小窄面上，食指稍向下靠，其余三指放松。反手握拍击球时，靠食指以后的三指紧握拍柄，同时拇指前顶发力击球（图 10-2）。

图 10-1

图 10-2

（二）握拍技术培养方法

握拍技术的训练方法如下。

1.徒手挥拍练习

徒手做正手击球或反手击球的挥拍动作，要求做好相应的正手握拍动作与反手握拍动作的转换。

2.持拍颠球练习

练习者用正手或反手握拍法持拍在身前，拍面对准球托底部，向上击球。

3.对墙击球练习

持拍于身前，两膝稍弯曲，连续从稍右侧下方用正手或从稍左侧下方用反手向前上方的墙上击球。

二、基本步法及培养

（一）基本步法动作解析

常见的羽毛球步法有上网步法、中场两侧移动步法即后退步法，下面具体对这三种步法的动作方法进行教学指导。

1.上网步法

根据上网时脚步移动方法的不同，可以将上网步法分为跨步（交叉步）上网、蹬跳步上网和垫步上网三类，具体动作方法的教学指导如下。

（1）跨步（交叉步）上网

站位于球场中心稍靠后，两脚左右开立。右脚略前，上体稍前倾，两眼注视对方击球。当对方吊网前球时，在对方击球瞬间，脚跟提起轻跳并迅速调整重心至后脚以协助快速起动。左脚迈一小步，用脚掌内侧起蹬，右脚向前跨大步，以脚跟和脚掌外侧着地滑步缓冲，脚尖外斜，右脚屈膝成弓箭步，左脚随即向前挪动，以协助右脚回蹬。击球后用并步或交叉步退回中心位置。当遇到对方发近球时，要用左脚蹬地随即右脚跨一大步上网（图10-3）。

（2）蹬跳步上网

蹬跳步上网是为了提早击球，争取使击球点位于网顶上空，以起到突击的作用，一般常用于上网扑球中。当判定对方发或放网前球，并做好了扑球准备时，右脚稍向前，脚一点地便起蹬，侧身扑向网前（或左脚蹬地扑向网前），当球飞至网顶即行扑击，在触球的同时右脚先着地，左脚随身体惯性在右脚后着地，并立即退回中心位置（图10-4）。

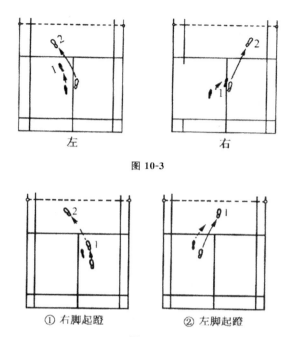

图 10-3

① 右脚起蹬　　② 左脚起蹬

图 10-4

（3）垫步上网

垫步上网的准备姿势同跨步上网。右脚先迈一小步，左脚随即垫一小步靠近右脚跟（或后交叉迈小步），并用脚掌内侧起蹬，接着右脚迅速向前跨大步上网（着地后要求同跨步上网）。击球后用并步或交叉步退回中心位置。垫步上网的特点是蹬力强，速度快，在被动时有利于迅速调整重心，快速接应来球（图 10-5）。

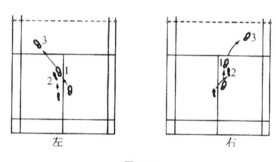

左　　　右

图 10-5

2.中场两侧移动步法

中场两侧移动步法多用于接对方的杀球或半场低平球，其站位和准备姿势与上网步法基本相同。中场两侧移动步法主要分为两个方面，即向左侧移动步法和向右侧移动步法。

（1）向左侧移动步法

根据来球，调整重心，上体稍倒向右侧，右脚掌内侧用力起蹬，左脚同时向左侧转跨大步。来球较远时，左脚先向左侧移半步，上体向左转身的同时右脚向左前交叉跨大步，如图 10-6 所示，左图为左侧蹬跨步，右图为左侧蹬跨步（两步）。

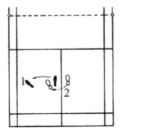
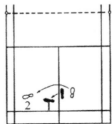

图 10-6

（2）向右侧移动步法

两脚左右开立，脚跟稍提起，根据来球，调整重心，上体稍倒向左侧，左脚掌内侧用力起蹬，右脚同时向右侧转跨大步。如距来球较远，左脚向右垫一小步再起蹬，右脚同时向右侧转跨大步，如图 10-7 所示，左图为右侧蹬跨步，右图为右侧垫步（两步）。

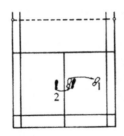
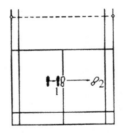

图 10-7

3.后退步法

后退步法有两种方式，即向左后场区后退和向右后场区后退。向左后场区后退步又可分为交叉步后退头顶击球步法和反手击球后退步法等。向右后场区后退步法一般是正手击球的后退步法。

后退步法移动前的动作和站位与上网步法相同。下面对正手后退步法、反手后退步法及交叉步头顶后退步法这三种具体步法的动作进行实践教学指导。

（1）正手后退步法

正手后退步法有侧身并步后退和交叉步后退两种方式。

侧身并步后退步法是指在对方击球前刹那间，脚跟提起轻跳，迅速调整重心至右脚。接着右脚蹬地快速向右后撤一小步，上体右转侧身对网，紧接着左脚并步靠近右脚，右脚再向后移至来球位置。在移动中做好手部动作准备，待来球在右肩上方下落时做正手底线原地击球或跳起击球。击球后并步或小步跑回中心位置（图 10-8）。

交叉步后退步法的站位与准备姿势同侧身并步后退步法。右脚撤后一小步后，左脚从体后交叉后退一步，右脚再后移至来球位置（图10-9）。

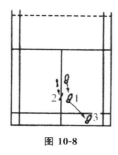 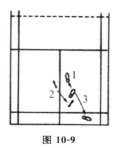

图 10-8　　　　　　　　图 10-9

（2）反手后退步法

反手后退步法是指调整重心后，右脚后撤一步，接着上体左转，左脚随即向左后退一步，右脚再跨出一步，背对网，做底线反手击球。采用反手后退步法时应根据来球距离的远近调整步法（图10-10）。

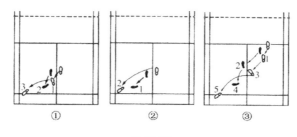

图 10-10

（3）交叉步头顶后退步法

交叉步头顶后退步法与正手后退步法大致相同，只是右脚蹬地后撤向左后方，上体转动幅度较正手后退步法大，且稍后仰并倒向左后场区。左脚向左侧后交叉后退一步，右脚移至来球位置做头顶原地击球或跳起击球（图10-11）。

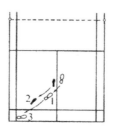

图 10-11

（二）基本步法培养方法

基本步法的训练方法如下。

1.分解步法训练

把羽毛球场上的综合步法分解成单一运动方向的步法进行训练的练习,称为分解练习法。主要包括正、反手上网步法练习,正、反手接杀步法练习,正手后退击球步法练习,头顶后退击球步法练习,杀上前(前后场连贯步法)练习和后场反拍击球步法练习。

2.结合击球动作步法训练

(1)固定移动路线的步法练习

主要是在固定的移动路线上,熟悉各个单个步法的跑动路线。例如,从中心位置开始,先后退至正手底线,然后回中心,再上右网前,再回中心位置,如此循环练习。

(2)不固定移动路线的步法练习

在较熟练地掌握了向各个固定方向的移动步法之后,就可以进行不固定方向的全场移动练习了。由一人指挥,练习者跟着指挥者的手势进行全场综合步法练习。在进行不固定移动路线法练习时应注意:不论是自练还是按场外指导指示练习,都要避免惯性机械地移动步子,而应多做一些无规律的重复跑动,这样才能与实战结合起来。

3.回击多球步法练习

陪练者将多球先后发往练习者的前后左右场区,迫使练习者运用各自步法移动去迎击来球。此练习方法既可以练习步法,又可以练习手法,练习密度大,实际效果好。

三、发球技术及培养

(一)发球技术动作解析

发球技术可分为正手发球和反手发球,具体动作方法教学指导如下。

1.正手发球

(1)正手发网前球

正手发网前球是用正手握拍,以正拍面击球,使球轻轻擦网而过,落在对方前发球线附近的一种发球。由于它的飞行弧度低,距离短,可以有效地限制对方直接接发球反攻或接发球后有目的地抢网或突击扣杀,是单、双打中较常见的一种发球方法。在发球时,握拍要松,前臂只是前摆,不做内旋动作,靠手指控制力量,手腕收腕发力,用斜拍面往前推送击球,使球轻轻擦网而过,落在对方前发球区内(图 10-12)。击球时,要控制拍面和力量,避免球过网偏高。特别是在双打中,由于双方场上的移动范围较单打要小,对发网前球的质量要求更高。

(2)正手发后场平高球

正手发后场平高球是用正手握拍,以正拍面击出飞行弧度较发后场高远球低的一种发球。球飞行的高度以对方跳起无法拦截为佳。由于飞行弧度不高和球速相对较快,此种发球颇具威胁性,并常在单、双打中与发网前小球配合使用,以增加对方接发球的难度。击球时以前臂带动手腕发力为主,拍面与地面的夹角小于 45°向前推进击球。发平高球的关键是控制好球的飞行弧度。如果拍面仰角大,击出的球过高,达不到战术目的;拍面仰角小,击出的球过低,易被对手拦击。因此,必须注意球的飞行高度,而发球准备和引拍动作须与其他正手发球动作保持一致。

图 10-12

2.反手发球

反手发球时,站在前发球线后10~50厘米及发球区中线的附近(或站在前发球线及场地边线附近),面向球网,两脚前后站立(左脚或右脚在前均可),上体稍前倾,身体重心在前脚上。右手反握拍,左手拇指和食指捏住球的两三根羽毛,球托朝下,球体与拍面平行或球托对准拍面放在拍面前方。做好准备姿势后,具体动作方法的教学指导如下。

(1)反手发网前球

发网前球能减少对方把球往下压的机会,以便发球后立即进入抢攻。把球发到前发球线内角,球飞行的路线较短,容易封住对方攻击自己后场的角度。发球到前发球线外角位能起到调动对方离开中心的作用。特别是在右场区发前发球线外角位,能使对方反手区出现大片空当。但对方也能以直线推平球攻击发球者的后场反手。如果预先提防,可用头顶球还击。发网前球也可以发对方的追身球,造成对方被动。站位接近前发球线,右脚在前,重心在右脚,左脚跟提起,右手采用反手握拍法持拍于腹前,肘关节弯曲,手腕前屈,左手捏住球的羽毛斜放在球拍前面。将球拍稍往后摆动至一定距离。前臂向前上方推送,同时,带动手腕由屈到微伸向前摆动,利用拇指的顶力用反拍面向前轻轻推送切击球托,使球尽可能低地沿网上方飞过。击球后,前臂继续往上摆到一定高度后回收至胸前(图10-13)。

图 10-13

(2)反手发后场平高球

用反手握拍,以反拍面击出同正手发后场平高球飞行弧度一样的球称为反手发后场平高球,其战术意图与正手发平高球相同。两脚与肩同宽,前后斜站。右脚在前,左脚尖侧后点地,重心放在右脚上;左手拇、中、食指握住球的羽毛处,将球置于腹前腰部以下;右臂屈肘稍向上提起,展腕,用反手握拍,以反拍面将球拍自然置于腹前持球手的后面,两眼正视前方,成发球前的准备姿势。左手放球的同时,右臂以肘为轴,前臂内旋,带动展腕由后向前做回环半弧形挥动,至一定发力所需幅度。击球时屈指收腕发力,用正拍面向前上方将球击出。以制动动作结束发力,并将握拍姿势迅速调整为正手放松握拍。

(二)发球技术能力培养方法

1.发网前球技术训练

(1)正手发网前球训练方法
①轻击球练习。在正手发高远球的动作基础上,减小挥拍的动作幅度,主要靠前臂和手腕带动挥拍,击球力量减弱,球击出后,控制拍子的继续挥动。

练习要求:击球时,握拍仍保持放松,利用手腕和手指的力量击球。不要用拍子的正面击球,而是让拍面从右向左斜切击球,使球刚好越网而过。

②限高、限远发球练习。在球网上方30厘米处拉一条标志线,在对方前发球线后50～60厘米处也放一条标志线,要求练习者将球发在指定的范围内。

练习要求:用符合规则要求的技术动作发球;尽量降低球的飞行弧线,使球贴网而过并落在对方发球区内。

(2)反手发网前球训练方法
①反手发球练习。发球站位可在前发球线后10～15厘米及中线附近,面向球网,两脚前后开立(右脚或左脚在前均可),上体稍前倾,身体重心在前脚上。右手臂屈肘,用反手握拍,将拍头向下,手腕稍前屈,拍面在身体左侧腰下。左手拇指与食指、中指捏住球的两三根羽毛,球托朝下,球体或球托在球拍前对准拍面,用前臂带动手腕朝前推送或横切。

练习要求:左手持球要捏住羽毛,而不是球托,不要抛球,待球拍快击中球时自然放手;击球时保持拍面垂直或横切球托;在不"过腰"的基础上,尽量提高击球点,降低球的弧线。

②限高、限远发球练习。同正手发网前球训练方法②。

2.发高远球技术训练

在练习发高远球时,练习者应在正确掌握发球动作的基础上,力求将球发得高、发得远(对方底线附近),同时注意左右落点的变化,即可以将球发到对方场区的底线与边线交界附近,又能将球发到底线与中线交界附近。高远球技术的练习方法如下。

(1)徒手挥拍练习。练习者左肩侧对前方,两脚分开,与肩同宽,左脚在前,脚尖向前,右脚在后,脚尖稍向右侧,重心放在右脚上。准备发球时,右手持拍向右后侧举起,肘部微屈,左手虚拟持球,举在腹部右前方。练习时,左手先放球,在左手放开球时,右手上臂带动前臂,自右后方随转体向左前方挥拍,重心同时前移;当球拍挥至右前下方球的下落处时,前臂由下向前上方挥动并急速内旋,带动手腕由伸展至微屈,闪动手腕,握紧球拍击球;击球后持拍臂随动作惯性自然向左上方挥动。

练习要求:采用正手握拍动作,准备姿势要做好;练习过程中要注意动作节奏,掌握发力的时间,注意前臂的旋转发力;练习时可先分解练习,再完整练习。

(2)完整发球练习。站在发球线后约 1 米处,发球场区中线附近,运用正确的正手发高远球动作,向对角线场区发球。

练习要求:掌握正确的发球动作;在发好球的基础上,提高发球质量,控制球的落点。

(3)击固定练习。将一只羽毛球用绳子吊起来,球的高度离地面 30～40 厘米,练习者站在球的左后方,保持练习者的球拍在右前下方可击中球。练习者用正确的发球动作挥拍,击球后继续做随挥动作。

练习要求:练习者用余光看球,自然挥拍,不要故意地击球;手臂自然伸直,不要提肩、屈肘;注意击中球时的拍面方向。

3.发平高球、平球练习

在练习发平高球、平快球技术时,练习者除了要注意球落点的变化外,还应使其发球的动作与发高远球动作保持一致,仅在最后用力时再变化。

四、接发球技术及培养

(一)接发球技术动作解析

接发球技术可分为前场接发球和后场接发球,具体动作方法的教学指导如下。

1.前场接发球

(1)前场正手接发球

首先采用正手前场接发球步法向来球方向移动,同时前臂微屈,外旋半弧形引拍,准备接发球。结合身体向前跨步的冲力,用斜拍面与地面夹角大于 120°的仰角拍面,向前摩擦推送击球。接发球动作完成后,持拍手自然回收至体前,向中心位置回动。根据对方不同的发球方式,接发球动作也有不同,具体如下。

①正手接发球勾对角小球击球动作:手腕内旋,拇指、食指转动拍柄,向网前斜对角方向发力击球。

②正手接发球挑球击球动作:击球点较低,用与地面大于 90°的拍面仰角,前臂内旋,食指拇指收紧拍柄,展腕发力击球。

③正手接发球推球击球动作:手腕迅速内旋,食指发力拨动拍柄,球拍与地面近似 90°夹角内翻拍面击球。

④正手接发球扑球击球动作:击球点高于球网顶部,前臂快速内旋,球拍与地面小于 90°的夹角,向下拍压击球。

(2)前场反手接发球

采用接发反手前场球步法向来球方向移动,反手握拍向来球方向伸出,同时前臂微屈做内旋半弧形引拍动作,准备击球。反手接发球搓小球击球动作:结合身体向前跨步的冲力,食指、拇指内旋捻动球拍,用与地面夹角大于 120°的斜拍面,向前摩擦推送搓球。根据对方不同的发球方式,击球动作也有不同,具体如下。

①反手接发球勾对角小球击球动作:手腕外旋,拇指前顶,其余四指收紧拍柄向网前斜对角方向发力击球。

②反手接发球挑球击球动作:击球点较低,前臂外旋,拇指前顶,用与地面大于90°的夹角拍面,收腕发力击球。

③反手接发球推球击球动作:球拍与地面夹角近似90°,前臂迅速外旋,拇指前顶,手腕向前方外翻拍面击球。

④反手接发球扑球:击球点高于球网顶部,前臂快速外旋,用球拍与地面小于90°的夹角,拇指前顶,向前下方拍压击球。

在击球后,持拍手自然收回体前,脚步退回中心位置,成接球前准备姿势。

2.后场接发球

根据来球的位置不同,接发后场球可采用正手和头顶两种姿势击球。正手和头顶接发后场球技术的动作轨迹基本相同,只是击球点位置略有不同。正手接发后场球击球点在身体右后侧右肩上方,而头顶接发后场球击球点在身体左后侧头顶或左肩的上方。

用接发后场球步法向来球方向移动,同时上臂外旋带动前臂后仰回环引拍,身体重心在右脚上,准备起跳击球。根据对方不同的发球方式,击球动作也有不同,具体如下。

(1)接发球回击高远(平高)球击球动作:击球点在头前上方,上臂带动前臂迅速内旋向上挥动,将力传递至手腕,手指发力用正拍面与地面稍大于90°的夹角(击平高球)和接近120°的仰角(击高远球)将球击出。

(2)接发球回击吊球和劈球击球动作:击球点选择比回击平高球和高远球靠前约10厘米,上臂带动前臂迅速内旋向上挥动,通过手腕和手指控制击球力量(劈球比吊球力大),用球拍面与地面夹角小于90°的斜面(劈球比吊球击球角度更大)切击球托右侧(头顶击球切击球托左后侧)。

(3)接发球回击杀球击球动作:身体充分后仰成弓形展开,击球点比回击吊球再靠前约5厘米,上臂带动前臂迅速内旋向上挥动,最后通过手腕手指发力,用与地面近似75°的夹角将球击出。

(4)接发球回击抽杀球击球动作:手臂迅速内旋后倒回环引拍,用与地面近似90°的夹角拍面向前挥动击球。

击球后,持拍手随惯性动作向身体左前下方挥动,并迅速将拍收回体前,脚步向中心位置跟进回动,做好下次接球准备。

(二)接发球技术能力培养方法

(1)反应和起动速度练习。练习者成原地准备姿势,在听到教师用语言发出的或看到教师用手势做出的信号后,立即起动冲刺、后退或左、右移动。

练习要求:注意力集中,准备姿势正确,重心落在前脚掌上,听到或看到信号后,迅速做出反应(重心移动),并快速移动。

(2)步法移动练习。练习者站在场地中央,根据教师的手势信号,做前、后、左、右的步法移动。

练习要求:熟练掌握各种基本移动步法(可采用单一步法和多种步法);移动要到位(可在场地上做标志);移动中保持重心平稳,注意变向时的重心转移。

（3）接抛球练习。练习者做好准备姿势,教师用手将球抛至球场的 4 个角,要求练习者向球的方向做步法移动,可以先近后远,要求用手击球,也可以加上一些假动作,提高练习者的反应能力。

练习要求:起动要快,步法运用合理,尽量用 2～3 步移动到位;要求碰到球以后,快速地回到中心位置,再接下一个球。

（4）接发球可以与发球技术同时学练,两位学练者,相互配合,一方发球时,一方接发球,根据情况进行交换。

①多球练习,两人一组,做发球（发网前球）与接发球练习。交换进行。

②两人一组,一方正手发网前结合发后场各种球。接发球者,根据来球,回击各种球。

③两人一组,一方正手发后场高远球、平高球、平快球,接发球者可根据情况,回击平高球或吊球。

④反手发球与接发球多球练习,两人一组,一人反手发网前球,另一人接球可回击网前、推后场以及扑球。交换练习。

⑤两人一组,一人反手发后场平高球、平快球,接发球者可根据情况回击杀、吊球。

⑥两人一组,一人反手发网前结合发后场平高球、平快球,接发球者可根据情况,回击各种来球。

五、击球技术及培养

（一）击球技术动作解析

击球技术可分为前场击球、中场击球及后场击球,这三种击球技术动作方法的教学指导如下。

1.前场击球

（1）推球

推球技术击球点高,动作小,发力距离短,速度快,且落点变化多,是前场击球技术中进攻底线的一种很有威力的球,在单、双打中都较常用。网前推球有正手、反手两种击球方法,具体动作教学指导如下。

①正手推球

正手推球指在网前较高的击球点上,以正手握拍法,用推击的方法向对方底线击出弧度较平、速度较快的球。

移动到位,球拍向右侧平举。推球前,前臂稍外旋,手腕后伸同时球拍也稍往后摆,拍面对准来球。这时小指与无名指稍松开,使拍柄离开手掌,这样能充分发挥手指的力量。推球时,拍面尽力后仰,手腕由后伸直并且闪腕,食指向前压下,小指、无名指突然握紧拍柄,球拍快速地由右经前向左挥动（图 10-14）。推球后,在回动过程中回收球拍于胸前。

图 10-14

②反手推球

反手推球指在网前较高的击球点上,以反手握拍法,用推击的方法向对方底线击出弧度较平、速度较快的球。

移动至网前左侧,反手握拍,臂侧上举。推球前,臂向左胸前收引,手腕稍外展,球拍松握,拇指顶住拍柄的内侧宽面,推球时,当前臂往前伸的同时外旋,手腕由稍外展到伸直抖腕,中指、无名指、小指突然紧握球拍,拇指顶压,向前挥动将球推出,触球托的后部。击球后,身体还原至准备姿势。

(2)勾球

勾球是把在本方右(左)边的网前球击到对方左(右)边网前去的技术动作。勾球分正手和反手两种。

①正手勾球

正手勾球即在网前右场区,用屈腕的动作调整球拍角度,轻巧地将球回击到对方斜对角的网前右场区内。正手勾对角握拍,一般采用并步加蹬跨步上网的步法。在步法移动的同时,球拍随着前臂往右前上方举起。前臂前伸,稍有外旋。手腕微后伸,这时的握拍稍有变化——将拍柄稍向外捻动,使拇指贴在拍柄的宽面上,食指的第二指节贴在与其相对的另一个宽面上,拍柄不触及掌心。击球时,靠前臂稍有内旋往左拉收,手腕由稍后伸至内收。球拍拨击球托的右侧下部,由手腕和手指控制拍面角度。击球后,球拍回收至胸前。

②反手勾球

反手勾球同正手勾对角线。在身体前移的过程中,球拍随手臂下沉至离网顶20厘米处,握拍变成反拍勾球握拍法,拍面正对来球。当来球过网时,肘部突然下沉,同时前臂稍外旋,手腕稍屈至后伸闪腕,拇指内侧和中指把拍柄往右侧一拉,其他手指突然握紧拍柄,拨击球托的左侧后部,使球沿对角线飞越过网。球拍回收至胸前,为下次的来球做积极的准备。

(3)放网前球

①正手放网前球

侧身对右边网前,上体稍前倾,右手握拍于体前。右脚向右侧前方大跨一步成弓步。正手握拍,球拍向右前上方斜举。击球时,右臂自然后伸,手腕稍后伸,小臂稍外旋,手腕由后伸至稍内收转动,右手轻松握拍,食指和拇指夹住球拍,在手腕和手指的控制下,轻击球托底部将球轻送过网。击球过程中左手要向后平举以协调动作。击球后,还原成下次击球前的准备姿势(图 10-15)。

图 10-15

②反手放网前球

击球前动作方法与正手放网前球相同,不同的是先向左前场转体,右肩对网,反手握拍,反拍迎球。击球时,前臂前伸、外旋,手腕内收至外展,轻击球托底部把球轻送过网,击球后,还原成准备姿势。

2.中场击球

(1)中场平抽球

①正手平抽球

移动到位,最后一步右脚向右侧跨出,侧身对网,上体向右侧倾,重心在右脚上,右臂侧上摆,前臂稍外旋,击球时主要靠前臂带动腕部由下往右侧平地抽压,抖动挥拍。击球后,右脚蹬地,身体重心置于两脚之间(图 10-16)。

图 10-16

②反手平抽球

移动到位,最后一步左脚向左侧方跨一步,重心落于左脚,后脚脚跟提起,右臂屈肘,肘部稍上抬,小臂内旋,手腕内屈,引拍至左肩后。击球时,右脚蹬地,髋关节向右转动,臂在挥拍时外旋,手腕内屈到伸直抖动。挥拍击球托的后下部,击球后,球拍回收至胸前,身体重心置于两脚之间。

(2)半蹲式中场平击球

在中场区域范围内,采用半蹲击球势,将大约在肩部高度且较平快的球,以与网齐平的高度迅速平抽快挡过去的球称为半蹲式中场平击球。

根据来球的不同方向及击球方的具体位置,可采用半蹲正手击球和反手击球两种击球姿势。下面仅就正手平击动作方法展开教学指导。

两脚自然分开,与肩同宽,脚掌触地,脚跟提起,半蹲准备姿势站立。右手持拍举于肩上或置于胸前,两眼注视来球方向。以肩为轴,前臂向后经外旋回环带动手腕伸展引拍。击球时迅速向前内旋,肘关节后摆,带动手腕屈收发力,向前推压击球为平抽球,挡球的击球点较平抽球低一些,击球时发力预摆动作小,向前推进发力击球。击球后惯性动作小,应迅速收拍,做好回击下个球的准备。

(3)快打技术

快打技术是在中场击从对方过来的、肩以上至略高于头部之间的平球。快打技术主要表现出快速、凶狠、紧逼对方、主动进攻的特点,多用于双打比赛中。它分为正手快打和反手快打两种方式。

①正手快打

在中场区,两脚平行站或右脚稍前站均可,两膝弯曲成半蹲,举拍(正手握拍)于肩上。击球点选在右肩上方,击球时,前臂向前,手腕由后伸至前屈闪动挥拍击球托的后部,使球平直、急速地飞向对方中场区的附近。击球后,球拍顺势前盖,右脚往右前方迈一步,站在中线两边稍偏后的位置上,球拍由左下回举至前上方,准备迎击下一次来球。

②反手快打

两脚平行站在左场区,重心在右脚,举拍于右侧前。当判断来球是在右场区时,右前臂往左摆,身体稍向左转至右肩对网,左脚也往左侧迈一小步,前臂内旋,手腕外展引拍于左侧后。击球时,前臂外旋,手腕伸直闪动,手指突然抓紧拍柄,前盖球托后部,使球比较平直地向前飞行。击球后,球拍由右下回举至前上方,准备下次击球。

3. 后场击球

(1)后场击高远球

后场高远球是将对方击至本方后场端线附近的球回击得又高又远,落至对方端线附近的一种球。它包括后场正手和反手两种击法。

①正手击高远球

在进行正手击高远球时,首先要准确地判断出来球的方向和落点,迅速移动到位,使下落的球处于右肩的前上方,同时,侧身左肩对网,重心在右脚上,右臂屈肘自然举拍于右肩上方,左手自然高举,眼睛看球,待球下落到合理的击球高度时,右脚蹬地转髋,同时右臂以肩关节为轴,向前转动成肘关节朝前并高于肩部,拍头向下。球拍贴背与地面垂直,放松握拍。然后在蹬地、转体收腹的协调用力下,大臂带动小臂向前上方甩腕,在手臂伸直的最高点上击球,击球时重心向上。击球后,手臂顺惯性将球拍挥至腋下并收拍至体前,同时重心顺势向前,右脚自然向前跨出成准备姿势(图 10-17)。

图 10-17

②反手击高远球

当球飞向左场区的底线附近时,击球者用正手击球无法移动到位时则采用反手击高远球。首先要判断来球的方向和落点,迅速移动到位,右脚前交叉跨到左侧底线附近,背对网,重心移至右脚上,使球处于右肩的前上方。肘部上抬略高于肩,拍面朝上。击球时,以肘关节为支点,前臂带动手腕,通过手腕的抖动和拇指的侧压,自下而上甩臂将球击出。同时左脚支撑右脚蹬跨回收,使整个击球动作协调自然。击球后,顺势转体面向球网,迅速返回中心位置,准备还击(图10-18)。

图 10-18

(2)后场吊球

吊球是从后场将球回击到对方网前区域(前发球线附近与球网之间)紧靠边线两角的近网小球,球的飞行弧度以球过网后迅速下落为宜。吊球技术主要有正手、反手两种手法。

①正手吊球

做好击球准备,击球时拍面稍向内倾斜,手腕做快速切削下压动作,击球托的后部和侧后部。若吊斜线球时,则球拍切削球托右侧并向左下方发力;若吊直线球,则拍面正对前方向下方切削(图10-19)。

图 10-19

②反手吊球

用反手握拍以反拍面在后场击吊球为反手击网前吊球。反手吊球准备动作同反手击高球，只是击球时，握拍的方法、拍面的掌握和力量的运用有所区别。吊直线球时，用球拍反面切削球托的后中部将球击出，落点在对方右场区前发球线附近；吊斜线球时，用球拍反面切削球托的左侧部将球击出，落点在对方左场区前发球线附近（图 10-20）。

图 10-20

（二）击球技术能力培养方法

1.击高远球练习

（1）空中悬球练习

用一细绳将球挂在适合于击高球的位置上，反复练习击高球动作，检查击球点以及球拍的接触面是否正确。

（2）原地对打练习

两人面对面站在各自的场区底线附近对打高远球。一开始先练习直线对打，然后再练对角线对打。在这一阶段练习中，主要以打高远球为主。

（3）移动中对打高球练习

较熟练掌握原地击高球动作之后，即可过渡到移动中的对打高球练习，这种练习便与步法训练结合起来了。

①一人固定、一人前后移动的练习。一人在底线固定位置击出高球,另一人则在回击高球后底线回到中心位置,再重新退到底线回击对方打来的高球。

②一点打一点前后移动练习。对练双方在各自击完球后都回到中心位置,然后再各自退到底线回击对方打来的高球。如此循环练习。

③一点打两点三角移动练习。一人先固定在底线某个角上,先后将高球击往对方底线两个点(直线加斜线高球),另一人通过三角移动,还击球至一个点(直线加斜线高球)。

两人对打高球的练习方法很多。初学者应按照循序渐进的原则,先熟练掌握原地对打,然后练习一人固定、一人移动对打,最后再练习掌握两人移动对打。

2.吊球练习

(1)原地吊球练习

①定点吊斜线:练习者固定在右后场或左后场底线,用正手或头顶击球技术将球吊至对方的右(左)场区网前,对方将球挑回练习者的右、左后场底线,如此往复练习。

②定点吊直线:练习者固定在右(左)后场底线,将球吊至对方的右(左)场区网前,对方将球挑至练习者的右、左后场底线。如此往复练习。

(2)移动中吊球练习

在较熟练地掌握原地吊球技术之后,即可进行移动中吊球点练习,这样便可与实战紧密结合了。

①一点吊一点前后移动:练习者在后场底线吊球后,移动到中心位置,然后重新退回到底线进行吊球;挑球者挑球后,退回中心位置,然后重新上网挑球。

②两点吊一点前后移动:吊球者先后在后场两个点将球吊至对方网前的一个点上;挑球者网前点一个点是先后将球挑至对方后场两点上。双方均做前后移动。

③两点吊两点前后移动:在两点吊一点的基础上,吊球方增加一个吊球落点。

3.杀球练习

由于接杀球者一般不易把对方的杀球连续挑到后场,因此,练杀球多采用多球练习,即一人利用多球连续发至练习者的后场,练习者先原地进行扣杀球练习,然后再过渡到移动中点扣杀练习。初学者一般先练正手杀球,待熟练后再练头顶或反手杀球。在练习杀球时,亦要注意落点和线路的变化。

4.网前球练习

不论是练搓球,还是练勾对角球、扑球、放网前球、平推球等等,均宜采用多球练习。训练者通过大密度点练习,可充分体会网前击球动作的感觉。练习时,两人隔网相立,一人将球一个接一个地抛至练习者一方点网前,练习者用正手或反手技术练习各种网前击球。一开始原地练习,待熟练掌握各种网前击球技术后,可结合上网步法进行练习。

5.平抽球练习

两人站在场地中部,用平球相互抽击(直线或斜线均可)。练平抽球时,握拍可适当上移。

6.接杀球练习

在进行多球杀球练习时可同时练杀球技术。可以固定杀球落点,让接杀者连续进行防守,也可两人在半场进行一攻一守练习。

第二节 大学生羽毛球运动战术能力培养

一、单打战术解析

单打战术中的进攻战术主要有发球抢攻战术、接发球抢攻战术、连续使用单个击球技术的进攻战术及单个击球技术相互结合的进攻战术等多种形式。下面就这几种单打进攻战术形式进行教学指导。

(一)发球抢攻战术

发球是羽毛球每一个回合的开始,不受对方限制,只要是在规则允许的范围内,发球者可以根据比赛时对手的站位、回球的习惯路线、反击能力等方面因素,进行变化多端的发球,将球以任何弧度、任意线路发至对方场地任何一点,这常常会打乱对方预先安排的战略部署,从而起到掌握主动的作用。因此,发球在比赛中起着重要的作用。

球发出后的落点区域如图 10-21 所示。

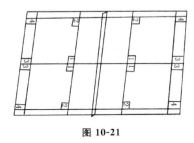

图 10-21

1.发前场区球抢攻战术

发前场区球的目的是减少对方将球下压的机会,限制对方接发球发起进攻,同时也为一方抢攻创造机会。

发前场区球,可发 1 号区球、2 号区球、1 号和 2 号区之间球及追身球等。一般发 1 号和 2 号区之间球及追身球可减少发球失误。根据对方回球落点及质量,可采用推球、搓球、扑球、勾对角线球、甚至杀球等多种击球技术进行还击。图 10-22 至图 10-28 所示为己方发前场区球落点、对方回球线路、落点及己方回球线路。

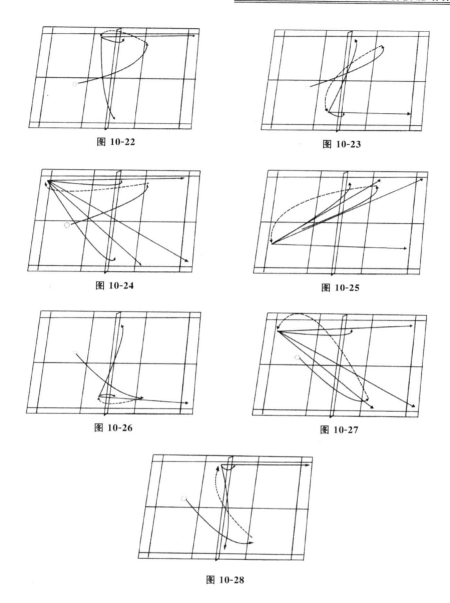

图 10-22

图 10-23

图 10-24

图 10-25

图 10-26

图 10-27

图 10-28

2.发平高球抢攻战术

发平高球的落点一般选择在 3 号区、4 号区及 3 号和 4 号区之间三处。

由于平高球飞行速度快，对手必须快速退至后场击球，这就会使其接发球受到干扰，从而影响回球质量，为己方创造进攻机会。但发平高球时应注意球的飞行弧度，以能高过对方跳起击球的高度为准。

发平高球后，根据对手回球所采用的击球技术、回球线路、回球力量、回球落点等，己方可采用挡球、抽球、勾球等击球技术进行回击。图 10-29 至图 10-35 所示为己方发平高球落点、对方回球线路、落点及己方回球线路。

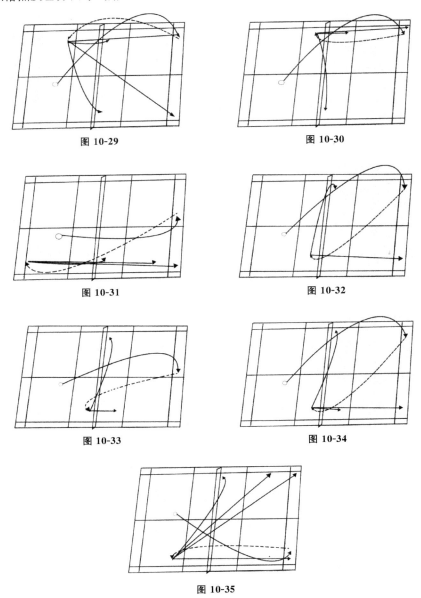

图 10-29　　　　　　　　　　　图 10-30

图 10-31　　　　　　　　　　　图 10-32

图 10-33　　　　　　　　　　　图 10-34

图 10-35

(二)接发球抢攻技术

如果对手发球质量不高,可以进行接发球抢攻,这是接发球中最具威胁的一种战术。

1.接发高远球、平高球

当对手发来的高远球或平高球不到位,落点靠近中场,则是较好的抢攻机会,可根据对手发球后的站位,选择用平高球、吊球或杀球来进行还击。

2.接发网前球

接对手发来的网前球时,击球点应尽可能高,可用推球、放网前球或挑高球还击。如果对手发球过网较高时,可直接抢先上网扑杀。

3.接发平射球

接对手发来平射球时,可采用快杀对手空当或追身球还击,也可借助对手发来的平射球的力量,拦吊对角网前。

(三)连续使用单个击球技术的进攻战术

比赛中常常会连续使用某一个击球技术来进行进攻,以使对手回球出现失误或回球质量不高,从而得到进攻的机会。

1.同一后场区连续使用平高球的进攻战术

对一个底线击球技术差、回动上网快、侧身后退步法差的对手,采用对同一场区进行连续数拍的平高球进攻战术,往往会令对手失误得分,或迫使对手回出中场高球,而己方就有一拍制胜的机会。图 10-36 至图 10-44 均为同一后场区连续使用平高球的进攻战术。

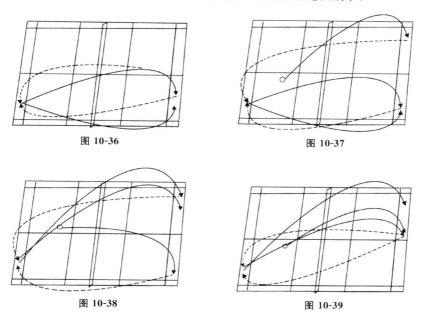

图 10-36   图 10-37

图 10-38   图 10-39

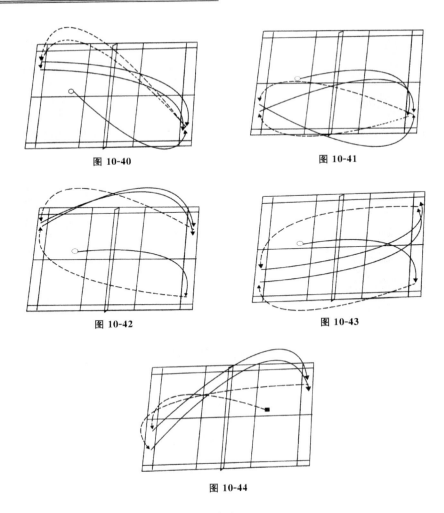

图 10-40　　　　　　　　　　　　图 10-41

图 10-42　　　　　　　　　　　　图 10-43

图 10-44

2.连续使用平高球拉开两边的进攻战术

连续使用平高球拉开两边的进攻战术主要是针对回动上网快,但两边底线攻击能力较差的对手。比赛中己方连续使用平高球攻击对方两边底线,将对手压在底线处,迫使对手回出被动球而得到进攻机会。图 10-45 至图 10-50 均为连续使用平高球拉开两边的进攻战术。

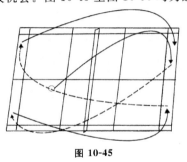

图 10-45

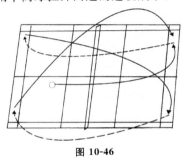

图 10-46

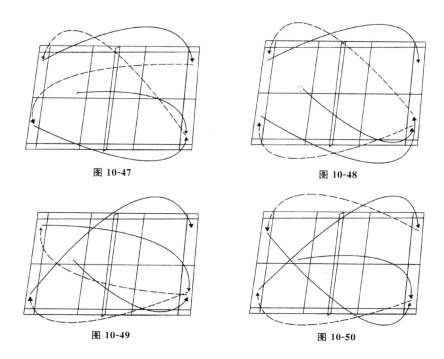

图 10-47　　　　　　　　　　　　　图 10-48

图 10-49　　　　　　　　　　　　　图 10-50

3.连续使用吊球的进攻战术

如果对手上网步法差或回击底线球不到位,己方可以连续对对方网前两边或一点使用吊球的战术。也可以根据场上情况,慢吊(轻吊、近网吊)与快吊(劈吊)相结合,往往可以获得主动的机会。图 10-51 至图 10-58 均为连续使用吊球的进攻战术(网前一点或两边)。图 10-59 为慢吊(轻吊、近网吊)和快吊(劈吊)球的飞行轨迹。

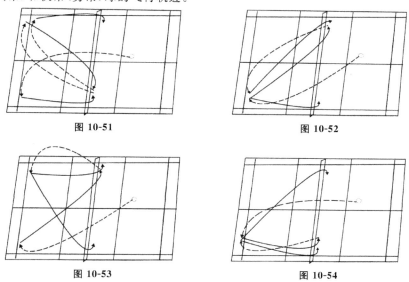

图 10-51　　　　　　　　　　　　　图 10-52

图 10-53　　　　　　　　　　　　　图 10-54

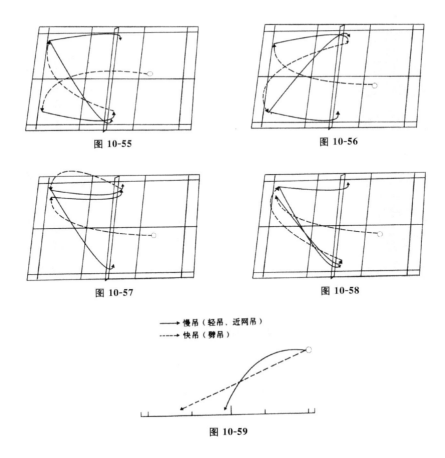

图 10-55　　　　　　　　　　图 10-56

图 10-57　　　　　　　　　　图 10-58

慢吊（轻吊、近网吊）
快吊（劈吊）

图 10-59

（四）单个击球技术相互结合的进攻战术

比赛中除根据对手特点采取的连续使用某一个击球技术的进攻战术外,也经常是多个击球技术相互结合,在某一个回合里加以使用,以获得比赛的主动。

1.拉、吊结合杀球的进攻战术

拉、吊结合杀球的进攻战术应根据对手的特点,采用不同的拉、吊方法。对于体力较差的对手,可采用多拍拉后场平高球,结合吊网前两边球,来使其不断地在前、后场接球、回位、再接球、再回位来消耗其体力,最终回出中场或前场高球,使己方得到杀球制胜的机会;对于步伐移动较慢的对手,可采用多拍平高球至后场,结合吊前场球的战术,乱其步法,使其回出机会球,使己方得到杀球致胜的机会;如对手反手击球能力差,可采用连续拉球至对手后场反手区,使其使用反手回球,或用头顶击球来弥补反手击球的不足,再结合吊球,逼其回出中场高球,从而找到杀球进攻的机会。

2.杀、吊上网的进攻战术

对于网前技术较差的对手,如其回击后场高球,己方可采用劈吊、点杀等技术将球下压,落点选择在两边线附近,将对手调至网前,己方继而采用搓球、勾球和推球来取得主动,创造出中场杀球的机会。采用此战术时,己方必须能很好地控制杀、吊球落点,这样才能使对手被动回球,而使己方迅速主动上网。

二、双打战术解析

羽毛球双打战术主要有发球战术、接发球战术、攻人战术及攻区域战术,下面对这几种具体的双打战术形式进行实践教学指导。

(一)发球战术

双打比赛的发球,其质量的好坏,直接关系着场上的局势。因此,应根据对手接发球站位及技术特点,应用好发球战术,这对于场上局势的控制具有重要的意义。

1.根据接发球方站位进行发球

(1)接发球方的站位离后发球线及中线适中

由于双打接发球区比单打缩短了76厘米,若发高远球,对方可直接起跳扣杀,所以,发球方应以发前场近网1、2号区球为主。如果对方以保护后场为主,对前场进行放球、搓球、推球,则可对弧线较高的回球进行第三拍网前扑球、中场及后场跳杀。

(2)接发球方的站位离前发球线近且靠近接发球右区中央

可发后场3、4号区平高球,甚至可以发平射球偷袭对手右接发球区3号位反手(图10-60),以获得第三拍的进攻机会。

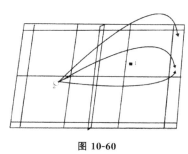

图 10-60

2.变化发球时间进行发球

发球时间应快慢结合,让对方摸不准击球时间,不能进行准确判断,打乱其起动和回击球的节奏,以利发球方掌握主动。

3.抓住对手打法上的弱点进行发球

（1）根据对手接发球的弱点进行发球

利用对手在左右场区的某个或某几个区接发球的弱点，有针对性地对这几个区进行发球。

（2）根据对手网前、后场击球能力上的弱点进行发球，打乱其队形

对于网前技术好的对手，发后场球为主，使其进行后场回球。对于后场进攻能力强的对手，发前场球为主，调其到前场回球，让另一个对手回后场回球，这样可以打乱对手的队形，使其长处得不到发挥（图 10-61）。

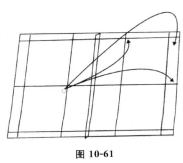

图 10-61

（二）接发球战术

接发球于发球来说相对被动，但只要根据对手发球、第三拍回球的质量，以及在前、后场的击球能力和站位，可以找到变被动为主动的机会。

1.接发网前球

如果对手发来的网前球弧度较高，可以快速上网将球追身扑向对手（图 10-62）。如果对手前后站位，且发来的网前球弧度控制较好，可以用平高球回击至发球者身后 4 号区，让站位靠后的对手到 4 号区回球，然后再将对手的回球击到底线另一角，调动站位靠后的对手在底线来回移动，扩大其防守范围（图 10-63）。如果对手发 2 号区球，可以用搓球将球回击到该对手侧的边线处，或将球沿边线快速平推至后场或轻推至中场（图 10-64）。

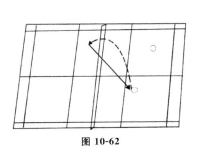

图 10-62

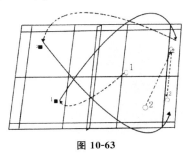

图 10-63

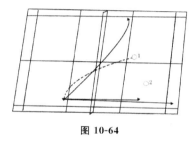

图 10-64

2.接发后场球

如果对手发来后场球,则应快速起动进行扣杀,可对发球者追身扣杀(图 10-65);如不能快速起动进行扣杀,则应以平高球回击至对方底线两端(图 10-66)。如果发球者发球后后退准备接杀球,则可将球拦吊至网前两角(图 10-67)。

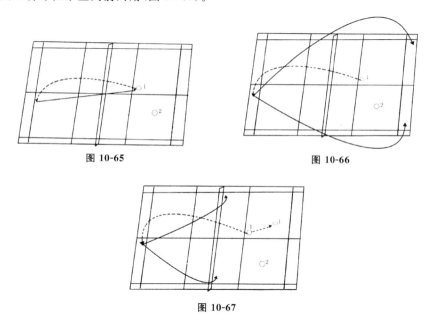

图 10-65　　　　　　　　　　图 10-66

图 10-67

(三)攻人战术

如果两名对手技术水平高低不一,则不管对方击球方向和路线,己方无论谁击球,都将球击向能力较弱的这名对手,往往能逼出机会球,这就是攻人战术,是双打中常采用的一种战术。

(四)攻区域战术

1.攻中路战术

进攻中无论守方将球击至何处,进攻方均将球回击至两名对手的中间,造成其抢接球或互相让球,而采用放球回击,使进攻方有封网的机会(图 10-68)。

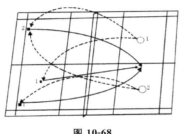

图 10-68

2.攻边线战术

进攻中将球杀至守方两边线,为同伴创造封网机会(图 10-69)。

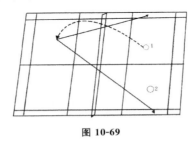

图 10-69

3.攻身体两侧战术

攻身体两侧战术是在进攻中将球交叉杀向一名对手身体两侧的战术。可以对其中一名对手身体两侧进行交叉杀球,也可以根据对手回球转而对另一名对手身体两侧进行交叉杀球(图 10-70)。

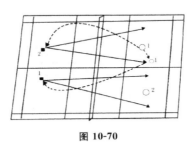

图 10-70

三、羽毛球运动战术培养方法

(一)多球战术训练

多球战术训练是一种行之有效的战术训练方法。它可以根据固定战术球路,连续不断地供球,并改变速度、力量、落点,也可无规律地根据战术需要供球,这样不仅可以强化战术意识,而且还可以作为加大训练强度和密度、加大运动负荷的训练方法。

多球战术训练中应注意以下几点:

(1)要掌握好固定球路、半固定球路、无规律球路训练的合理安排,注意循序渐进的原则。先固定球路,再半固定球路,最后无规律球路,并注意多种练习的穿插安排。

(2)多球训练不能取代战术训练,因此,应安排一定时间进行正常的战术训练。这不但可以弥补多球战术训练的不足,还可以防止一些不利因素的影响。

(3)掌握好运动负荷的控制。一般采用定量方法进行,随着训练水平的提高,逐步加大运动负荷。

(4)随着训练水平的不断提高,增加供球的难度,加强供球速度、落点、弧度、力量的变化。

(二)固定战术训练

根据战术的要求,将几项基本的技术组织起来,并按照固定线路反复练习。由于球路固定,重复次数多,能使动作连贯和提高击球质量,并形成不同的战术基本球路。初学者经常采用这种方法来掌握简单的战术球路。但这种训练方法应与其他方法配合进行。球路的组合方式多种多样,要注意实战意义。下面介绍几种常用的固定战术训练方法。

1.高、吊战术配合练习

在训练中可安排直线高球吊对角球路练习、对角高球吊对角球路练习、对角高球吊直线球路练习,以熟悉高吊球路,为高吊战术打下基础。

(1)直线高球对角练习法(图 10-71)

练习双方均可同时练习直线高球和对角吊球、上网放网和直线挑高球,甲方也回击一直线高球,乙方回击直线高球,甲方也回击一直线高球,乙方吊一对角球,甲方放一直线网前球,乙方挑一直线高球,甲方回击直线高球,乙方再回击一直线高球,甲方吊一对角线球,乙方放一直线网前球,甲方挑一直线高球,回复至开始。这样反复进行下去,可把这几项基本技术综合在一起练习。由于球路固定,失误会减少,是提高和熟练高吊基本技术的一种方法。发球者也可从左边发球,顺序也是一样的。

(2)对角高球对角吊球练习法(图 10-72)

甲方从右场区发高远球,乙方回击对角球,甲方吊对角线球,乙方挑直线高球,甲方回击对角高球,乙方吊对角线球,甲方挑直线高球,反复进行下去。发球者也可从左边发球,顺序也是一样的。

(3)对角高球直线吊球练习法(图 10-73)

甲方由右场区发高远球,乙方回击对角高球,甲方也回击一对角高球,乙方吊一直线球,甲方放一直线网前球,乙方挑一直线高球,甲方回击一对角高球,乙方再回击一对角高球,甲方吊一直线球,乙方放一直线网前球,甲方挑一直线高球,乙方回击对角高球,反复进行下去。发球者也可从左边发球,顺序也一样。

2.高、杀战术配合练习

这种战术配合分为直线高球杀对角球路练习、直线高球杀直线球路练习、对角高球杀直线球路练习、对角高球杀对角球路练习。

(1)对角高球直线杀球练习

具体球路与对角高球直线吊球一样。

(2)对角高球对角杀球练习

具体球路与对角高球对角杀球一样。

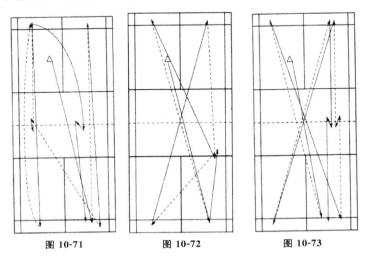

图 10-71　　　　　　图 10-72　　　　　　图 10-73

3.吊、杀战术配合练习

这种战术配合练习分为吊直线杀对角球路练习、吊对角杀直线球路练习、吊直线杀直线球路练习、吊对角杀对角球路练习。

(1)吊直线杀对角练习法(图 10-74)

发球者由右区发高球,练吊杀者先吊直线球,对方接吊挑直线球,练习者杀对角球。这样练习一方可练吊杀,练一段时间后交换,双方均可练到吊杀和接吊杀。

(2)吊对角杀直线练习法(图 10-75)。

(3)吊直线杀直线练习法(图 10-76)。

(4)吊对角杀对角练习法(图 10-77)。

以上列举的均以挑球一方以挑直线球为例,如果挑球方挑对角球。那么具体的固定球路又有不同。总之,固定球路可根据练习需要设定,以上列举的只是其中几种,可根据练习需要改变练习方法。

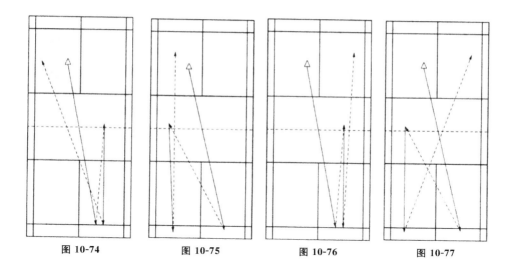

图 10-74　　　　　　图 10-75　　　　　　图 10-76　　　　　　图 10-77

（三）不固定战术的教学与训练

1.不固定高杀练习法

（1）高杀对接高杀抢攻练习法：双方均可采用最高杀球练习，这是一种抢攻练习法，既练高杀技术也练抢攻意识。

（2）高杀对接高杀练习法：练习高杀者可任意打高球（如平高球、平快球），一般超过三拍，结合杀球。如对方打高球接高杀者，也得还击高球；如对方打杀球，可挡直线或对角网前，练习者可上网放网，接高杀者再挑至底线高球。反复练习，这种练习一方是采用高杀进攻，一方是接高杀全场防守。一段时间后再交换练习。

2.不固定高吊练习法

这是一种综合高吊练习的高级阶段，主要是采用"二点打四点"或"四点打二点"，练习者主要是站自己球场中心点上向左右后场两边移动，采用高球或吊球控制对方，而对方只能回击到练习者一方后场的两边。对对方来说是训练快速移动接高吊的能力；对二点打四点高吊的练习者，则是练习高吊手法一致性的较好方法；对四点打二点接离吊的练习者，则是练习控制全场能力的较好方法，可提高快速判断，控制对方二底线及全场的快速移动能力。

3.不固定吊杀练习法

（1）吊杀对接吊杀练习法

练习吊杀者可任意打吊或杀，如对方打吊球，接吊杀者要回击高球；如对方打杀球，可挡直线勾对角球，此时，练习者上网放网，接吊杀者再挑高球，反复练习，这种练习一方是练习吊杀上网进攻，另一方是练接吊接杀防守练习，过一段时间后交换练习。

（2）吊杀对接吊杀抢攻练习

双方均可采用吊球或杀球，这是一种抢攻练习法，既练吊杀技术也练抢攻控网意识，是一种高水平的进攻练习。

4.高、吊、杀配合练习法

采用高吊杀综合练习已到水平较高的发展阶段,故不必采用固定球路的练习,一般采用不固定球路练习。在形式上可采用如下几种办法。

(1)高吊杀对攻练习法

双方均可采用高吊杀、抽、推、勾控制对方,而对方则应想方设法守中反攻,因此,是一种难度和强度均较大的攻守练习。

(2)半边场地高吊杀综合练习法

即在半边场地上进攻一方以高球(平高球或平快球)、吊球和杀球进攻对方,反手方以挡、挑、放网来防守,这样,一方练进攻技术,一方练防守技术,由于场地范围小,便于防守和进攻。因此,初级者常采用这种练习法。

(3)全场高吊杀对接高吊杀练习法

一方练高吊杀,另一方接高吊杀,难度和强度均较大。这种练习法,基本接近实战练习。练习进攻时可用高球、平高球、吊球、劈吊球、杀球、抽球,在网前可用放网球、搓球、推球、勾球。而接高吊杀者可练习防守高球、挑球、挡球、勾球,全部基本技术都可练习到,因此是一种最好的综合技术练习法。

(四)多人战术陪练的教学与训练

多人战术陪练是采用两人以上的陪练,以增加攻防的速度、拍数、难度,以及提高攻防的战术训练负荷的一种训练方法。这种练习法在单打中一般较多采用二对一的陪练法,这对提高练习的难度、强度和密度均有好处,如二陪一进行高吊、高杀、吊杀、高吊杀等练习都能收到较好的效果。在双打中常采用三对二练习攻守,甚至增加至四对二、三对二的进攻,二人练习反防守,是一种提高反防能力的好练习法。

1.二一式左右站位陪练法

二一式左右站位陪练法是一种既适合练进攻,也适合练防守的应用较广泛的训练法,是战术训练中经常运用的训练方法。一人进攻时要按战术线路要求进攻,两人分别各负责自己半场区的防守。两人进攻时也要按照教师战术意图进行,不能盲目乱打,而且还击的速度要适合单打的节奏及路线。

2.二一式前后站位陪练法

两人一前一后站位进行进攻,一人防守。进攻的二人在全场区内前后站位,后场的进攻者负责以高、吊、杀等技术进行全面进攻,前场的进攻者负责以搓、推、勾等技术进行进攻。这样可以加强进攻的速度和难度,是提高个人防守能力的一种练习法。

3.二一式对攻陪练法

二一式对攻陪练法是一人对二人的战术训练法,对抗双方在单打场区内采用自己所掌握的各种战术与技术,组织各种球路有意识地在场上进行互相争夺主动权的控制与反控制的训练。

通常情况下,由于对方是两个人,对于一人来说难度较大,不易获得主动权。这种练习方法可以加强练习者场上的控制与反控制能力,提高稳妥性,场上反应、起动、回动、前后速度及耐力水平均有较好的效果。

4.三二式前后站位陪练法

三二式前后站位陪练法是一方为三人(按前一后二站位),另一方为两人。这种训练方法的目的是训练两人这一方的双打防守及反转攻的战术意识,这对提高双打防守的能力很有好处。

(五)实战练习及比赛练习法

这种练习法是重点加强结合实战的战术练习和实战比赛。模拟比赛的战术练习;有针对性的战术练习;以比赛计分的方式进行练习;参加各种组织形式、等级的正式比赛。

常用的方法如下。

(1)半场区的战术训练比赛。这种方法适用于年龄较小、力量较弱的少年练习者。

(2)全场区对半场的战术练习比赛。这种方法适用于水平悬殊较大的练习者之间。

(3)采取让分进行的战术练习比赛。这种方法适用于水平有差距的练习者之间。

(4)采用不换发球(乒乓球式)得分法进行练习比赛。这种方法有利于提高稳妥性。

(5)记时记分练习比赛。这是在平时训练中常用的战术训练方法,它适于训练时换项目不互相等待的需要。

羽毛球运动战术训练具有规律性和随机性的特点。战术训练是对综合技术及心智的整体反映。在战术训练时,要树立正确的战术指导思想,掌握战术知识,培养战术意识,了解和掌握打法的发展趋势及各种战术特点,使所带队员能尽快掌握羽毛球的基本战术,并能很好地运用到比赛中,提高竞技水平。

第三节　大学生羽毛球运动规则学习

一、定义

(1)运动员:参加羽毛球比赛的人。

(2)一场比赛:由双方各一名或两名运动员进行的比赛,是羽毛球比赛决定胜负的基本单位。

(3)单打:双方各一名运动员进行的比赛。

(4)双打:双方各两名运动员进行的比赛。

(5)发球方:有发球权的一方。

(6)接发球方:发球方的对方。

(7)回合:自开始发球至死球前的一次或多次连续对击。

(8)一击:运动员试图击球的一次挥拍动作。

二、计分办法

(1)除非另有规定（"礼让比赛"和"其他记分方法"），一场比赛应以三局两胜定胜负。

(2)除规则(4)和(5)的情况外，先得 21 分的一方胜一局。

(3)对方"违例"或球触及对方场区内的地面成死球，则本方胜这一回合并得一分。

(4)20 平后，领先得 2 分的一方胜该局。

(5)29 平后，先到 30 分的一方胜该局。

(6)一局的胜方在下一局首先发球。

三、发球

(1)合法发球如下。

• 一旦发球员和接发球员做好准备，任何一方不得延误发球。发球员的球拍头完成后摆，任何对发球开始的延误都是延误发球。

• 发球员和接发球员，应站在斜对角的发球区内，脚不得触及发球区和接发球区的界线。

• 从发球开始，至发球结束前，发球员和接发球员的两脚，都必须有一部分与场地的地面接触，不得移动。

• 发球员的球拍，应首先击中球托。

• 发球员的球拍击中球的瞬间，整个球应低于发球员的腰部。腰指的是发球员最低肋骨下缘的水平切线。

• 发球员的球拍击中球的瞬间，拍杆和拍头应指向下方。

• 发球开始后，发球员必须连续向前挥拍，直至将球发出。

• 发出的球应向上飞行过网，如果未被拦截，球应落在规定的接发球区内（即落在界线上或界线内）。

• 发球员发球时，应击中球。

(2)一旦运动员站好位置准备发球，发球员的球拍头开始向前挥动，即为发球开始。

(3)一旦发球开始，发球员的球拍击中球或未能击中球，均为发球结束。

(4)发球员应在接发球员准备好后才能发球，如果接发球员已试图接发球，即被视为已经做好准备。

(5)双打比赛发球时，发球员和接发球员的同伴应在各自的场区内。其站位不限，但不得阻挡对方发球员或接发球员的视线。

四、单打

(一)发球区和接发球区

(1)一局中，发球员的分数为 0 或双数时，双方运动员均应在各自的右发球区发球或接发球。

(2)一局中，发球员的分数为单数时，双方运动员均应在各自的左发球区发球或接发球。

（二）击球顺序和位置

一回合中,球应由发球员和接球员交替从各自所在场区一边的任何位置击出,直至成死球为止。

（三）得分和发球

(1)发球员胜一回合则得一分。随后,发球员再从另一发球区发球。
(2)接发球员胜一回合则得一分。随后,接发球员成为新发球员。

五、双打

（一）发球区和接发球区

(1)一局中,发球方的分数为 0 或双数时,发球方均应从右发球区发球。
(2)一局中,发球方的分数为单数时,发球方均应从左发球区发球。
(3)接发球方上一回合最后一次发球的运动员应在原发球区。其同伴的站位与其相反。
(4)接发球员应是站在发球员斜对角发球区的运动员。
(5)发球方每得一分,原发球员则变换发球区再发球。

（二）击球顺序和位置

每一回合发球被回击后,由发球方的任何一人和接球方的任何一人,交替在各自场区一边的任何位置击球,如此往返直至死球。

（三）得分和发球

(1)发球方胜一回合则得一分。随后发球员继续发球。
(2)接发球方胜一回合则得一分。随后接发球方成为新发球方。

（四）发球顺序

每局比赛的发球权必须如下传递。
(1)首先是由首先发球员从右发球区发球。
(2)其次是首先接发球员的同伴,从左发球区发球。
(3)然后是首先发球员的同伴。
(4)接着是首先接发球员。
(5)再接着是首先发球员,依次传递。

（五）其他

(1)运动员在比赛中不得有发球、接发球顺序错误或在一局比赛中连续两次接发球。

（2）一局胜方的任一运动员可在下一局先发球；一局负方的任一运动员可在下一局先接发球。

六、发球区错误

（1）以下情况为发球区错误。
- 发球或接发球顺序错误。
- 在错误的发球区发球或接发球。

（2）如果发现发球区错误，应在死球后予以纠正，已得比分有效。

七、违例

以下情况均属违例。

（1）不合法发球。

（2）球发出后，出现以下情况。
- 停在网顶。
- 过网后挂在网上。
- 被接发球员的同伴击中。

（3）比赛进行中，球出现以下情况。
- 落在场地界线外（即未落在界线上或界线内）。
- 穿过网或从网下穿过。
- 未从网上越过。
- 触及天花板或四周墙壁。
- 触及运动员的身体或衣服。
- 触及场地外其他物体或人（关于比赛场馆的建筑结构问题，必要时，地方羽毛球竞赛承办机构可以制定羽毛球触及建筑物的临时规定，但其归属的世界羽联会员协会有否决权）。
- 被击时停滞在球拍上，紧接着被拖带抛出。
- 被同一运动员两次挥拍连续两次击中，但一次击球动作中球被拍框和拍弦面击中不属违例。
- 被同方两名运动员连续击中。
- 触及运动员球拍，而未飞向对方场区。

（4）比赛进行中，运动员出现以下情况。
- 球拍、身体或衣服，触及球网或球网的支撑物。
- 球拍或身体，从网上侵入对方场区（击球时，球与球的接触点在击球者网这一方，而后球拍随球过网的情况除外）。
- 球拍或身体，从网下侵入对方场区，导致妨碍对方或分散对方的注意力。
- 妨碍对方，即阻挡对方紧靠球网的合法击球。
- 故意分散对方注意力的任何举动，如喊叫、做手势等。

八、重发球

(1)由裁判员或运动员(未设裁判员时)宣报"重发球",用以中断比赛。

(2)以下情况需要"重发球"。

· 发球员在接发球员未做好准备时发球。

· 在发球过程中,发球员和接发球员都被判违例。

· 发出的球被回击后,球停在网顶;球过网后挂在网上。

· 比赛进行中,球托与球的其他部分完全分离。

· 裁判员认为比赛被干扰或教练员干扰了对方运动员的比赛。

· 司线员未能看清,裁判员也不能做出裁决时。

· 遇到不可预见的意外情况。

(3)"重发球"时,该次发球无效,原发球员重新发球。

第十一章 大学生网球运动技能培养研究

第一节 大学生网球运动技术能力培养

一、网球无球技术能力的培养

(一)握拍技术学练

1.握拍技术教学

掌握正确的网球球拍的握拍方式是打好网球的最基本技术。目前最为常见的网球的握法有四种,即东方式、西方式、大陆式和双手握拍法,每一种握拍法都各有优点和缺点。这四种握拍法在握拍时手在网球拍拍柄各个部位的放置是不同的,一般的,我们将网球球拍拍柄分为下图所示的几个部分(图11-1)。至于选择哪种握拍法,就要看运动员的喜好或是视其打法决定了。

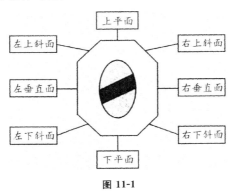

图 11-1

(1)东方式握拍法

①东方式正手握拍法:拍面与地面垂直,手握拍柄的感觉好像与人握手一样,将握拍手的虎口对正拍柄右上侧棱,手掌根与拍柄右斜面紧贴,拇指垫握住拍柄的左垂直面,食指稍离中指压住拍柄右垂直面,五指握紧拍柄(图11-2)。

②东方式反手握拍法:从正手握拍法把手向左转动 90°(或拍柄向右转动 90°),虎口对正拍柄左侧棱面上,以手掌根压住拍柄的左上斜面,拇指直贴在拍柄的左垂直面上,食指压住拍柄右上斜面(图 11-3)。

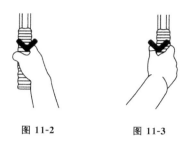

图 11-2   图 11-3

(2)西方式握拍法

西方式握拍法的正反手击球都使用网拍同一个面,比较适合打跳球和齐腰高球(图 11-4)。

①西方式正手握拍法:拍面与地面平行,用手从拍上面抓住拍柄,手掌紧贴在拍柄右下斜面,拇指和食指都不前伸,拇指压在拍柄上部小平面,食指下关节握住拍柄的右下斜面。

②西方式反手握拍法:握拍手的虎口"V"字形向右转动,对准拍柄右垂直面,掌根贴往右下斜面,与拍柄底部齐平。

(3)大陆式握拍法

握拍手虎口对准拍柄上面棱面正中间,手掌根抵住拍柄上部的小平面,拇指直伸围住拍柄,食指紧贴拍柄右上斜面,无名指和小指都紧贴拍柄大陆式握拍法对正、反手击球都不需要变换握拍。击球时,将球拍侧立,从上而下握拍,犹如手握铁锤柄(图 11-5)。

(4)双手握拍法

①双手正手握拍法:右手为东方式握拍法,握在拍柄的后(上)方,左手为东方式反手握拍法,握住拍柄的前(下)方。

②双手反手握拍法:右手以反手东方式握法,左手以正手东方式握法,左手紧贴右手上方(图 11-6)。

图 11-4   图 11-5   图 11-6

2.握拍技术训练

网球握拍技术主要是通过徒手模仿练习和手持网球拍进行挥动练习两种方法来进行训练的。练习过程中,应严格按照各种握拍法不同的动作要求进行。在学练中体会各种握拍法的异同之处,思考各种握拍法使用的情况。

(二)移动技术学练

1.移动技术教学

(1)滑步

滑步是指运动者面对球网两脚向左或向右平行移动,向左滑步时左脚先向左侧迈出一步,右脚同时迅速跟上;向右滑步时右脚先向右侧迈出一步,左脚同时迅速跟上(图11-7)。

向右   向左

图 11-7

(2)跨步

跨步是指运动者前膝部弯曲,上体前倾,身体重心移至跨出脚上的移动技术。跨步时,一腿用力蹬地,另一腿向来球方向跨出一大步,后腿随重心前移自然跟上。

(3)跨踏步

跨踏步是网球运动员在准备接发球的瞬间或随球上网击球和发球上网后准备再次击球之前采用的移动技术。两脚左右交换支撑跳动或向前快速运动时,突然急停,双脚同时以前脚掌着地,与肩同宽,脚跟稍提起,上体稍前倾,重心在双脚之间偏前处(图11-8)。

左右   前进

图 11-8

(4)跑步

跑步是网球运动员一脚蹬地起动,另一脚迅速向前跟上,两脚交替进行的移动技术。移动过程中,两臂配合摆动,保持击球前的姿势,随时准备击球。

(5)交叉步

交叉步是网球运动员底线正反手击球中经常使用的移动技术。向右侧交叉移动时身体稍向右转,左脚从右脚前向右后交叉迈出一步,然后右脚再向右侧方向跨出一大步,同时重心移至右脚,身体转向来球方向,保持击球前的姿势(图11-9)。

向右　　　　　　　　　　　　　　向左

图 11-9

（6）垫步

垫步是网球运动员在移动过程中最后一步的制动技术，该技术要求运动员的两脚应同时落地，身体重心下降，两手持球拍于体前，为下一步击球做准备。

2．移动技术训练

（1）听口令或看手势运用各种步法移动练习。

（2）持拍拍球，在垫球过程中练习各种步法的移动。

（3）两人一组，一人抛球，另一人运用各种步法在球落地前将球接到。

二、网球有球技术能力的培养

（一）击球技术学练

1．击球技术教学

网球运动中的击球技术分正手击球和反手击球两种。其中，正手击球是网球技术中最基本的击球方法，是初学者最先学习的击球技术。正手击球，击球有力、速度快，适用于初学者将球打过网并且要落在球场内，有经验的运动员也是依靠正拍击球来创造机会进而得分的。反手击球是网球基本技术中最常见的击球方法，初学者一般是先学习正手击球后再学反手，当正手有了一定的基础后，再学反手比较容易，反手击球动作技术与正手基本相似。

（1）正手击球

右手握拍，左肩对网，左臂屈肘前伸，协助保持身体平衡，左脚与底线约成 45°，右脚与底线平行。当右手引拍到两肩在一条直线上的时候，拍头向上略高于手腕，拍面要保持平放，拍头指向身体后面。击球时，以肩关节为轴，手腕关闭，用大臂挥动，带动小臂、手腕及球拍，球拍面在击打过程中始终保持与地面垂直或者略开一点。球拍从后引开始到向前挥击，应是一个完整动作。当球拍击中球的瞬间，应该是球拍的"甜点"（网球拍的中点）击在球体水平轴的后部。球拍与球撞击后，持拍手手臂继续向前充分随挥，将球拍停在左肩的后上方（图 11-10）。

（2）反手击球

①单手反手击球

右手握拍，左脚为轴，向左转肩转髋，同时右脚跨出一步，使两脚与肩同宽，身体右侧对球网，重心移至左脚上。转肩同时左手转动拍颈使右手成东方式反手握拍，并带动球拍后引与身体平行，击球肘贴近身体，左手轻持拍颈，拍头略低于来球。击球时身体重心移至右脚，左手放开拍颈,以右脚为轴向右转髋转肩,带动右手臂由下向前上挥拍,击球中部偏下,击球点在右脚侧前方。击球后,持拍手手臂握拍随惯性继续挥至右肩上方(图11-11)。

图 11-10

图 11-11

②双手反手击球

双手握拍,看准来球,及时移动到位,制动的最后一步应保持右脚在前,身体右侧朝向来球方向。双手握球拍向左后方摆动,右臂伸展较大,左臂弯曲。在迎球过程中,挥臂与转体动作配合,使球拍由低向高挥动,击球点在右脚侧前方,拍面垂直,触球的中部。击球后双手随势挥至右侧头部高度,身体重心移向右脚(图11-12)。

图 11-12

2.击球技术训练

(1)听口令,原地徒手模仿做分解的慢动作,然后做完整动作。

(2)做无球挥拍练习,先原地挥拍再进行移动后挥拍练习。

(3)原地击固定球,先做分解动作,然后再过渡到完整的击球动作。

(4)两人一组,一人挥拍做动作,另一人在其体后抓住拍头,使其体会腰部发力击球。

（5）两人一组，一人抛球，其余人击球，循环击一定数量的球。

（6）对墙站立，正手击打落地球上墙，反弹落地两次后再连续正手击打，反复练习，然后进行反手击球练习（图 11-13）。

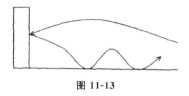

图 11-13

（二）发球技术学练

1.发球技术教学

发球是网球基本技术之一，是网球比赛中唯一不受对方影响的技术，发球的好坏直接关系到一分的得失。网球运动的发球技术一般分为平击发球、切削发球和旋转发球三种。其中，切削发球可以用于第一发球和第二发球，是初学者必须练习和掌握的技术，切削发球带有侧旋，发球成功率高、对方回球困难、速度较慢；平击发球几乎没有旋转，球的运行轨迹比较直、力量大，一般用于第一发球，发球成功时可直接得分，但失误率较高；转发球综合了侧旋和上旋的特点，球的飞行弧线高、落地迅速、落地后反弹高，但发球难度较大。网球运动中常见的发球技术主要有以下几种。

（1）平击发球

右手持拍，侧对球网站立，前脚与端线约成 45°，指向右侧网柱，身体重心在左脚上，左手托住球拍的拍颈，手臂稍弯曲并保持在胸部的高度。双臂同时稍下放，在其最低点抛球手臂与击球手臂分开，但以不同的速度向上摆动；同眼高时，将球抛出，击球臂向后、向下、向上引拍，身体重心移至右腿上；在手臂伸展到最高点时，身体重心又移到左腿上，同时，通过髋关节前移，降低身体重心；左腿支撑身体向前、向上运动。击球肩膀转向前面，前臂旋内，充分向前、向上伸展击球臂，在最高点击球，击球瞬间，拍面几乎垂直地面。击球后右前臂继续向外转动，球拍随挥至身体的左侧，左臂在体前的位置作相反运动以维持身体平衡（图 11-14）。

图 11-14

（2）切削发球

以左侧旋转（略带下旋）为主，发球时把球抛到右侧斜上方，球拍快速从右侧方至左下方挥动。击球部位在球的中部偏右侧，使球产生快速的右侧旋转。

（3）旋转发球

以上旋发球为例，发球时尽量隐蔽，看上去像是在发平击球或切削球。抛球比平击球和切削球抛得更靠近身体，击球时球拍应向上并翻越过球以得到所需的旋转，与切削球和平击球发球有不同的击球位置和明显的扣腕动作。击球后，使球在空中有强烈的上侧或伴有侧旋，落地后弹跳比平击发球要反弹较高，给对方造成一定的困难。

2.发球技术训练

（1）徒手挥拍模仿发球时的技术动作。

（2）进行自抛球自接发球练习和自抛球对墙发球练习。

（3）在发球区对网进行多球发球练习。

（4）在发球区内不同的落点设立目标练习"打靶"，以提高命中率和准确性（图11-15）。

（5）在两侧网球柱上各竖起一根小棍，用绳子拉起，约高出球网0.5米左右，练习越过较高球网的发球（图11-16）。

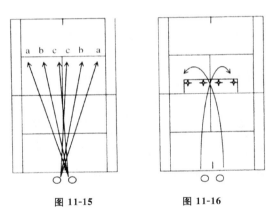

图 11-15　　　　　　图 11-16

（三）接发球技术学练

1.接发球技术教学

网球接发球技术是指还击对方发球的技术，接发球的好坏将直接影响整个网球比赛局势的变化。对方发球后，应看准来球，抓住时机，主动迎击，击球后迅速调整位置，准备下一次接球。网球运动的接发球技术主要包括以下几个环节。

（1）握拍、引拍

接发球时，握拍法应根据习惯来决定，当球一离开对方的球拍，就应该决定是否要转变球拍。和平时练习或比赛中人们正手击球的机会远多于反手击球不同的是，接发球中，大多数发球员都会将球发向接球员的反手，除非接球员反手击球明显优于正手击球，因此采用东方式反握方式握拍为宜。如果对手打来正手球,从反握换成正握也比较容易。

引拍时应保持松动,但从网拍接触球前的一刹那,要紧紧握住网拍,特别是拇指、食指和无名指要用力抓拍,加之手腕固定保证拍面稳定,即使不能有力还击,也可用牢固的拍面顶住来球或以合适的拍面角度控制还击方向。

(2)准备姿势

准备姿势以要能最快的速度还击来球为原则,比较常见的准备姿势为两脚平行站位,比肩略宽,右手持拍者一般右脚稍前,两膝微屈,上体稍前倾,脚跟提起,将球拍置于体前。当对方发球前,膝盖可弯曲,两腿叉开,拍头向上,身体向前弯下,重心放在前脚掌;当对方抛球时,重心上升,两脚快速交替跳动;当对方准备击球时,可提升重心,在对手球拍触球的一瞬间,两脚快速交替跳动,可做一个小"跨踏步",以便能快速起动。

(3)站位

接发球位置的选择结合第一发球和第二发球选择,一发接球一般站在底线后稍远的地方,二发接球则相对较近一些,可以在场地内。一般的,网球运动员的站位多位于端线附近,在有效发球最大角度的分角线上或略偏于反手位置,接近于单打边线处,前后的位置应根据对手发球方式和力量大小来确定,力求在接发球时能前移击球。

(4)击球

击球时应根据对方的来球情况进行有针对性的还击。具体如下。

①当来球为平网高度的球时,用正常的打法还击,球与拍面接触的一刹那要准确控制拍面角度,针对对手站位情况确定球的飞进方向与落点。

②当来球高过肩时,应积极上步,立足于早打。击球时锁住肩关节,固定手腕,身体重心明显下压,借助于转体,手臂大力挥击。

③当来球带有较大的下旋或侧旋时,可迅速上步,以后仰些的拍面积极地向前推出并加以削切,使球既有速度又能落地后弹起较低或变向。

④当来球过头又不足为高压球时,应切忌下压击球,注意不要使拍面过早关闭,也不要将球击向发球区,要向高处挥击,似乎是要将球打向对手的挡网,然而由于拍子的走向在体前,击球后拍面趋于关闭式。

(5)落点

落点的控制可结合对方的站位来灵活处理,当然,落点的控制取决于击球的方式和方法,因此,运动员在还击球之前要观察对方行动,对自己的回球路线和落点要有所考虑。选择好接发球落点,以便压制对方,掌握比赛主动权。

(6)随挥

由于网球击球用力大,因此在球拍触球后手臂有一个随挥的动作,运动员在比赛中不要限制击球后的跟进动作,尽量加长球拍接触球的时间,球拍应先跟着球出去,然后做充分的随挥动作。一般情况下后摆动作小,随挥也小,后摆动作大,随挥也大。

2.接发球技术训练

(1)徒手做接发球跑动、挥拍练习。

(2)进行准备姿势和接一发球的站位、接二发球的站位练习。

(3)多球练习。先练习按固定位置的球速较慢地发球,然后再增加发球的力量速度;接发球技术水平提高后进行接各种变化的发球练习。

（4）两人一组，进行发接对抗练习。

（5）两人一组，配合进行接发球练习。同伴喂球，练习者进行不同形式的接发球练习。如接发球破网。接发球时，直接突破对手的网前拦截；接发球抢攻。接发球时，迅速有力地回球攻击对方；接发球随球上网。接发球后快速跟进到网前，准备网前进攻。

（6）多人轮流发球，练习者把球回击到指定的区域内。

（四）截击球技术学练

1.截击球技术教学

网球截击球技术是指对方来球未落地之前，在空中进行拦截的技术，是网前技术中的一种攻击性击球方法，良好的网球截击技术是优秀网球运动员必须具备的，比赛中常被采用在发球上网或正反手击球后上网截击，截击球技术回球速度快，力量重，威胁大，特点在于缩短击球距离，扩大击球角度，加快回球速度，是网球比赛中重要的得分手段和进攻性打法，谁能控制住网前球，谁就能掌握比赛的主动权。网球运动常见的截击球技术主要有以下几种。

（1）正手截击球

当来球飞向正手时应用正手截击球，练习者应站在网前 2～3 米的位置，准备姿势与一般击球基本相同，但球拍要举得高一些，约与眼部同高。截击时后摆动作要小，击球点保持在身体前方，拍触球瞬间手腕固定，用力握紧球拍，略加向前推击的动作（图 11-17）。截击较近的球时，左脚跨出一小步；截击较远的球时，左脚跨出一大步；截击高球时，拍面应处置向前下击球；截击低球时，拍面应打开相合，击球的中下部并向前搓顶过去。

1   2   3   4   5   6   7   8   9

图 11-17

（2）反手截击球

当来球飞向反手时应用反手截击球，反手截击球的准备姿势同正手截击球。击球点比正手截击球靠前一些，及早跨出右脚，重心置于右脚。击球时手腕固定，用力紧握球拍，拍面稍前倾，触球中上部。击球后右臂伸展，向前下方压送（图 11-18），注意击球后的跟进动作要短，即刻停止，且不需要恢复到预备姿势。

（3）截击高球

当来球高度较高但又不够高压的高度球时，应在体前截击高球。截击高球要有一定的后摆，触球前要握紧球拍，手腕绷紧并朝上，击球时球拍对准球，重心向前，然后用简短的随挥动作，对着球推击向前下方送出，准备下一次回击。反手截击高球时，扶拍手帮助球拍向后摆，同时，控制好拍面,球拍后摆幅度不要太大,拍头朝上,目视来球,击球挥拍时扶拍手放开,触球刹那,手腕绷紧,球拍从高到低向前下击球,击球后做好随挥动作。

图 11-18

（4）截击低球

当来球较低,低于球网时应采用截击低球的方法回击来球。截击低球时应降低身体重心,屈膝至球的适当高度,否则仅靠垂下拍头去击球,那么就会以无力的手腕动作将球向上勾起。在采用前弓步击球时,有时膝盖可触及地面,拍头略低于手腕,拍面开放些,在身体前面击球,击球时最好加以上旋或侧旋,尽量把球打在深处,以迫使对手向上击球,击球后做好随挥动作,注意随挥动作应短促（图 11-19）。

图 11-19

（5）跨步截击球

跨步截击球通常在中场进行,具体是指在本方发球线附近截击来球的技术动作,通称为一拦,即第一次拦击,一般在发球上网战术中使用。在网球运动实践中,发球上网或随球上网不可能冲至近网,上网途中在发球线附近有一短促的停顿和重心转换,然后迎球做中场截击。中场截击一般站位于发球线中点附近。在腰部以下的部位击球,注意精确的击球点和拍面的角度,当来球力量较小时,应加大后摆引拍动作和前摆力量,以加大回球力量,尽量回击到对方深区的空当,以便于及时占据网前的有利位置。击球后做好随挥跟进动作,注意跟进动作应稍长些,但不能太长,以免影响下次击球（图 11-20）。

图 11-20

(6)近网截击球

近网正拍截击球的站位一般在中线发球线前1～1.5米处,多位于对方破网的直线和斜线之间所形成夹角的平分线上,并多注意保护直线空当。击球时,身体重心向前,左脚应向侧前方跨出,同时重心落在左脚上,肘关节与身体距离不应太远(除扑击球外),以便顶住重球,后摆动作小,转体带动后摆同时也完成后摆动作,击球点在身体侧前方。击球后随挥动作要小,迅速准备下一板截击球。

近网反拍截击球的前期准备动作与近网正拍截击动作相同,要求重心向前,后摆动作小,根据来球高低,调整后摆位置高低及击球部位。击球时,右脚跨出,重心在后脚上,以肩关节为轴,由上向下或由后向前顶撞击球,手腕紧固,以前臂发力控制落点,随击动作短小有力(图11-21)。

图 11-21

(7)近身截击球

在网球运动中遇到"追身球"时,应采用以防御为主的近身截击球技术,把球拍迅速放在身体前面,并使反拍面向前。击球时,手腕绷紧,拍面在身体正前方挡击来球。如果在截击球过程中需要加力,击球时,身体应向左转,直接把球击出,无后摆动作。击球后,随击动作要小(图11-22)。

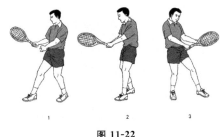

图 11-22

2.截击球技术训练

(1)做无球状态下挥拍动作练习。

(2)距墙2米左右,用球拍颠球两次,然后正手将球推送上墙,再用球拍接住球。反复进行。

(3)两人对面击球。

(4)两人在网前进行直线的连续正手截击/反拍截击练习,距离可适当拉开。

(5)两人一组,同伴在发球线后多球喂送,练习者分别进行定点的正手截击练习和定点的反手截击练习,要求分别达到指定的目标区域内。

（五）挑高球技术学练

1.挑高球技术教学

挑高球的基本技术同正反手击球相似,只是拍面上仰,击球的后下部,并带有向上送球的动作。实际比赛中,可根据具体情况打出上旋球、下旋球和不旋转的高球。网球的挑高球技术可以分为进攻型挑高球和防守型挑高球,可结合具体情况选择进攻或防守。具体如下。

（1）进攻型挑高球

进攻型挑高球又称为上旋挑高球,技术难度大,一般只被高水平选手使用。通过放网前短球,或是使对手误以为要打"穿越球",将对手引诱到网前,或利用对方随手上网,待球的质量不高时,再挑高球。采用的是突然袭击方式,将球挑到使对方难以到位救球,从而得分。

挑高球前,注意隐蔽自己的意图,采用西方式握拍法,击球前拍头低于来球,保持正确的姿势,像打落地球那样击球,击球时抖动手腕,产生很大的摩擦力,使球剧烈向前旋转。基本技术同打落地球相似,区别在于要拍面上仰,击球瞬间迅速向前上方提拉,使球产生强烈的上旋,越过对方至底线或者是对手无法回球的角度上。后摆是应顺着球向后收拍,使击球点靠后,注意肩部不要过于用力,以免造成动作变形(图 11-23)。

图 11-23

（2）防守型挑高球

当跑到离球场很远的地方接一个非常被动的球时,势必要使用防守型挑高球。防守挑高球的弧线很高,常从这边端线放到另一边端线附近。

对方击球后,目视来球,并判断来球的速度和落点,及时移动到位,在跑向球时使球拍后摆,直到球拍后摆指向身后的挡网,击球动作与普通的正手相同,使对手不知道你是抽球还是挑高球。击球时,拍面要打得更些,击球的下部,手腕绷紧,球拍与球接触时间要长一些,拍和手向前上方送出,似"舀送"动作,眼睛始终盯住球,尽量往高处和深处打。球拍顺着球飞行路线向上做随挥动作,动作在身体前面高处结束。注意挑高的球要高些,落点要深些。

2.挑高球技术训练

(1)两人一组,进行改善击球感的练习。陪练员抛过来的球在练习者身边弹起,练习者在身体附近练习挑高球。没有击球感的人在挑高球时通常是失去平衡而完全用身体去打球,没有真正控制球拍头。反复练习,以掌握正确的挑高球"感觉"。

(2)两人一组,在底线进行来回球的挑高球练习,直到其中一个失误。然后在挑高球做得比较好并获得经验时,就可以开始打射出角度小的挑高球。

(3)两人一组,陪练员网前截击,陪练员站在对场的网前,抽一个球过去,陪练员打一个截击球过来,然后挑高球过去,不管球落在场地何处,都要挑高球过去。如果截击过来的球允许有足够的时间打上旋挑高球,就尽量打。

(4)两人一组,打防守型挑高球。陪练员反复抛球,不断地将球抛到学练者的两侧,学练者在跑动中瞄准一个目标挑高球,用斜线或直线挑高球瞄准不同场区。陪练员发球到学练者的正手,然后是反手,调动练习者来回移动挑高球。

(六)高压球技术学练

1.高压球技术教学

网球的高压球技术又称扣杀或猛扣,是指将对方挑过来的高球,自上而下扣压到对方场区的击球技术。高压球打得好不好,取决于运动员能否尽早进入有利的扣球区域。网球运动常见的高压球技术主要有以下几种。

(1)凌空高压球

身体应朝着球飞行路线左边让开一些,以便于在右肩上方击球,举拍稍早一点,目视来球,另一手对着球,以保持身体的平衡和随时调整场上位置,球拍的后摆动作要简短,拉过肩,垂下拍头,同时翘起手腕,不需要把球拍下垂到很深的搔背状,但要抬起肘部,以最快的速度出击,转肩,整个手臂伸直,当球拍接近球时,做扣腕动作,收腹、挥臂使球拍前挥通过手腕的扣击使拍头加速。击球后,继续扣腕,并让球拍绕过身体,使它在结束时在身体的左侧并指着身后的挡网(图11-24)。

图 11-24

(2)落地高压球

动作要领和凌空高压球一样,应一边侧身跑位一边用小的垫步快速调整,同时高举球拍准备扣杀。击球点的位置和发球一样,在身体的前上方,双脚蹬地,充分伸展手臂,手腕击球时做"旋内"的扣腕动作,争取最高点击球。击球时,手臂、手腕和球拍在一条直线上,身体稍向前倾。击球后,继续扣腕,手臂顺势向下,在身体的另一侧完成随挥动作。

（3）跳起高压球

跳起高压球的动作难度大,正确的动作要领是:当判断来球较高、较深时,快速侧身滑步或交叉步向后退,同时持拍手直接后引向上举起球拍。到达击球位置时,一般以与持拍手同一侧的脚蹬地起跳同时挥拍,击球应尽量在最高点,利用手腕旋内扣腕动作将球压入对方场地。落地时,异侧脚先着地、缓冲,挥拍击球时双脚在空中有个前后换位的动作,以在转体发力后维持平衡。对付对方的进攻性上旋高球,如果后退起跳时间仓促,打不出强力高压球时,可将球平推过去,尽量把球打深、打准。

2.高压球技术训练

（1）徒手练习:用手接住同伴的来球,体会身体与球的位置关系。

（2）完整的动作练习:反复做完整的击球动作,体会身体侧转、球拍后摆幅度、脚步移动变化、随挥动作等。

（3）持拍击球点练习:将球拍的长度加入击球点的位置中,好像用延长的手臂击球,体会击球点的准确位置。

（4）自抛高球练习:待球落地反弹后进行高压球练习,然后再进行凌空高压球练习。

(七)放小球技术学练

1.放小球技术教学

放小球也叫"触击球""放短球""吊小球",在网球比赛中可突袭制胜。放小球是一种不用力的击球,多使球轻轻地越过球网,在离网附近处落地且跳得很低,造成对方因准备不足来不及到位回击。在网球比赛中,击球调动对方,使对方在场上疲于奔跑,放小球就是这样一种技术。放小球的准备姿势及引拍动作同正反手击球动作技术基本一致,击球前一定要"伪装"好,不要过早地暴露击球的意图。

（1）正手放小球

正手放小球难度较大,多采用击打落地球的握拍方法或大陆式的握拍方法,击球前,向后高引拍,比截击球的引拍动作要大。当球拍向前挥动时,握拍要放松,拍的底边在前面,直接向前下方挥拍,保持拍头高于手腕。当球接触到球时,打开拍面准备击球,用球拍的底边切球,使球产生向后的旋转,击球后,保持放松握拍。随着球和拍的渐渐分离,球拍继续前挥,高于球网,拍面对准击球方向,不持拍的手帮助保持平衡。结束时,应面对球网。

（2）反手放小球

反手放小球动作简单,容易掌握,多采用反手旋转球的方法握拍,转肩,向后高引拍,眼睛注视来球。用球拍的下边缘摩擦球的下部,向前挥拍,保持拍面打开,使球过网,向前随挥球拍,在身体的远端触球,击球点向前一些,保持拍面的方向,同时头部稳定,另一侧肩向后,拍头对准击球方向,击球后,球拍一定要朝着球出去的方向做随挥动作,不持拍的手帮助保持平衡。结束时,应面对球网。

2.放小球技术训练

(1)对墙练习,离墙距离3米或6米,分别用正反手削送球上墙,等球落地一次后再轻削送球上墙。

(2)对墙练习,一次对墙抽击练习,一次对墙放短球练习。

(3)两人一组,同伴在底线多球喂送,练习者在网前(或中场)放小球练习。

(4)两人一组,在底线正反手抽击球对练,练习中任意一人突然放小球。

第二节　大学生网球运动战术能力培养

一、网球单打战术

(一)发球战术

1.发球站位

应选择既有利于进攻,又便于衔接下一个动作的位置;在右区发球时,一般站在接近中点线的位置。在中点线附近发直线球容易击中对方的反手,破坏其强有力的进攻性击球;在左区发球时,可站在中点线附近或距中点线稍远的位置。

2.发球变化

第一次发球,多用大力平击发球让对方难以抵挡,造成接发球失误,或用切削发球、上旋发球打落点,发至对方防守较差的地区。第二次发球,重点在准确,力求凶狠,打落点。多用切削发球或上旋发球。

3.上网的发球

大力平击发球和上旋发球后上网。但大力平击发球后,对方回球快,而且身体不易掌握平衡,常常来不及上网,故利用上旋发球上网的居多。

4.右区发球

站在右区发球时,应站在靠近中点发球,第一发球一般采用平击大力发球,发向对手右发球区中线附近,迫使对手用反手接发球。如果第一发球失误,则第二发球一般采用侧旋发球,发球速度相对慢一些,避免双误,发向对手右发球区边线附近,利用侧旋迫使对手离开场区接球,使对手只能打出轻软的球,发球上网的选手就很容易上网截击。如图11-25所示,标出了发球落点的位置。图中的甲为发球方,乙为接球方,数字表示了发球落点优先考虑的顺序。第1个落点是对方右区的中线附近。这种发球命中率高,直接得分的可能性很大,至少也会让对手难以在此处回击出角度理想的球。如果对方接球站位离开右角转向中线,则将球发向对方右区边线附近(图中第 2 个落点),迫使对方离开场区接球。图中第 3 个落点是第一发球应较少考虑的,该落点的成功率虽高,但是对方也比较容易处理。相对而言,第二发球可以较多地考虑第 3 落点,把成功率作为前提。

5.左区发球

站在左区发球时,应站在离中点 1～1.5 米处发球,第一发球一般应发对手的左边线附近,即对手的反拍边,让对手用反手来接球。图中的第 2 和第 3 落点,一般在第一发球时可以将大约 1/4 的发球机会选择于这两个落点。如果能以强烈的上旋球发到这个落点,将给对方构成很大威胁。具体应根据对方的站位及反手接球能力的强弱程度来决定。当对方为了应付反手接发球,远离中点线、站位偏于左角时,这时应用快速的大力平击球发到中点线附近的第 2 落点,往往能使对方奔救不及而直接得分。左区发球的第 3 落点对接球方来说是一种追身球,发球如果具备相当的速度和力量,也常常能使对方措手不及(图 11-26)。

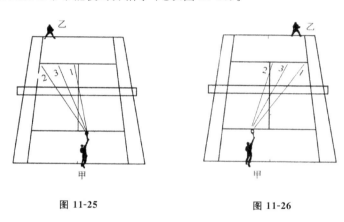

图 11-25　　　　　　　　　　图 11-26

(二)接发球战术

1.接发球站位

一般站在对手发球扇面角度的角平分线上,也可以根据个人接发球能力予以适当调整。若对手较差,站位应稍偏左;若对手擅发斜线和带旋的球,站位应稍偏右。

2.接发球击球

要把握好击球的方法,选择好击球的落点,为自己创造上网的机会,不能只是被动地击球、挡球。常用的击球方法有平击抽球、拉旋转球、切削球、拉底线两角球、挑高球上网等。

3.右区接发球

右区接发球站在底线偏右的位置。如果对方发球后仍留在端线处。3 个落点均可采用。第 1 落点为斜线深球,球可从网的最低处越过;第 2 落点击向对方的反手;第 3 落点是一个较短的斜线球,难度较大,但能将对方拉开,给下一次击球造成很大的攻击空当(图 11-27)。

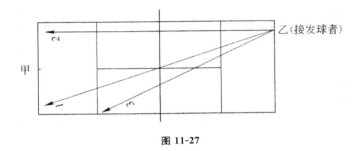

图 11-27

4.左区接发球

左区接发球应站在对方可能发出角度的分角线上,在底线偏左的位置。接发球落点优先考虑的顺序以斜线球为主,第 1 落点为打到底线附近的斜线球;第 2 落点为发球区附近的斜线球;第 3 落点为打直线的底线球(图 11-28)。

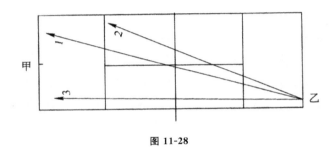

图 11-28

(三)上网战术

1.上网时机

一般在发急速旋转球后,将球击向底线中间区域时;对方接反弹至底线外或反弹至边线外的球时;对方击被动的过渡球时,应及时上网。

2.上网的站位

网前的位置应根据个人掌握网前击球的技术情况、自己移动的速度、来球的高度、来球的角度等因素来确定。距网 2～2.5 米为宜。离网较近,攻击的角度大、截击球机会多。控制面积大、移动距离较短,同时还可使回球的路线短,从而取得主动权。

3.一般情况上网战术运用

(1)用延缓上网法(反常上网法)威胁对手,使之处于被动。

(2)从中场使用大力的准确击球或球在上升时击球,控制局面,威胁对方。

(3)随球上网。

(4)上网。令对手措手不及。

(5)击球后朝对手弱的一侧随球上网。

(6)击向对方反手的深球、低的或高的弧圈球、反弹高的上旋球(攻击性的弧圈球)非常有效。

(7)打直线随球上网是安全的,打斜线随球上网可调动对手多跑。

(8)截击前先跨步。

(9)不要过多地使用轻吊或空中短击,使用它们是为了将对手调至网前或作为一种出其不意的技术。

(10)要警惕,力求"看穿"对手的意图。

(11)斜线移动,保持平衡。

(12)随球上网后上前截击,步法要跟球路。

(13)力求击出的网前球不超前3次(将球击出此区域)。

(14)中场截击球要深而低。网前截击球应有角度、短而有力。

(15)随时防备对手挑高球。

4.中场上网战术运用

(1)截击:连续截击不要超过3次。截击空当抢分。

(2)击高球:始终将球击向对手弱的一侧。

(3)随球上网:先打一直线,随球上网,朝空当截击。

(4)随球上网时一般不要打斜线。

(5)如果你挑一高球,对手不用高球扣杀,你上网,但当心对手挑高球。

(6)如果你打出深而高的球,等候对手的反应,对手回球时,上去封住直线超身球。

(7)如果你击出一轻吊球,对手上来救球,你上网封死角度。

5.网前上网战术运用

(1)齐腰高的球,用最佳截击打空当。

(2)近网低球,用低截球打中路或打一角度刁的轻吊截击球。

(3)防备对手的超身球或挑高球。

(4)高的慢速球,用空中截击或高压击向空当。

(5)很高很深的球,球弹起后扣杀中路并上网截击。

(6)很高的中场球,用空中高压打空当。

(四)底线战术

1.对攻战术

底线型打法的对攻战术,是利用底线正、反手抽击球具有强大的连续进攻能力,配合速度和落点变化与对方展开阵地战,力争主动,从而达到攻击对方、控制对方的目的。

(1)以正、反手抽击球的力量、速度、攻击对手的弱点,用速度压住对方。

(2)用正、反手强有力地抽击球,连压对方一点,突击其另一点。

2.调动对方战术

(1)用正、反手的有力击球,调动对方大角度跑动,同时寻找进攻得分机会。

(2)在调动对方两边跑动时,突然连续打重复球,再加变线。

3.拉攻战术

拉攻战术是以底线正、反手拉上旋球,或正手拉上旋,反手切削球,迫使对方左右跑动,一旦出现机会,马上给予对手致命一击。它是底线型打法中比较普遍的一种战术。

(1)正、反手拉强力上旋至对方底线两边大角深处,不给对方上网及底线起板反击的机会,寻找时机进行突击。

(2)正、反手拉上旋球时,加拉正、反手小斜线,让对方增加跑动距离并出现低质量的回球,然后伺机进攻。

(3)逼近对方反手深区,伺机突拉正手。

4.侧身攻战术

侧身攻战术利用强有力的正手抽击球,配合良好的判断和步法移动,在2/3的场地上用正手给对方施加有力的攻击。它是底线型打法中的一项主要的进攻手段。

(1)连续用正手进行攻击,创造得分机会。

(2)用正手进攻,调动对方移动,反手控制落点,伺机用正手突击进攻。

(3)用全场正手逼攻对方反手,再突击变线正手。

(4)用正手进行攻击时,连续打出重复球,促使对方无法调整重心,而出现被动或失分。

5.紧逼战术

紧逼战术是以快速的节奏对对方进行攻击的一种重要战术,在当今世界中优秀选手们常采用的攻击战术,紧逼战术主要是发挥其良好的底线正、反手抽击球技术,迎击上升球,准确的落点控制,节节紧逼,以达到战胜对方的目的。

(1)接发球时就紧逼抢前进攻,使对手发球时产生心理压力和发完球后有来不及准备的感觉。

(2)连逼对手反手,突击正手,伺机上网。

(3)紧逼对方两角,使其被动或回球出现错误,伺机上网。

6.防守反击战术

防守反击战术指在执行防守反击战术时,利用良好的底线控制球能力,发挥判断准、反应快、体力好、步法灵、击球准确的特点,来调动对方,以达到在防守中寻找机会进行反击的目的。

(1)对方采用发球上网战术时,接发球可采用迎上借力击球,把球打到对方脚下或两边小角,然后准备第二板反击破网。

(2)对方采用底线紧逼进攻战术时,可采用底线正、反手上旋球至对方底线两边大角深处,不给对方进攻得分的机会,然后再伺机进行反击。

(3)对方采用随球上网进攻时,应提高底线破网第一板的成功率和突击性,以及破网的质量,以寻求第二板破网反击的机会。

(五)底线结合上网战术

在底线击球时,无论正手还是反手击球,都应该力求给对手造成威胁,利用有力的长抽球拉开对手,然后伺机上网,截击对手来球或打高压球攻击对手的空当。

(六)不同场区的网球单打战术

1.前场区战术

前场区,即拦网区,是最具进攻性的区域,当成功地完成了后场区与中场区的设计后应在这一区域获得成果(图11-29)。拦网区不会给一名选手任何的选择。这是完成向前的动作和进攻行动的最后的舞台。计划的最后部分就是将球打死并且充分展示出你的权威性和攻击性。在网前的移动通常是侧向和向前的,思想和动作也应该具有攻击性。

2.中场区战术

随球上网区。有选择性,要求自信心和做出决定的勇气。

这一区域是最重要也是最难掌握的地域(图11-30),当对手的回球弹落在这一区域内,可以按一下方法回击。

(1)当来球弹跳较高时,试着打一个正手或反手的击球结束这一分。

(2)当来球弹跳很低时,你可以向前跑动打一个球上网。

(3)试着放小球。

3.后场区战术运用

后场区是基础击球区,要求计划、耐心、视野与深度。称这一区域为基础击球区是因为通常制定如何取胜每一分球的计划都是在这一区域内完成的(图11-31)。如果对手连续打出很"深"的球,这些球的落点将迫使你进行很多侧向跑动。此时,只有一种选择,就是回打同样非常深的球,希望对手的某一回球落在中场区。在后场区需要有耐心及侧身移动的灵活性,击球角度及准确性。所有这些都是为你最终所要完成的向前移动或给对方致命一击创造机会。

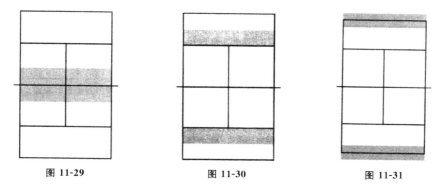

图 11-29　　　　　　图 11-30　　　　　　图 11-31

二、网球双打战术

（一）发球局战术

1.双打发球局的站位

(1)常规站位

右区发球的站位：发球员 A 应站在底线右侧中点与双打边线的中间或略偏右 20～30 厘米的位置上，同伴 B 站在左侧网前距网 2～3 米、距左侧双打边线和发球区中线之间的位置上，B 的站位以保护边区为主兼顾中路的原则（因为如果边区空当过大被接发球员 C 以直线穿越则无法补救，而中路来球可与发球员 A 在网前拦截）。这样的发球局阵势给对方 C 的感觉是：网前 B 已摆好抢网进攻的架势。不但要接好发球，还要尽量避开 B 的抢攻（图 11-32）。

左区发球的站位：发球员 A 在左区双打边线与中点之间略偏左的位置。这样的站位可以更有利地发出拉开对方的外角球，因为大多数的右手持拍者从左区向对方的发球区外角发球时需要从站位上调整，即使在站位上向左多调整一些也不会影响发向对方中区内角的球，因为右侧上旋大力发球的飞行路线可以很容易地发到这一点。像右区发球站位一样，同伴 B 在网前右区，站在距网 2～3 米、距中线与右侧双打边线之间，以确保右侧不被直线穿越为主兼顾中路并与发球员 A 在网前默契配合占据优势（图 11-33）。

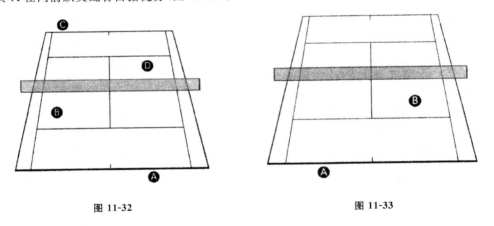

图 11-32   图 11-33

(2)非常规站位

右区发球的站位：在右区发球时发现接球员 C 擅长回击小斜线球（图 11-34），因为接回的球特别斜，不但网前同伴 B 无法抢截，发球员 A 冲上网后也很难处理，造成网前的被动，一旦出现此种情况可以调整为同侧站位的方法（图 11-35）。

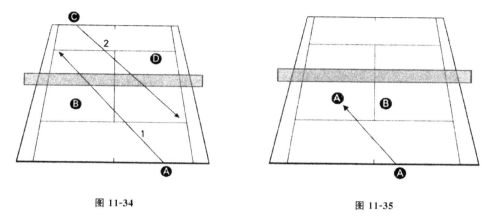

图 11-34　　　　　　　　　　　　　　　　　　　图 11-35

　　左区发球的站位：与右区相似，如果发现对方 C 在左区接发球擅长打破网小斜线，使我方上网进攻受阻，网前同伴 B 很难抢到，而且 A 上网后也很难处理前场的低斜球（图 11-36），则只好改变为左区的同侧站位以封堵小斜线的接发球（图 11-37）。

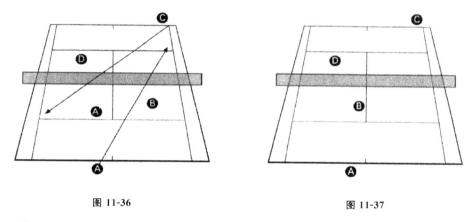

图 11-36　　　　　　　　　　　　　　　　　　　图 11-37

（3）特殊的站位

　　发球员的特殊站位：发球员 A 为把接球员拉出场外回击，把发球站位向外侧延伸接近单打边线，但此站位务必需要网前同伴的配合，因为他稍一疏忽容易被对方直线接发球破网；发球员 A 上网也应防范小斜线破网的来球，对方在边线外侧回击球的角度极大。这样站位的发球目的在于拉开对方可攻击中路空当得分，但 B 与 A 因距离较远，全交叉换位抢网难度太大，且对方回击球的面积大、落点变化多，不宜用得过多（图 11-38）。

　　与此相反的变化站法是发球员 A 向中点靠近，有利于发球攻击中路让 B 封住网前截击。这种站位有两大优点：攻击中路对方接球没有回击角度便于在网前拦截，两人距离较近容易全抢网换位。即使靠近中点发球也同样可以变换发外角落点，虚虚实实让对方捉摸不定。但这些变化务必与网前的同伴默契配合，有时第一与第二发球的站位也可以变化用以扰乱对方。

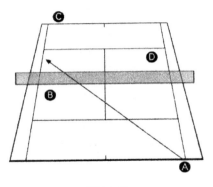

图 11-38

网前同伴的特殊站位：站位变化对接发球员的干扰与影响是很大的,因为双打与单打不同,接球员除了要对付发球员强有力的发球外,他一抬头就看到网前人,他还要防范网前人的抢攻,网前人站位的变化必然引起接球员的猜疑(图 11-39)。

网前同伴 B 向外侧站,接球员 C 不敢打直线,但 A 发球后 B 迅速向中路抢截,可达到出其不意的效果。B 站位更具有挑战性,干脆挡住了接发球员 C 的回球路线。因为 B 蹲得极低并不影响 A 的发球路线,但 A 一旦发球过网 B 则快速抢截,也许与 A 全交叉换位,亦可又封截直线来球,使接发球员感到极大的威胁(图 11-40)。

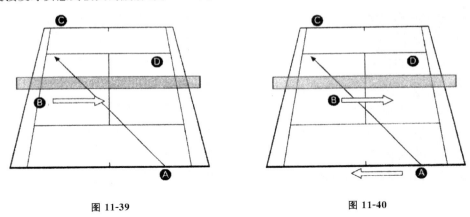

图 11-39   图 11-40

2.发球局的抢网战术

所谓抢网战术是指网前队员利用同伴发球的有力进攻在网前抢截对方接发球的战术。由于网前队员距网较近,他可以抢截高于网的来球,并打出大角度攻击力极强的截击球,得分率很高,对对方威胁较大,使接发球方不仅要对付发球的攻击,还要承受抢网的巨大压力。抢网战术可分为一般抢网、全换位抢网与特殊站位抢网等。

一般抢网：在判断来球的方向后,抢到球网中央的吊带附近,抢打后仍回原侧准备。此种抢网最常用,网前队员与发球员的默契配合可以抢截许多质量不高的接发球,抢截攻击的落点打向接发球员同伴的脚下,如果他迫于挨打的压力退至底线防守,抢截的攻击点可打出角度或攻击中路(图 11-41)。

全换位抢网:网前队员抢网后与发球员交叉换位。原先左区的队员换至右区,右区的队员到左区。此种抢网需要默契合作、坚决果断,网前的队员多在背后给发球的同伴做手势,让发球员为他的全抢网创造有利的条件。这种全换位抢网虽然有很大的风险,但抢截成功会给对方产生巨大的心理压力,即使抢截失误也会吓对方一跳,达到搅乱对方接发球习惯的目的(图 11-42)。

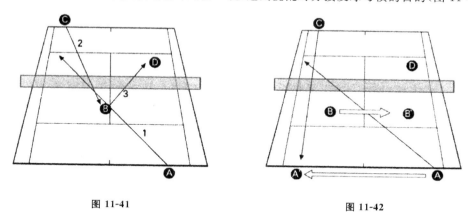

图 11-41　　　　　　　　　　　　　　图 11-42

特殊站位抢网:网前队员 B 站在发球员 A 的前方几乎挡住发球线路,但蹲得很低,由于与发球员有默契熟练的配合并不影响发球,当球发出后,他可以向左前方封抢直线球,攻击对方 C、D 空当,发球员 A 仍向右前方上网;另一种换位抢法 B 封抢斜线,发球员 A 上左侧网前,同样在左区发球也可以与网前同伴有类似的配合(图 11-43)。

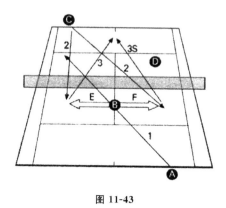

图 11-43

3.发球局前后站位战术

右区发球前后站位:发球员 A 发球后不上网,接发球员 C 接球后也不上网,接球员同伴 D 则逼至网前与 B 处于相当的位置,A 与 C 对角线抽击,B 与 D 在网前捕捉抢网的时机(图 11-44)。

左区发球前后站位:当左区发球时,发球员 A 发球后不上网,接发球员 C 接球后也不上网,接球员的同伴 D 逼近网前,A 与 C 在底线对角线对抽,B 与 D 在网前伺机抢网进攻。图 11-45 与图 11-44 相似,只是方向相反,正拍位改为反拍位,这是双打前后站位最基本的阵势(图 11-45)。

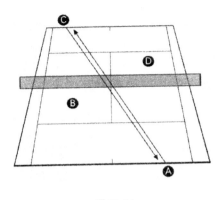

图 11-44   图 11-45

　　右区发球前后站位变式：它由图 11-44 变换而来，当 A 与 C 在右区对角抽击时，D 逼网太近又抢得很凶，A 挑直线高球过 D 的头，C 向左追高球与 D 换位，于是出现了图 11-40 的对阵形式，A 与 C 直线对抽，B 与 D 在一侧隔网相对，捕捉抢网的战机（图 11-46）。

　　左区发球前后站位变式：它由图 11-39 变换而来，当 A 与 C 在左区对角线对抽时，D 逼抢太凶，A 挑直线高球过 D 的头，C 向右侧追高球与 D 换位形成了新的对阵形式，A 与 C 直接对抽，B 与 D 在网前伺机抢网进攻（图 11-47）。

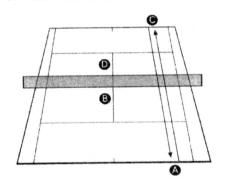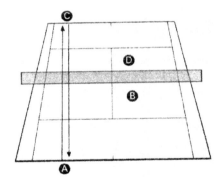

图 11-46   图 11-47

　　在前后站位的变化中可以发现对方的弱点与配合中的破绽，以己之长，攻彼之短是战术最基本的原则，发挥我方的优势攻击对方的薄弱环节在双打的前后站位中是大有文章可做的。

（二）接发球局战术

1.比赛站位与配合

（1）站位

　　左右站位：双打接发球员的站位在左或右的位置比单打更向外侧，原因是双打的发球员站位一般在底线中点至双打边线之间，比单打发球员的站位靠外，这样的站位增加了发球的角度，更容易发向外角拉开对方,因此接发球员应相应外移,从理论上来讲,应站在对方可能发到的外角与内角落点连线的角分线上。如果观察发现发球员 A 没有能力发出大角度的侧旋球,接发球员 C 可以放弃大角度的外角往里站,可以均衡有效地在身体两侧用正反拍接发球;左区接发球员 D 的站位也是同样的原理,只是右手持拍的发球员走向外角,很难发出大角度的侧旋转,如果发球员是左手持拍就可能发出向外侧旋转的球,迫使你跑出场外回击,此时你应向外站,有所准备(图11-48)。

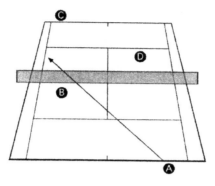

图 11-48

前后站位:接第一发球站位应稍往后些,但不宜太往后,接第二发球应该稍向前站些,这样的站位是比较积极和适宜的;接强有力的发球,球速快,应适当地靠后些,以便来得及判断、反应和及时做出短捷的后摆动作,若对方发球攻击力较弱,则应向前调整站位,有利于抢攻;接大力的旋转发球不宜站得太后,接侧旋球也不要退得太远。

(2)配合

①双底线的站位

接发球员 C 接球时同伴 D 在另一侧准备(图 11-49),此种站位多在以下几种情况时使用:对方的第一发球攻击力很强,接发球员接球被动时,同伴退下来配合防守;发球方的发球与抢网配合默契,屡屡得手时,同伴退下来共同防守;对方采用同侧站位或特殊站位,接发球员不很适应时,同伴还是先退下来较好,以便鼓励接发球员大胆还击,往往奏效(图 11-50)。

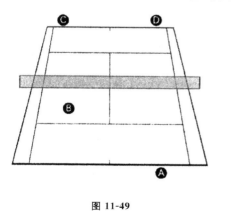

图 11-49

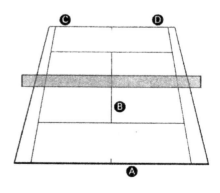

图 11-50

②一后一前的站位

接发球员在底线附近接球,同伴站在另一侧发球线附近准备,这种站位在态势上是积极而灵活的,使发球方有压力,一旦接发球得手,站在发球线的同伴即刻冲上去抢网反攻,这是当前接发球局最常见、最积极的站位,即使接发球员被动挑起高球,同伴也来得及后退,使用此种站位的情况有:接对方较弱的发球(多是第二发球);准备抢攻(包括接发球配合抢网进攻);关键分(包括局点、盘点或赛点)有意给发球方制造压力,在反攻的气势上压倒对方(图11-51)。

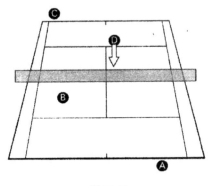

图 11-51

2.接发球局的试探性战术

在比赛中需要了解对方两人发球局的战术,才能及时采取针锋相对的策略,调整合理的战术,因此在开始的接发球局总是采用试探性的战术来了解对手。

(1)接发球员站位

接发球员的站位可先采用习惯的常规站位,当接过对方第一和第二发球后再做相应的调整。

(2)同伴站位

①站在另一侧的发球线D处,接第一发球和第二发球都站在这里(图11-52)。

②接第一发球时退到底线的D′后,接第二发球时再上到发球线的D位置处,看发接方对峙的情况再做调整。

③接第一和第二发球都站在底线的D′的位置,因为接发球员C要做试探性的回击,这样的站位在配合上比较稳妥,可使接球员减少心理上的负担,大胆去接。

(3)接发球员的回击方法

①回击落点

落点1为深区斜线,这是双打接发球最多的回击落点;落点2为浅区小斜线,这是双打接发球难度较大的回击落点,可以拉开对方,有时可以直接得分;落点3为回击中路,可能遭到网前队员D的抢截;落点4为接发球直线破网;落点5为接发球直线挑高球,挑过D的头落入深区。左区接发球员的回击落点与右区相仿,方向相反(图11-53)。

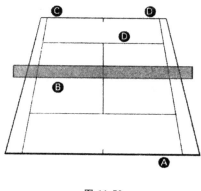
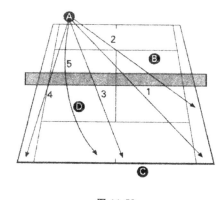

图 11-52   图 11-53

②接发球的打法

双打接发球的战术是从接发球第一拍开始的,接发球的打法灵活多变,从球的旋转上有上旋、下旋和侧旋,平击等;在回击力量上有加力攻,中等力量回击和轻击等;在接发球动作上有动作较大的抽击和迎前的快速挡击和切击等。

3.对发球方采用双上网战术的接发球局对策

(1)接发球局反抢战术

①接发球方的站位

这种站位对发球方具有挑战性,因为接球员 A 一旦抢攻得手,同伴 B 在网前就有可能捕捉到反攻的机会,当代高水平双打配对在接发球时多采用此种反抢战术,而且配合得熟练、默契,根据发球与接发球对抗的情况,B 的站位可以调整(图 11-54)。

②接发球的要求

A. 避开对方抢网

避开 D 的抢网对接球员 A 的要求是很高的,他不仅要准确地把球回击到对方的场区,而且要避开对方凶猛的抢网,不然同伴 B 在中场势必被动挨打。

B. 回击落点

双打接发球回击的落点要为同伴抢网创造有利条件,最好是在发球员 C 冲上网时的脚下,迫使他下蹲从下向上回击(低截击或反弹球),这样的还击对接发球方十分有利,发球员 C 不能发力进攻,球的飞行路线是从下方向过网的上方飞行,为同伴 B 创造反抢的时机。在探讨为创造反抢的接发球回击落点时,还有以下几种情况:接发球回击重而深的球,虽然也可以躲避 D 的抢截,但对高水平的发球员 C 威胁不大,他可以借力截击后仍抢占网前的有利位置,使接发球方感到被动。另一种接发球回击尽量利用双打的边区(图 11-55),这种回击深点对发球员 C 上网至 C1 处有直接得分的威胁,但他若判断准确至 C2 处还击,回击短斜线或变直线的可能性极大,对 B 反攻抢截不利;接球员 A 挑高球过网前队员 D 成功,就不仅是同伴 B 抢网了,A 也同时随球上网,在网前捕捉进攻的有利时机。

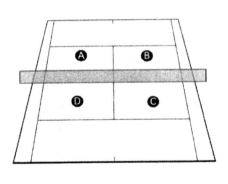

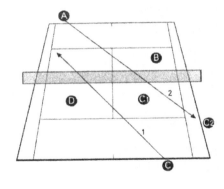

图 11-54   图 11-55

C.反抢时机

当接发球员 A 的回击球落在发球后冲上网的 C 队员脚下,使他被迫下蹲从下向上还击,同伴 B 迅速迎上去封住回击的来球路线果断抢截,向对方的空当或 D 攻击,接球员 A 在 B 向右交叉抢截的同时,向左补位,在网前封住场区(图 11-56)。

左区的接发球反抢战术与上述相同,方向相反,因为左区的接发球有不少关键分(局、盘、赛点),所以更加重要,如果接发球员与同伴配合熟练而默契,会为取胜创造良机。

(2)接发球局双底线战术

①接发球局的站位

接发球员 A 与同伴 B 都退至底线后(图 11-57),两人保持 3.5 米左右的距离,同时守住双打场地。

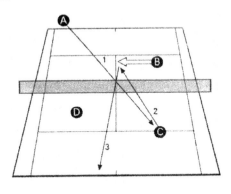

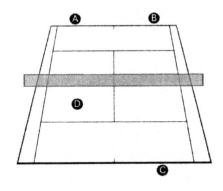

图 11-56   图 11-57

②接发球与破网要求

A.接发球应当尽量避开 D 的抢网,把球回击到发球员 C 的一侧,准备他的上网截击,与 B 组织破网反击,一般回击斜线或短斜线,尽量减少接发球的直接失误。接较弱的第二发球时,可加力抢攻,给双上网的对方予以还击。

B.接发球后的双底线破网应注意:组织破网反击首要的是两人紧密协作守住场地把球回击

过网;连续破网攻击点的选择要谨慎,攻击站位偏后者,攻击弱者或者表现欠佳、紧张失常者,攻击中路是双打破网回击的最佳选择;回击边区,尤其是从边线外回击的球。

C.结合运用破网与挑高球,发挥双底线对双上网战术的巨大威力。

4.对发球方采用单上网战术的接发球局对策

接发球员 A 接发球避开对方 D 的抢网回击至深区后,顺势上网至 A1 处,同伴 B 同时跟进至 B1 处,两人占据了网前进攻的有利位置,让对方接发球员的同伴 D 被迫退至底线防守,放弃了网前的制高点,把发球局的优势拱手让给了接发球的对方。即使接发球后不能随球上网,也可以在避开 D 的抢网前提下与 C 在对角线对攻中伺机上网。在对攻中同伴 B 已逼至近网与发球方 D 处于对等的位置,发接双方态势均等,只看进攻抢截时机的掌握和配合的默契程度(图 11-58)。如果接球员 A 发现发球员 C 的正拍对角线的攻击力很强但反拍较差时,可挑直线高球过对方网前面队员 D 的头,迫使对方换位,于是出现新的局面(图 11-59)。

攻 C 的反拍上网也可,与对方对拉直线攻击薄弱的反拍,同伴 B 在网前进攻的机会就多了。

高水平的双打一般不在底线使用放轻球,因为这容易把对方引上网使自己被动,但对方发球员 C 的网前技术差,不敢双上网时,接球员 A 回击轻球把对方引上网使他被动,也是一种对策,但应注意轻球的质量,处理不好同伴 B 在网前会挨"打"的。

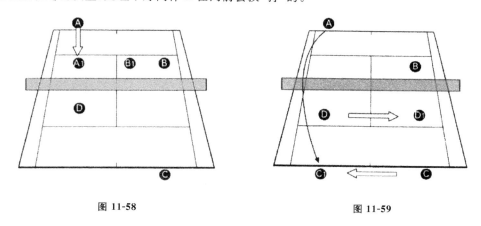

图 11-58   图 11-59

三、战术学练方法

(一)发球与接发球战术学练

1.压力下发球

想象一个比赛的场景,现在是决胜盘,球员 A 以 6 比 5 领先,如果他能连续发出 4 个一发不失误,他将取得这场比赛的胜利,球员争取每个发球成功,若第一个发球就失误,须在另一场地发 40 个球,再进行测试。若第二个发球失误则发 30 个。

2.攻击弱点

(1)球员 A 向 B 较弱的反手位发球或发追身球。发球员将对手较软的接发球再次回到他的反手位进行连续攻击。直到对手出现失误,或者给你机会回正手空当得分。

(2)发球员用侧旋发球发向对手的身体或用上旋发球发向对手的反手位(图 11-60)。

3.强力接发球

教练发较弱的二发。球员 A 向前移动并用进攻性击球(一般为正手)将球回到目标 T1 或 T2 点。一组练习后由球员 B 进行替换(图 11-61)。

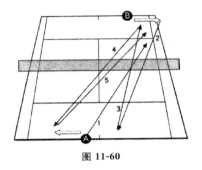

图 11-60

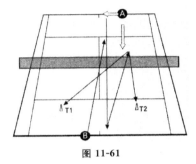

图 11-61

(二)底线球战术学练

1.斜线对攻

球员 A 下手发球给 C,并开始斜线对攻(正手)。回球每落在阴影区一次,则该组得一分。同时球员 B 和 D 在另一斜线做相同练习(反手斜线对攻)。第一个获得 21 分的组为获胜组。之后两组交换线路继续分别进行正反手斜线对攻(一区正手,二区反手)(图 11-62)。

2.命令与回应

球员 A 向球员 B 的半场击出不同变化的回球,并与之形成对攻。而球员 B 则必须将球回到球员 A 1/4 半场的阴影处(图 11-63)。5 分钟后球员互换角色,并在另一区进行相同练习。

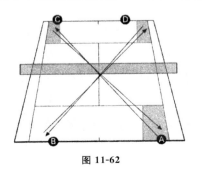

图 11-62

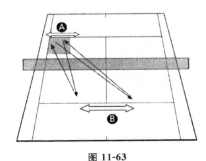

图 11-63

（三）网前战术学练

1.高球——低球

教练向网前球员 A 正手送球,如果球高于球网,球员 A 回斜线深球或小斜线球。如果球低于球网,球员则回直线深球(图 11-64)。直到有机打出制胜截击球,然后进行轮换,几分钟后换成反手练习。

2.低球——直线

教练送低球或大角度的球给球员 A 正手。A 回直线球到目标 T1,第二个球送斜线高球以便 A 能向前移动并向目标 T2 回小斜线球得分(图 11-65)。其余球员排成一行轮换练习。

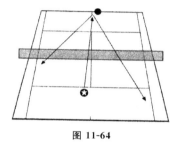

图 11-64

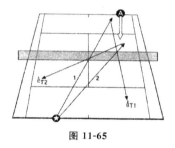

图 11-65

3.高球——空当

教练送浅球给球员 A 正手,A 回直线球随上。教练送高于网的球让 A 能将球截向目标。与此同时球员 C 由底线中场开始移动回直线穿越球,A 则前移回小斜线(图 11-66)。球员 A 和 C,球员 B 和 D 替换进行轮换战练习,10 分钟后进行反手练习。

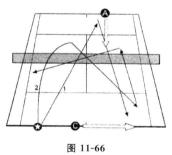

图 11-66

第三节　大学生网球运动规则学习

网球运动规则是网球运动开展的"法则",由国际网球联合会制定,在网球运动的发展过程中有效促进了网球运动的开展与发展,网球运动规则随着网球运动的发展会做出及时地修订与修改。高校开展网球运动以及组织多样的网球活动,首先就需要学生大体了解网球运动的规则。本节就对网球运动使用的器材规格以及主要的运动规则进行说明。

一、场地与器材

(一)场地

网球场地为长方形,长度为 23.77 米(78 英尺),单打比赛的场地宽度为 8.23 米(27 英尺),双打比赛场地的宽度为 10.97 米(36 英尺),如图 11-67 所示。

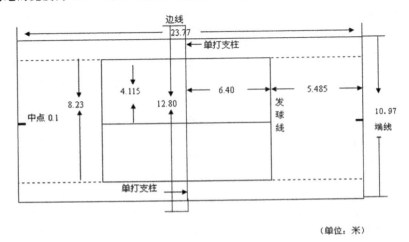

(单位:米)

图 11-67

标准的网球运动场地各数据标准设置具体如下。

(1)网球场地中,有一条挂在绳索或钢丝绳上的球网从中间处分开,绳附着或挂在两根网柱上,网柱高 1.07 米(3.5 英尺)。

(2)球网应填满网柱间的空间,网孔的大小应小于网球直径,阻止球穿过。球网中心的高度应当为 0.914 米(3 英尺)。

(3)网绳或钢丝绳和球网的上端应当用一条网带包裹住,中心带和网带均为白色。网绳和钢丝绳的直径不超过 0.8 厘米(0.33 英寸)。

(4)中心带最大宽度为 5 厘米(2 英寸)。

(5)球网每一边垂直向下的网带宽度应当在 5 厘米(2 英寸)与 6.35 厘米(2.5 英寸)之间。

①单打比赛中,使用单打球网时,每侧网柱的中心应距单打场地的外沿 0.914 米(3 英尺)。使用双打球网时,应用两根高 1.07 米(3.5 英尺)的单打支柱支撑起球网,每侧单打支柱的中心距单打场地的外沿 0.914 米(3 英尺)。

②双打比赛中,每侧网柱的中心应距双打场地的外沿 0.914 米(3 英尺)。

(6)单打支柱的边长不应该超过 7.5 厘米(3 英寸)或直径不应该超过 7.5 厘米(3 英寸)。

(7)网柱和单打支柱的上端不能超过网绳顶端以上 2.5 厘米(1 英寸)。

（8）网柱的边长不应该超过 15 厘米（6 英寸）或直径不应该超过 15 厘米（6 英寸）。

（9）边线：球场两端的界线成为底线，两侧的界线称为边线。

（10）发球线：在两条单打边线之间画两条距球网 6.4 米（21 英尺）并且与球网平行的线，这两条线称为发球线。

（11）发球区：发球线和球网之间的区域，被一条发球中线平分为两个发球区，发球中线应当和单打边线平行，并与两条边线的距离相等。每一条底线都被一条长 10 厘米（4 英寸）的中心标志平分。

（12）发球中线和中心标志的宽度为 5 厘米（2 英寸）。

（13）除底线的最大宽度可以为 10 厘米（4 英寸）外，场地上其他所有线的宽度均应介于 2.5 厘米（1 英寸）和 5 厘米（2 英寸）之间。

值得注意的是，所有场地的测量都应以线的外沿为标准，场地上的线的颜色均必须相同，并且和场地的颜色有明显的区别。

（二）永久固定物

场地上的永久固定物，包括诸多内容，如后挡网、侧挡网、裁判员、司线员、球童、观众、座位、看台，以及场地周围和上方的固定物。

需要特别注意的是，如果使用双打球网和在单打支柱的场地上举行单打比赛时，网柱、单打支柱以外的球网部分应视为永久固定物，而非网柱或球网的一部分。

（三）球

在正式的网球运动比赛中，任何用球都必须是由国际网联颁布的已经被列入官方名单上的批准用球。

比赛用球的表面是统一的纺织材料包裹的，颜色应当是白色或黄色。如果有接缝，不应当有缝线。

关于网球正式比赛用球，赛事组织者必须在赛前公布以下两个关于比赛用球的规则内容。

（1）比赛中用球的数量（2 个、3 个、4 个或 6 个）。

（2）换球的方案。

正式的网球运动比赛中，比赛规则指定的网球用球类型有较多选择，但无论何种类型的球，都应符合表 11-1 所列要求。

表 11-1　网球比赛用球要求[①]

		快速球	中速球	慢速球	高海拔用球
重量	盎司	1.975～2.095	1.975～2.09	1.975～2.09	1.975～2.0
	克	56.0～59.4	56.0～59.4	56.0～59.4	56.0～59.4

---

① 中国网球协会.网球竞赛规则 2016[M].北京：人民体育出版社,2016.

		快速球	中速球	慢速球	高海拔用球
直径尺寸	英寸	2.575～2.700	2.575～2.70	2.570～2.875	2.575～2.700
	厘米	6.541～6.858	6.541～6.85	6.985～7.303	6.541～6.858
弹性	英寸	53～58	53～58	53～58	48～53
	厘米	135～147	135～147	135～147	122～135
向内变形	英寸	0.195～0.235	0.220～0.290	0.220～0.290	0.220～0.290
	厘米	0.495～0.597	0.559～0.737	0.559～0.737	0.559～0.737
反弹变形	英寸	0.265～0.360	0.315～0.425	0.315～0.425	0.315～0.425
	厘米	0.673～0.914	0.800～1.080	0.800～1.080	0.800～1.0

(四)球拍

网球运动的球拍大体包括拍头、拍杆、拍柄三个部分,各部分还可以进行细分(图 11-68)。

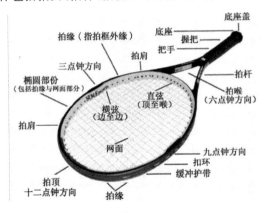

图 11-68

关于网球拍的各部分结构构成,网球运动规则具有以下具体规定。

(1)击球面:拍弦组成的式样的主要部分,由连接在球拍框上的弦组成,整体应是平坦的。拍弦在交叉的地方应相互交织或相互结合的;球拍中央拍弦密度不能小于其他区域的密度。

(2)球拍框:包括拍柄余弦线,不能有任何可能从实质上改变球拍形状、重力分布及其他物理性质的装置;不能装进或附着任何能源装置;不能有任何可听或可视装置。

(3)关于球拍的规格参数,具体如下。

①球拍的总长度(包括拍柄)不能超过 73.7 厘米(29 英寸)。

②球拍的总宽度不能超过 31.7 厘米(12.5 英寸)。

③球拍的击球平面的总长度不能超过 39.4 厘米(15.5 英寸)。

④球拍的击球平面的总宽度不能超过 29.2 厘米(11.5 英寸)。

球拍的尺寸必须合理,球拍框上不应该有附属物和装置,可以有用来限制和防止震动、弦线磨损、撕拉而对拍柄进行的少量布条缠绕。

二、发球员、接发球员

网球运动比赛中,运动员/队应当分别相对站在球网两侧。

发球员:指在开始比赛时发出第一分球的运动员。

接发球员:指准备回击发球员所发出球的运动员。

三、发球、接发球

(一)发球前的规定

在发球前,网球运动比赛规则对发球员的位置和行为有如下规定。

(1)比赛中,发球员应先站在端线后、中点和边线的假定延长线之间的区域里。

(2)发球员用手将球向空中任何方向抛起,在球接触地面以前。

(3)发球员用球拍击球(仅能用一只手的运动员,可用球拍抛球)。

(4)比赛中,发球员球拍与球接触时,就算完成一次球的发送。

(二)发球时的规定

网球比赛发球的整个过程中,发球员不得通过行走或跑动改变原有站位,比赛规则规定发球员的两脚只准站在规定位置。

(三)发球员的位置

(1)在正式的网球比赛中,每一局的开始,发球员都应先从右区端线后发球,得或失一分后,应换到左区发球。

(2)比赛期间,发球员发出的球应从网上越过,合法的球的落点应在对方前场方块区域内,或其周围的线上。

(四)发球、接发球次序

1.发球次序

网球运动单打比赛中,常规局之后,本局的发球员在下一局则应为接发球员,本局的发球员在下一局则应为接发球员。

网球运动双打比赛中,每一盘第一局开始之前,由先发球的队决定哪一名运动员先发球。同理,在第二局开始前,在第一局中接发球的队本局应确定由谁先发球。此后,第三局中,由第一局先发球者的同伴发球,在第四局,由第二局先发球者的同伴发球。如此依次轮序进行下去,直到该盘结束。

2.双打的接发球次序

第一局,接发球队决定本队哪名运动员在该局接第一分发球。

第二局,先接发球的队的对手决定哪名运动员在该局接第一分发球。先接第一分发球的运动员的同伴接本局的第二分发球,如此依次轮序,直到该局和该盘结束。

接球员接完发球后,该队中的任何一名运动员都可以回击球。

(五)发球、接发球时间

(1)发球员的发球必须在接发球员做好准备之后。一般来说,当接发球员试图回击发球时,则被认为他已做好准备。

(2)发球员准备发球时,接发球员应在合理的时间内做好接发球的准备。

(3)比赛过程中,如果接发球员确实未做好接发球的准备,该次发球也不能被判为失误。

(六)发球失误、无效

1.发球失误

发球失误,具体是指发球员在发球过程中未击中球。

凡有下列情况之一视为一次发球失误。

(1)发球员未能击中球。

(2)发球员违反了规则发球、发球的程序、脚误的。

(3)发出的球在触地前碰到了永久固定物、单打支柱或网柱。

(4)发出的球触到了发球员或发球员的同伴或其身上所穿戴的物品。

网球比赛中,发球员在一次发球失误后可进行第二次发球。

2.发球无效

发球无效是指发球触网后,仍然落到对方发球区内;接球员未做好接球准备。应重发球。

(七)脚误

在发球的整个动作过程中,发球员不可以有以下动作。

(1)通过走动或跑动来改变位置,但脚步轻微的移动是允许的。

(2)或者任何一只脚触及底线或场地内的地面。

(3)或者任何一只脚触及边线假定延长线外的地面。

(4)或者任何一只脚触及中心标志的假定延长线。

如果发球员违反了这些规定就是一次"脚误"。

(八)交换发球

(1)第一局比赛结束,接球员成为发球员,发球员成为接球员。

(2)以第一局为基础,此后每局结束,均依次互相交换,直至比赛结束。

四、通则

(一)交换场地

(1)运动员应在每一盘的第一局、第三局和随后的每一个单数局结束后交换场地。

(2)双方应在每盘结束双方局数之和为单数时,交换场地。

(二)失分

出现下列情况之一的,判为运动员失分。

(1)发球员连续两次发球失误。

(2)接球员在球没有落地前回击发球员发出的球。

(3)运动员故意用球拍接触、接住处于活球状态中的球。

(4)运动员在球过网前击球。

(5)在活球状态下,运动员或他的球拍或他穿戴及携带的任何物品,触到场地固定器材或对手场地地面。

(6)在活球状态下,运动员在球连续两次触地前不能将球回击过网;或运动员回击的球落在有效击球区外或触及其他物体;或运动员回击的球在落地前触到永久固定物。

(7)在活球状态下,球触及运动员的身体或穿戴、佩戴品(球拍除外)。

(8)在活球状态下,球触到了运动员的球拍,但球拍不在运动员的手中;或运动员故意改变球拍形状。

(9)双打比赛中,在一次回击球时,同一队的两名运动员都触到了球。

(三)压线球

比赛中,被击出的球落在线上,网球比赛规则规定,压线球算界内球。

五、双打比赛

(一)双打发球次序

(1)每盘第一局,由发球方决定何人先发球,对方则在第 2 局开始时决定由何人先发球。

(2)第 3 局,由第 1 局发球方的另一球员发球。

(3)第 4 局,由第 2 局发球方的另一球员发球。

以下各局均按此顺序发球。

(二)双打接球次序

(1)第 1 局,先接球的一方,决定何人先接发球,并在该盘的单数局继续先接发球。

（2）第 2 局，后接球方，决定何人接发球，并在这盘双数局继续先接发球。其同伴在每局中轮流接发球。

（三）双打还击

接发球后，双方应轮流由其中任何一名队员还击。网球比赛中，运动员同伴击球后以球拍触球的，判对方得分。

六、计分方法

男子戴维斯杯、四大满贯、奥运会决赛是五盘三胜制，其余比赛均为三盘两胜制。女子不论什么比赛均为三盘两胜制。

（一）一局数

（1）每胜 1 球得 1 分，先胜 4 分者胜 1 局。
（2）双方各得 3 分时为平分，之后，净胜两分为胜 1 局。

（二）一盘数

（1）一方先胜 6 局为胜 1 盘。
（2）双方各胜 5 局时，一方净胜两局为胜 1 盘。

（三）胜局计分制

在每盘的局数为 6 平时，有以下两种计分制。
（1）长盘制：一方净胜两局为胜 1 盘。
（2）短盘制，又称抢七。

（四）一局中的计分

1. 常规局

网球比赛规则规定，在一个常规局的比赛中，报分时应先报发球员比分，计分如下。
（1）无得分——0。
（2）第一分——15。
（3）第二分——30。
（4）第三分——40。
（5）第四分——局比赛结束。
比赛中，如果两名运动员/队都获得了三分，则比分为"平分"。"平分"后，先连续获得两分的运动员则赢一局。

2. 平局决胜局

网球运动比赛规则规定,在平局决胜局中,通常使用 0、1、2、3 分等来计分。

比赛过程中,先赢得 7 分并净胜对手两分的运动员/队赢得该局及该盘比赛。在需要时,决胜局必须继续进行,直到一方运动员/队净胜两分。

七、连续比赛

比赛从第一分发球开始,直到结束应连续进行。

(1)分与分之间,最长间隔时间可以有 20 秒。双方在单数局结束后交换场地时,最长间隔时间可以有 90 秒。但每盘的第一局结束后在平局决胜局时,双方交换场地比赛应连续进行。

(2)每一盘结束后,最长允许盘间间隔时间 120 秒,时间从上一分球结束时开始,直到下一分第一次发球时为止。

(3)赛事组织者可以向国际网联申请批准延长交换场地间隔时间、盘与盘之间间隔时间。

(4)网球比赛中运动员无额外休息时间。但是,比赛期间,如果运动员出现可以治疗的伤病时,可有 3 分钟的时间来处理伤病。

(5)比赛期间,运动员上卫生间/更衣室的次数应符合比赛前颁布的各项细则的要求。

(6)比赛期间,由运动员不可控因素,如服装、鞋子或比赛装备(不包括球拍)损坏需要进行更换时,应允许运动员采取一定的时间去处理和解决这些问题。

(7)比赛过程中,运动员的准备活动时间最长为 5 分钟,有特殊比赛组织需要的情况除外。

(8)网球比赛前,赛事组织者已经宣布整场比赛允许有一次最长为 10 分钟的休息时间的,应安排在 5 盘赛制的第 3 盘结束之后,或三盘赛制的第二盘结束之后。

八、重赛

第二次发球时呼报重赛是指重发该次发球除外,在所有其他情况下,当呼报重赛时,这一分应重赛。

第十二章　其他大学生球类运动文化与技能培养研究

第一节　大学生棒球运动文化与技能培养

一、棒球运动的起源

棒球是由两个各有 9 名队员组成的队,在设有 4 个垒位的直角扇形场地上进行轮换攻守的球类比赛。进攻队员依次用棒击球并按照顺序踏遍 4 个垒来进攻得分,另一队则布防场内,用投球、传球和接球造成攻方队员出局;当攻队累计有 3 名队员出局时,双方交换攻守,比赛共 9 局,每队各攻、守一次为一局,累计积分多的队为胜。

关于现代棒球运动的起源有很多种说法。参照科学家的考证,希腊与印度的古代寺庙和碑石浮雕上都刻有持棒打球的图案。历史资料记载,美国是现代棒球运动的起源地,是在英国板球运动的基础上发展来的。板球于 14、15 世纪在英国盛行,并随着英国人开拓美洲大陆而传到美国东北部各地。在发展中,名称和打法的细节因地而异。所谓板(Cricket),有的叫圆球(Rounder),有的叫镇球(Town Ball),有的叫垒球(Baseball)。到 18、19 世纪,这些球类活动在美国已经相当普及。

二、棒球运动的发展

(一)世界棒球运动的发展

1839 年,美国人窦布戴伊组织了首场和现代棒球运动存在相似点的棒球比赛,参与比赛的两队分别是波士顿队与纽约队。同年美国陆军军官道布尔戴在纽约州的库珀斯敦举办了首次棒球比赛。1845 年,世界第一个棒球俱乐部在纽约成立,美国人卡特赖特制定了第一部棒球竞赛规则,他不仅仅设计了场地,制定了规则,还执行了首次新式棒球比赛的裁判工作,实施了自己制定的规则。他开创了近代棒球运动的新纪元,有力地推动了棒球运动的发展,所以人们公认卡特赖特为"现代棒球之父"。1869 年美国成立了世界上第一个职业棒球队,并于 1871 年成立全国职业棒球队。1992 年棒球被列为奥运会男子比赛项目。

从 1845 年开始,棒球运动在美国获得飞速发展,南北战争结束后在很短的时间内遍及美国各个地区。1846 年设计出扇形场地、比赛服和按标准规则进行了首次正式的棒球比赛。19 世纪 50 年代起比赛逐渐正规化,棒球运动的发展进入了新时期。1865 年棒球运动开始职业化。1869 年成立了世界上第一个职业棒球队——辛辛那提红袜队在美国宣告成立。随后,许多职业球队联合成各种不同的联盟。1871 年成立全国职业棒球运动员协会,1876 年简称全国棒球联盟。比赛逐渐由俱乐部间比赛、联盟间比赛,扩大为世界锦标赛、全明星赛等。

19 世纪初,棒球运动已经传入欧洲,但开展国家比较有限,已经开展的国家同样没有达到大范围普及。19 世纪 20 年代第一届世界性棒球比赛在英国举行。第二次世界大战后,由于美国驻军的影响,在意大利、荷兰、西班牙、瑞典、法国、捷克斯洛伐克、波兰等国都逐渐有所开展。其中意大利、荷兰等国开展较快,在欧洲棒球联盟举办的每年一度的欧洲棒球赛中都曾多次夺得冠军。近年来,由于棒球已列为奥运会正式比赛项目,俄罗斯也正在积极开展棒球运动。

20 世纪 20 年代,美国总统塔夫脱签署了将棒球运动定为"国球"的法令,使棒球运动成为"人人都懂,人人会打"的全民性体育运动项目。现在,美国两大职业棒球组织拥有 100 多个棒球队,其中大联赛 24 个队,每年每队要进行 160 场以上的比赛,观众(包括电视观众)达数亿人次,盛况空前。除此之外,各级学校基本上都组建了棒球队,儿童和少年中都存在棒球组织。

1936 年在库柏斯镇建立了"棒球荣誉厅",以纪念那些对棒球运动的发展做出过杰出贡献的人。随着社会的发展和国际交往,棒球运动已传播到世界各地,并被列为 1992 年奥运会的正式比赛项目。国际棒球联合会成立于 1936 年,设在美国印第安纳波利斯。1981 年,我国成为国际棒球联合会会员。

在美国综合国力不断增强的情况下,与世界其他国家相比,美国棒球运动的普及程度和发展水平无人能及,同时美国不断拓宽棒球运动在其他国家的普及范围,成功把棒球运动带到了世界各地。近百年来,棒球一直在拉丁美洲各国开展,其中古巴水平很高,曾多次夺得世界棒球锦标赛冠军,号称世界棒球五强之一。其次是远东的朝鲜、日本、菲律宾等国。

截至当前,棒球运动已经在全球范围内的很多国家和地区开展。世界业余棒球运动的最高领导机构是国际棒球联盟。其总部设在美国,会员国已由 20 世纪 70 年代的 50 多个增至目前的 60 多个。随着社会的发展和国际交往,棒球运动已传播到世界各地,并被列为 1992 年奥运会正式比赛项目。

(二)中国棒球运动的发展

对于我国来说,特别是对于内地观众来说,棒球项目比较陌生一些,原因在于棒球运动传入我国时间短、普及程度比较低。尽管棒球运动在我国已经有一百多年的发展历史,但一直以来处于时起时落、停滞不前的状态。

1873 年清政府在"中学为体,西学为用"的主张下,选派了 30 名青少年学生赴美国留学,其中包括后来成为著名铁道工程师的詹天佑。这些学生在美国留学时,在耶鲁大学组织了"中华棒球队"。这应该是中国棒球史上第一支球队。在随后的几年中,一些从美国、日本归国的华侨及留学生把棒球带回祖国,这就是中国人打棒球的最早记载。

1895 年,北京汇文书院成立棒球队。1907 年北京汇文书院与通州协和书院进行了一场棒球比赛,是中国最早的一次棒球比赛。1913 年,从由中国、日本、菲律宾 3 国发起的"远东运动会"起,历届都有棒球比赛,参加者多为学生,但成绩多落于日本和菲律宾之后。

新中国没有成立之前,我国几届运动会都把棒球运动列入比赛项目中,但参加比赛队数不多,水平也很低。新中国成立后,棒球运动曾一度在解放军基层连队中广泛开展,其盛况空前。1959 年第 1 届全国运动会有 23 个省市队参加棒球比赛角逐。1961 年,由于历史的原因,停办了全国棒球比赛。直到 20 世纪 70 年代初,棒球运动才得以恢复并逐渐有所发展。

20 世纪 80 年代以后,少年儿童棒球有较快的发展,我国少棒队曾荣获过 7 次世界少年软式棒球锦标赛冠军;1990 年和 1991 年,我国成功地举办了第 11 届亚运会棒球表演赛和第 16 届亚洲棒球锦标赛;青年棒球队首次获得 1994 年亚洲锦标赛第 4 名;成年棒球队取得 1992 年世界 B 组棒球冠军并首次领到了参加世界棒球锦标赛的入场券。在 2005 年第 25 届亚洲棒球锦标赛上,中国队力克韩国取得第三名,实现历史性的突破。这标志着我国棒球运动的国际地位逐步提高。

截至当前,我国成人棒球的省市代表队已经有十几个,全国区县级别和大学层次的业余棒球队近百支,棒球运动员总数约 2 000 人,棒球裁判员人数约 200 人,正规的训练和比赛场地有 10 个。由此可知,尽管近些年来棒球运动在我国获得较大发展,但与棒球运动普及的国家相比差距较大。中国棒球要想冲出亚洲,走向世界,必须从实际出发,改革现行的竞赛、训练、管理体制与运行机制,坚决走职业化、社会化和科学化的道路,才能提高整体水平,才能在世界棒坛中发挥更大的作用。

三、棒球运动的运动价值

从很早之前开始,运动价值就是人们深入探讨的一项问题。绝大多数人认为,健身价值与心理价值是运动的主要价值。身体和精神的健康是相互依存的,伴随着身体功能的改善,精神状况也能同时得到改善。和大部分运动项目一样,棒球、手球也兼具健身价值和心理价值,而且在这些方面的价值还特别突出。

(一)健身价值

提高体适能是健身价值的重要体现。体适能主要由心肺耐力素质、肌肉力量素质、柔韧性素质和身体成分等组成。体适能的发展是积极从事锻炼的结果,只有规律性的体育锻炼,如有规律地参加棒球运动,才能达到最佳的体适能。

1. 提高心肺耐力素质

心肺耐力是指全身肌肉进行长时间运动的持久能力,是体内心肺系统对身体各细胞的供氧能力。人体的心脏、肺、血管、血液等组织的功能是心肺耐力的基础,它们与氧气和营养物质的输送以及代谢物的清除有关。换句话说,健全的心肺功能是健康的根本保障。

系统地参加棒球运动的积极作用体现在几个方面:首先,可以使心肌增厚,收缩力加强,心室容积增大,从而使心脏的泵血功能增强,表现为心血输出量增加,使心脏的能力得到提高;其次,呼吸系统机能将得到提高,表现为呼吸肌的力量增强,肺活量、肺通气量明显增加,使呼吸系统工作能力提高,以保证对机体供氧的能力;再次,可以促进血管系统的形态、机能和调节能力产生良好的适应力,从而提高机体的工作能力;最后,可以使血液系统产生某些适应性变化,如血容量增加、血黏度下降、红细胞膜弹性增强和红细胞变形能力增强等。

2.提高肌肉力量素质

肌肉力量是指肌肉最大收缩产生的对抗阻力或负荷的能力。肌肉力量只有达到一定的程度,才能克服外界阻力,而克服外界阻力是维持日常生活自理,从事各种劳动和运动的必要前提。长期参与棒球运动能够增加肌肉横断面积,提高神经系统对肌肉收缩的支配水平,也能提高肌肉内代谢物质的储备量,大幅度改善肌肉质量,使肌肉力量得到提高。

3.提高人体的柔韧性

柔韧性是指人体各关节的活动幅度,即关节的肌肉、肌腱和韧带等软组织的伸展能力。柔韧性对于保证正常生活质量、维持正常体态、预防损伤发生和减轻损伤程度等方面均起到至关重要的作用。经常参加棒球运动可以延缓因年龄因素而导致的柔韧性下降,预防因缺乏运动而导致的关节结构、周围软组织和膝关节肌肉退化,从而使锻炼者的日常生活、劳动和运动等更加充满活力。

4.改善身体成分

身体成分是指人体体重中的脂肪组织和去脂组织的重量百分比。身体成分中的脂肪成分增加,肌肉成分必然下降。身体中不具备收缩功能的脂肪组织增加,必然导致身体进行各种活动的能力下降,基础代谢水平降低和肥胖症、冠心病、高血压、糖尿病、高血脂等慢性疾病发病率的提高,因此,身体成分是保证人体健康的重要内容之一。

长期参与棒球运动能够改善身体成分的原因是:在参与者体质逐步强化的背景下,热量消耗便随之增加,进而燃烧掉体内多余的脂肪,使身体成分得到改善。而身体成分的改善,又可以减少体重对关节可能带来的不利影响,还可以使肥胖者的心理状况得到改善,增强其自尊心和自信心,使其逐步建立起健康的生活方式。

(二)心理价值

研究证明,有规律的体育锻炼不但可以使锻炼者增强体质、促进身体健康、预防一些慢性疾病,还可以提高锻炼者的生活满意度和生活质量,对其心理健康产生明显的积极影响。和大部分体育运动项目一样,棒球运动在这方面的作用十分突出。站在全局的角度来分析,长期参与棒球运动存在以下几方面的心理健康效应。

1.改善情绪状态

参加棒球运动可以改善人的情绪状态。研究发现,体育锻炼对人的情绪状态具有显著的短期效应。运动后人们的焦虑、抑郁、紧张和心理紊乱等症状的程度显著减轻,而精力和愉快程度则显著增强。而且这种情绪的迅速变化,与锻炼者个体的健康状况、活动形式和活动强度等有着直接的联系。需要补充的是,棒球运动对人情绪的长期效应具有直接性作用。以不参与锻炼的人为比较对象,有规律的锻炼者在较长时期内很少会产生焦虑、抑郁、紧张和心理紊乱等情绪。

2.完善个性行为特征

通常情况下,会将人们的行为特征划分成 A 型行为特征和 B 型行为特征。A 型行为特征主要表现为性情急躁、争强好胜、容易激动、整天忙碌和做事效率高等。B 型行为特征主要表现为不好竞争、不易紧张、不赶时间、对人随和、喜欢自由自在等。

具有 A 型行为特征的人由于过度紧张的情绪反应,会引起内分泌失调,增加心脏病发病的概率。在现阶段的部分研究中,往往集中于体育锻炼对改变 A 型行为特征的作用方面。研究结果表明,有规律的体育锻炼能明显改变 A 型行为特征,使其发生显著的积极变化。

3.确立良好的自我概念

自我概念是指个体对自己身体、思想和情感的主观整体评价,它由许多自我认识组成,包括我是什么人、我主张什么和我喜欢什么等。长期参与棒球运动,能够达到身体强健、精力充沛的目标,能够优化驾驭身体的水平,由此提高对自身的满意度,形成积极向上的自我概念。

4.改变睡眠模式

慢波睡眠状态和快波睡眠状态是人的两种睡眠状态,慢波睡眠状态又被称之为浅度睡眠状态,快波睡眠状态又被称之为深度睡眠状态。一夜之间两种睡眠状态会交替发生 4～5 次。经常参加棒球、手球运动或其他体育项目不仅对慢波睡眠有促进作用,而且能缩短入眠的潜伏期,并延长睡眠的时间。

5.改善认知能力

经常参加棒球、手球或其他体育项目,能改善人的认知过程,避免反应时间过长、注意力不集中和思维混乱等症状的发生,尤其对青少年和老年人的认知能力,改善效果更为明显。

6.增加心理治疗效应

体育锻炼被绝大多数人认为是心理治疗的一项有效手段。截至当前,抑郁症与焦虑症是比较常见的心理疾患。研究发现,体育锻炼是治疗抑郁症的有效手段之一,抑郁症患者经过有规律的体育锻炼,抑郁症状能显著减轻。体育锻炼还具有治疗焦虑症的作用,经过有规律的体育锻炼,可以使锻炼者的焦虑症状明显改善。

四、棒球运动的竞赛规则

(一)棒球运动的基本知识

1.棒球运动场地

如图 12-1 所示,竞赛场地是一个直角扇形区域,直角两边是区分界内地区和界外地区的边线。两边线以内为界内地区,两边线以外为界外地区。界内和界外地区都是比赛有效地区。界内地区又分为内场和外场。内场呈正方形,四角各设一个垒位,同一水平面上在尖角上的垒位是本垒,并依逆时针方向分别为一垒、二垒和三垒。本垒后面和两边线以外不少于 18.29 米的范围内为界外的有效比赛地区。如图 12-2 所示,两边线至少长 76.20 米。两边线顶端连接线的任何一点距本垒尖角的距离都应不少于 76.20 米。内场每边垒间距离为 27.43 米。投手板的前沿中心和本垒尖角的距离为 18.44 米。内场以外的地区为外场。本垒尖角后 18.29 米处应设置后挡网。网高 4 米以上,长 20 米以上。场地周围设置围网,高度 1 米以上为宜竞赛场地必须平整,不允许有任何障碍物。

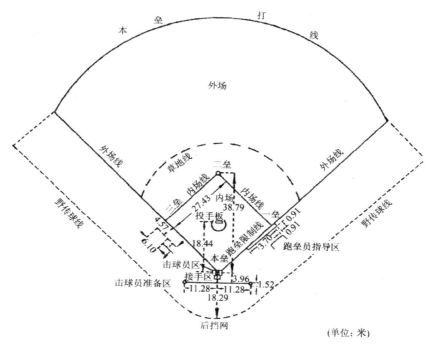

(单位: 米)

图 12-1

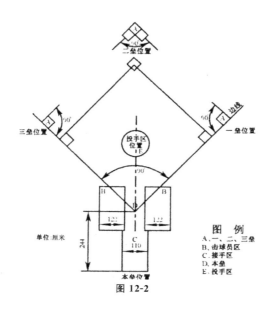

图 例

A、一、二、三垒
B、击球员区
C、接手区
D、本垒
E、投手区

单位:厘米

图 12-2

2.运动器材

（1）球

硬式球和软式球是棒球的两种类型。

通常来说，软式球主要用于 16 岁以下的少年比赛中。软式球用橡胶制成，球的内部是空心的，一般有 A、B、C、D 四种型号，其规格见表 12-1。

表 12-1 不同型号棒球的规格

型号	直径/毫米	重量/克
A	69.50～70.50	133.20～136.80
B	69.50～70.50	140.70～144.30
C	68.50～69.50	125.70～129.30
D	71.50～72.50	134.20～137.80

在青年棒球比赛和成年棒球比赛中，大多使用硬软式球。硬软式球用圆形软木或橡胶做球心，绕以棉麻线，再以白色牛皮包紧密缝而制成。球面应平滑，重量为 141.70～148.80 克，周长为 22.90～23.50 厘米。

（2）球棒

球棒呈圆柱形，棒面必须平滑无截面接头。金属棒的两端必须密封，握棒部分的棒帽末端可以制成直径为 2.45 厘米，棒长不得超过 1.07 米，最粗处直径不得超过 7 厘米。为便于握棒，从握棒的一端起至 45.7 厘米的长度内，可用胶布带、布条或橡胶包缠。

（3）手套

棒球的手套有分指手套（Glove）和连指手套（Mitt）两种。分指手套任何选手都能使用，连指手套仅限于接手和一垒手使用。不管使用哪种手套，在重量和颜色上都没有限制，仅仅在尺寸和大小两方面存在微小差异。一般一垒手、外场手、投手和接手使用的手套稍大，其余各位置选手的手套稍小。连指手套的周长不得超过 9.650 厘米，上下两端长不得超过 39.40 厘米，虎口处上下沿不得超过 15.20 厘米；分指手套上下两端长不得超过 30.50 厘米，虎口处上下沿不得超过 12.70 厘米。

（4）护具

接手穿戴的护具有护面、护胸、护腿、护耳、护喉、护档等，击球员和跑垒员使用头盔。

（5）着装和钉鞋

在比赛过程中，同队队员身着的比赛服装应当在样式与颜色两方面实现统一，比赛服装包括内衫以及外露部分。服装上不得有闪光的纽扣或附饰物，服装上衣背面应有不小于 15.20 厘米的明显的号码，上衣和裤子的号码要一致。同队队员服饰不同不允许参加比赛。每队应有深浅不同的两套服装，先攻队穿深色，后攻队浅色。队员可穿有平扁铁钉或橡皮头的棒球鞋，但不得为圆尖的金属钉。长扁铁钉长不得超过 1.5 厘米。

（二）比赛通则

1.比赛人数

每队必须有 9 名队员才能开始或继续比赛；反之则判弃权。

2.比赛方法

棒垒球比赛是在一块直角扇形的场地上进行，由进攻队和防守队组成每队 9 人，若有代打（DH），则每队 10 人，两队互为攻守。若进攻队已有 3 人被判出局，双方即交换攻守。每队各完成进攻和防守 1 次称为 1 局，正式的比赛规定为 9 局（少儿棒球比赛规定为 7 局），如果 9 局后比分相等比赛可延至 12 局。击球员击球后依次踏过一垒、二垒、三垒和本垒，进攻队得 1 分。最后累计得分是棒球比赛最终结果的决定性因素，累积得分高者为获胜方。

倘若棒球比赛表现出死球局面时，候补队员可以替换上场，全场比赛中候补队员只能被替换一次，而被换下场的非候补运动员则可以再次上场参加比赛。

对于棒球比赛来说，进攻和防守存在很大差异，进攻队和防守队的主要目标分别是得分和阻止对方得分。比赛开始前，在司球裁判主持下，由两队队长抽签或用投币的方式决定谁先攻或先守。比赛时，进攻队的选手根据教练排定的击球次序（全场比赛不得变更或调换）轮流上场击球。击球员在击球区持棒将投手投来的球击出，然后安全跑进一个垒或几个垒，同时依靠下一个击球员的击球或掩护或垒上跑垒员的策应、牵制等战术配合，争取在第三人出局前依次踏触一垒、二垒、三垒和本垒得分。防守队的队员则采用封杀、触杀、传球或将击球员击出的球直接接住等技战术设法阻止进攻队得分。防守本身没有得分的机会。在进攻队已有 3 名队员出局后，但同对方交换攻守，守队变为攻队，攻队成为守队，以后每局都这样交替进行，直至终局。

3.攻与守

在比赛开始之前，往往会通过抽签来决定攻守顺序，双方需把击球顺序和防守位置名单交与裁判员和对方。在全场比赛中，击球顺序不得更改。换人和改变防守位置时须经裁判员同意并及时通知对方，一旦更换退场队员，在本场比赛中将不得再进场比赛。

4.临场裁判员

主裁判一名，站于接手的身后，其主要职责是：宣判投手投球的好和坏，宣告击球员的击球状况。判定攻方"出局"和"得分"；判定击球的状态：界内球、界外球和擦棒球；宣判和处理违规行为；宣布比赛结果。

司垒裁判员三名，分别站于一、二、三垒附近，主要职责是宣判跑垒员的"安全"或"出局"，以及在该垒附近的阻挡，妨碍对方的行为；处理漏踏垒及其他事宜；协助主裁判。外场司线裁判两名，判定落在外场远处的球是界内或界外，外场手是否合法接杀。

5.出局与得分

进攻队队员被判定失去该轮次的进攻权利叫"出局"。

出局的比赛要点是："三击不中"时，第三个好球被接手接住；击出的球不论在界内还是界外，在未落地之前被防守队员接住时;击出球后跑向一垒时,防守队队员所传的球先于跑垒员到达一垒守垒员手中时;跑垒员在跑垒过程中与正在接球的防守队员发生冲撞,或被击出的球击中,则判跑垒员出局,其他跑垒员返回原垒。

跑垒员出局的比赛要点是:离垒时被守队持球队员触及身体任何部分时;在没有跑到下一垒时,被持球的防守队员触及身体的任何部位时。

得分的要点是:球员击出球并安全上一垒成为跑垒员后,依次经踏二、三垒在三人出局前安全回到本垒,则得一分。

6.攻守交换

进攻队累计有三人出局即换成防守队,原防守队换成进攻队。

7.申诉

守队可以在投手投出下一个球之前对攻队的击球次序错误或者漏踏垒或者高飞球离垒过早向裁判提出申诉,裁判则根据规则给予安全或出局的判罚。

8.不合法投球

投手只要违反下列中的任一规则的投球均判不合法投球:第一,投手的轴心脚没有触踏投手板而向击球员投球;第二,向没有准备好的击球员投球。

不合法投球如垒上没有跑垒员时,判击球员一"球",如垒上有跑垒员时,判投手犯规,垒上跑垒员安全进一个垒,但不再判击球员一"球"。

五、棒球项目术语

(1)判定。判定是裁判员根据判断所做出的决定。一般来说,判定没有抗议的余地,但裁判员运用规则错误所做出的裁决不在此限。

(2)申诉。守队对攻队队员的犯规行为要求裁判员判定出局的行为叫"申斥"。

(3)提出抗议。比赛队的主教练员认为裁判员执行规则错误,向裁判员提出改判要求的行为叫"提出抗议"。

(4)投手犯规。垒上有跑垒员时,投手的不合法行为叫"投手犯规"。此时判各跑垒员安全进一个垒(但不判击球员一"球")。

(5)坏球。投手合法投出的没有直接通过"好球区"而击球员又未挥击的投球叫"坏球"。

(6)垒位。跑垒员为得分而必须按逆时针顺序踏触位于内场四个角的位置叫"垒位"。垒位通常放置帆布垒包或橡胶板作为标志。

(7)跑垒指导员。穿着与队员同样的运动服装,站在一、三垒外跑垒指导区内指导击球员击球和跑垒员跑垒的同队成员叫"跑垒指导员"。

(8)四坏球上垒。击球员击球时得四个"坏球"而安全进到一垒的判定叫"四坏球上垒"。

(9)击球员。在击球区内进行击球任务的攻队队员叫"击球员"。

(10)击跑员。击球员完成击球任务后向一垒跑进的攻队队员叫"击跑员"。

(11)击球区。击球员击球时站立的区域叫"击球区"。

(12)投接搭档。投手和接手二人的组合叫"投接搭档"。

(13)队员席。为上场队员、替补队员和其他穿着运动服装的本队成员准备的座位叫"队员席"。

(14)触击球。击球员不挥动球棒而有意等球碰棒或用棒轻触来球,使球缓慢地滚入内场的击球叫"触击球"。

(15)接住。守场员没有用他的帽子、护具、口袋或运动服的任何部分来接球,而是在球落地前牢固地把球握在手套或手中的防守行为叫"接住"。但如果在他接球的同时或接球后立即和队员或挡墙相撞摔倒以致将球失落时不算"接住"。如果守场员触及的高飞球又触及攻队队员或裁判时,即使被其他守场员接住也不算"接住"。如果守场员把球接住后在传球时失手将球失落(即第二动作),仍可判"接住"。在这种情况下,对"接住"的有效性应按守场员有足够的时间把球握住从而证明已把球控制住,同时传球又是自觉和有意等来确定。

(16)接手。位于本垒后面的守场员叫"接手"。

(17)接手区。接手在投手投球出手前必须站立的区域叫"接手区"。

(18)死球。根据规则造成比赛暂时停止的球叫"死球"。这种暂停比赛的局面叫"死球局面"。

(19)双杀。守场员使攻队两名队员连续出局的防守行为叫"双杀"。

(20)双封杀。两个封杀造成的双杀叫"双封杀"。

(21)封触双杀。先用封杀,再用触杀造成的双杀叫"封触双杀"。

(22)界内球。合法击出的球如遇下列任一情况均为"界内球":球停止在本垒至一垒或本垒至三垒之间界内地区时;击球在界内地区触地后越过一、三垒垒位后从垒位后面的界内地区滚出外场时;触及一垒、二垒、三垒垒包时;先落在一、二垒及二、三垒的垒线上或该线后的外场界内地区时;球在界内触及裁判员或比赛队员身体时;从界内地区上空直接越出本垒打线时。

(23)界内地区。从本垒经一、三垒边线及其延长线一直到挡墙或围网(包括垂直的空间)以内的区域叫"界内地区"。

(24)守场员选杀。守场员在处理界内地滚球时不传杀击跑员而传杀前位跑垒员出局的防守行为叫"守场员选杀"。守场员选杀也适用于记录员记录:击跑员由于守场员处理击出的安打球时选杀前位跑垒员而多进一个或一个以上的垒时;跑垒员由于守场员传杀其他跑垒员而取得进垒时(盗垒或守场员失误的进垒除外);跑垒员盗垒因守场员未采取防守行为而取得进垒时。对于因上述原因而取得进垒的击跑员或跑垒员在记录上应记为守场员选杀。

(25)界外地区。从本垒经一、三垒边线及其延长线一直到挡墙或围网(包括垂直面的空间)以外的区域叫"界外地区"。

(26)擦棒被接球。击球员击球,球擦棒后直接飞进接手的手或手套并被接住的击球叫"擦棒被接球"。没有接住就不是"擦棒被接球"。每一"擦棒被接球"均判一"击",继续比赛。擦棒球的击球如先触及接手的手或手套再触及身体并在落地前接牢时,为直接接住,判"擦棒被接球"。但先触及接手的手或手套以外的部位,如身体、护具后反弹出,即使该球落地前接住不属于擦棒被接球,而属于界外球。

(27)地滚球。击球员击出在地面滚动或弹跳的击球叫"地滚球"。

(28)不合法投球。投手违反下列任一规则的投球均判"不合法投球":投手的轴心脚没有踏投手板而向击球员投球;急速向没有准备好的击球员投球。"不合法投球"判击球员一"球"。垒上有跑垒员时的"不合法投球"判"投手犯规",垒上的跑垒员都安全进一个垒,但不判击球员一"球"。

（29）高飞球。被击出成高空飞行的球叫"高飞球"。

（30）封杀。守场员对击跑员进行传杀或对由于击跑员上垒而被迫进垒的跑垒员进行传杀的防守行为叫"封杀"。这种攻守局面叫"封杀局面"。

（31）弃权比赛。由于一方违反规则,经司球裁判员宣判另一方以 9∶0 获胜而结束的比赛叫"弃权比赛"。

（32）界外球。击球员合法击出的球如遇下列任一情况时为"界外球":球停止在本垒到一垒或本垒到三垒之间的界外地区时;地滚球在经过一、三垒垒位时,从垒位外侧界外地区滚入外场或继续滚出界外地区时;高飞球第一个落点在一、三垒垒位后界外地区时;球在界外触及裁判员、比赛队员的身体或其他障碍物时。

（33）内场手。在内场各位置进行防守的队员叫"内场手"。

（34）内场高飞球。在两人出局前,一、二垒或一、二、三垒都有跑垒员时,击球员合法击出内场或内场附近并为守场员(包括外场手)轻易接住的界内高飞球(平直球和用触击法击出的高飞球除外)叫"内场高飞球"。这时判击球员出局,继续比赛。在上述局面下,如果击出的球明显是"内场高飞球",裁判员为了保护跑垒员应立即宣判:"内场高飞球,击球员出局!"如果击出的球接近边线上空,一时难以判定是界内球或界外球时,裁判员应立即宣判"内场高飞球"。"内场高飞球"是继续比赛局面,跑垒员可冒险进垒,如果该高飞球被接杀,如同对待普通的高飞球,跑垒员须负"再踏垒"的义务,否则有被杀出局的危险。如果击成界外球,则改按界外球处理。同样在两人出局前,一、二垒或一、二、三垒有跑垒员时,击出高飞球并未碰触守场员,落地后在一、三垒前弹出界外则应判"界外球";如落在边线外在一、三垒前弹入界内应判"内场高飞球",击球员出局。

（35）中止比赛。不论任何理由,经司球裁判员宣布中途停止的比赛叫"中止比赛"。

六、棒球运动技术

（一）传球技术

传球是指防守队员通过手与手臂把球送至既定目标,从而让击跑员或跑垒员出局的防守行为。从整体来说,能够把传球技术动作概括成蹬、转、鞭三个字。"蹬"是指轴心脚用力蹬地,使身体重心朝传球方向移动。"转"是指身体向传球方向转动时,髋关节带动上体和肩部沿身体纵轴依次用力。"鞭"是指向传球方向挥臂时,肩、肘、腕、手依次发力的鞭打动作。完成这三个动作要协调、快速、连贯。

根据传球时出球位置的不同,传球的方法大体可分为肩上传球、下手传球、正(反)手抛球和体侧传球等。这里主要分析相对常见的肩上传球和体侧传球。

1. 肩上传球

如图 12-3 所示,两脚左右开立与肩同宽,膝关节微屈,双手持球置于体前,身体正对传球目标,两眼注视接球队员。传球时,以右脚为轴,膝、髋、肩关节依次用力向右转体,左肩对传球方向,两臂前后分开,右手持球,掌心向下,同时左脚沿地面向传球方向伸踏。落地后身体重心随髋关节前送移至左脚,左手自然弯曲置于胸前,右手臂经体侧上摆至右后方,屈肘成 90°,肘关节上提,置于肩水平线以上。随后快速转肩向前顶肘,肩、肘、腕、手依次发力摔臂扣腕,最后在身体前上方鞭打传出。球出手后,传球臂顺势向身体右下方随摆,上体下压,重心落在伸踏腿上。两眼注视传球目标,进入防守阶段。

图 12-3

2.体侧传球

两脚左右开立与肩同宽,膝关节微屈,双手持球置于体前,身体正对传球目标,两眼注视接球队员。接到球后,眼睛注意传球目标。重心起伏要小,上体稍向右倾。传球时,要先转髋,这样不易传偏。右手臂的轨迹在肩腰之间,能够与地面平行。

(二)接球技术

防守队员用手套和传球手把击球员击出的球,或把同队队员传来的高速运动着的球停住并保持在手中的防守行为和技术。以球的运行特征为依据,大体包括三种接球方法,具体如下。

1.接地滚球

如图 12-4 所示,接球前面对来球方向,两脚分开略宽于肩,前导脚在前,屈膝,上体前倾,重心落在两脚的前脚掌上,两手臂放松置于膝关节前,两眼正视来球。接球时,根据来球轨迹移动步伐,正面迎球,双手靠拢前伸,手套张开贴地,手指向下对准来球。地滚球刚弹跳离开地面瞬时或从最高点开始下降瞬时,在两脚连线中心前 30 厘米处用双手将球接住,随后迅速合套护球稍后引,同时传球臂后摆,垫步准备传球。

图 12-4

2.接高飞球

如图 12-5 所示,接球前面对来球方向,两脚开立略宽于肩,左脚在前,两膝微屈,上体前倾,两臂放松置于膝关节前或腹部前,两眼注视来球方向,准备移动接球。接球时根据高飞球的来球路线判断其落点,随后迅速移动脚步面对来球,自然站立,屈肘,手臂上举置于额头前上方,手指向上,掌心向前,两眼盯住来球。来球接近手套瞬时,两手要主动前伸迎球,在额头的右前上方将球接住,同时两臂顺势后引缓冲,准备做传球动作。在提高飞球的过程中,必须重点关注球的落点。对于弧度大的来球来说,左额前方是接球点;对于弧度小的来球来说,胸前大约 30 厘米处是接球点。

图 12-5

3.接平直球

接球前正对传球方向,两脚自然开立与肩同宽,双膝微屈,重心下降稍向前移,肘关节微屈并自然下垂,合手将手套置于胸前,手指向上,眼注视来球,略提踵准备移动,准备用戴手套的掌心接高于腰部的来球(图 12-6)。

棒球运动员在接平直球的过程中,由于来球速度很快,因而接球员必须具备敏捷的反应与动作,千万不要手指尖朝前,以此来避免手指挫伤或身体被打伤。如果来球实在太快,来不及做出反应,可用手套背面挡球,随后再拾球传杀。

图 12-6

(三)击球技术

站在击球区域的进攻队员,用手持的球棒挥动或不挥动去撞击守方投手投球的进攻行为叫击球。击球技术是进攻队员取得进垒或得分的重要手段,是衡量一个队进攻能力的重要指标。通常情况下,击球技术被划分成挥击球技术和触击球技术。

1.挥击球技术

身体由下肢经躯干到上肢依次协调用力的完整过程,即挥击。判断、引棒伸踏、挥棒击球和随挥是挥击的四个环节,具体如下。

(1)判断。击球员在击球时要注意力集中,身体保持正直,两眼直视投手的投球动作,在球到达本垒半程前做出好球或坏球和下棒或放过的判断。

(2)引棒伸踏。如图 12-7 所示,当投手准备投球时,击球员重心右移,用右脚支撑身体,同时两肩和腰部向右后转引棒,随后左脚向右侧收一小步,左脚的膝关节和髋关节稍内扣,头部正直不晃,两眼盯住投手,球棒的指向和位置保持原状态。当投手的投球手前送时,击球员身体稍后收,同时持棒手稍后引,随后左脚沿地面横向来球方向迈出,前脚掌内扣着地,脚尖与本垒成直角,伸踏的幅度为 15 厘米左右,重心落在右脚上。

图 12-7

(3)挥棒击球。在投手出球瞬时或左脚伸踏落地瞬时起棒,随后右脚提踵,迅速用前脚掌内侧发力蹬住地面,膝关节内扣,面颊贴在左肩锁骨上,同时重心前移,整个身体迅速向来球方向转动并准备向下挥棒。下棒时,腰部和肩部依次用力转动,髋关节的转动领先于手臂的挥棒动作,同时左肩打开,右肩前移,接着左手拉棒,右手推棒,两腕用力前送棒,让棒头超越棒尾,球棒贴近身体,腋部不要张开,眼不离球,准备吃中球。球棒击中球的瞬时,左手臂向前用力伸展,右手臂向击球方向推送,面颊贴在右肩锁骨上,两眼把球盯到底,由此开始球棒沿水平方向运动,球中棒的最佳部位在离粗端 5～15 厘米处。

(4)随挥。击中球后手臂不要立即停止挥动,应该主动用力让球棒沿水平方向继续运动一段距离,随之翻腕屈肘,右腕在左腕上翻过去,面向前方,挥棒至左肩三角肌处即右脚后跟抬起时止,然后分别松开右手、左手,将球棒丢放在身体的左后方,起动跑垒。

2.触击球技术

当投手把球投出后,击球员根据来球的运动轨迹,调整站位及身体姿势,让球棒的中部对准来球。当来球接近身体时,双手轻轻将球棒推出或等球触棒。在球与棒接触的瞬时,双臂顺势后收,缓冲来球力量,将其轻击到本垒板前并使其在界内区域滚动,随后向一垒方向起跑。

(四)跑垒技术

跑垒是击球员完成击球任务成为击跑员或跑垒员后继续完成进垒与得分任务的基本技术。跑垒员不仅可以利用跑垒技术牵制或扰乱对手的防守部署,达到掩护同伴进垒或得分的目的;也可以自己继续跑向二垒、一垒和本垒得分。

棒垒球比赛中的得分,主要是依靠进攻时的击球与跑垒。进攻队员先通过击球取得上垒,然后发挥主动性并借同队队员的配合和防守队的薄弱环节,通过场上各垒回到本垒,这些进攻活动都是跑垒。根据比赛场上进攻队员的位置和任务,跑垒技术包括击跑员跑垒、一垒跑垒员跑垒、二垒跑垒员跑垒和三垒跑垒员跑垒四种,每种都三部分组成起跑、垒间跑和踏垒。

1. 击跑员跑垒

(1)击球后的起跑

击球员完成随挥放棒后,左脚蹬地,重心右移,右脚迅速向一垒方向跨出半步,上体前倾,沿直线疾跑5～6步,步频快,步幅小,两臂摆动幅度大,不要看击出的球。

(2)垒间跑

击跑员上体抬起,眼睛盯住一垒包,以最快的速度沿跑垒限制道全力向一垒奔跑,切记边跑边看球。避免出现奔跑的方向和球的飞行方向出现偏差,造成跑垒失误。

(3)冲刺踏垒

击跑员在距一垒4米左右时身体前倾,不要有碎步或减速,全力冲刺跑过一垒,尽量用左脚前脚掌踏触一垒包的外侧,若能连续向二垒跑则踏在垒包的内角。这一阶段主要考验击跑员的奔跑速度,对击跑员的身体素质要求比较高。

(4)减速返回或继续进垒

击跑员跑过一垒后,上体抬起,以碎步逐渐减速,在距离一垒3～5米处停止,随后转身面向内场观察场上的攻守局面,判断是否进二垒或返回一垒,如果返回一垒应沿一垒边线的界外区域返垒。

2. 一垒跑垒员跑垒

当投手持球踏在投手板上时,跑垒员以侧滑步动作向二垒方向移动3～4步离开一垒包,面向投手,眼睛盯着投手的前臂和伸踏脚,重心降低置于两脚之间,保持身体平衡,离垒的范围要以安全返垒为准;当向二垒起跑时,左脚经体前交叉,同时上体右转向二垒,并且结合守场员接球的具体位置与具体动作,用最短时间判断采用哪种手段上垒,具体包括扑垒、滑垒、连续跑垒或碎步上垒。

3. 二垒跑垒员跑垒

当投手持球踏触投手板时,二垒跑垒员可以离垒。离垒动作的基本姿势与一垒跑垒员相似,但离垒的距离可以远一些,位置最好在二垒或三垒的垒线上。二垒跑垒员的注意力集中在投手身上,并善于根据三垒跑垒指导员的暗号和比赛场上的局面,如内场地滚球、外场高飞球、安打球、守场员的失误等等,做好返回二垒或跑向三垒或踏触三垒的内角继续跑进的准备。

4. 三垒跑垒员跑垒

三垒距离本垒最近,故三垒跑垒员得分的可能性是最大的。当投手持球踏触投手板时,三垒跑垒员可离垒3～4步。在投手向击球员投球之后,用交叉步再离垒3～5步作跑向本垒的准备;若接手接住球,则返回三垒。离垒的路线及位置应在界外区域,最好在边线外一步的地方。

（五）滑垒技术

滑垒是指高速跑垒中的进攻队员,为了达到踏垒,减少被触杀的面积,增加防守难度而采取的突然性进垒的方法。其特征是跑垒员在接近欲进入的垒位时,身体突然前扑或后倒成侧卧姿势,借前进的冲力沿地面滑进接近垒位并停在垒上。滑垒的主要有以下三种方式。

1. 前扑式滑垒

前扑式滑垒滑动距离长、触杀面积小、手触击垒位灵活,主要用于抢垒、返垒、偷垒等技战术中。如图12-8所示,当跑垒员高速接近垒位5米左右时,降低重心,上体顺势前倾,一脚用力蹬地使身体伸展,用腹部和大腿依次触地,同时抬头,挺胸,两臂前伸,双膝微屈,两眼注视垒位,最后用手触摸垒包的前沿。

图 12-8

2. 蹲坐式滑垒

蹲坐式滑垒是棒球比赛中应用最多的滑垒技术之一。这种滑垒技术动作快速,直线滑行,动作结构简单易掌握,是初学者普遍应用的滑垒技术。如图12-9所示,当跑垒员高速接近垒位3米左右时,左脚蹬地,右脚向前跨出,重心降低,随后左腿屈膝,小腿置于右膝关节处下面,依次用脚背外侧、小腿外侧及臀部触地,呈坐地姿势滑行接近垒包。在滑行的过程中,上体前倾,含胸,收下颌,双臂自然弯曲侧上举(不要触地),右腿自然弯曲,脚尖上翘,最后用右脚脚跟触及垒包的前沿或垒角。在接触垒包瞬时,利用滑行的惯性,上体顺势抬起,以左脚蹬地站起,呈站立姿势后,右脚向下一垒位跨出一步准备随后的动作。

3. 钩垒式滑垒

由于钩垒式滑垒不是正面滑向垒位,故到垒时间较其他滑垒方式慢些,同时还容易滑过垒位。与前扑式和蹲坐式不同,这种滑垒方式对技术的要求较高,一般情况很少采用。为了躲避触杀,跑垒员只有在可能被传杀出局的紧急情况下才使用钩垒式滑垒。如图12-10所示,当跑垒员高速接近垒位,距垒位3米左右时,左脚内侧向后蹬地,同时右脚外展,直腿伸向垒位的右侧,上体向右侧倾斜。随后左膝弯曲,重心下降,以右腿外侧及臀部触地滑行。在滑行的过程中,收腹,上体后仰,抬头,两眼注视垒位,两腿呈夹子姿势,右手及前臂贴地维持身体重心,左臂向体前伸出,最后用左脚脚背钩触垒包的前沿。

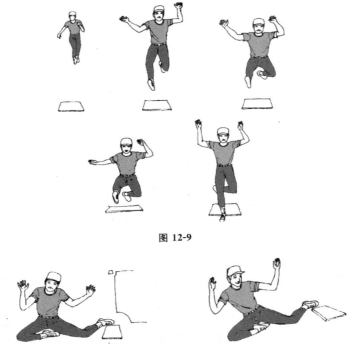

图 12-9

图 12-10

(六)封杀和触杀技术

触杀是防守队员用持球手套或持球手触击没有到达或没有站在垒位的跑垒员身体的任何部位而造成该跑垒员出局的防守技术。在任何情况下,触杀无论是否属于被迫进垒,均判被触击的进攻队员出局。如击跑员在到达一垒前被触杀,或一垒跑垒员偷进二垒被触杀,或三垒偷进本垒被触杀等。

封杀是进攻队员处于被迫进垒局面且没有踏触垒位前,防守队员持球并用身体的任何部分触及垒包使击跑员或跑垒员出局的一种防守技术。封杀快捷简便,但只在被迫进垒局面才有效。

1. 触杀技术

如图 12-11 所示,触杀接球前有两种预备姿势。一是两脚开立,站在垒位一侧,将跑垒路线置于体侧。二是两脚分别站在垒包的两侧,将跑垒路线置于胯下。准备接球时身体重心下降,眼睛盯住来球,接球后用手套背顺势向垒包前沿推出,触及跑垒员或击跑员伸向垒包的脚或手。对于触杀技术的要求是动作连贯、力量和幅度小。

2. 封杀技术

如图 12-12 所示,准备接球前,两脚站立的位置应以有利于踏触垒包为基准。身体姿势与接球的准备姿势相同,面对来球方向,眼盯来球。接球瞬间用一脚的前脚掌踏触垒包,其余一只脚向来球方向迈出一大步,并且稳稳地接住球。

图 12-11

图 12-12

七、棒球运动战术

(一)进攻战术

1.偷垒战术

(1)单偷

单偷是为了抢占二垒和三垒。偷垒者跑垒意识强、起动好、速度快、反应敏捷。偷垒意图要隐蔽,动作要迅速。击球员要密切配合,如投手投来好球时,要空挥棒以干扰接手接球。单偷适宜于防守队员疏忽、接手不擅长传杀、下一个击球员水平低的情况。要善于抓住守备的失误偷垒或连续进垒。

（2）双偷和三偷

内野手的传接球能力差，防守意识较弱。也可根据个别内野手的守备差进行相应的偷垒。如捕手传球能力差，当捕手向二垒传球时，二垒跑者可抢占三垒。

多人偷垒时，后位跑者要有意多离垒，当守备者向后位跑者传杀时，前位跑者乘机抢下一垒。在传杀的过程中，后位跑者要积极抢占垒位，宁愿后位被杀也不要造成前位跑者被杀。

2.触击球战术

（1）上垒触击

为了安全抢占一垒。击球员的触击意图要十分隐蔽，选球要严格，尽量在投手投球出手后，判断出是好球时才能暴露触击意图。触击球动作暴露得越晚，上垒的成功率越大。上垒触击适宜于防守队防触击球水平较低或没有重视防触击球，而击球员触击球技术好且跑速快的情况。

（2）试探触击

在球出手时，突然摆出触击姿势，眼睛观察内野手的位置变化。在球离本垒6米左右时突然收棒。注意收棒时不要和球交叉，否则无论好球坏球都判一击。要将球击向防守出现弱点的地方，故要求打者具备好的击球基本功。当明确掌握防守阵型变化之后，运动员能够选用假触真打或触击战术。试探触击往往应用于无击的情况下。

（3）牺牲触击

用自我牺牲来掩护垒上跑垒员安全进入下一垒位是牺牲触击的主要应用范围。击球员和跑垒员用暗号取得默契后，使用公开触击球的方法只触击投手投来的好球，不触击坏球，力争在"二击"以前完成。触击时不要边触边跑，以免影响触击的准确性。运用这一战术时，跑垒员可根据守队的防守情况采用多种跑垒方法。当内场手之间补位能力较差时，击球员可向三垒方向触击地滚球，让三垒手上前接球传杀一垒而造成三垒位空虚。这时一垒跑垒员可在投手出球后快速奔向二垒，在将到达二垒时，可先向或转弯为进三垒做准备，如发现三垒无人补垒，可乘机继续抢进三垒。一般在交战双方势均力敌，跑垒员不易偷垒，击球员击球技术较差和避免双杀时采用这种战术。

（4）假触击

二垒跑者在投手有投球的开始动作时，马上抢占三垒。在球出手时，突然摆出触击姿势，引诱三垒手前冲。触击时，最好触空棒，不要收棒。触者不要过早暴露触击的意图。常用于二垒有人，二击之前使用。

（5）强迫抢分触击

这一战术是牺牲自我来掩护三垒跑垒员抢进本垒得分。击球员和跑垒员用暗号取得联系并严格按照教练员所规定的抢分时机进行（如一击以后或投手投第二个球时）。即使此时投手投出又高又偏的坏球（暴投除外），击球员也要全力把球触成界内地滚球，否则就容易造成三垒跑垒员被夹杀出局或被双杀出局，从而导致失败。跑垒员在投手球出手之际要全力冲向本垒，并随时准备滑垒。此战术成功的关键在于击球员和跑垒员的密切配合，并且击球员要把球触成界内地滚球。通常在比赛接近后几局，双方打成平局或落后1分，攻队为夺取关键的1分时可采用。

3.挥击球战术

(1)打第一个好球。投手为了使击数多于球数,往往有给打者投第一好球的习惯,这时,击球员可运用这种机会打第一个好球。一般在比赛的头几局中运用此战术比较适宜,因为投手可能会改变战术。

(2)打最后一个投球。场上出现"一击三球""二击三球"局面时,投手为不让击球员得"四坏球"安全进垒,常常投出较正的好球,击球员应主动打这一好球。

(3)自由打。当垒上无人或二出局时,常采用自由打战术,而上垒触击少用,故进攻战术较简单。当垒上有人,二出局以前,进攻战术手段可多种多样。若是安打手,可大胆采用自由击球,创造更多的进垒和得分机会。选好球打,尽量打成平远的球路,并根据局面打反方向球。

(4)等球。当投手控制球能力较差,很难投出好球时,击球员等待投手"四坏球"不挥棒击球以便安全进垒而使用的一种战术。

(5)外场腾空球。目的是以牺牲自己,让跑垒员回本垒得分。要求在击球员打出外场高远腾空球后,跑垒员立即回到三垒,眼盯接球方向或听跑垒指导员的指挥,在接球队员接触球的瞬间迅速向本垒跑进。

(6)打而跑。对于在打中击方面占据优势的击球员来说,能够使其战术成功率得到大幅度提升。击球员的水平是战术成功与否的决定性因素。无论好坏球,击球员必打,并尽量击成地滚球。通常来说,外角球往二垒手方向打,内角球往游击方向打。封杀局面,二击三球时,坏球不打。不要全力挥棒,应采用中击方式击球,即用六成左右力量击球。在三垒有人,投手必投好球的情况下,采用"打而跑"战术,能提高打者的击球欲望,克服胆怯心理,集中精力击球,从而取得意想不到的效果。三垒跑者要待击出安打再进垒。常用于一垒有人局面,有时二或三垒有人也冒险使用,达到攻其不备的目的。这种战术具有很大的进攻性,也有一定的危险性,当击出高飞球时,可能造成双杀。

(二)防守战术

1.防偷战术

(1)防单偷
当捕手预感或发现跑者企图偷垒时,应当采取相应对策。
(2)防双偷
当垒上有两名跑者时,攻方后位跑者有意离垒过多,引诱捕手传杀,这时前位跑者乘机偷垒,守方转向传杀前位,后位继而上垒,造成双偷垒成功。为此守方应采取相应的对策。
(3)防三偷
这是攻方满垒时,引诱守方传杀后位跑者,制造三偷垒,从而下本垒得分。守方对策同防双偷。

2.防触及战术

(1)防上垒触击
如本方投手较强,打者较弱,跑速快又是左打者,当垒上无人时,要防止上垒触击。

（2）防牺牲触

一出局或二出局以前，垒上有人，攻方可能会采用牺牲触击，这是守方的对策。

（3）防抢分触

二出局以前，三垒有人，攻方有抢分意图，这是守方的对策。

（4）防假触击

当二垒有人，攻方会假触击，引诱三垒前冲，二垒跑者乘机偷三垒，这是守方的对策。

（5）防跑而触

捕手配内高坏球使之击不好球或配较偏的坏球，触不到球应快速传杀偷垒者。封杀局面，二击三球要配高好球。若一垒有人，要防止跑者下三垒，投手或三垒手注意回三垒，捕手和游击手处理好局面。主要在垒上有人，二出局以前使用。

3.防挥击战术

（1）防跑而打

垒上有人，二出局以前。一垒有人，采用跑而打战术比较常见。跑者通过假偷垒，引诱内野手回垒，造成空当，打者根据空当位置选好球击向空当，造成安打。

（2）防打而跑

守方根据球和击的比例，配高好球或高坏球。若配内角高球，游击手正常防守，二垒手稍靠二垒。若配外角高球，则相反。若一垒有人，二游不能过早进二垒，待球击出后再快速进垒。投手要加快球速，切勿投慢球。封杀局面，二击三球要尽量配好球。这一战术主要用于垒上有人，二出局以前。一垒有人，采用打而跑战术比较常见。

（3）防牺牲打

当二出局以前，三垒有人，要防止攻方牺牲打，这时捕手要配低球，使击球员勿击外野高飞球。若要出局数，内外野手可远防。若要防止下分，内外野手要近防。

（4）杀前位跑者

为了不让攻方跑者进垒或得分，守方全场收缩防守。如果封杀局面，打出内野地滚球，守方全力封杀前位跑者。若非封杀局面，打出外场高飞球，接杀后全力传杀前位跑者。打出界外野高飞球，若接杀后不利于传杀前位跑者，外野手应当放弃此球。主要用于垒上有人，二出局以前，且双方比分接近。比赛接近结束。

第二节　大学生台球运动文化与技能培养

一、台球运动概述

台球就是桌球，很多百姓将其称为"打弹子"，其属于一项很高雅的室内体育运动。欧洲是台球运动最早出现的地方，随后被传入美国以及中国等国家。1400年，世界上第一张台球桌出现，桌上没有袋，只有拱门或门柱。之后台球作为一项正式的休闲体育项目，开始进入英国的上流社会。

20世纪初,台球游戏逐步发展成竞技运动项目。1919年,英国成立了该国最高台球组织机构——英国台球联合会;1940年世界台球联盟成立,它负责国际性台球比赛活动,总部设在比利时的布鲁塞尔,行政中心在西班牙的巴塞罗那;1948年,美国台球协会成立;同时在全世界许多国家开展台球活动,并建立台球协会。1990年,台球联合会、世界台球联盟和美国台球协会被奥委会正式承认。1992年经过协商,它们组织了一个统一的台球运动管理机构:世界台球运动联盟,目前,它是世界上最大的台球运动管理机构。

台球运动传入我国的时间较短,至今为止还未达到一百年。直到20世纪80年代,英式斯诺克和美式台球才得以在中国得到普及。1986年,我国成立了中国台球协会,各省市也相继成立地方的台球协会。这些机构的成立,促进了台球竞技运动的开展。台球运动在我国非常普及,一些优秀的台球选手涌现出来,在国内外大赛中取得了不错的成绩。素有"台球神童"之称的我国年轻选手丁俊晖就夺取过2005年和2014年中国台球公开赛冠军、2005年英国斯诺克台球锦标赛的冠军、2009年英国斯诺克台球锦标赛的冠军、2011年温布利大师赛的冠军和2012年斯诺克威尔士公开赛冠军、2013年上海大师赛冠军。2016年,丁俊晖在斯诺克世锦赛上闯入决赛,成为中国乃至亚洲第一人,最终惜败,但仍创造了亚洲选手的最好成绩。

近几年来,台球运动的普及范围不断扩大,参与人群涉及范围越来越广,在很多地方都能看到台球活动。就当前来说,台球运动已经被我国广大群众接受,并逐步发展成为人们的健身休闲活动。

二、台球运动技术

(一)基本杆法技术

台球的击球技术动作和方法具有多元化特征,常见杆法技术同样包括很多,比较常用的基本杆法包括定位球、推进球、跟进球、缩杆球和侧旋球。

1.定位球技术

定位球就是用球杆击打主球中心下面的撞点,使主球产生一定的下旋的力量,用以抵消自身前进的上旋力量,因而使主球不向前跟进,而停留在原目标球的位置(图12-13)。定位球的形成要有一定的力度,力量过小将形成跟进球,也可使用柔和的力度加上很低的撞点击出定位球。

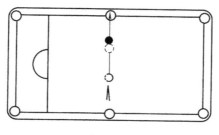

图 12-13

做好击球准备,球杆保持水平。击主球的中心点,使之平衡滑行前进。出杆时要有爆发力、有弹性,短促有力,如目标球较远,可击打主球的中心点稍偏下,以确保主球的定位。当主球距离目标球较近时,击打主球稍低于中心即可。主球距离目标球稍远时,需要击打主球中心下的位置。主球和目标球之间的距离加长,击打主球的撞点必须相应下移才能击出定位球。上定位球的撞点比定位球的撞点稍高,也可撞点不变高,而是采用较为柔和的力度。中杆击主球,撞击目标球后,目标球向前运动,主球停在目标球原来的位置上。

需要重点强调的是,在打定位球的过程中,一定要保证主球在滑动过程中撞击目标球,倘若主球和目标球之间的距离比较远,滑动过程中没能碰到目标球,相反是由滑行状态变为向前滚动状态才碰到球,这样的效果就成了跟进球。

2.推进球技术

推进球是用球杆击打主球的中心、中心左或中心右撞点,初期阶段可使用中心撞点,击球时采用中等力量,主球与目标球相撞后,主球只是缓缓跟进,并且前进距离不大(图12-14)。当3/4球击和半球击时,此种击法主球与目标球的分离角大致在50°~60°,就是通常所说的自然角球。

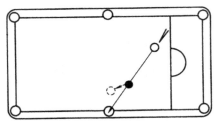

图 12-14

握杆击球时,应保持轻松的姿势,水平持杆,击打主球中左点、中心点、中右点,即在击球时采用中杆击球。击球时,主要靠前臂前后运动并带动腕部,将球杆推出。进杆的力量取决于主球与目标球的位置,并有明显旋转前进的特点。当主球与目标球相撞后,目标球前进,主球也同时跟在目标球后面,缓缓向同一方向前进,行进一段路程后,才慢慢地停住。主球撞击目标后,目标球向预定的方向前进,主球也随之徐缓地向前方行进一小段距离后停下。推进球技术的结果应是目标球向预定的方向前进,而将主球置于距下一个球较为有利的位置。

推进球技术至少在主球与目标球重叠1/2以上时,才算推进击法,应用推进球技术可确保主球下一步走位的准确。

3.跟进球技术

跟进球即前旋球,又称"高杆",就是用球杆击打主球的中心上、左上或右上撞点,初学者可使用中心上撞点。当主球碰到目标球后,主球将稍微停顿一下,然后靠自身的上旋的力量,继续向前跟进,而且跟进的距离较长。当3/4球击和半球击时,此种击法主球与目标球的分离角大致在20°~40°(图12-15)。

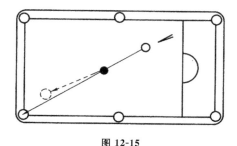

图 12-15

做好击球准备,握杆手保持球杆水平,手架靠近主球,击打主球中上点、左上点或右上点,即采用中高杆或右高杆,主球分别向正前方、左前方、右前方跟着目标球前进。出杆的力量根据主球走位距离的长短而定。在击球运用前臂的力量,同时摇动腕部,使主球与目标球相撞的瞬间,主球将前进的力给目标球,目标球开始向前运动,而主球则较为明显地在原地稍停一下,然后靠保存的上旋转力量,迅速向前跟进,并且前进的距离较长。

要想获取距离比较长的主球走位位置,必须要用高杆使主球随击球方向跟进。当主球以上旋的形式撞击目标球后,目标球向前行进,主球由于自身的上旋继续随之向前进并停在某一位置上。

4.缩杆球技术

通过球杆快速撞击主球的中心下撞点,同时伴随特定的跟进,保证主球能够出现强烈的下旋力量,即缩杆球。当主球碰到目标球后,主球稍微停顿一下,然后,向反方向行进(图 12-16)。当3/4 球击和半球击时,此种击法主球与目标球的分离角大致在 $110°\sim160°$。

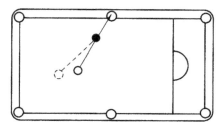

图 12-16

做好击球准备,击球时架杆手尽量放低平些,球杆保持水平,架杆手尽量放低、放平,以便杆头对准主球的中下点,出杆时手臂和手腕加力,快速击主球的中下点,并随势出杆跟进。出杆时要果断、迅速,进杆后要保持击杆的姿势,不可回撤或转动球杆。运动员在打缩球前,必须要向杆头打巧粉,从而使皮头对球的摩擦力得以增加。

当用低杆击打主球,主球便会随之产生急速的下旋,主球碰撞到目标球后,目标球沿主球作用力的方向直线向前滚动,而主球却逆向向后滚动。在同力度下,由于主球和目标球的距离不同,缩杆的效果也不同。距离越近,退缩距离越远。

在比赛或实战中,缩球技术主要应用于击一些袋边球入袋而主球退回安全位置;或者是使主球移位,以便使下一次击球处于更为有利的位置。

5.侧旋球技术

侧旋球是球杆击打主球的中心左或中心右等撞点,使主球产生侧向旋转力(图 12-17)。

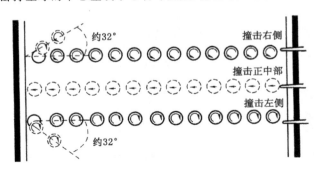

图 12-17

击侧旋球时,球杆要保持水平,架杆手可以根据不同侧旋要求,适当地向球两侧调整,保持球杆整体垂直指向主球一侧。击球点要准确,出杆时要略向前送。击球时球杆呈水平状态,主球直线前进;击球时随握杆手的提高,主球前进路线的弧度增加。注意不要出现"滑杆"现象。

撞击主球左侧形成顺时针方向的旋转,碰到目标球时,主球运动方向向右偏转,目标球产生相反方向的自旋;撞击主球右侧形成逆时针方向的旋转,碰到目标球时,主球运动方向向左偏转,目标球产生相反方向的自旋。侧旋球技术比较复杂,应用时要注意击球的速度、力量、球杆顶端的硬度等因素。

(二)基本击球技术

1.直线球技术

对于台球(落袋)击球入袋来说,直线球时最常见的一种形式,是刚刚学习台球运动的参与者必须掌握的一项击球技术,只有在灵活运用击直球技术的情况下,才能更有效地学习其他复杂的击球技术。

当主球的中心击球点、目标球的撞点和袋口的中心点在一条直线上时;当主球中心点受到球杆的撞击,并撞击目标球的中心撞击点时,目标球便会直落球袋。

2.偏击球技术

偏球就是主球撞击目标球的侧面,其属于台球运动中比较常用的击球技术之一。由于主球撞击目标侧面的程度不同,又可分为厚球、薄球。厚球,是指主球撞击目标球的撞击点在目标球球体 1/2 以上;薄球,是指主球撞击目标球的撞击点在目标球球体 1/2 以下。通常来说,在打目标球的厚薄时,其瞄准点是目标球击球点向外一个球半径处与主球中心点纵向运动方向延长线的交点。

3.吻击球技术

吻击球,即主球撞击目标球不能直接入袋时,借助其他目标球使其落袋的击球技术。对于台球运动来说，吻击球技术是相对常用的一种击球技术。

当主球以中杆击球时，目标球与其轻吻的另一球的中心连线和袋口中心点成 90°，被击目标球呈 90°角行进，而轻吻的另一球则按中心连线的延长线行进（图 12-18）。具体应根据球与球之间的角度，以及球与球袋的角度进行适当调整，以达到成功进球的目的。

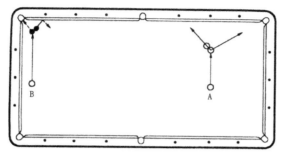

图 12-18

4.反弹球技术

反弹球是应用入射角等于反射角原理，以主球击目标球，并利用台边的反弹使目标球落入袋中的一种击球方法。直击反弹球和偏击反弹球是反弹球技术的两种类型。

（1）直击反弹球

当主球、目标球和将要碰台边反弹入袋的反弹点在一条直线上时，这种击目标球全球反弹入袋的方法就叫直击反弹球。

如图 12-19 所示，将目标球和主球按指定位置放置。应根据球与目标球袋的具体关系，调整好击球点以及击球后球的路线，掌握在反射角变化时，准确把握入射角。经过长时间的练习后，可达到较高的入袋成功率。

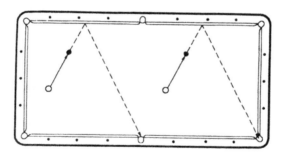

图 12-19

（2）偏击反弹球

当主球、目标球和要利用台边反弹球入袋的反弹点不在一条直线上时，主球需偏击目标球反弹入袋，此种方法叫偏击反弹球。

如图 12-20 所示，用主球薄击目标球左侧，目标球受力后经球台边缘反弹后入中袋。这是直击反弹球的一种演变，只是击球点发生了一定的变化。

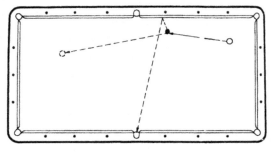

图 12-20

5.双着击球技术

双着击球法是指主球在击第一目标球后,再碰第二个目标球,并将第二个目标球击入袋中的技术方法。双着击球是通过准确地借助第一个目标球来改变主球行进的线路,并准确地把第二个目标球击落袋中。如图 12-21 所示,将两个目标球放置于袋口附近。主球击第一目标球时,应使用中杆,使主球能沿着第二目标球瞄准点方向行进,并碰击目标球入袋。需要说明的是,运动员在击双着球时,进一步确定主球与第一目标球相撞后主球的偏转角尤为关键,这是能不能精确击落第二目标球的决定性因素。

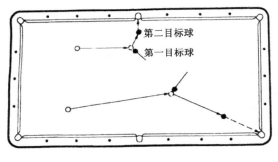

图 12-21

6.弧线球击球技术

弧线球击球是根据主球要走弧线的大小,通过调整握杆手的高低(即握杆手抬高,球杆向前倾斜大,则弧线程度大,反之则小),以及调整击球点(即击点越远离球的中心点,弧线愈大),最后是调整出杆击球的力量,力大则弧线也大。弧线球击球往往适用于主球要击打的目标球前方有一个球阻挡,无法用直击的方法击中目标球时。

如图 12-22 所示,用弧线球击目标球练习。击球时,握杆手抬高 10～15 厘米,击主球的右侧击点。出杆击球过程中必须保证用力集中。

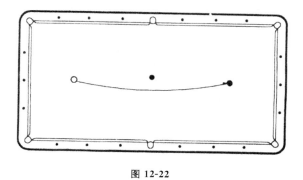

图 12-22

7. 联合击球技术

联合击球技术是指主球撞击目标球,目标球又撞击其他目标球入袋的方法。其原理就是借力打力,这需要对角度的把握比较准确,初学者应该慎用,尤其是侧旋球。

联合击球技术主要分为四个步骤:第一,确定最后一个入袋目标球的入袋瞄准点;第二,确定另一个被主球撞击的目标球其撞击入袋目标球的瞄准点;第三,确定主球撞击第一目标球的主球击点;第四,进行击球(图 12-23)。

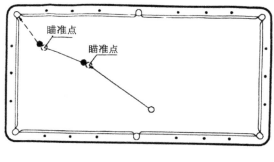

图 12-23

三、台球运动战术

对于台球运动来说,不管比赛双方在战术方面出现什么变化,一项基本原则是怎样合理完成进攻和防守以及怎样合理转换进攻和防守。不同的台球比赛中,使用的比赛台面、球的大小、比赛规则及记分方法等不同,其基本战术的运用也有所不同。下面主要介绍一下斯诺克的基本战术。斯诺克台球基本战术包括开球、建立进攻点、攻防战术、走位防守战术。

(一)开球

开球可以说是一种防守技术,不下球是为了制造更好的机会。一般情况下,斯诺克台球开球很难将红色目标球击入袋中,所以在开球时,一般常用的方法是用主球薄击红色目标球三角形中底部的某一个球,使主球碰台边后,返回到开球线后面,以限制对手进攻的机会。

如图 12-24 所示,将主球放置在 2 分球和 4 分球位置之间,偏 4 分球一侧,主球击右侧旋球,薄击红色球三角形右侧底部倒数第二个球,主球碰 3~4 次台边后停在开球线后。

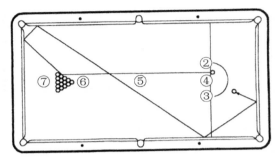

图 12-24

(二)建立进攻点

进攻点的建立是斯诺克台球比赛取胜的关键。比赛双方无论采用什么策略,其目的都是创造、制造或者等待这种机会的出现。

1.建立红色球和黑色球之间的进攻点

这是一杆能打出高分的最佳选择。如图 12-25 所示,主球先击红球 A,可用高杆杆法击红球 A 入中袋,主球沿虚线走位到 1 号位。由于红球 A 与主球距离近,比较容易控制,失误的可能性小,走位也容易。也可用低杆轻击红球 B 入袋,主球沿虚线走至 2 号位。

在红黑进攻点建立中,首先要尽可能清除在 7 分点上的和在 7 分球进球线路上的任何球,以保证红黑进攻点的建立,其次,还要在红黑进攻点建立过程中,注意主球走位与所击目标球形成必要的角度,以保证主球每一次击球时,都有一个较理想的走位线路和停球点。

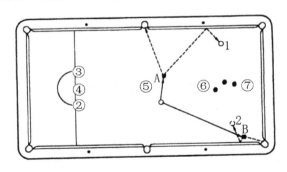

图 12-25

2.建立红色球和粉色球的进攻点

建立这种进攻点,尽管没有建立黑球的得分高,但对改变球势具有积极作用,能够向建立红黑球进攻点创造条件。如图 12-26 所示，由于球势所限，建立红黑进攻点的可能性一时还不能实现，必须清除红球 A 才能保证下一步红黑进攻点的建立。所以此时可以用中杆打红球 A，主球击红球 A 入袋后，沿虚线走到 1 号位，打粉色球入袋，通过红粉之间的过渡，再转到红黑进攻点的建立上来，即用中高杆轻击粉色球入袋，主球稍跟进一些，停在 2 号位上，再打红球 C。

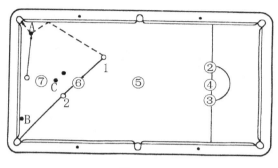

图 12-26

3.建立红色球与蓝色球的进攻点

建立红色球与蓝色球进攻点的具体缘由，和建立红粉球进攻点的缘由基本相同，均是为有效调整主球走球，向建立红黑球进攻点提供积极条件。

如图 12-27 所示，如果主球走位不在预想的位置，可以及时寻找到补救办法，尽快回到红黑进攻点上来。当用低杆杆法击 7 分球入袋后，预想主球回缩碰台边后回到 1 号位上，再打红球 A，使红黑进攻点得以保持。但如果力量稍大，主球走位到 2 号位上，这时粉色球挡住了打红球 A 的线路，原先预想的走位被破坏。此时就需要用中低杆击红球 B，主球碰台边后反弹至 3 号位，用 5 分蓝色球过渡，再行建立红黑进攻点。

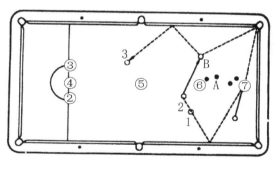

图 12-27

（三）攻防战术

斯诺克台球比赛中，双方都尽力使主球击完红色球后留在 7 分球的附近，以利于击 7 分球入袋。在主球远离红色目标球时，击红球后主球停在 7 分球附近的打法，如对此无十分把握或从比赛中双方得分的情况出发，可以考虑运用如下攻防兼备的"打带跑"战术。

如图 12-28 所示,击红球入袋后,非常有利于主球留在 7 分球旁,为打高分打下基础。但打不进红球,就会转胜为败。这时,应用中杆击主球,出杆时稍加一些力量。击红球后,使主球碰两次台边后返回到开球线后。如果红球堆未打开,没有建立红黑进攻点的可能,则可借棕色球或绿色球做成障碍球,等待机会再争打高分;红球被击入袋中,主球回到开球线后,可用高杆击棕球进中袋后,主球再回到红球堆及 7 分球附近,进行红黑球的击打。不管是哪种选择,都属于切实可行的攻防战术。

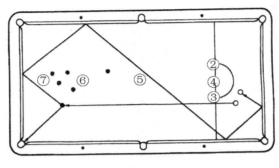

图 12-28

(四)走位与防守战术

在比赛过程中,倘若不存在进攻机会,或者存在进攻机会,但赢得成功的概率较低,则需要一方面防守好主球,不但不能让对方拥有进攻机会,而且要让对方完成再防守的难度很大;另一方面力争做成障碍球。这种通过把握球的走位来防守对方的战术,在比赛中,尤其是世界级的高手决赛中较为常见,也非常精彩。

如图 12-29 所示,可以看见红球 A,并有击球入袋的线路,但它的难度是球距远,而且打红球,难以采用攻防兼备的打法。当主球击红球 A 后,主球返回开球区的线路被阻挡。如果击不进红球 A,主球将会留在红球堆处,给对方留下机会。此时稳妥的打法是用高杆薄击红球 B,做一杆纯粹的积极防守,并尽力做到对方难以进攻,难以再做成好的防守,最好能做成障碍球,让对手完不成解救障碍球甚至犯规。

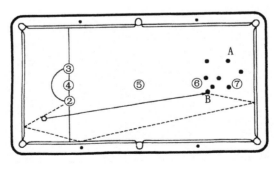

图 12-29

第三节　大学生高尔夫球运动文化与技能培养

一、高尔夫球运动概述

对于全球范围内的户外休闲运动项目来说,高尔夫球运动的独特魅力十分显著,同时其还是历史悠久的贵族运动。关于高尔夫球运动的起源,广为流传的说法是,它起源于 14、15 世纪的苏格兰的圣·安德鲁斯,在那里至今还保存着古老的高尔夫球场,已有 500 多年的历史了。

高尔夫球的名称(Golf)便是来自苏格兰的方言(Gouf),为"击、打"的意思。到了 17、18 世纪,高尔夫球运动仍持续发展,其中一个比较重大的变革是新型高尔夫球的发明。人们用一种新型的羽毛制球替代了老式的木制高尔夫球,这种球用羽毛作芯,皮革作外壳缝制而成,可以飞行很远的距离,它的问世,极大地推动了高尔夫球运动的发展。

17 世纪,高尔夫球运动被欧洲人带入美洲,18 世纪高尔夫球运动传入英国,19 世纪 20 年代进入亚洲,最后又传到非洲,并成了权势和财富的象征。至今,高尔夫球运动已经发展成为当今人们所熟悉和喜爱的体育休闲运动。经过长达五百多年的发展时间,高尔夫球运动不仅迸发出了强大生命力,同时发展成为不同性别、不同年龄段的人都适宜参与的一项运动。

发展至 20 世纪,高尔夫球运动迎来了崭新的发展时机,球具的革新、比赛规则与制度的建立、国际性赛事的开展、高尔夫球场管理水平的提高,都在很大程度上推动了高尔夫球运动的发展进程,同时向该项运动注入了新鲜血液。与此同时,高尔夫球运动成为当代体育个人比赛中奖金数额很高的项目之一。目前世界各地高尔夫球竞赛繁多,国际性赛事的开展极大地促进了高尔夫球运动的普及,英国公开赛、业余锦标赛,美国公开赛、业余锦标赛,高尔夫球精英赛,世界杯等赛事的开展,为不同国别的球手创造了同场竞技的机会,使这项地区性的体育运动走向国际化。

1896 年,中国上海高尔夫球俱乐部成立,标志着该项运动正式传入中国。高尔夫球运动在中国真正兴起是在 1985 年中国高尔夫球协会成立以后,随后我国的高尔夫球运动逐渐普及并发展。

二、高尔夫球运动技术

(一)准备姿势

1.脚位

一般有正脚位、开脚位和闭脚位三种。这三种脚位的共同点是,右脚都与击球方向垂直,左脚与击球方向成 45°的夹角。

（1）正脚位

球员左右脚尖连线与准备击球路线平行的站位方式，就是所谓的正脚位。这种姿势使得球员的腰、肩、手都与目标线成平行状态，适用于任何一种球杆。

（2）开脚位

球员左脚稍后于右脚的站位方式，就是所谓的开脚位。此脚位一般适用于短铁杆击高球或有意打右曲球的球手，击出的球路偏左弯曲。采用这种站位而球杆杆面正对击球方向进行挥杆时，身体容易打开形成由外向内的挥杆轨迹，导致右曲球。

（3）闭脚位

球员右脚稍靠后于左脚的站位方式，就是所谓的闭脚位。其两脚尖间的连线朝向目标的右侧，与开脚位相反，产生左曲球。适用于木杆开球、在球道上击球或有意打左曲球的球手。

2. 球位

高尔夫球的球位指球手存做好准备击球姿势时，高尔夫球被击出前所处的位置。一般球位是在两脚间连线的垂直平分线上稍偏左的位置。在使用推杆或拨杆时，球位则是在两脚间连线的垂直平分线上。球位离两脚间连线的距离会因球杆的不同而不同，或者是因击球目的不同而不同。一般来讲，脚位与球杆、球位的关系为：球手握好球杆站在击球的位置上，左脚固定不动，球位放在靠近左脚的位置，球杆越短，双脚之间的距离越窄，离球也越近。

（1）球与身体的前后距离

面向球，左肩对准球的方向。握好球杆，双臂自然下垂，上臂贴近胸部，球杆头自然贴近球。

（2）球与双脚的距离

以不超过双肩宽为宜。球放置于双脚正前方中间。

3. 身体姿势

握好球杆后，双手自然前伸，球杆头部轻轻着地，两脚打开同肩宽，身体中心落在两脚上。头稍向下进行俯视，以正好看到杆头为宜。身体从髋部前倾，背部挺直，双膝关节微弯曲，身体左侧朝向目标方向。

（二）握杆

1. 重叠式

把右手的小手指放在左手的食指上方，左手手背朝着目标，使球杆握柄从食指的第二关节起斜向通过掌心。拇指沿球杆握柄纵长自然伸出，压按在握柄正中稍偏右侧，拇指与食指指根形成"V"形，其尖端指向颈部右侧与右肩之间。两手掌心相对（图 12-30）。

2. 互锁式

互锁式握杆法与重叠式基本相同，区别是右手小指与左手食指的动作是相互牢牢钩住的（图 12-31）。

3.十指法

两手手掌相向,但不重叠,用十指握住球杆,类似棒球握棒方法。右手的小指与左手的食指相贴(图 12-32)。

图 12-30　　　　　　　　　图 12-31　　　　　　　　　图 12-32

4.倒递连锁式

实际上是使用拨推杆时的专用握杆方法,先用右手五指握杆,然后再把左手食指重叠在上面。

(三)瞄球

两脚尖的连线要与球和目标的连线保持平行。球手要站在球后,平行地伸出双臂,其中右臂、球在一条直线上。球和目标在一条直线上,这也就是目标方向线。稍抬下颌,眼睛注视球的后部,然后把一支球杆放在地上标出目标线的方向,将手中球杆的击球面对准球,做好击球的准备。

(四)挥杆击球

高尔夫挥杆就是整个身体围绕一个固定中心点完成的一种既协调又平衡的动作。挥杆的轨迹应是一个较为均匀的大圆弧。高尔夫的击球动作可以分解为引杆、下挥杆、击球、顺势摆动和结束动作等几个步骤。

(五)推杆

握住推杆,将身体重量放在分开与肩同宽的两脚上,两腿微屈,两膝稍前倾。弯腰,把肩、手臂和双手当作一个整体一起运动;头部固定不动,同时不要抬高身体,在击球过程中推击弧线要与击球后的杆头离地面有一样的距离,完成匀速推杆。

三、高尔夫球运动战术

(一)发球区战术

(1)当球员使用 1 号木杆时,如果总是出现向右旋转的球,可以在架球时把球架在发球区的右侧,目标对准球道的左侧,对准目标采用正常的击球。这样击出去的球起初是飞向球道左侧的,但是在自身的旋转作用下,球又会返回球道中央。

(2)当发球区低于球道或者果岭时,最好的选择使用杆面倾角较大的 3 号木杆,以打出安定的高弹道球。苦想使用 1 号木杆,那么要在架球时使球座的高度高出正常标准 1 厘米左右,而挥杆时仍然采用正常的挥杆技术,这样也能打出高弹道的球。

(3)若是发球区高于球道或果岭时,应使用 1 号木杆,这样既可以充分发挥球在空中的飞行能力,又可以利用下坡的地形使球得到较大的策动距离。

(二)长草区战术

1.短打在浅长草区的应用

针对这种情况,往往选用特殊铁杆即劈擎杆或沙坑用杆,这有利于形成球的弹道高度;选好站位姿势,采用右奔站姿,即球的位置靠近站他的中央,挥杆击球要尽量把球打高一些,目的在于减少其滚动距离。

2.长打在浅长草区的应用

站位可采用直角站姿。将球置于稍位于左足踵前方线右侧些,瞄球时使球杆杆面稍微张开,人为地增大杆面的倾角,以利于减小草的抵抗力,可提高球的飞行弹道;挥杆采用砸击式方法。即上挥杆和下挥杆时,两臂和球杆的上下运动较为显著,后摆杆动作减小,挥杆轨迹是椭圆形,冲击球时两手手腕的用力大于通常挥杆力量。

3.短打在深长草区的应用

选用右奔站姿。球位于站位的中央,就是比左足踵前方线稍偏右。在瞄球时杆面略张开,上挥杆时采用直挥式挥杆,为了尽量减小草对杆头的抵抗力,必须采用砸击式,上挥杆时减小杆头后引运动,较早地以手腕带动球杆杆头向上运动,下挥杆时使杆头从上向下呈锐角向球冲击。

4.长打在深长草区的应用

运动员应选择杆面倾角较大的球杆和右奔式站姿,球的位置应在左足踵前方线稍右侧,采用直挥式挥杆,用近于直上直下的上挥杆和下挥杆进行砸击式击球,设法减少草对球杆杆面的阻抗作用。

(三)球道战术

1.打低平球

在打低平球时一般使用杆面倾角较小的球杆,通常选用木杆或长铁杆。由于杆面倾角较小,击球时可以减小球的上升角度,使球的飞行弹道低而平,且避免碰到障碍物;采用直角站姿,球的位置要较一般正常站位时靠近右侧一些,球的位置基本上位于站位的中央,不是在左脚脚跟的前方线上,这是打出低平球的关键。

2.打高弹道球

选用杆面倾角较大的短铁杆,尤其是球距离树木较近时,若是球距离树木较远时,就必须使用杆面倾角较小的中铁杆甚至长铁杆;站姿采用较小的右奔站姿。就是说球的位置与正常挥杆时一样,采取左脚脚跟正前方线上。人为地增大杆面倾角,身体重心较多地往右移,加固有腿支撑。

3.打左上斜面球

在打这种球时,站姿一般比通常的站位要窄一些,且稍加开放,其站的宽度及开放度是随坡度的增大而加大的。握杆要稍短一些,挥杆动作不宜过大,只用四分之三挥杆即可;挥杆顶点时两手大约在右肩水平线上;顺势动作的两手挥至左肩高度为止。

4.打左下斜面球

站姿比正常站位要稍宽一些,并稍开放;球的位置是在挥杆轨迹的最低点,比左脚脚跟前方线稍偏右侧些;身体的重心主要落在左腿上,左膝稍弯曲,合理调节两腿的体重,使在斜面上的身体保持安稳的姿势,左肩略下沉;握杆要短,以臂为主导进行挥杆,不能过多地利用身体。用四分之三的力量挥杆,击球后使杆头沿着斜面进行低而长的顺势动作;结束动作以两臂挥至左腰高度为宜,不用过高。

(四)沙坑球战术

1.球道沙坑内

如果球的位置状态较好,又处在沙坑前缘较浅处,可以选用球道木杆或长铁杆,而沙坑的前缘较深时,就必须选用杆面倾角大的球杆。选择呈右奔式站姿,挥杆时身体不要过分用力(尽量保持身体的稳定),主要以两臂来挥杆击球,更不必有大幅度挥杆和"捞挖"球的动作。

2.球洞区沙坑

对于球洞区沙坑来说,主要包括以下两种情况。

(1)当沙坑较深时,使用沙坑用杆,采用右奔式站姿,使球的位置位于左足踵前方线上,球杆杆面较大地张开,击球准备时将体重放在右腿上,右肩稍下沉,与欲打出的球的假想高度相一致,左肩朝向沙坑前缘处。

(2)沙坑潮湿坚硬时,可使用劈擎杆,也可以使用沙坑用杆。采用右奔式站姿,球的位置在左足踵前方线稍右侧,身体体重偏至于左侧的站位方法,若球位较好,击球准备时杆面稍打开;若球部分埋在沙中时,杆面要正直朝目标方向。挥杆动作不必过大,可采用四分之三的力量。下挥杆时两手握紧球杆,手腕固定,有力地挥杆,使杆头在球后方 2～3 厘米处切削入沙内,通过沙将力量传递给球,使球飞出沙坑。

参考文献

[1]中国排球协会译定.排球竞赛规则 2013—2016[M].北京:人民体育出版社,2013.

[2]《排球运动教程》编写组.排球运动教程[M].北京:北京体育大学出版社,2016.

[3]吴国政,胡毅成.球类运动[M].北京:人民体育出版社,2014.

[4]史友宽,屈东华,周屹嵩.中国排球运动发展研究[M].开封:河南大学出版社,2014.

[5]孙志爽.高校校园文化建设现状透析[J].淮南职业技术学院学报,2012(02).

[6]陶丽,李军.辽宁省高等学校校园文化建设现状与对策[J].沈阳建筑大学学报(社会科学版),2008(01).

[7]章明明,杨铁凡,陶剑飞.大学生生理与心理健康教育[M].北京:科学出版社,2009.

[8]陈选华,王军.大学生健康心理学[M].合肥:中国科学技术大学出版社,2010.

[9]李建伟.浅谈足球运动对大学生心理健康的影响[J].体育世界(学术版),2009(06).

[10]李大鹏,宋珊.高校普通大学生参与篮球运动对心理健康影响的研究[J].体育科技文献通报,2012(03).

[11]李志平,于海强.网球入门、提高训练与实战[M].北京:化学工业出版社,2016.

[12]中国羽毛球协会审定.羽毛球竞赛规则[M].北京:北京体育大学出版社,2015.

[13]朱建国.羽毛球运动教学与训练教程[M].北京:清华大学出版社,2015.

[14]陈亚中,刘晓宇,高立.足球[M].北京:北京体育大学出版社,2016.

[15]何志林.现代足球[M].北京:人民体育出版社,2000.

[16]任晋军,张菊林,冯建强.足球运动[M].北京:高等教育出版社,2005.

[17]周雷.足球[M].北京:高等教育出版社,2004.

[18]孙民治.篮球运动教程[M].北京:人民体育出版社,2007.

[19]王家宏.球类运动——篮球[M].北京:高等教育出版社,2005.

[20]朱国权.篮球[M].北京:北京师范大学出版社,2008.

[21]唐建倦.现代篮球运动教程[M].广州:华南理工大学出版社,2014.

[22]王峰.现代篮球运动的理论研究[M].北京:人民日报出版社,2014.

[23]中国网球协会.网球竞赛规则[M].北京:人民体育出版社,2016.

[24]刘晓树.竞技与智慧的结合——棒球、手球[M].南京:二十一世纪出版社,2014.

[25]杨忠令.现代网球教程[M].杭州:浙江大学出版社,2011.

[26]董杰.网球教程[M].北京:高等教育出版社,2005.

[27]曹青军.运动训练理论与实践[M].北京:北京理工大学出版社,2010.

[28]李承维.篮球运动教学与训练[M].武汉:华中科技大学出版社,2012.

[29]胡安义,肖信武.高校篮球技战术教学与实践训练[M].北京:人民体育出版社,2010.

[30]黄志安,房殿生,蔡友凤.高校篮球运动理论与实践[M].北京:中国原子能出版社,2008.